다산평전

백성을 사랑한 지성

금장태 지음

지식과교양

머리말

듣고 나서도 또 듣고 싶어지는 노래가 있고, 보고 나서도 또 보고 싶은 사람이 있다. 나처럼 옛 유학자들의 사상을 공부하는 사람은 평생 옛 사람이 저술한 책을 뒤적이며 살아왔는데, 우리나라 옛 유학자 가운데 간절하게 보고 싶은 사람을 두 사람만 꼽으라면 아무 망설임 없이 퇴계와 다산을 들겠다. 퇴계선생의 글을 읽으면 가슴이 따뜻해지는 것을 느끼게 되고, 다산의 글을 읽으면 머리가 시원해지는 것을 자주 경험하게 된다.

퇴계선생의 「도산십이곡」(陶山十二曲)에서 아홉번째 노래는 옛 사람을 사모하여 따르고자 하는 마음이 간절하게 드러난다. 내가 퇴계와 다산을 만나고 싶은 마음도 바로 이렇게 따르고자 하는 마음이다.

> 옛 사람도 날 못보고 나도 옛 사람 못뵈오나,
> 옛 사람을 못뵈어도 가시던 길 앞에 있네,
> 가시던 길 앞에 있거늘 아니 가고 어찌하리.

시간여행을 할 수 있어서 4백 수 십년을 거슬러 올라가 나도 퇴계선생을 뵐 수 있다면, 한 걸음쯤 뒤따라가면서 그 덕스러운 모습을 우러러보고 그 따스한 말씀을 들으며 가슴에 넘치는 감동을 체험할 수 있다면 얼마나 행복할까 하는 상념에 사로잡힐 때가 있다. 그리고 2백년쯤 거슬러 올라가 다산선생을 만날 수 있다면, 바짝 따라붙어 어깨를 나란히 하고 걸으면서 그 투명한 사유와 해박한 식견의 말씀을 한마디 한마디 경청하면서 끝없이 질문을 해볼 수 있다면 얼마나 황홀할까 하는 상상에 빠져들기도 한다.

다산선생을 만난다면 나란히 걷고 싶다. 그래야 그 수학적인 정밀하고 예리한 분석의 말씀을 놓치지 않고 들으면서 그 시적인 정감과 고뇌의 열정으로 빛나는 눈빛을 살필 수 있을 터이니 말이다. 아마도 퇴계와 다산 두분 옛 선비는 수백년 뒤의 후학을 만난다면 비록 재주가 우둔하고 예절을 제대로 모르더라도 격의없이 품어주고 친절하게 타일러주실 도량을 지닌 분임을 확신한다. 그래서 "다산과 함께 걸으며" 좀더 가까이서 만나고 싶은 마음으로 다산에게 다가가고자 하는 것이다.

마음이야 다산과 어깨를 나란히 하고 함께 걷고 싶었지만, 실제로 부딪쳐보니 다산의 모습이 아득하기만 하여 안개 속에서 보는 듯 희미하기도 하고, 깜깜한 밤중에 더듬는 듯 잘 붙잡히지도 않으니, 사실 얼굴을 마주 대하듯 분명하게 그 모습이 그려지지 않는 안타까움과 좌절감을 심하게 겪어야 했다. 그래도 나 나름대로 주의하고자 했던 대목은 높이 떠받들려고 지나치게 과장하지 말고 가능한 한 나에게 보이는 모습 그대로 묘사하고 싶은 것이었다.

다산의 생애와 사상은 한 사람의 학자로서 차분하고 단조로웠던 것이 아니라, 그 시대의 격동만큼이나 파란만장한 시련의 고비를 겪었다. 그는 20대 청년시절에 서양과학지식에 눈을 뜨고 천주교 신앙에 빠져들면서, 낡은 세계가 깨어져 나가고 새로운 세계가 열리는 정신적 지각변동을 겪었으며, 이 때문에 그의 몸은 장년기의 18년 동안을 하늘 끝의 변방에서 유배생활을 해야했다. 그는 학문적 탐구에서나 시대 사회의 문제에서 전통에 안주하거나 새로운 사상조류에 휩쓸려 따라갔던 인물이 아니었다. 그가 끝까지 유학자였는지 마지막에 천주교도로 죽었는지가 간혹 논쟁의 주제로 등장하기도 한다. 그러나 이러한 종파적 편가르기를 한다는 것은 처음부터 무의미한 짓일 뿐만 아니라, 다산의 모습을 자신의 색안경으로 왜곡시키려 드는 짓이 될 위험이 크다. 오히려 그는 질풍노도의 격동 속에서 자신의 길을 찾기 위해 끝없이 지적 모험을 감행하였던 불굴의 투사로 비쳐진다.

다산은 조선시대 주자학의 이념전통이 쌓아 올린 높은 철벽을 깨뜨리고, 새로운 빛으로 세계질서와 인간존재의 의미를 비추면서 유교경전을 해석해 방대한 체계를 이루어내었다. 또한 그는 당시 부패한 관료의 착취로 참혹한 고통 속에 허덕이는 민생을 직시하고, 누적된 사회적 모순을 개혁하기 위해 구체적 방책을 제시하는데 심혈을 기울였던 지성인이요 사회운동가라 하겠다. 그의 탐구정신은 그 시대가 요구하는 변혁의 방향을 미리 내다보고, 남보다 한발 앞서 새로운 과학기술을 도입하여 생산의 효율성을 높이며, 우리의 역사·지리·풍속을 재발견하여 민족의식을 각성시키는데 까지 관심을 넓혀갔다. 한마디로 그는 광범한 영역에서 관습적 고정관념의 틀을 깨뜨리고 새로운 시야를 열어갔던 이 시대의 선구자였다.

또한 그는 치밀한 경전 해석과 사회개혁 사상을 열정적으로 제시하고, 과학기술의 수리적 응용에 해박하였지만, 이와 더불어 예술적 감성도 뛰어났다. 아담하게 정원을 꾸미고 빼어난 산수의 풍광을 찾아 노닐기 좋아했으며, 시와 산문, 글씨와 그림, 음악과 춤에 이르기 까지 격조 높은 심미의식을 발휘하였다. 마치 깊은 계곡을 여럿 거느린 큰 산줄기처럼 우리 역사 속에 우뚝한 인물이다. 이렇게 큰 산줄기를 전체로 조망한다는 것은 처음부터 어려운 일이 아닐 수 없었다.

다산평전을 집필해보라는 제안을 받고 며칠동안 고민하며 망설였다. 다산이라는 높은 봉우리를 이룬 인물을 좀 더 가깝게 알아 볼 수 있는 기회가 될 것 같아 욕심이야 간절하지만, 나 자신의 능력이 턱없이 못 미친다는 사실을 스스로 잘 알고 있을 뿐만 아니라 건강사정도 여의치 않았기 때문에 거절해야 한다는 이성의 명령이 나의 귀에도 분명하게 들렸다. 욕심(人心)과 이성(道心)이 가슴 속에서 싸울 때는 반드시 욕심을 누르고 이성이 지배하게 해야 한다는 것이 바로 다산의 가르침이기도 하다. 그런데도 나는 결국 내 마음 속에서 욕심이 이성을 이기고 말아, 분수를 망각한 채 무모하게 덤벼들었다. 그러니 이 책을 집필하는 과정 내내 부끄럽고 후회스러움을 감당하기 어려웠음을 솔직하게 고백하지 않을 수 없다.

많은 선행연구가 있어서 길잡이를 해주었지만, 그래도 제대로 섭렵하지 못한 아쉬움이 더 크다. 다산과 함께 걷고 싶다는 생각은 잠시도 잊지 않았지만, 실제로는 다산을 찾아다니며 헤매기만 한 것 같기도 하다. 앞으로 다산에게 한걸음이라도 더 가까이 닥아가서 함께 걸을 날을 위한 첫걸음이라 스스로 위로해본다.

이 책은 2005년 『실천적 이론가 정약용』(이끌리오)이라는 제목으로 처음 간행되었다. 나는 원래 『다산평전-다산과 함께 걸으며』라고 제목을 붙였었는데, 출판사에서 제목을 고쳐놓았다. 당시 나는 다산의 생애와 인물을 해명하는 유사한 내용의 저술로 『정약용-한국실학의 집대성』(1999, 성균관대출판부)과 『다산 정약용-유학과 서학의 창조적 종합자』(2005, 살림)를 간행한 일이 있었다. 분량에서 간략함과 자세함의 차이나 부록으로 어떤 자료를 붙였는지에 차이가 있다. 그러나 이 책은 처음부터 다산의 생애와 사상을 소개하는 해설서로 저술한 것이 아니라, 다산과 마주하고 함께 걸으며 다산을 알아가고자 하는 '다산평전'으로 집필되었다는 점에서 제목을 되살리고 싶은 생각이 간절하였다.

마침 지식과교양에서 최근에 『율곡평전』을 간행하는 기회에 『다산평전』과 『퇴계평전』을 함께 간행할 수 있는 혜택을 받아, 『다산평전—백성을 사랑한 지성』으로 제목을 다시 붙였다. 퇴계에서 받는 가장 깊은 감동은 인간의 길을 밝혀주는 투명한 지혜와 인간을 포용해주는 따뜻한 가슴을 느끼는 것이라면, 율곡에서 가장 빛나는 정신은 나라를 걱정하는 절실한 염려와 나라를 바로잡는 길을 제시해주는 치밀한 통찰력이라 할 수 있다. 이에 비해 다산에서 넘쳐흐르는 정감은 고통받는 백성에 대한 한없는 연민과 사랑이요, 이에 따라 백성을 보호하기 위해 방책을 찾아가는 예리한 지성에 깊은 인상을 받아왔기에 "백성을 사랑한 지성"이라 부제를 붙였던 것이다.

『다산평전』으로 다시 간행하는 기회를 얻게 되어 전면적 개작이 아니라 부분적으로 내용을 새로 보완하고 문장을 다시 다듬는 수준의 수정을 하는데 그쳤을 뿐이다.

재간행의 기회를 주신 지식과교양 윤석원 사장님의 후의에 감사를 드린다.

2011년 5월 3일
정청당(靜清堂)에서 금 장 태

목차

머리말 3

1부 청년시절: 폭풍 속에서 피어난 꽃

1. 소년 "삼미자"(三眉子)의 성장과 가문 15
2. 열다섯에 혼인하고 서울로 올라와 25
3. 대학(太學)에 입학하여 35
4. 서학(西學)으로 열린 새로운 세계 44
5. 천주교신앙에 빠져들어 51

2부 관직활동: 성군(聖君)을 만나 펼치려다 꺾인 꿈

1. 대과(大科)에 합격하여 벼슬길에 나서니 63
2. 임금의 지도아래 다져지는 학문 72
3. 화성(華城) 설계로 과학기술의 새로운 차원을 열다 85
4. 암행어사로 나가서 95
5. 끈질기게 따라붙는 비방 104
6. 곡산부사(谷山府使)로 목민(牧民)의 현장에 나가서 116
7. 급박해진 정국, 살얼음판을 걷는 삶 129

3부 유배생활: 유배지에서 연마한 학문과 인간애

1. 신유교옥(辛酉敎獄)과 첫 번째 투옥 **145**

2. 장기(長鬐)에서의 유배상활과 두 번째 투옥 **153**

3. 강진(康津) 유배지에서 좌절을 딛고 일어나 **164**

4. 학승(學僧)들과 사귀며 **174**

5. 다산초당의 아늑한 정취 **187**

6. 고통받는 민생에 대한 깊은 관심과 분노 **194**

7. 제자를 가르치며 **203**

8. 저술의 거대한 탑을 쌓아올리다 **213**

9. 아내와 자식에 대한 애틋한 사랑 **226**

10. 자기를 알아주는 평생의 벗,

    둘째 형(丁若銓)에 대한 그리움 **236**

4부 노년의 여유: 다음 세상을 기다리며

1. 유배에서 풀려나 고향 소내(苕川)로 돌아와서 **245**

2. 저술을 마무리하고 학자들과 토론의 꽃을 피우며 **256**

3. 다음 세상을 기다리며 **273**

5부 학풍: 실학의 학풍과 과제

1. 시대배경: 폭풍 몰아치는 시국 **285**

2. 사상조류: 소용돌이치는 사상의 격돌 **296**

3. 학풍: 비판정신과 열린 사유의 실학(實學) **306**

4. 연원: 정신적 뿌리와 학문적 계승 **319**

5. 경전의 재해석: 인간을 조명하는 새로운 빛 **331**

6. 세상을 경륜하는 방책: 백성을 주체로 하는 정치질서 **347**

6부 예술: 삶의 운치와 예술적 품격

1. 정원을 꾸미고 화초를 가꾸며 **365**

2. 산과 물을 찾아 유람하는 즐거움 **374**

3. 자연을 노래하고 사회를 걱정하는 시와 산문 **381**

4. 음악과 춤의 풍류 **392**

5. 글씨와 그림을 품평하고 **402**

맺는 말: 다산을 돌아보며 **413**

정약용 연보 **417**

참고문헌 **429**

인명색인 **433**

1부

청년시절:

폭풍 속에서 피어난 꽃

(27세까지, 1762-1788)

1. 소년 "삼미자"(三眉子)의 성장과 가문

2. 열다섯에 혼인하고 서울로 올라와

3. 대학(太學)에 입학하여

4. 서학(西學)으로 열린 새로운 세계

5. 천주교신앙에 빠져들어

茶山評傳

1. 소년 "삼미자(三眉子)"의 성장과 가문

1) 출생과 성장

(1) 사도세자(思悼世子)가 죽던 해에 태어난 "귀농"(歸農)

정약용(茶山 丁若鏞, 1762-1836)은 부친 정재원(丁載遠, 자 器伯, 호 荷石, 1730-1792)과 모친 해남 윤씨(海南 尹氏) 부인 사이에 1762년(영조 38) 6월 16일 서울에서 가까운 팔당호수 가의 마재(馬峴: 斗尺)에서 태어났다. 그의 고향마을은 명칭도 여러 가지로 불러진다. 마을의 뒷산이 철마산(鐵馬山)이라 '철마산 고개'라는 뜻으로 '마재'(馬峴)라 하는데, '마재'를 '두척'(斗尺)이라고 일컫기도 한다. '마재'(馬峴)와 '말자'(斗尺)는 우리말의 발음이 비슷하기도 하다. 그러나 '두척리 마현'(斗尺里 馬峴)이라 기록한 것이 있으니, 〈정재원;「通德郎丁公墓誌」〉 '두척'이 '마현'보다 좀 더 넓은 지명으로 쓰였던 것 같다. '두척'의 지명에 따라 이곳을 '두릉'(斗陵) 혹은 '두강'(斗江)이라 부르기도 한다.

정약용의 고향인 마재 부락은 원래 광주땅(廣州郡 草阜面 馬峴里)이었는데, 뒤에 양주군(楊州郡 瓦阜面 陵內里)으로 바뀌었고, 지금은 남양주시(南楊州市 鳥安面 陵內里 馬峴부락)에 속한다. 마재 부락은 팔당댐이 건설되고 팔당호(八堂湖)에 물이 차기 전에는 소내(苕川: 牛川)와 붙어 있었기 때문에, 정약용은 자신의 고향 마을을 자주 '소내'로 일컫고 있다. 같은 마을이지만 육로로 접근할 때 마을의 뒷 산쪽으로 붙여진 이름이 '마재'요, 수로로 왕래할 때 앞 강쪽으로 붙여진 이름이 '소내'라 하겠다. 정약용의 고향 '마재' 곧 '소내'는 북한강(汕水)과 남한강(濕水)이 하나로 합하여 한강(洌水)으로 합류하는 지점(兩水里: 두물머리)에 매우 가까워 사방으로 물길이 통하고 풍광이 뛰어나게 아름다운 수향(水鄕)이다.

정약용이 태어나기 한달 전인 1762년 윤5월 21일에는 바로 사도세자가 죽음을 당하는 참혹한 비극적 사건이 일어났다. 이 사건을 지켜보던 정약용의 부친 정재원은 벼슬길에 뜻을 버리고 고향 마재로 내려왔다. 마침 그 때 정약용이 태어났으므로 정약용의 어릴적 처음 이름을 '귀농'(歸農)이라 지었다고 한다. 이 시기의 정치적 상황은 집권 노론의 압박 속에 임금이 자신의 아들인 세자를 죽여야 하는 처지였으니, 벼슬에 대한 미련을 모두 버리고 고향에 돌아가 농사나 짓고 살겠다는 그 아버지의 뜻이 바로 '귀농'이라는 정약용의 아이때 이름(兒名)에 실려 있다.

정약용(茶山 丁若鏞, 1762-1836)의 자(字)는 미용(美庸) 또는 송보(頌甫)이며, 호(號)는 삼미자(三眉子)·철마산초(鐵馬山樵)·다산(茶山)·열수(洌水)·열초(洌樵)·사암(俟菴) 등 여러 가지를 썼으며, 당호(堂號)는 여유당(與猶堂)이다. 본관은 압해(押海)로서, 지금은 전라남도 신안군(新安郡)에 속한 압해도(押海島)이지만, 당시에는 나주(羅州)에 속한 땅이었기 때문에, 그의 가문은 흔히 압해 정씨(押海 丁氏) 또는 나주 정씨(羅州 丁氏)로 일컬어진다.

(2) 수향(水鄉)에서 자라난 소년 "삼미자"(三眉子)

정약용은 어려서 부친으로부터 가정에서 글을 배웠다. 네 살 때 천자문(千字文)을 배우기 시작하여 여섯 살 때는 부친이 다시 벼슬길에 나가게 되어 연천(漣川)현감으로 부임할 때 임지에 까지 따라가서 경전을 읽기 시작하였다. 일곱 살 내 처음 시를 지었다. 이때 "작은 산이 큰 산을 가리우니/ 멀고 가까움이 다르기 때문이라네"(小山蔽大山, 遠近地不同)라는 어린 아들의 시 구절을 본 부친 정재원은 "분수에 밝으니 자라면 역법(曆法)과 산수(算數)에 능통할 것이다"라고 칭찬하였다 한다. 뒷날 정약용이 서양과학의 수리계산에 밝았던 사실을 돌아보면, 일곱 살 소년의 시 한 구절에서 아들의 장래를 내다보는 그의 부친이 지닌 통찰력도 놀랍다.

정약용은 10세때 그 무렵 다시 벼슬에서 물러나 고향에 머물던 부친에게서 경전과 역사를 배웠다. 그는 어릴 때부터 재주가 총명하였을 뿐만 아니라 누가 시키지 않아도 스스로 학업에 열중하였다. 이때 옛 경전과 역사서를 모방하여 지은 글이 일년 동안에 자신의 키만큼 쌓였다고 하니, 얼마나 독서와 작문에 부지런하였는지를 짐작할 수 있다. 그는 10세때까지 자신이 지은 글을 모아 『삼미집』(三眉集)으로 묶었는데, 학자들이 보고 장차 크게 성취할 것이라 감탄할 만큼 기대를 한 몸에 받았다. 그러나 자신의 저술에 '삼미'라 이름을 붙인 것은 그가 두 살 때 마마를 앓았는데 순조롭게 치르고 났지만 그 흔적이 오른쪽 눈썹을 세 갈래로 나누어 놓았기 때문에 스스로 '삼미자'(三眉子)라고 호를 지었던 것이다. 어릴 때 스스로 지었던 '삼미자'라는 호는 거울 속에서 자기 얼굴을 들여다 보듯이 자신에 빠져 있을 뿐이요 아직 넓은 세상을 내다보고 헤아릴 만큼 성장한 것은 아니었다.

열세 살 때 두보(杜甫)의 시를 베껴놓고 그 운(韻)을 따라 수백 편의 시를 지었던 것도 어른들로부터 크게 칭찬을 받았다. 열네 살 때에는 고향에서 가까운 수종사(雲吉山 水鐘寺)에서 독서하였다. 이 절은 벼랑에서 물떨어지는 소리가 종소리처럼 들리는 것을 듣고서 세조임금이 중창하였던 절이다. 이 절에서는 두 줄기의 한강물이 합쳐서 흐르는 아름다운 수향(水鄉)의 경치가 한눈에 내려다보이는 곳으로, 조선초기의 서거정(徐居正)은 우리나라 사찰 가운데 전망이 첫째라고 극찬한 절이다. 이곳에서 지었던 시의 한 구절에서도 열네살 소년 정약용의 놀라운 시적 상상력을 엿볼 수 있다.

> 샘물은 돌구멍에서 솟아나오고,   …地漿湧嵌穴,
> 종소리 숲속에서 울려퍼지네.   鐘響出深樹,
> 유람길 예서부터 두루 밟지만,   游歷玆自遍,
> 돌아오리라는 기약이야 어찌 그르치리오. 幽期寧再誤.
>   〈「游水鐘寺」〉

정약용은 이 산사의 샘물이 강으로 멀리 흘러가고 종소리가 허공으로 떠나듯이 자신도 사방으로 떠다닐 미래를 그려보면서, 그래도 끝내는 다시 처음 떠난 자리인 고향으로 돌아오리라 마음 속으로 다짐해 보고 있는 것이다. 실제로 정약용의 평생도 풍운 속에 사방을 떠돌았지만, 만년에 고향으로 다시 돌아와 이 시에서 기약한 것을 지킬 수 있었다.

그는 아홉 살 때 어머니를 여의었다. 어릴 때 어머니에 대한 기억을 회상하면서, 부친이 연천현감으로 있을 때 그곳에서 어머니가 술 담그고 장 달이는 여가에 큰형수와 함께 주사위(樗蒲·雙陸) 놀이를 하며 즐기던 모습을 그려놓고 있다. 그가 어머니를 잃고난 뒤로 큰 형수 경주 이씨가 어머니처럼 돌보아 주었다. 큰 형수는 머리에 이가 득실거리는 어린 시동생의 머리를 빗질해주고 세수대야를 들고 따라다니며 세수시켜주었다. 큰형수의 친정동생인 이벽(李檗)은 청년시절 정약용에게 깊이 학문적 영향을 끼쳤을 뿐만 아니라, 정약용 형제를 천주교 신앙으로 끌어들이는 역할도 하였다.

정약용이 열두살 때 부친은 측실을 맞이하여 서모(庶母) 김씨(岑城金氏)가 들어와 그를 보살펴주었다. 뒷날 이때를 돌아보며, "머리에 서캐와 이가 많고 또 부스럼이 자주 생겨났다. 서모는 손수 빗질해주고 또 그 고름과 피를 씻어주었다"〈「庶母金氏墓誌銘」〉고 회상하는데서도, 일찍 어머니를 잃고 서모 김씨에게 깊이 정이 들었음을 엿 볼 수 있다.

2) 친가와 외가의 가풍

(1) 친가(親家: 羅州 丁氏)의 가풍

정약용의 집안인 나주 정씨 가문의 시조는 그의 13대조인 정윤종(嚴隱 丁允宗)이다. 정윤종은 고려 유민으로서 조선왕조가 개국하자 황해도 배천(白川) 땅에 은거하며 지조를 지키고 말없이 남을 돕는 덕을 쌓으며 집안을 일으키는 기반을 닦았다 한다. 그 아들 정자급(丁子伋) 때부터 벼슬에 나오기 시작하여 서울에 올라와 살았으며, 그 이후로 5대조 정시윤(斗湖 丁時潤)에 이르기까지 정약용의 직계 선조는 8대가 잇달아 옥당(玉堂; 弘文館)에 올랐으니, 대대로 학자들이 배출되었던 영예로운 가문이었다.

5대조 정시윤은 숙종때의 험난한 당쟁 속에서도 당파에 초연하여 지조를 지켰으며, 만년에는 마재(馬峴)에 터를 잡았다. 이곳에 임청정(臨淸亭)을 짓고 험난한 세월 중에도 산수가 빼어난 수향(水鄕)의 경치를 즐기며 은거하여 새로운 생활의 터전을 마련하였다. 이때부터 정약용의 고조부에서 조부까지는 벼슬에 나가지 못하고 마재 땅에서 묻혀 살았다. 부친에 이르러서야 비로소 다시 벼슬에 나가기 시작하였다.

정약용은 자신의 집안 내력에 깊은 관심을 기울여왔으며, 집안의 가풍(家風)을 네가지로 요약하여 설명하기도 한다.

첫째는 '삼가함'(謹)이다. 그의 가문은 국가의 위난에 순국하는 충절을 보이지는 못하였지만, 비리를 저지르거나 세력에 추종하는 일이 없었음을 들었다.

둘째는 '서툴음'(拙)이다. 그의 선조들은 권력을 차지하거나 경쟁하는 일에 민첩하게 나서는 것이 아니라, 멀리 염려하여 한발 물러서서 속을 굳게 지켰음을 제시했다.

셋째는 '착함'(善)이다. 그의 집안 사람들이 독기가 없으며 원망하거나 보복하지 않음을 말하고 있다.

넷째는 '신실함'(諒)이다. 그의 친족들은 허황한 말을 함이 없고 믿음직하며 진실함을 강조하였다.〈「題家乘抄略」〉

이처럼 정약용은 자신의 집안이 강직한 의리를 내세워 죽음도 두려워하지 않는 지사(志士)들도 아니요, 권세와 이익을 탐하여 교활하고 민첩하게 행동하는 소인배들도 아니며, 언제나 조심하고 선량하며, 외유내강의 지조를 지키는 학자 집안으로서 성실한 가풍을 지켜왔음을 강조하고 있는 것이다.

정약용이 태어나던 해인 1762년에 부친 정재원(丁載遠)은 새로 합격한 진사(進士)로 영조 임금 앞에서 『예기』의 「제의」(祭義)편을 강론할 수 있는 특별한 기회를 얻었다. 영조는 이 강론을 듣고 나서 그가 아직 대과(大科: 文科)에 급제하지 않았는데도 특지(特旨)로 그에게 벼슬을 내려주었다. 이 때부터 정재원은 관직에 나가기 시작하였다. 정재원은 연천현감, 화순현감, 예천군수 등 고을 수령을 지내고, 조정에 들어와서는 호조좌랑(戶曹佐郎)과 한성서윤(漢城庶尹)이 되었다.

정재원이 58세때(1787) 한성서윤으로 재임하는 동안 윤대관(輪對官)으로 정조 임금 앞에 나가서 임금의 질문에 대답하였던 일이 있었다. 이때 정조는 그 거동이 단정하고 아담하며 대답이 자상하고 분명함을 보고서 깊이 신임하게 되었다. 그래서 정조는 곁에서 모시고 있는 신하들에게 정재원의 인물됨이 재상(宰相)의 그릇이라 하여 크게 쓰고자 하는 뜻을 보이고, 대학에서 시행하는 과거시험(泮試: 謁聖試)에 응시하도록 권유하게 하였다. 그러나 정재원은 자신이 이미 늙어서 과거시험장에 들어감을 부끄럽게 여겨 끝내 나서지 않았다. 다만 지방 수령으로 나가서 백성을 잘 보살펴서 임금의 은혜에 보답하겠다는 뜻을 밝혔다. 그만큼 자신의 분수를 알고 절제하며 지조를 지키는 인품을 엿볼 수 있는 대목이다. 정재원은 그 후 다시 수령으로 나가 울산부사를 거쳐서 진주목사로 재임하다가 1792년 임지 진주에서 세상을 떠났다.

정재원은 첫 부인 의령 남씨(宜寧 南氏)와 사이에 큰 아들 약현(若鉉)을 낳았고, 둘째 부인 해남 윤씨와 사이에 약전(若銓)·약종(若鍾)·약용(若鏞)의 3형제와 따님 한 분을 낳았으니, 정약용은 넷째 아들이다. 정약용에게는 서제(庶弟)로 약황(若鐄)이 있고, 서매(庶妹)는 재상 채제공(樊巖 蔡濟恭)의 서자(庶子) 채홍근(蔡弘謹)에게 출가하였다. 그는 형제 가운데서는 둘째 형 정약전(호 巽菴)과 가장 친밀하게 지냈고 학문적 교류도 가장 깊었다.

정약용은 방계의 친족(傍親)에도 관심을 기울이고 있다. 방계 친족 가운데 17세기의 명망 높은 성리학자로서 원주 법천(原州 法泉) 땅에 은거하였던 정시한(愚潭 丁時翰, 1625-1707)을 가장 높이 존중하였다. 정시한은 정약용의 5대조 정시윤의 6촌형이 되는 분이다. 정약용은 정시한에 대해, "주자와 퇴계를 준칙으로 삼았으며,…한강(寒岡 鄭逑)과 여헌(旅軒 張顯光) 이래로 참된 선비요, 순수하고 정대한 학자는 오로지 선생 한 분뿐이다. 의리가 마음 속에 쌓이고 출처가 세상의 표본이 된 것이 모두 유교의 적통을 이을 만하다"〈「旁親遺事」〉라고 하여, 정시한이 퇴계의 학통에서도 정구와 장현광을 거쳐 기호 남인의 학맥을 계승한 대표적 학자인 점을 주목하였다.

또한 정시한의 현손(玄孫)으로 정약용에게는 족숙(族叔)이 되는 9세 연상의 정범조(海左 丁範祖, 1723-1801)는 지조가 고결한 인물로서, 정조 임금 때 이조참판과 형조판서를 지내기도 하였다. 정약용은 정범조를 잘 따랐다. 조정에 나왔을 때는 서울에서 자주 만났고, 벼슬에서 물러난 뒤에도 법천으로 직접 찾아가기도 하였다. 정약용은 두 아들에게 보낸 편지에서 어려운 시절에 높은 학덕을 이룬 정시한의 모범과 거짓 없이 진실한 정범조의 덕을 강조하며, 이를 본받도록 타이르고 있다.

이 사실에서도 방계의 친족인 정시한과 정범조에 대해 깊은 존경심을 엿볼 수 있다.

(2) 외가(外家: 海南 尹氏)의 가풍

정약용의 외가인 해남 윤씨 집안은 윤선도(孤山 尹善道, 1587-1671)의 가문이다. 윤선도는 예송(禮訟)이 벌어졌을 때 남인의 영수로서 서인 (노론)의 영수인 송시열과 맞서서 남인의 예설을 주도하였던 인물이다. 또한 윤선도가 만년에 보길도(甫吉島)에서 지었던 단가(短歌) 40수로 이루어진 「어부사시사」(漁夫四時詞)는 정철(松江 鄭澈)의 가사문학과 쌍벽을 이루는 것으로 평가받고 있다. 윤선도의 증손자인 윤두서(恭齋 尹斗緖, 1668-1715)는 인물화에 탁월하여, 산수화의 정선(謙齋 鄭歚), 화 조도(花鳥圖)의 심사정(玄齋 沈師正)과 더불어 '조선시대 회화(繪畵)의 삼재(三齋: 謙齋·玄齋·恭齋)'로 일컬어졌다. 윤두서의 셋째 아들인 윤 덕렬(尹德烈)의 딸이 바로 정약용의 모친이다. 따라서 윤두서는 정약용 의 외증조이며, 윤선도는 외가로 6대조가 된다. 정약용은 이처럼 시가 와 서화의 예술적 품격을 외가로부터 계승받았던 것으로 보인다.

윤두서는 한국회화사에 손꼽히는 걸작의 하나로서 자화상(自畵像) 을 남겼는데, 정약용의 용모가 외증조인 윤두서의 모습과 방불하여 외 가를 닮았음을 말하고 있다. 정약용의 초상화가 지금 몇가지 전하고 있기는 하지만 모두가 뒷날 상상으로 그려진 것이니, 정약용의 모습을 윤두서의 자화상에서 미루어 짐작해보는 것이 오히려 실제에 더 가까 울지 모르겠다. 정약용은 윤두서가 그린 지도로서 「조선도장자」(朝鮮 圖障子)의 장단점을 지적하면서 그 화법의 탁월함을 높이 평가하였으며, 또 「일본지도」(日本地圖)의 정밀함과 그 중요성을 주목하기도 하였다. 정약용은 외가의 가풍에 세심한 관심을 기울였고, 외가의 선조인 윤선도와 윤두서에 대해 깊은 존경심을 보여왔다.

정약용의 외조부는 윤두서의 아홉 아들 가운데 셋째 아들인 윤덕렬(尹德烈)이고 외갓집은 당시 전라도 진산(珍山: 현 충남 금산군 진산면)땅에 있었다. 정약용의 외사촌형이었던 윤지충(尹持忠)은 서울에 올라왔다가 정약용 형제들을 통해 천주교 신앙에 깊이 빠져들었고, 그 외사촌인 권상연(權尙然)과 더불어 1791년 제사를 폐지하고 신주(神主)를 불태운 사건(辛亥珍山之變)으로 처형되었던 일이 있었다.

정약용은 외가의 집안과 폭넓게 친하게 지냈다. 서울에서도 외6촌인 윤지범(南皐 尹持範, 1752-1821)이나 윤지눌(無咎 尹持訥)과 항상 가깝게 잘 어울렸으며, 윤지익(尹持翼, 1770-1797)은 서울로 올라오자 찾아와 정약용을 무척 따랐고, 정약용도 그 인물과 재주를 무척 사랑했으나 일찍 죽고 말았다. 또한 정약용은 유배지 강진시절에도 강진이 해남과 이웃고을이라 외가의 친척들과 친밀하게 어울렸으며, 강진에서 주로 머물렀던 다산초당도 외가로 친척이 되는 윤단(橘林 尹博)의 산정(山亭)이었다.

이렇듯 정약용은 자신의 친가를 화평한 인품과 학문전통이 있는 학자의 가문이라는 점에 강한 자부심을 보이고 있으며, 이와 더불어 그의 외가는 시와 서화의 문학과 예술적 정취가 깊이 배어 있는 가문임을 무척 자랑스러워하고 있다. 바로 이런 뿌리에서 그 자신도 학자로서 정밀한 분석능력의 이성을 지닌 동시에 예술가로서 섬세하고 풍부한 감성을 길렀으며, 이 양면이 잘 어우러져 한 시대를 대표하는 품격 높은 선비로 성장할 수 있었던 것이다.

2. 열다섯에 혼인하고 서울에 올라와

1) 열다섯에 혼인하고

정약용이 열다섯 살 때인 1776년 3월에 영조 임금이 죽고 사도세자의 아들로 세손(世孫)인 정조 임금이 즉위하여 새로운 정국이 열리는 시기를 맞게 되었다. 정약용은 그해 2월에 서울에 사는 풍산 홍씨(豊山 洪氏) 홍화보(洪和輔)의 따님에게 장가들었다. 그는 상객(上客) 계부(季 父) 정재진(稼翁 丁載進, 1740-1812)을 따라 배를 타고 서울로 장가들러 초행(醮行)길에 나섰다. 이때 배 안에서 지었던 시에는 열다섯 살 소년의 맑은 눈에 비친 신선한 봄날 아침의 산과 물이 어울린 경관이 그림처럼 떠오르고 있다.

아침 햇살 받은 산 맑고도 멀고,　　　　　　　旭日山晴遠,
봄바람 스친 물 일렁거리네.…　　　　　　　　春風水動搖,…
엷푸른 풀 그림자 물 위에 뜨고,　　　　　　　淺碧浮莎葉,
노오란 버들가지 하늘거리누나.　　　　　　　微黃著柳條,

차츰차츰 서울이 가까워지니,	漸看京闕近,
울창한 삼각산 높이 솟았네.	三角鬱岌嶬.

〈「春日陪季父乘舟赴漢陽」〉

　서울로 올라가는 이 길은 그에게 또 하나의 새로운 세계로 들어가는 문을 열어젖히는 중요한 의미가 있었다. 장가를 들어 어엿한 성인이 된다는 변화만이 아니다. '풀 그림자 물 위에 뜨는' 수향(水鄕) 마재에서 아버지의 지도아래 경전과 역사의 고전을 읽던 소년 '삼미자'의 아릿다운 자태를 벗어던지고, '울창한 삼각산 높이 솟은' 서울에 올라와 천하의 인걸들 틈에 끼어들고 시대정신의 거친 파도 속으로 뛰어드는 당당한 청년 '정약용'으로 나서는 길이었다.

　그가 처가에 가서 혼례를 올리던 날 그 보다 아홉 살이 많은 사촌처남인 홍인호(洪仁浩, 1753-1799)는 그를 놀리느라고 "사촌매부는 삼척동자일세"(四寸妹夫, 三尺童子)라고 하였다 한다. 이 말을 듣자 정약용은 곧바로 "신중하고 온후해야할 장손이 경박한 소년일세"(重厚長孫, 輕薄少年)라고 응대하여, 그 재치있는 댓귀에 사람들을 놀라게 했다는 일화가 전한다. 〈최익한;『실학파와 정다산』, 498쪽〉

　그의 장인 홍화보는 몸이 허약하였지만 문(文)과 무(武)를 겸한 장수였다. 병법에 밝았고 오공진(蜈蚣陣: 지네 모양의 진법)과 칠성진(七星陣: 북두칠성 모양의 진법)의 진법(陣法)을 창안할 만큼 진법에 조예가 깊었던 인물이다. 홍화보는 성품이 강직하여 굽힐 줄 몰랐으며, 정약용이 장가들던 바로 그해에 당시 집권 세도가인 홍국영(洪國榮)에게 미움을 받아 평안도 운산(雲山)으로 유배를 당하였다. 홍화보는 유배를 떠나면서도 홍국영에게 뇌물을 보내라고 충고하는 사람을 돌아보

며, "그대는 홍국영을 태산처럼 보는가? 그는 빙산에 지나지 않네"라
고 비웃으면서, 호탕하게 노래를 불렀다 한다. 정약용은 이처럼 호방
한 장인의 기개를 시로 읊어 유배를 떠나는 길을 위로하였다.

이별 길에 가을빛 깊어가고,	別路生秋色,
작별의 자리 노래소리 호방하네.…	離亭發浩歌,…
빙산같은 권세야 모를 일이라,	氷山未可料,
풍파 만나 부서질줄 어찌 알리오.	安意度風波.

〈「送外舅洪節度謫雲山」〉

　정약용은 열아홉 살 때(1780) 봄에 아내를 데리고 경상우도 병마절
도사(慶尙右道兵馬節度使)로 진주에 주재하는 장인을 찾아뵈었던 일이
있다. 홍화보는 아직도 어린 사위를 위해 성대한 연회를 베풀고 남강
에 배를 띄워 뱃놀이를 열어주었다. 이때 정약용은 촉석루에서 검무
(劍舞)를 감상하고 시〈「舞劍篇贈美人」〉를 지어 춤을 춘 기생에게 주었
던 일이 있다. 또한 홍화보는 영조 임금이 내려준 각궁(角弓)을 가보
(家寶)로 간직하다가 사위에게 물려주었으니, 재기발랄한 젊은 사위를
크게 기대하고 무척이나 아끼고 사랑하였음을 알 수 있다. 정약용도
장인이 자신을 알아주는 은혜를 깊이 가슴에 새겼다.

2) 성호(星湖)학풍의 바람을 쏘이며

정약용은 열다섯 살 때 장가를 들어 서울에 올라오면서부터 서울을 자주 드나들었다. 그해에 부친도 호조좌랑(戶曹佐郎)으로 다시 벼슬에 나가게 되자 서울 명례방 소룡동(明禮坊 小龍衕: 현재 中區 明洞)에 집을 구해 살기 시작하였다. 이때 정약용이 소룡동 집 벽에 붙였던 입춘시(立春詩)에서는 공자와 맹자의 가르침에 따라 천성을 배양하고 사람으로 지켜야할 도리를 실행하겠다는 입지(立志)를 굳게 하여 새롭게 다짐하고 있다. 이것은 바로 열다섯 살에 '학문에 뜻을 세웠다'(志于學)는 공자의 발자취를 따라가고 있음을 보여주는 것이다.

사람이 태어나 하늘과 땅 사이에 처하니,	人生處兩間,
천명따라 자기 몸 바르게 행함이 직분이라.	踐形乃其職,
어리석은 자는 천성을 소멸시켜버리고서,	下愚泯天良,
먹고 입는 일에 평생을 바치고 마는구나.	畢世營衣食,
효도와 우애는 인(仁)을 하는 근본이요,	孝弟寔仁本,
학문이야 실행하고 남은 힘으로 할 일.	學問須餘力,
혹시라도 부지런히 힘쓰지 않고서,	若復不刻勵,
세월만 보내면 덕을 잃어버릴 것이네.	荏苒喪其德.

〈「立春日題龍衕屋壁」〉

서울에 살면서 정약용의 교유가 넓어졌다. 그는 이 무렵 누님의 남편인 여섯 살 위의 이승훈(蔓川 李承薰, 1756-1801)과 어울렸고, 큰 형의 처남인 여덟 살 위의 이벽(曠菴 李檗, 1754-1786)과 친하게 지냈다. 또한 이승훈과 함께 학문으로 명성이 높은 이가환(李家煥)을 만났다. 이가환은 이승훈의 외삼촌이었으며, 이익(星湖 李瀷)의 종손(從孫)으로 당시 이익의 학풍을 계승하는 중심적 인물의 한 사람이었다. 이들은 성호학파에 속하는 인물들로서 당시 이익의 저술을 함께 학습하고 토론하면서 성호학파의 학풍을 일으키고 있었다. 정약용은 이가환을 중심으로하는 성호학파의 선배들을 따라 이익의 저술을 읽기 시작하면서 비로소 새로운 학문의 세계에 뛰어들게 되었던 것이다.

정약용은 16세 때부터 이익의 실학사상이 비쳐주는 새로운 빛을 받고, 성호학파의 학풍이 일으키는 새로운 바람을 쐬게 되자, 이제 그가 지향하는 학문은 이 시대를 주도하고 있던 고루한 도학이념의 전통을 답습하는데 더 이상 안주할 수 없었다. 그는 이미 새로운 세계를 찾아나서는 큰 꿈을 꾸기 시작하였고, 학문적 탐험의 길에 들어서는 첫발을 내디디고 있었다. 그 자신 뒷날 자식들이나 조카들에게 "나의 큰 꿈은 성호를 따라 사숙하는 가운데 깨달은 것이 많았다"〈정규영, 『俟菴先生年譜』〉고 말하였다. 그만큼 이익의 실학사상과 만남으로써, 정약용 자신의 학문적 방향정립은 중대한 전환을 맞이하게 되었음을 보여준다.

이익의 학문은 경학(經學)·예학(禮學)·경세론(經世論)의 영역을 포괄하고, 주자와 퇴계의 학풍을 계승할 뿐만 아니라 서양의 과학기술까지 포함하여 새로운 문물을 다양하게 수용하는 백과전서적 학풍을 지니고 있어서 그 학문의 폭이 매우 넓다. 그 가운데서도 정약용으로서는 이익의 저술을 통해 가장 큰 충격적 영향을 받았던 대목은 두 가지 영역으로 보인다. 그 하나는 사회현실의 모순을 해결하기 위해 탐색하는 예리한 현실인식과 제도개혁론으로서 경세치용(經世致用)의 실학방법이요, 다른 하나는 새로운 합리적 세계관에 기반을 둔 서양과학기

술의 우월함을 열린 마음으로 인정하고 적극적으로 받아들였던 서학
(西學)지식이라 할 수 있다.

3) 서울과 지방을 오르내리며 과거시험 공부를 하다

16세때 가을 부친이 전라도 화순(和順)현감으로 내려가자 정약용은
부친을 모시고 따라갔다. 그는 화순현 관아(官衙)의 금소당(琴嘯堂)에
서 독서할 때 25세나 연상으로 박학하고 호걸스러운 이 지방의 선비
조익현(曺翊鉉, 1737-1800)을 처음 만났다. 조익현은 이제 소년의 태를
겨우 벗은 정약용을 한번 만나 경전과 문장을 토론하고 나서는 나이를
잊고서 벗으로 사귀었다. 정약용이 화순을 떠나자 헤어진 뒤로 20년
이 넘도록 편지를 왕복하고 또 자기의 저술(「喜告齋問答」)을 정약용에
게 보내 논평을 구하기도 하였다. 정약용도 조익현을 만나보고 "남자
는 사방에 노닐지 않을 수 없는 것이다. 한 고을에 이르렀는데도 이런
인물이 있구나"〈「曺台瑞墓表」〉라고 감탄하였다. 이처럼 정약용은 어
디를 가서나 사람들과 널리 교유함으로써 자신의 인격을 연마하고 자
신의 견문을 더욱 넓게 열어가는 자세를 지녔던 것이다.

17세때 가을에는 정약용의 네 형제가 함께 화순에 인접한 동복현(同
福縣)의 적벽(赤壁)과 물염정(勿染亭: 현 화순군 二西面 滄浪里)에서 노닐
었고, 광주의 서석산(瑞石山: 無等山)을 유람하며 시와 기문(記文)을 지
었다. 그해 겨울에는 둘째 형 정약전과 함께 가까운 동림사(東林寺: 萬
淵寺 동쪽에 있었음)에 들어가 40일 동안 독서하고 돌아왔다. 이때 정약
용이 『맹자』를 읽다가 깨달음이 있어서 옛 주석과 다른 독자적 해석을

하였는데, 정약전은 무릎을 치며 찬동해주었고, 어느 눈 내리던 밤 『서경』을 읽고 있던 정약전은 잠을 못 이루면서 요·순시대의 이상을 실현하겠다는 가슴 속의 포부를 펼치기도 하였다.〈「先仲氏墓誌銘」〉이렇게 형제가 한겨울 동안 눈덮인 그윽한 산사(山寺)에 파묻혀 독서와 토론으로 학문의 즐거움에 푹 젖었던 것이다.

18세때(1779)는 부친의 명령에 따라 서울에 올라와 과거시험을 준비하는 공부를 하였고, 그해 겨울 성균관에서 매달 유생들에게 시험보이는 승보시(陞補試: 生員科·進士科에 응시자격을 주는 시험)에 합격하였다. 그해 8월 정조 임금이 여주의 영릉(英陵: 世宗大王陵)에 거동하였다가 돌아오는 길에 남한산성(南漢山城)에 이르러 군대를 사열하고 화전(火箭)과 화포(火砲)를 쏘는 행사를 구경하고서 시를 지었다.

성머리에 해가지고 하늘이 어두워지니,	城頭日沒天正黑,
각 군영 깃발 내리고 군악소리 멈췄네.…	諸營落旗鐃吹息,…
갑자기 솟은 불덩이 옹기만큼 큰데,	驀一火顆大如甕,
동대 곁에서 어지러이 날아오르네.…	颩颩飛出東臺側,…
화전과 화포 나온지 그리 멀지 않으니,	火箭火礮出未久,
그 제도 당초에 서양에서 얻어 왔지.	其制始出蠻邦得,
화란의 호준포 특하나 매섭고,	紅夷虎蹲特雄悍,
폴투갈 백자총 더욱 사정없이 파고드네.	佛郎百子尤慘刻,
효종께서 청나라 정벌하실 일념으로,	孝宗銳志思北淸,
기발한 무기 만들어 무력을 증강시켰네.	製造奇器競武力.…

〈「大駕幸英陵, 還至南漢城, 閱武放火箭火砲, 恭述所覩」〉

이때 정약용은 백자총(百子銃)과 호준포(虎蹲砲)가 서양무기라는 사
실과 화란(紅夷)과 폴투갈(佛郞機)의 무기에 대한 지식까지 보여주고
있다. 그것은 이미 16세때부터 이익의 저술을 읽으면서 서양에 관한
정보를 민감하게 수집하고 있었음을 엿볼 수 있는 대목이다. 그러면서
도 밤하늘에 쏘아올리는 대포의 불덩이를 보며 불꽃놀이처럼 즐기는
것이 아니라, 효종 임금이 청나라를 쳐서 병자호란의 치욕을 복수하겠
다는 북벌정책에 따라 수용한 서양무기임을 밝힘으로써, 우수한 기술
이라면 서양에서 받아들이는 것도 정당하다는 신념을 확인하고 있는
것이다.

정약용은 아내를 데리고 다시 화순으로 내려가서 부친을 모시고 지
냈다. 19세때 봄에 부친이 경상도 예천(醴泉)군수로 전임되자, 아내와
함께 장인이 경상우도 병마절도사로 있는 진주를 거쳐 예천으로 부친
을 찾아갔다. 가는 도중에 지은 시에서 "아내와는 정분이 깊어/ 산천
유람 어울려 함께 한다오"(細君頗有分, 游覽與之俱.〈「登月波亭」〉)라고
읊고 있듯이, 그는 합천(陜川)의 함벽정(涵碧亭)이나 선산(善山)의 월파
정(月波亭)처럼 경관이 아름다운 정자를 아직도 새색씨인 아내와 함께
오르며 산천의 유람을 즐기기도 했다.

예천에서는 관아 안에 외따로 있는 반학정(伴鶴亭)에 한가롭게 머물
며 독서를 하였다. 그는 반학정에서 독서하였을 때 그 스스로 지방관
으로 부임하는 부친을 따라 다니는 자제의 도리를 엄격하게 성찰하고
있었다. 곧 지방 수령의 자제들이 유흥에 빠지거나 행정 사무에 간여
하여 폐단을 낳는 현상을 직시하였던 것이다. 따라서 그 자신 독서에
열중함으로써 수령인 부친의 명예를 지키고 걱정을 끼치지 않겠다는
자각을 확실하게 밝히고 있었다. 또한 어려서부터 목민관의 임무를 가

까이서 관찰할 수 있는 기회를 가졌던 것이다.

그가 예천에 도착했을 때 반학정은 귀신이 나온다하여 폐허로 버려져 있는 건물이었다. 그는 "귀신이란 오로지 사람이 부르는 것이니, 내 마음에 귀신이 없으면 귀신이 어찌 스스로 올 것인가"〈「伴鶴亭記」〉라고 자신의 주장을 단호하게 밝히며, 주위 사람들의 만류를 물리치고 반학정에 혼자 지내면서 오로지 독서에 전념하였다. 아직 열아홉의 어린 나이지만 이미 그 강건한 기개는 귀신을 제압할만 하고, 식견과 신념은 허황한 말에 동요하지 않는 확고한 부동심(不動心)을 보여주고 있다. 더구나 그는 부친의 임지를 따라온 수령의 자제들이 유흥에 빠지거나 관청의 공무에 관여하다가 그 자신을 망치고 마는 사실을 주의 깊게 통찰하고, 스스로 이를 경계하여 처음부터 소송하는 소리가 들리지 않을 만큼 동헌에서 떨어진 반학정을 서재로 삼았다. 그만큼 자신을 단속하고 학문에 집중하는 확고한 자세를 지녔던 것이다.

정약용은 어느 날 부친을 따라가서 선조 때의 명신(名臣)으로 예천 출신인 정탁(藥圃 鄭琢, 1526-1605)의 유상(遺像)을 참배하고 돌아오는 길에 예천의 절경인 선몽대(仙夢臺)에 올랐던 일이 있다. 아버지와 함께 벽에 걸려 있는 시판(詩板)을 두루 읽어가다가 그 가운데 정약용의 9대조 정응두(丁應斗, 1508-1572)가 1553년 경상도 관찰사로 재임하던 시절 이곳에 올라 지었던 시를 발견하고, 220여년 뒤에 그 후손이 같은 정자를 다시 올라 선조의 시를 읽게 된 사실에 감격하였던 일도 있었다.〈「仙夢臺記」〉 정약용의 부친은 예천에서도 선정을 베풀어 백성들이 편안하게 살 수 있게 되었는데, 무슨 까닭인지 어사(御史)의 탄핵을 받아 그해 겨울에 파직이 되었다. 이에 정약용은 아내와 함께 먼저 길을 나서서 고향 마재로 돌아왔다. 그는 고향에 돌아온 이후 주로 서울이나 고향 집에서 과거시험 준비에 몰두하였다.

20세때 봄에는 예천군수때의 일로 문초를 받고 관직까지 삭탈당하게 된 부친을 모시고 서울에서 고향으로 돌아왔다. 이무렵 경상우도 병마절도사로 재임하던 장인 홍화보도 어사에 의해 모함을 당하여 파직되고 숙천(肅川: 현 平南 平原郡 肅川面)으로 유배를 가게 되었다. 당시 암행어사도 당파적 관심이나 사사로운 이해에 얽매어 청렴한 지방관에 대해서도 작은 허물을 찾아 모함하는 경우가 드물지 않게 있었던 것으로 보인다.

정약용은 다시 서울에 올라와 과거시험 공부를 하였고, 그해 7월에 첫딸을 낳았지만, 5일만에 죽고 말았다. 정약용이 평생에 마음의 고통을 많이 당했지만 그 가운데 여러 자식들이 일찍 죽는 참혹함이야말로 가장 큰 고통의 하나였다.

21세때는 서울 창동의 체천(倉洞 棣泉: 현 중구 남창동)에 처음으로 집을 샀다. 이제야 비로소 서울 생활의 토대를 제대로 마련하게 되었던 것이다. 그해 가을에는 광주땅 봉은사(奉恩寺: 현 서울 강남구 삼성동)에서 과거시험 공부를 계속하였다.

3. 대학(太學)에 입학하여

1) 대학생으로 풍운(風雲)의 만남

정약용은 22세때(1783) 생애에서 또 한 번의 중요한 전환기를 맞았다. 그해 봄에 세자(世子: 뒤에 純祖)책봉을 경축하는 과거시험에서 소과(小科: 增廣監試)의 일차시험(初試)에 경전해석(經義)으로 합격하고, 이어서 이차시험(會試)에도 합격하여 생원(生員)의 자격을 받아 대학(태학)에 입학하게 되었다. 그 시절에는 대학을 '태학(太學)'이라 하였는데, 성균관(成均館)이 유일한 대학이었으며, 소과 시험에 합격하여야 입학이 허용되었다.

정약용이 소과에 합격하여 임금님께 사은(謝恩)하는 행사로 창경궁 선정전(昌慶宮 宣政殿)에서 정조 임금을 처음 배알하게 되었다. 이때 정조는 정약용에게 얼굴을 들라하고 나이가 몇인지 물어 특별한 관심을 보여주었다. 뒷날 정약용의 현손(玄孫: 4대손) 정규영(丁奎英)은 정약용과 정조 임금의 첫 만남을 '처음 풍운의 만남'(最初風雲之會)이라 하였다. 〈정규영; 『사암선생연보』〉 '풍운의 만남'이란 『주역』 건괘(乾卦)

에서 "구름은 용을 따르고 바람은 범을 따른다"(雲從龍, 風從虎)고 하여 하늘과 땅이 서로 감응함을 말하는 것이요, 성군(聖君)과 현신(賢臣)이 만나 그 뜻이 서로 통하는 것을 의미한다. 뜻이 통하는 임금과 신하의 만남은 바로 바람이 일어나고 구름이 모여드는 '풍비운회(風飛雲會)'의 뜻깊은 일이다. 정약용에게는 정조 임금과의 만남이야 말로 자신의 포부를 펼칠 수 있는 기회를 맞게 되는 것이니, 가장 중요한 사건이라 아니할 수 없다.

그해 4월에 대학에 입학하였고, 이무렵 정약용은 창동에서 회현방 재산루(會賢坊 在山樓: 현 중구 회현동2가)로 이사를 하였다. 재산루는 김육(潛谷 金堉, 1580-1658)의 손자요 서인의 중심인물로서 남인을 억압하던 김석주(息菴 金錫胄, 1634-1684)가 출생한 집으로 물맛이 좋은 우물이 있고 바위에 '창벽(蒼壁)'이라 글씨가 새겨져 있다고 한다.〈한글학회;『한국지명총람: 서울편』〉 그러나 정약용이 이사하였던 집은 바로 이 재산루가 아니라 재산루가 있는 동내 안의 집이었을 가능성이 크다. 그해 가을 정약용은 큰 아들 학연(學淵)을 낳았다.

이듬해 23세때(1784) 봄에는 이승훈을 비롯한 가까운 선비들이 서쪽 교외에 모여 향사례(鄕射禮)를 행했는데, 정약용도 이 향사례에 참여하였다. 이때 백여명의 선비들이 참여하였다고 하는데, 짐작하건데 성호학파의 선비들이 중심이 되어 벌였을 것이다. 또한 정약용은 살구꽃이 한창인 봄날 대학의 동료학생들과 가까운 송동(松洞: 현 종로구 명륜동1가와 혜화동일대)에서 시회(詩會)를 열기도 하였다.〈「松洞看花詩序」〉 그러나 정약용의 23세때는 선비들이 모여 의례를 행하는데 참여하여 어울리거나, 꽃구경을 하며 시를 짓는 모임에 끼어 한가롭게 즐기기만 하였던 것은 아니다.

2) 대학생활 속에 맞게된 중대한 전환계기

23세때는 정약용의 대학생활에서도 그 자신의 평생에 가장 큰 영향을 끼쳤던 사건이 일어났으며, 그의 사상형성에 가장 중대한 의미를 지닌 저술이 이루어졌던 해이다. 그해 4월 정약용은 큰 형수의 제사가 있어서 고향으로 내려갔었다. 이때 정약용의 친우인 이벽(李檗)은 바로 정약용에게는 큰 형수의 동생이었으므로 누님의 제사에 참석하기 위해 정약용의 고향집을 찾아왔다. 제사가 끝나고서 서울로 돌아가기 위해 정약용과 둘째형 정약전이 이벽과 함께 배를 탔었다. 이때 정약용 형제는 배 안에서 이벽으로부터 처음 천주교교리에 관한 이야기를 듣고 그 길로 천주교 신앙에 빠져들게 되었다는 것이다.

이벽은 정약용보다 8세가 많았지만 두 사람은 정약용이 처음 서울에 올라왔을때부터 친하게 사귀어 우정이 두터웠다. 앞서 이벽에게 준 시에서는 서로 의기가 투합하는 친밀함과 그 진지한 학덕에 대해 존경심이 잘 나타나고 있다.

어진이와 호걸은 기개 서로 합하고,	…賢豪氣相投,
친근함 돈독하니 기쁜 마음으로 돌아보네.	親篤欣情眄,
아름다운 덕을 일찍부터 힘써 닦으니,	令德勉早修,
비장한 결의 항상 얼굴에 드러나는구나.	慷慨常見面.

〈「贈李檗」〉

정약용은 이벽과 함께 배를 타고 강을 따라 서울로 올라오면서 지은 시에서도 이벽을 소식(東坡 蘇軾: 宋代 시인)이나 이응(李膺: 後漢의 名

士)에 견주어 높은 재주와 고매한 덕에 깊이 감복하고 있음을 보여주
면서, 자신도 학문의 뜻을 다지고 있다.

> 소동파 재주 높아 물과 달을 말하고,   …蘇軾才高談水月,
> 이응은 이름 존중받아 신선 같았다네.   李膺名重若神仙,
> 나 자신 졸렬하여 별 수 없음 잘 알지만,   深知拙劣絡無賴,
> 남은 경전 붙잡아서 옛 현인에 보답해야지.   欲把殘經報昔賢.
>
> 〈「同友人李德操乘舟入京」〉

　이벽이 설명하는 천주교교리의 천지창조나 상제와 영혼의 개념에
대한 설명이 마치 강물이 끝없이 흐르고 달이 기울었다 차는 천지의
무한함을 읊은 소동파의 「적벽부(赤壁賦)」처럼 정약용의 가슴에 감동
적으로 파고들었던 것 같다. 그래서 정약용은 자신의 재주를 다하여
경전공부에 힘써서 옛 성현에 보답하겠다는 결의를 다짐하고 있다. 이
말의 뜻은 이벽에게서 들은 천주교교리의 세계가 유교경전의 가르침
과 모순되는 것이 아니라 천주교교리의 빛으로 비추어보면 유교경전
이 그 진리의 새로운 면모를 드러낼 수 있다는 신념을 토로한 것이라
짐작이 된다. 정약용이 이벽과 만나면서 천주교 신앙과 인연을 맺게된
과정과 그 파장은 다음 절에서 별도로 자세하게 살펴보겠다.

　그해 여름 정조 임금은 대학생들에게 『중용』에 관한 70조목의 질문
을 내려 각각 대답하여 올리게 하였다. 정약용은 이때 이벽과 조목별로
토론을 거쳐 답안을 작성하였으며, 그 대답으로 저술한 것이 바로 『중
용강의(中庸講義)』이다. 정약용이 올린 『중용강의』를 읽어본 정조의
칭찬이 극진하자, 도승지였던 김상집(金尙集)은 정약용의 사촌처남인

승지 홍인호(洪仁浩: 初名 英漢)에게 "정약용은 어떤 사람인가? 그리고 그의 학문은 어떠한가?"라고 물었다고 한다. 또한 정조는 경연(經筵)의 자리에서 훈시하면서도, "질문조목에 대한 성균관 유생들의 대답이 모두가 거칠었지만 오직 정약용의 대답이 특이하다. 그는 반드시 식견있는 선비일 것이다"라고 크게 칭찬하였다. 이 말을 전해듣고 정약용은 우리나라 유학자들 사이에 성리학의 중요한 쟁점이었던 '이치가 발동한다(理發)'는 견해와 '기질에서 발동한다(氣發)'는 견해 사이에서 '기질에서 발동한다'는 율곡의 입장에 근거하여 설명하였던 자신의 대답이 임금의 뜻에 맞았기 때문이라 해명하고 있다.〈『中庸講義補』〉

실제로 정조의 질문에 대답을 작성하면서 정약용과 이벽이 토론하는 과정에서, 이벽은 퇴계의 입장을 취하여 마음이 성령(性靈)에서 발현하는 것이 이발(理發)이요 신체의 기질에서 발현하는 것이 기발(氣發)이라 하여 이른바 퇴계의 '호발설(互發說)'을 지지하였으나, 정약용은 율곡의 입장을 취하여 사단(四端)과 칠정(七情)이라는 감정의 양상이 모두 기질에서 발동하는 것이라는 율곡의 '기발설(氣發說)'을 주장하여 토론을 벌였던 일이 있다.

그러나『중용강의』에서 정약용이 제시한 대답은 다른 사람들이 주자의 해석을 되풀이하여 설명하고 있는 진부한 대답이었던 것과는 달리, 특이하였다고 말할 수 있는 점은 사실상 율곡의 견해를 지지하는데 있는 것은 아니다. 정조 임금이 "특이하다"고 칭찬하였던 것은 정약용이『중용강의』를 통해 천명(天命)의 초월적 근원과 인성(人性)의 내면적 근원을 해석하거나, 인간과 사물의 본질적 차이를 해석하는 기본입장에서 이미 주자의 성리학적 해석을 벗어나『중용』전반을 독자적으로 새롭게 해석하는 사실에 있다고 해야할 것이다. 당시 정약용은 이벽과 만나면서 천주교교리에 심취하기 시작하였고, 천주교 교리의 새로운 세계관에 영향을 받으면서 그는『중용』을 새로운 빛으로 조명함으로써『중용』이라는 경전에 신선한 새 생명을 불어넣어 주고 있는 것이었다.

정약용이 23세때 정조 임금의 질문에 대답형식으로 작성한『중용강의』는 그에게는 경전을 해석한 최초의 저술이 된다. 이 저술은 정약용의 경학이 주자학으로부터 벗어나 자신의 독자적 세계관을 밝히고 있다는 점에서 그후 정약용이 평생을 통해 저술한 방대한 경전해석의 출발점이요 원류가 되고 있다. 그것은 정약용이 경전해석을 통해 난공불락의 요새라 할 수 있는 주자의 정밀한 체계를 허물고 새로운 세계관의 경전해석체계를 제시하기 시작하였음을 보여주는 중요한 사건이기도 하다. 다시 말하면 '주자학의 경학'에서 벗어나서 '실학의 경학'으로 그리고 한 단계 더 높이 '다산의 경학'으로 큰 산마루를 넘어가는 사상사의 일대 전환이다. 그것은 '다산경학'이라는 새로운 패러다임을 천명하는 것을 의미한다. 이러한 의미에서『중용강의』는 정약용의 사상적 형성과정에서 중대한 전환계기를 확립하는 것이요, 한국사상사에 새로운 이정표를 세우는 하나의 중대한 사건이라 할 수 있다.

정약용은『중용강의』를 계속 다듬어서, 부친상으로 상중에 있던 32세때(1793) 일차 수정본을 이루었다. 그리고나서『중용강의』의 초고본이 이루어진후 30년이 지나 강진에서 유배생활을 할 때인 53세때(1814)는 전면적으로 다시 수정하고 보완하여『중용강의보(中庸講義補)』를 완성하였다. 이『중용강의보』에서는 이벽의 견해를 곳곳에서 소개하였으며, 이 저술을 어루만지면서 이벽의 탁월한 박학함을 그리워하며 눈물을 감추지 못하였다. 이처럼 정약용은 23세때 저술한『중용강의』에 얼마나 깊이 애정을 기울이고 있는지를 엿볼 수 있다.

3) 임금의 총애는 깊어 가는데

정약용의 대학생활에서 가장 큰 일은 두가지가 있다. 하나는 이벽을 만나면서 천주교신앙에 빠져들었던 사건이지만, 다른 하나는 정조 임금과의 만남이 깊어져가는 사실이었다. 23세때 6월에는 대학생(太學儒生)들에게 시행하는 과거시험인 '반제(泮製)'에서 임금은 그의 답안을 4등급으로 평가하고 종이와 붓을 상으로 내려주었다. 또한 그해 9월에는 궁정에서 보는 1차시험(初試)에 3등급으로 합격하였다. 이듬해 24세때도 '반제'시험에 잇달아 뽑혀 종이와 붓을 상으로 받았으며, 11월에는 제주에서 감귤이 올라왔을 때 시행한 '감제초시(柑製初試)'에 1등으로 합격했을 때, 임금은 그의 답안을 읽어보고 "네가 지은 것이 실은 장원보다 못하지 않으나 다만 아직 때가 이르지 않았기 때문이다"라고 특별히 격려해주었다. 이때 승지 홍인호는 정조 임금이 "정약용 같은 자는 반드시 재상이 될 것이다"라고 말씀하였음을 전하기도 한다. 이처럼 그는 아직 대학생의 신분이었을 때 임금으로부터 엄청난 격려와 기대를 받았던 것이다. 12월에도 창경궁의 춘당대(春塘臺)와 성정각(誠正閣)에서 시험을 보일 때 잇달아 1등으로 합격하였는데, 특별히『대전통편(大典通編)』한 질을 하사받았다.

25세때도 대과(大科)의 1차시험에는 거듭 합격하였다. 8월달의 1차시험에 합격하여 춘당대에서 정조 임금을 뵈었을 때, 임금은 그에게 "네가 지은 글이 숙종때 여러 사람들이 지은 문체와 흡사하여 근래의 속된 문체에 빠지지 아니하였으니 귀하게 여길 만하다. 다만 결실(급제)을 이루는 것이 늦어질까 염려하여 점차 속된 문체를 따라 차이를 드러내어서는 안된다"고 자상하게 당부하는 말씀을 듣기도 하였다. 대학생인 정약용에 대해 정조 임금은 마치 스승이나 부모가 제자나 자제들에게 가르침을 베풀 듯이 알뜰하게 염려해주고 있음을 엿볼 수 있다.

이듬해 26세때도 대학생들에게 시행하는 과거시험에 거듭 뽑혔고, 임금은 그의 답안을 극히 높이 평가하여 『팔자백선(八子百選)』과 『국조보감(國朝寶鑑)』한질을 상으로 주기도 하였다. 임금은 그를 대궐로 불러들여 시험답안을 읽게 하고서 부채로 장단을 치며 좋다고 칭찬하기도 하였고, 그 무렵 규장각에서 인쇄한 책을 모두 상으로 받았던 사실을 확인하고는 계당주(桂餳酒) 술을 내려주기도 하며, 승지 홍인호를 통해 병법책인 『병학통(兵學通)』을 내려주면서, "네가 장수의 재주도 겸비하고 있음을 알기 때문에 특별히 이 책을 내려준다"고 하여, 문·무를 겸비한 인재로 촉망하는 뜻을 보여주었다. 12월의 시험에 뽑혔을 때에는 임금이 그의 성적을 낮은 등급으로 내리고서 말씀하기를 "여러 번 시험에 거듭 수석을 하여 꽃만 화려하고 결실을 못맺으니, 특히 이 때문에 꽃을 거두어들일 뿐이다"라고 하였다. 정약용이 대학생들에게 시행하는 과거시험(泮製)에는 거듭 우수한 성적으로 뽑히면서도 대과에 합격하지 못함을 안타까워하여 임금은 무과(武科)로 등용시킬 뜻이 있었다. 정약용도 과거시험을 포기하고 한가롭게 은거하여 경전공부에 전념할 생각을 하기도 하였다.

27세때도 대학생들에게 시행하는 과거시험에 거듭 뽑혔는데, 희정당(熙政堂)에서 임금을 뵈었을때, 정조는 그에게 "너는 초시(初試: 1차시험)를 몇번이나 보았는가?"라고 물어, 임금이 정약용의 대과급제가 늦어지는 것을 안타깝게 염려하고 있음을 보여준다. 28세때 1월에는 대학생들에게 시행하는 과거시험에 합격하여 희정당에서 임금을 뵙자, 앞으로 나오라 명하고서 한참 동안 말씀이 없다가 "초시를 몇번이나 보았는가"라 묻고, "네번 보았습니다"라 대답하자, 다시 한참동안 말씀이 없다가 "그렇게 해서야 끝내 (대과에) 급제할 수 있겠는가"라 하고는 물러가라고 하였다. 정약용의 대과합격을 정조임금이 얼마나 초조하게 기다리고 있었는지, 그만큼 정약용에 대한 애정이 얼마나 깊었는지를 가장 잘 보여주는 대목이다.

임금이 정약용을 촉망하여 기대하고 깊은 애정을 보이는데도 대과시험에서 1차시험에만 거듭 합격할 뿐 2차시험에 합격하지 못하는 처지가 되었다. 임금마저 안타까워하자 정약용 자신의 답답한 마음이야 오죽 했겠는가. 이때 지은 시에서도 벼슬에 나갈 뜻을 버리고 고향으로 돌아가고 싶은 마음을 잘 보여주고 있다.

고향에서 처자와 살만도 한데,	鄕里堪攜隱,
서울에서 또 지루하게 세월보내네.	京城又倦遊,
문장은 세속 안목과 맞지 않고,	文章違俗眼,
꽃과 버들은 나그네 시름을 파고드누나.	花柳入羈愁.…
	〈「倦遊」〉

4. 서학(西學)으로 열린 새로운 세계

1) 성호학파 신서파(信西派)의 서양과학기술 수용

　예수회선교사들은 천주교교리를 유교경전에 적응시켜 설명함으로써 중국의 유교지식인들 속에 천주교를 전파하는데 큰 성공을 거두었을 뿐만 아니라, 중국인들이 요구하는 서양과학기술을 광범하게 중국사회에 소개함으로써 명나라말기와 청나라초기 중국사회에 천주교를 정착시키는데 결정적 효과를 거두었다. 서양과학기술에서도 특히 천문학과 역법(曆法)은 중국사회의 통치에 매우 중요한 기능을 하는 것으로서 정확한 일식과 월식의 예측능력을 확인하자, 중국정부는 천체관측을 담당한 정부기구인 흠천감(欽天監)의 실무책임을 서양선교사에게 맡기기에 이르렀다. 청나라 초기에 아담 샬(Adam Schall: 湯若望)이 제시한 역법인 시헌력(時憲曆)은 효종때 조선정부에서도 채택하였다. 청나라의 강희(康熙)황제는 친히 서양선교사의 지도를 받으며 유클리드(Euclid)의 『기하원본(幾何原本)』과 천문학 등을 배우기도 하였다.

서양 선교사들이 제시한 세계지도인 「곤여만국전도(坤輿萬國全圖)」
는 중화주의에 사로잡혀있던 중국인의 폐쇄된 지리의식을 근본적으로
동요시키는 충격을 주었으며, 서양의 수리(水利)방법과 측량술은 농업
생산과 토지정책의 혁신을 가능하게 하는 것이었다. 그 뿐만 아니라
서양 선교사들은 시계(自鳴鐘)나 망원경(千里鏡) 등의 기구와 더불어
대포(紅夷咆·佛郎機)의 제조방법까지 제시해주었다. 이처럼 서양과학
기술은 명나라 말기와 청나라 중기에 중국정부에 의해 적극 수용되었
으며, 청나라의 문물을 융성하게 발전시키는데 중요한 기여를 하였다.

이러한 서양과학기술의 탁월함에 탄복하였던 이익(星湖 李瀷)은 "지
금 시행하는 시헌력(時憲曆)은 서양인 아담 샬이 만든 것으로, 이에 역
법이 극치를 이루었다. 해와 달이 교차하여 일식과 월식이 일어나는
예측에 틀림이 없으니 성인이 다시 나오더라도 반드시 따를 것이다"
〈李瀷;『星湖僿說』, '曆象'〉라고 선언하여, 서양의 천문학과 역법이 중
국보다 훨씬 우월함을 적극적으로 인정하였다. 이렇게 스승 이익이 서
양과학기술을 받아들인 사실이 하나의 불씨가 되어 성호학파의 젊은
후학들 사이에 서양과학기술에 대한 연구가 불붙기 시작하였다. 이에
따라 이른바 신서파(信西派)가 형성되었던 것이다.

이가환과 이벽 등 성호학파의 신서파에 속하는 젊은 학자들은 스승
이익에 의해 촉발된 서양과학기술에 대한 적극적 관심을 계승하면서,
서양과학기술이 낙후된 조선사회에서 생산기술의 향상과 사회체제의
개혁을 위해 유용한 도구가 될 수 있음을 절실하게 인식하기 시작하였
다. 정약용은 당시 자기 주변의 젊은 유교지식인들 사이에서 서양과학
기술에 관한 관심이 고조되고 있었던 실정을 서술하고 있다.

제가 이 책(서학서적)을 본 것은 대개 20세(弱冠) 초년이었는데, 이때
는 원래 일종의 풍조가 있어, 능히 천문과 역법의 학설이나 농정(農政)과
수리(水利)의 기구나 측량과 계산의 방법을 말하는 자가 있으면, 당시 풍
조에서는 서로 전하면서 그를 가리켜 해박하다 하였습니다. 저는 그때
어리고 분별력이 없었으므로 혼자서 가만히 이것을 사모하였습니다.

〈「辨謗辭同副承旨疏」〉

서양과학기술이 농업생산을 향상시킬 뿐만 아니라 상업과 공업을
활발하게 하고 통치제도를 효율화하는 효과까지 거둘 수 있다는 인식
은 18세기 후반에 성호학파 신서파의 지식인들만 아니라 청나라의 문
물을 직접 견문하였던 북학파의 지식인들도 적극적으로 받아들이고
있었던 것이 사실이다. 성호학파 신서파나 북학파의 지식인들은 낡은
전통의 지식과 기술로는 이 시대 조선사회의 빈곤과 낙후한 현실문제
를 해결할 수 없다고 확인하고, 새로 도입된 서양 문물이나 청나라 문
물을 활용하여 사회개혁과 발전의 방법을 모색하고자 하였다.

전통의 유교지식이 타성에 안주하고 사회현실의 절박한 문제에 아
무런 대응책을 제시하지 못하는 현실을 직시하면서, 이익은 젊은 제자
권철신에게 보낸 편지에서 유교의 사회적 기능이 한계에 부딪치고 있
음을 절실하게 토로하고 있다.

오늘의 세태와 습속을 보니 마치 물이 쏟아져내리듯 하여 수십년전
과 이미 전혀 달라졌다. 나는 사람들을 대하여 유교의 학설로 말을 하
지 않고 있다. 아무런 유익함이 없기 때문이다.

〈『星湖集』, 「答權旣明」〉

만년의 이익이 유교가 이미 한계에 왔음을 밝힌 이러한 현실인식에 영향을 받은 신서파의 젊은 지식인들은 서양과학기술에 관한 지식을 활용하여 현실을 타개하기 위한 개혁의 새로운 방향을 찾아갔다. 그러나 성호학파의 신서파나 북학파의 유교지식인들이 서양과학기술을 수용하였다 하더라도 이를 현실에 적용시킬 실질적인 여건을 확보하지는 못하였다. 더구나 도학의 정통주의 이념에 사로잡힌 절대다수의 유교지식인들이 천주교신앙 뿐만 아니라 서양과학기술까지 사학(邪學)이요 사술(邪術)로 몰아 배척하자, 서양과학기술로 사회경제적 기반을 개혁하는 일은 사실상 봉쇄되고 말았던 실정이다.

정조 임금은 스스로 서학서적을 읽고 상당한 수준의 이해를 하였으며, 그 자신 정치적 개혁을 추진하면서 서양과학기술의 도입에 적극적 관심을 기울였던 것으로 보인다. 정조는 측근의 신하인 이가환이 수학에 밝은 사실을 알고, 1791년 서학서적의 수입을 금지하고 천주교신앙을 공식적으로 금지하는 금교령(禁敎令)을 내린 이후인 1799년에도 이가환에게 수학과 역법(曆法)에 관한 책을 편찬하도록 명령하고, 북경에서 서양과학 서적을 구입해오려고 하였던 일이 있었다. 이때 이가환은 임금의 요청을 거절하면서 그 부득이한 실정을 밝히고 있다.

세상 사람들의 눈이 어두워 수학(數理)이 무슨 이론인지, 천주교교리(敎法)가 어떤 술법인지 알지 못하고 혼동하여 꾸짖고 있습니다. 지금 이러한 책(수학과 역법에 관한 책)을 편찬하면 단지 저에 대한 비방이 더욱 심해질 뿐만 아니라 또한 위로 임금님의 덕에도 폐를 끼칠 것입니다.
〈「貞軒墓誌銘」〉

그만큼 당시 유교지식인들이 천주교교리와 서양과학을 분별하여 평가하는 안목이 없었으며, 서양과학의 도입조차도 배척하는 맹목성을 지적하였던 것이다. 바로 이 점에서는 신서파의 중심인물 가운데 한 사람인 이가환보다 오히려 정조 임금이 서양과학기술의 도입에 더 적극적 태도를 보여주고 있었던 사실을 엿볼 수 있다. 또한 당시의 신서파나 북학파 실학자들만이 아니라 정조 임금도 당시의 낙후된 조선사회를 개혁할 수 있는 중요한 동력의 하나로 서양과학기술의 중요성을 주목하였던 것이 사실이다.

2) 천주교신앙으로 들어서는 과정과 배경

정약용이 서양과학의 이해에서 천주교신앙으로 들어서는 과정과 배경을 이해하기 위해서는 두가지 조건을 나누어 살펴볼 필요가 있다. 그 하나는 그가 만났던 서학의 지식과 천주교 교리서의 성격을 이해하는 것이요, 다른 하나는 당시 성호학파의 신서파를 중심으로한 지식인들의 학문적 관심과 성격을 이해하는 것이다.

먼저 정약용이 접한 서학의 지식과 천주교 교리서의 성격은 16세기 말에서 17세기에 예수회 선교사들이 한문으로 번역하여 중국에 소개한 것이다. 그것은 예수회의 적응주의 선교정책에 따라 중국문화의 기반인 유교경전과 천주교교리를 조화시켜 해석한 보유론(補儒論)의 논리에 따른 교리설명이다. 대표적 천주교 교리서로서 가장 잘 알려진 마테오 리치(Metteo Ricci)의 『천주실의(天主實義)』도 천주교교리를 해석하면서 이기(理氣)철학을 비판하여 주자학과는 엄격히 차별화시키면서 유교경전과는 긴밀하게 일치시키는데 그 특징이 있다.

이러한 일치점으로 인해 천주교교리서는 조선의 성호학파 유교지식인들에게 일정부분 호응을 얻었다. 실제로 이익은 천주교교리의 신비적 신앙조목에 대해서는 환망한 것이라 규정하여 단호하게 비판하면서도, 서양과학기술 뿐만 아니라 천주교의 윤리적 실천방법에 관한 교리서라 할 수 있는 판토하(Pantoja)의 『칠극(七克)』에 대해서도 긍정적 이해의 입장을 분명하게 밝히고 있다.

> (『칠극』은) 우리 유교에서 자기의 사욕을 극복하는 이론(克己說)이다.…조리와 질서가 있고 비유가 절실하다. 간혹 우리 유교에서 계발하지 못한 것도 있으니, 예법을 회복하는(復禮) 공부에 도움됨이 크다. 다만 천주(天主)나 귀신(鬼神)의 이론으로 뒤섞고 있으니 해괴하다. 만약 잡된 것을 제거하고 뛰어난 논설만 채택한다면 바로 유교의 유파일 따름이다. 〈李瀷; 『星湖僿說』, '七克'〉

이처럼 이익은 서학의 윤리설이 정연한 체계를 갖추고 도덕적 각성을 위해 절실하게 비유한 점을 적극적으로 긍정하여 신비적 신앙의 요소를 제거하면 유교의 한 유파로 인정할 수 있다고 밝히기 까지 하였다. 곧 천주교교리를 유교문화 속에 적응시켜 보유론의 입장에서 제시되었던 예수회의 천주교 교리서는 열린 마음을 지닌 유교지식인들에게 성공적으로 파고들 수 있는 설득력을 지니고 있음을 보여준다.

뒷날 이익의 영향을 받은 성호학파의 신서파(信西派) 청년지식인들은 서양과학기술에 대한 긍정적 관심에서 출발하여, 서학에 관한 지식이 점차 확장되면서 천주교교리를 친숙하게 이해해갔고, 드디어 천주교 신앙에 빠져들기 시작하였다. 이러한 현상을 초래한 원인은 무엇인가? 무엇보다도 한문으로 번역된 서적을 독학하여 서양과학기술의 이해를 심화시키고 이를 실용화시켜가는 일이 쉽지 않았던 점에 비하여, 유교경전과 조화시키는 보유론(補儒論)으로 설명한 천주교교리의 이해는 매우 쉬웠다는 점을 유의할 필요가 있다. 더구나 천주교신앙의 빛으로 새롭게 조명된 유교경전의 세계는 주자학으로 해석된 관념적 이론체계에서 벗어나고자고 하는 청년지식인들에게는 신선한 충격으로 닥아 왔을 것이다. 정약용도 이러한 성호학파 청년지식인들 가운데 한 사람이었다.

5. 천주교신앙에 빠져들어

1) 배안에서 이벽(李檗)의 설교를 듣고 눈뜬 천주교신앙

정약용이 23세의 재기 발랄한 대학생 시절 천주교신앙에 빠져들었던 일은 그의 일생에 가장 큰 영향을 미친 중대한 사건이었다. 정약용 자신의 서술에 따르면 그가 처음 천주교교리를 접하게 되었던 것은 바로 23세때(甲辰, 1784) 4월 큰 형수의 제사에 참석하려고 고향에 갔을 때였다. 이 때 이벽도 누님의 제사에 참석하러 와서 한자리에 만났다. 제사를 마치고 나서 정약용과 그의 둘째형 정약전은 이벽과 더불어 마재의 소내(苕川: 牛川)나루에서 함께 배를 타고 서울로 올라왔다. 배가 강을 따라 내려오면서 두미협(斗尾峽: 현재 팔당댐이 있는 협곡)을 지날 무렵 이벽이 천주교교리를 웅변으로 설명하는 것을 듣고서 정약용의 형제는 천주교에 심취하게 되었다는 것이다. 정약용은 이때 받았던 깊은 감동을 생생하게 묘사하고 있다.

　　갑진년(1784) 4월 보름날 만형수의 기일(忌日)에 제사를 지내고 나서
우리 형제와 이벽은 같은 배를 타고 물길을 따라 내려갔었다. 배 안에
서 천지가 조화(造化)하는 시초나 육신과 정신이 죽고 사는 이치를 들
었는데, 황홀하고 놀라워 마치 은하수가 끝이 없는 것 같았다.

〈「先仲氏墓誌銘」〉

　　이 때 정약용이 이벽으로부터 들었던 천주교교리의 내용은 천주에
의해 이루어진 천지창조와 영혼 개념 및 사후세계에 대한 것으로 짐작
해볼 수 있다. 새로운 지식에 대한 지적 호기심으로 넘치고 감수성이
예민한 20대 청년이었던 정약용의 형제들은 밤하늘에 은하수가 끝없
이 펼쳐진 우주 공간에 뛰어들 듯 새로운 우주가 열리고, 새로운 세계
에 눈을 뜨는 경험을 하게 된 것이다. 정약용의 형제들이 받은 감동의
충격이 얼마나 컸던지, 이들은 서울에 도착하자 바로 수표교(水標橋:
현 종로구 수표동)에 살던 이벽의 집으로 따라가 마테오 리치(Matteo
Ricci: 利瑪竇)의『천주실의(天主實義)』와 판토하(Pantoja: 龐迪我)의『칠
극(七克)』등 몇 권의 천주교 교리서를 빌려 읽고서는 천주교 신앙에
마음이 쏠렸다고 한다. 이무렵 정약용은 천주교에 입교하였고, 세례명
이 요한이었다.

2) 정약용을 둘러싼 초기 천주교도들

　　이가환(錦帶 李家煥)등 신서파 청년지식인들을 이끌어가는 중심인
물의 한사람이었던 권철신(鹿菴 權哲身)은 1779년 겨울에 양근 갈산

(楊根 葛山: 현 양평군 양평읍 오빈리) 자신의 집에서 가까운 곳에 있던 천진암(天眞菴: 광주군 퇴촌면 우산리)과 주어사(走魚寺: 여주군 산북면 하품리)에서 강학회를 열었다. 지금은 이 두 절이 모두 없어졌지만 광주군·양평군·여주군이 만나는 경계지점에 솟아있는 앵자봉(鶯子峯)의 북쪽 기슭 광주 땅에 천진암이 있었고 남쪽 기슭 여주 땅에 주어사가 있었다. 이때 권철신의 제자들을 중심으로 주어사에서 열린 강학회에 참석한 인물들은 김원성(金源星: 권철신의 제자이지만 공서파에 가담)·권상학·이총억(李寵億: 李基讓의 아들)·정약전 등이고, 이벽(李蘗)이 뒤따라 참여하였다. 정약용은 그의 둘째형 정약전을 통해 전해들은 이 강학회의 엄숙하고 진지한 학풍을 매우 의미깊게 설명하고 있다.

> 녹암(鹿菴: 권철신)이 직접 규정을 정하여, 새벽에 일어나서 얼어붙은 샘물로 세수하고 양치질한 다음 「숙흥야매잠」(夙興夜寐箴: 陳栢 지음)을 외우고, 해가 뜨면 「경재잠」(敬齋箴: 朱子 지음)을 외우고, 정오에는 「사물잠」(四勿箴: 程子 지음)을 외우고, 해가 지면 「서명」(西銘: 張橫渠 지음)을 외우게 하였으며, 장엄하고 공경하여 규정과 법도를 잃지 않았다.
>
> 〈「先仲氏墓誌銘」〉

이처럼 '주어사 강학회'에서는 송나라때 유학자들의 수양론적 훈계를 대표하는 네 편의 글, 곧 진백(陳栢)의 「숙흥야매잠(夙興夜寐箴)」, 주자의 「경재잠(敬齋箴)」, 정자의 「사물잠(四勿箴)」, 장횡거의 「서명(西銘)」을 기도문을 외우듯이 규칙적으로 암송하여 엄숙하고 경건한 강학의 학풍을 지켰으며, 실제로 유교경전을 중심으로 강의하고 토론하는 학술연마의 자리였다고 보아야 할 것이다. 그러나 이 자리에 참여한 이벽은 이미 천주교교리에 심취해 있었던 만큼, 강학이 끝나고 밤에 자유롭게 토론할 때에는 새로 전래된 지식으로서 천주교교리가 활발한 토론의 주제가 될 수 밖에 없었던 정황을 넉넉히 짐작할 수 있다. 더구나 이 강학회에 모였던 인물들은 김성원을 제외하면 모두 신서파에 속하는 인물이었던 것이 사실이다. 샤를르 달레(Ch. Dallet)가 지은『한국천주교회사(Histoire de L'Eglise de Coree)』에서는 이 강학회를 천주교교리 강습회로 서술하고 있는 것은 지나치게 과장된 면이 없지 않으나, 이 자리에서 천주교교리가 토론되었던 사실을 인정하기는 어렵지 않다.

또한 신서파의 청년지식인들이 천주교교리를 연구하는 단계에서 신앙집회로 발전하게된 가장 중요한 계기는 이승훈이 열어주었다. 이승훈은 1783년 겨울 북경에 파견되는 사절(冬至使)의 서장관(書狀官)인 부친 이동욱(李東郁)을 따라가서 북경에 있는 천주당의 하나인 북당(北堂)을 찾아가 그라몽(Grammont: 梁棟材)신부에게서 수학을 비롯한 서양과학서적을 얻고 천주교교리를 학습하여 1784년 2월에 세례를 받았다.

이승훈이 우리나라 최초의 천주교신도로서 영세를 받고 1784년 3월 귀국하자, 국내에서는 이미 천주교교리에 심취해 있던 이벽을 비롯한 신서파의 청년지식인들 사이에 신앙의 열기가 고조되었다. 그해 겨울 이벽·정약전·정약용·권일신(權日身: 權哲身의 아우)·이존창(李存昌)·홍락민(洪樂敏) 등과 역관(譯官)인 최창현(崔昌顯)·김범우(金範禹)가 이승훈에게서 세례를 받았다.〈차기진;『조선후기의 西學과 斥邪論연구』, 161쪽〉이들은 곧바로 신앙집회를 열기 시작하였으며, 이 신앙집회가 바로 한국에서 처음으로 천주교회가 설립되었음을 의미한다.

정약용은 이듬해(1785) 봄 명례방에 있던 장예원(掌隷院) 앞의 김범우 집에서 열었던 신앙집회에 참여하였다. 여기서 이벽은 스승의 자리에 앉아 설법을 하고, 이승훈·정약전·정약종·정약용·권일신·권상학(權相學: 권일신의 아들) 등이 모시고 참석하였다. 이 천주교 신앙집회가 형조(刑曹: 秋曹)의 나졸들에게 적발되어 이른바 '을사추조적발사건(乙巳秋曹摘發事件)'이 일어났다. 이때 김범우가 투옥되고 의례에 쓰던 예수의 성상(聖像) 등이 압류되었는데, 권일신 등은 형조로 찾아가 예수의 성상을 돌려달라고 호소하였던 일이 있었다. 이 사건은 우리나라에서 천주교신앙공동체가 설립되었음을 공개적으로 확인시켜주는 것이요, 천주교신앙공동체가 조선정부와 사회전반에 공개되어 한 시대의 뜨거운 쟁점으로 떠오르게 되었음을 의미한다.

이때에 성립된 천주교신앙공동체는 이벽·이승훈·권일신이 중심적 역할을 하였는데, 정약용과는 모두 긴밀한 인척관계나 교우관계를 맺고 있었다. 이벽(曠菴 李檗, 1754-1786)은 큰형수의 동생으로 1984년 4월에 정약용에게 전교하여 천주교에 입교시켰으며, 이승훈(蔓川 李承薰, 1756-1801)은 누님의 남편이었다. 성호학파의 신서파를 이끌어가는 두 기둥이라 할 수 있는 이가환과 권철신의 경우도, 이가환은 이승훈의 외삼촌으로 정약용이 따르며 교유하였고, 권철신은 둘째 형 정약전의 스승으로 정약용에게도 학문적으로 깊은 영향을 미쳤다.

초기 천주교도들의 신앙활동으로 조선사회에 일으킨 가장 큰 사건 두가지를 든다면, 그 하나는 1791년 전라도 진산(珍山: 현 충남 금산군 진산면)에서 정약용의 외사촌인 윤지충(尹持忠, 1759-1791)과 그 외사촌인 권상연(權尙然)이 교회의 지시대로 제사를 폐지하고 신주를 불태운 '신해년 진산의 변고(辛亥珍山之變)'를 들 수 있고, 다른 하나는 1801년 제천 배론(현 강원도 제천시 봉양면 구학리)에 숨어있던 황사영(黃嗣永, 1775-1801)이 조선정부의 천주교도 탄압실정을 북경교회에 보고하고 신앙의 자유를 얻기 위해 서양의 군함과 군대를 끌어들여 조선정부를 위협하는 방법까지 요청하는 글을 써서 북경에 보내려다 발각된 '백서사건(帛書事件)'이라 할 수 있다. 유교의 예법과 규범질서인 강상(綱常)을 파괴하는 죄목이나 국가의 안전을 위협하는 반역의 죄목에 해당하는 이 두 사건의 중심인물들은 모두 정약용과 깊이 연관되어 있었다. 곧 윤지충은 정약용의 외사촌으로 정약용 형제들로부터 전교를 받아 천주교도가 되었던 인물이며, 황사영은 정약용의 큰 형 정약현의 사위로 정약용의 조카사위이며 이벽의 생질이다.

　이처럼 성호학파의 신서파를 대표하는 이가환과 권철신이 정약용을 이끌어주는 역할을 맡고 있을 뿐만 아니라, 조선천주교의 초기신앙공동체를 주도하던 핵심인물들인 이벽·이승훈·윤지충·황사영은 모두 정약용과 아주 가까운 인척들이요, 그 자신의 삼형제(약전·약종·약용)가 모두 천주교신앙에 입문하였으니, 사실상 정약용은 초기 천주교 공동체를 이끌어갔던 핵심인물들에 겹겹이 둘러싸여 있었던 것이다.

3) 정약용의 천주교 신앙활동

　1785년 '을사추조적발사건'으로 천주교 신앙공동체의 집회가 정부기관인 형조에 적발되자, 김범우는 유배되었고, 대학생들은 사학(邪學)을 배척하는 통문(通文)을 내는 등 사회적 비판이 일어났다. 이때 천주교 신앙에 가담한 신서파의 청년지식인들은 무엇보다 먼저 가정

에서 부형들로부터 강력한 질책과 억압을 당하고 신앙의 포기를 요구
받게 되었다. 이승훈은 부친의 강력한 요구에 뜻을 굽혀 배교를 선언
하고 천주교를 이단으로 배척하는 글과 시를 지었다. 이벽은 부친이
아무리 타일러도 뜻을 굽히지 않았지만, 그 때문에 부친이 목을 매어
자결하자 그때서야 천주교신앙활동을 중단하였으며, 그 이듬해(1586)
33세에 병으로 죽었다. 다만 정약용의 형제들은 천주교신앙에 빠져들
었던 일로 집안에서 부모나 어른들로부터 엄중한 질책을 받았던 기록
이 없고, 공개적으로 배교선언을 하였던 일도 없었다.

이때 천주교 신앙공동체는 집안과 주위의 강력한 제지를 당하는데
다가 가장 열정적으로 신앙을 지도하던 이벽이 죽자 일시적이지만 위
기에 빠졌던 것이 사실이다. 정약용이 이벽의 죽음을 슬퍼하여 지은
만사(輓詞)를 보면 그가 이벽을 얼마나 존경했었던가를 쉽게 엿볼 수
있다.

선학이 인간 속에 내려왔던가,	仙鶴下人間
고고한 그 풍채가 절로 드러나네.	軒然見風神
깃털은 새하얗기 눈과 같아서,	羽翮皎如雪
닭이며 따오기들 시기하였네.	鷄鶩生嫌嗔
울음소리 하늘 끝 울려퍼졌고,	鳴聲動九霄
맑고 고와 풍진을 벗어났구나.	嘹亮出風塵
가을바람 타고 문득 날아가 버려,	乘秋忽飛去
남은 사람 마음만 슬프게 하네.	惆悵空勞人.

〈「友人李德操輓詞」〉

이 시에서 정약용은 이벽의 맑고 고고한 품격을 선학(仙鶴)에 견주고, 그 정신의 순수함을 눈처럼 희다고 표현하였으며, 그 말씀의 깊은 감명을 하늘 끝까지 울려 퍼진다고 읊고 있다. 실제로 정약용은 이벽의 설교에 감복하여 천주교신앙에 들어가 세례를 받았고, 우리나라 최초의 천주교신앙공동체에서 핵심 구성원이 되었으며, 이벽이 설교하는 신앙집회에 참석했다. 비록 8살이 많은 이벽을 친구로 사귀었다고 하지만, 친구를 넘어서 깊은 존경심으로 따르고 있음을 알겠다.

형조에서 신앙집회가 적발된 일로 위기에 빠졌던 천주교 신앙활동을 다시 일으키는데 가장 먼저 나섰던 인물은 이승훈과 정약용이었다. 정약용은 대학생이었던 26세 때(1787) 겨울에 반촌(泮村; 성균관주변마을로 현 종로구 명륜동일대)의 민가에서 이승훈과 함께 과거시험준비를 한다는 명목을 내걸고는 천주교 교리서를 공부하면서 강리원(姜履元) 등 동료들을 끌어들여 일종의 천주교교리 비밀강습회를 열었다. 이 모임은 정약용의 친우인 이기경(李基慶)과 홍락안(洪樂安)에게 알려졌다. 홍락안은 이듬해 정월 대학에서 시행하는 과거시험의 답안(對策)에서 천주교가 성행하는 사실을 고발하고 엄중하게 배척하여 임금에게도 알려지게 되었다. 이 사건은 이른바 '정미반회사(丁未泮會事)'로 정약용의 친우들 사이에 천주교를 신봉하는 신서파(信西派)와 배척하는 공서파(攻西派)의 분렬을 심화시켜 격심한 대립으로 표출되는 계기를 열어주었다.

뒷날 정약용은 스스로 "대학에 들어간 뒤로 이벽을 따라 천주교교리를 듣고 천주교서적을 보았으며, 정미년(1787)이후로 4,5년 동안 자못 마음을 기울였는데, 신해년(1791) 이래로 나라의 금지령이 엄중하여 마침내 생각을 끊어버렸다〈「自撰墓誌銘(壙中本)」〉"고 언급하고 있다.

이 언급에 따르면 30세때(1791) 이후로 천주교신앙을 버렸다고 밝히고 있다. 그러나 그가 28세 때(1789) 봄에 대과에 급제하여 벼슬에 나간 이후로도 비록 천주교 신앙활동에 관여하였던 증거를 찾기는 어렵지만, 여전히 마음 속에 신앙심을 지녔던 것으로 볼 수 있는 증거가 전혀 없는 것은 아니다.

당시 조선사회의 초기천주교도들은 교단의 법규에 관한 지식이 빈약하여 스스로 주교와 신부 등 성직자를 선정하여 가성직(假聖職)체제의 신앙공동체를 운영하고 있었다. 그러나 1789년 내부에서 의문이 제기되어 북경 천주교회에 문의한 결과, 1790년 권일신의 제자로 천주교도인 윤유일(尹有一)이 북경의 구베아(Gouvea) 주교로부터 받아온 명령에 의해 가성직제도가 불법화되었을 뿐 아니라 조상 제사의 금지령이 전해졌다.

당시 천주교회에서 내린 조상제사의 금지령은 조선사회로서는 국가의 예교(禮敎)질서에 정면으로 충돌하는 것이었다. 그 뿐만 아니라 사대부 출신의 신도들 가운데는 제사금지령을 따르기 어려웠던 만큼, 천주교회의 조상제사금지는 상당수의 사대부 출신 신자들이 신앙공동체로부터 이탈하게 만들었다. 이에따라 교회에 계속 잔류하는 신자들은 유교사회 체제를 등지고 천주교 신앙을 따름으로써 그만큼 강한 신앙심을 보여주었다. 이듬해(1791) 진산의 윤지충과 권상연이 조상제사를 폐지하고 신주를 불태운 사건(辛亥珍山之變)은 유교통치원리에 상반하는 중대한 변고로 국가적인 큰 물의가 일어나 윤지충과 권상연은 처형되었으며, 정부는 공식적으로 천주교에 대한 금교령(禁敎令)을 내리게 되었다.

정약용은 뒷날 자신이 천주교에 입교하였던 시기에는 조상제사를 금지한다는 말이 없었음을 밝혔고, 또 진산사건이 나던 시기에는 그 자신이 천주교에 대해 부정적 입장을 취하고 있었음을 분명히 지적하고 있다. 따라서 정약용이 천주교 신앙에 빠져들었던 것이 23세 때 (1784)부터라면, 그가 천주교 신앙을 떠났던 것은 30세때(1791) 사이라 볼 수 있다. 정약용은 20대에 7,8년동안 천주교 신앙에 깊이 빠졌던 것이다. 그러나 그가 34세때(1795) 충청도 금정역 찰방(金井驛 察訪)으로 좌천되어 나갔을 때 그 지역의 천주교도를 깨우치는데 공을 세웠다고 하지만, 그무렵에도 그의 태도가 불분명한 점이 있다고 이곳에서 가깝게 지내던 처사 이도명(李道溟)으로부터 지적을 받기도 하였다. 이런 점에서 정약용이 천주교를 배척하는 시기를 1795년 이후로 보는 견해도 있다. 〈차기진;『조선후기의 西學과 斥邪論 연구』, 189-191쪽〉

2부

관직활동:
성군(聖君)을 만나 펼치려다 꺾인 꿈
(28세-39세, 1789-1800)

1. 대과(大科)에 합격하여 벼슬길에 나서니

2. 임금의 지도아래 다져지는 학문

3. 화성(華城) 설계로 과학기술의 새로운 차원을 열다

4. 암행어사로 나가서

5. 끈질기게 따라붙는 비방

6. 곡산부사(谷山府使)로 목민(牧民)의 현장에 나가서

7. 급박해진 정국, 살얼음판을 걷는 삶

茶山評傳

1. 대과(大科)에 합격하여 벼슬길에 나서니

1) 벼슬길에 나서자

정약용은 28세 때(1789) 1월 성균관에서 시행하는 과거시험(泮試)에 표문(表文)으로 수석을 하고 그해 3월에 전시(殿試)에서 갑과(甲科) 제 2인의 우수한 성적으로 합격하였다. 마침내 대과(大科: 文科)에 급제하여 벼슬길에 나가게 되었던 것이다. 그는 희릉(禧陵: 中宗繼妃 章敬王后의 陵, 경기도 고양군 원당읍 원당리 소재)의 직장(直長: 종7품)으로 벼슬길의 첫 발을 내디뎠다.

자취 숨김은 진실로 나의 뜻이니,	斂跡眞吾志,
맡은 벼슬이 바로 능직이라네.	爲官卽寢郎,
아침에는 숲으로 창열고 고요함 익히며,	林窓朝習靜,
저녁엔 시냇가에 나가 서늘함 맞이하네.	溪塢晚迎凉,
안개 걷히자 솔빛이 곱기도 하고,	霧捲松光艶,
산이 깊어서 풀기운 향기로워라.	山深草氣香,

벼슬 낮아도 부친의 아름다운 발자취 밟으니,   宦卑猶趾美,
하늘 높이 날아오르기를 연모하지 않으리.   不必戀高翔.

〈「禧陵山齋作」〉

일찌기 정약용의 부친이 희릉 참봉(參奉)을 맡았던 일이 있었으니, 정약용에게는 첫 벼슬로 희릉 직장에 나가게 된 것이 아버지의 발자취를 따르는 것이기에 더욱 뜻깊은 자리였다. 그는 희릉의 재각(齋閣)에서 하룻밤 자며 읊었던 시에서도 큰 벼슬에 욕심을 내지않고 능을 지키는 한가한 직책으로 학문을 연마할 마음을 내비치고 있다. 그러나 그의 재능을 아끼는 정조 임금은 그를 능직이의 한가로운 직책에 머물게 하지 않았다.

정약용의 관료생활은 28세 때 시작하여 39세 때(1800) 끝났으니 12년 간에 걸친 그리 길지않은 기간이었다. 그러나 정조 임금이 재위하던 후반기 동안 임금의 측근에서 극진한 총애를 입었다. 정조 임금은 진작부터 그의 뛰어난 재주를 인정하고 그가 대과에 급제하기를 기다려 왔으니, 그가 벼슬에 나가자 곧바로 규장각 초계문신(抄啓文臣)으로 발탁하였다. 그해 5월에는 오위(五衛)에 속하는 무관의 직책인 부사정(副司正)으로 옮겼다가 6월에는 승정원의 가주서(假注書: 정7품)로 승진하였다. 벼슬길의 첫출발은 순풍에 돛단 듯이 경쾌한 항해를 하고 있었다.

그해 가을 열흘간의 휴가를 얻어 울산부사로 외직에 나가 있는 부친을 뵈러 갔다. 돌아오는 길에 대구감영으로 가는 부친을 영천까지 모시고 왔다. 이때 도중에 경주에 들렀는데 경주부윤은 그날 밤에 취벽루(翠碧樓)에서 울산부사 정재원과 그의 아들로 촉망받는 젊은 관료인 정약용을 위해 연회를 베풀었다.

동경의 부윤은 풍류도 뛰어나시구나	東京大尹風流長,
뒷방에서 곱게 단장한 미인들,	曲房粉黛娥娥妝,
때맞추어 부름받아 맑은 술잔 권하네.	時來命席流淸觴,
취흥일면 일어나 사방으로 다니면서,	酒酣起彷徨,
옛 왕조 흥망성쇠 생생하게 얘기하네.	歷歷談興亡,
가련할사 포석정 정자 앞에 걸렸던 그 달,	可憐鮑石亭前月,
오늘 밤엔 취벽루 앞에서 빛나누나.	今宵翠碧樓前光.

〈「陪家君至慶州 於州尹林公新樓夜宴」〉

이때 읊은 정약용의 시에서는 미인과 술로 일어나는 도도한 취흥에
다 고금의 역사와 하늘에 걸린 달의 비장한 감회까지 겹쳐서 시간과
공간을 넘나들며 아름답게 어우러져 있다. 경주부윤 임제원(林濟遠)은
이 시를 목판에 새겨 누각에 걸어놓았다.

그는 영천(永川)에서 부친과 작별하고 안동을 거쳐 서울로 올라오는
길에 안동의 선비 이진동(李鎭東)노인이 상소를 올렸던 일로 수령의
미움을 받아 체포될 위급한 처지에 놓인 사정을 듣고, 밤새 말을 달려
호평(虎坪: 봉화군 봉화읍 적덕리)에 까지 가서 좌랑(佐郞) 김한동(金翰
東)의 집에 숨어 있는 이진동을 죽령넘어서 단양으로 옮겨주어 위기를
벗어나도록 도와주었던 일이 있다. 이런 사실은 그가 영남지방의 많은
선비들과도 폭넓게 친밀한 교유관계를 맺고 있었음을 보여준다.

1789년 10월 정조 임금은 친아버지인 사도세자의 무덤 영우원(永祐
園)을 양주 배봉산(楊州 拜峯山) 아래에서 수원(水原 花山 顯隆園)으로

이장(移葬)하면서 억울하게 죽음을 당한 아버지 사도세자의 복권과 추존(追尊)을 도모하였다.〈유봉학;『정조대왕의 꿈』, 47-50쪽〉이때 정약용은 사도세자를 이장할 때 오고 가는 길에 정조임금이 한강을 건너기 위해 설치하는 배다리(舟橋)의 설치를 위한 설계를 담당하였다. 당시 설치된 배다리는 국가의 중대한 공사였으며, 주교사(舟橋司)라는 정부의 기구도 설치되었다.

배다리의 설치를 위해서는 여러 나루터의 배를 징발하여 관리해야 하며, 배의 크기에 따라 배열하고 그 위에 널판을 깔아 임금의 거둥행렬이 안전하게 한강을 건너도록 다리를 놓아야 하는 큰 공사이다. 그만큼 치밀한 계산으로 설계하여야 하는 기술적인 문제가 따랐다. 그뿐 아니라 백성들에게서 징발한 배를 관리해야하는 복잡한 문제를 위한 규정이 요구되는 일이었다. 이처럼 복잡한 일을 맡았던 것은 그가 효율적으로 관리하는데 필요한 수학적 원리에 밝다는 사실이 일찍부터 임금으로부터 인정받고 있음을 말해준다. 이때 그는 이 배다리의 설치를 위해 효율적인 규정과 제도를 제시함으로써 큰 성과를 이루었다. 그가 벼슬에 나가던 첫 해에 이처럼 중대한 임무를 맡았다는 사실은 그에 대한 임금의 신임이 각별히 두터웠으며, 그가 임금의 총애를 받는 유망한 관료로서 순조롭게 출발하고 있음을 확인시켜주는 것이기도 하다.

해마다 정월이 오면,　　　　　　歲歲靑陽月,
임금님 수레가 화성으로 거둥하시네.　鑾輿幸華城,
가을 지나자 배를 모아 들여서　　　船從秋後集,
눈 내리기 전에 배다리를 이루었노라.　橋向雪前成,

새 날개 펼치듯 붉은 난간 두 줄로 뻗고,　　　　鳥翼紅欄夾,
고기비늘처럼 흰 널판자 가로로 깔렸네.　　　　魚鱗白板橫,
선창가 저 바위는 굴러가지 않으리니,　　　　　艙磯石不轉,
천년토록 임금님의 마음을 알리라.　　　　　　千載識宸情.

〈「過舟橋」〉

　배다리는 다만 임금이 한강을 건너는 다리에 그치는 것은 아니다. 정조가 억울하게 죽음을 당한 아버지 사도세자에 대해 가슴에 맺힌 한을 풀기 위해 눈물을 삼키며 가는 길이었음을 보여준다. 이처럼 그는 배다리의 설계를 통해 사도세자의 무덤을 이장하는 정조의 숙원사업을 실현하는데 중요한 임무의 하나를 맡았던 것이다. 이때 그는 사도세자를 위해 만사(輓詞)를 짓기도 하였다.

임오년 5월달 돌아가시기 전에　　　　　　　壬午端陽月,
날마다 부지런히 서연을 여셨지.　　　　　　書筵日日開,
아침에 올린 글에 모두 답을 내렸고,　　　　　朝章都賜答,
밤에는 외로운 베갯머리 슬픔 머금었네.　　　　夜枕獨銜哀,
바다같이 넓은 도량 뉘라서 헤이릴고,　　　　　河海渾誰測,
천둥같은 노여움 참지 못했네.　　　　　　　風霆鬱不裁.

〈「顯隆園改葬輓詞」〉

　이 시에는 사도세자가 부친 영조에 의해 죽임을 당하던 임오년(1762)을 돌아보았다. 그해 세자로서 대리청정(代理聽政)할 때 근면하게 학문하고 정치를 돌보던 그 덕을 칭송하면서, 다른 한편으로 남모르는 슬픔과 가슴 속에서 치밀어 오르는 참을 수 없는 분노에 대한 안타까움이 배어 있다. 사도세자에 대한 깊은 동정은 바로 정조대왕의 가슴에 맺힌 원통함을 위로하는 것이기도 하다.

2) 해미(海美)로 가는 열흘 동안의 유배길

이듬해 29세 때(1790)는 우상(右相) 채제공(蔡濟恭)의 천거로 김이교(金履喬)·윤지눌(尹持訥) 등과 한림의 후보(翰林會圈)로 뽑혔고, 시험을 거쳐 그와 김이교가 예문관(藝文館) 검열(檢閱: 정9품)에 임명되어 한림의 직책을 맡게 되었다. 한림원(예문관)에서 숙직하던 날 밤에 읊은 시에서도 자신이 한림으로 선발된 기쁨과 영광으로 가슴이 설레임을 읊고 있다.

미천한 처지로 이제 막 초야에서 들어와,	疎蹤新自草茅來,
숙직하는 밤새도록 마음 줄곧 설레이네.	豹直通宵意不裁,
한림시험에 글 올리게 된 은총으로 흡족할뿐,	自足獻詞金馬寵,
한림으로 붓대잡을 재주야 본디 아니로세.	原非秉筆木天才.

〈「翰林召試被選 就院中夜直」〉

그러나 이때 사헌부에서 한림의 선발과정에 대해 사사로운 인정에 따라 격식에 어긋나는 추천이었다고 비판하는 견해가 제기되자, 그는 두 번이나 사직상소를 올리고 대궐 밖으로 물러나서 임금이 여러 차례 불렀는데도 나가지 않았다. 이 일로 그 해 3월 정조 임금은 잠시 그를 충청도 해미(海美; 현 충남 서산군 해미면)로 유배시켰다가 10일 만에 유배에서 풀어주었다. 임금의 신임이 높은 만큼 이를 경계하는 반대파의 공격도 거세었다. 그의 벼슬길에는 반대파의 끊임없는 방해가 있었으며, 그 첫 번째 시련이 비록 열흘간의 짧은 기간이었지만 벼슬에 나간 지 얼마 되지도 않아서 해미의 유배길을 떠나게 되었던 일이다.

비록 해미에 유배를 갔지만 그의 죄목이 한림 직책의 사퇴를 고집하면서 임금의 부름에 순응하지 않은 것일 뿐이요, 그것도 반대파의 비판에 맞서 명분을 확보하기 위한 처신에 따른 것이었으니, 아무도 그를 죄인으로 여기지 않았다. 해미에서 열흘도 머물지 않았지만 그 사이에 태안군수 유회(柳誨)가 찾아와 함께 가까운 개심사(開心寺)에 올라 봄날의 산과 멀리 바다의 경치를 감상하고 하룻밤을 보내기도 하였다.

우뚝 솟은 동대에서 너른 바다 굽어보고,	東臺岧巇俯層溟,
나그네 이르니 승방에 술병이 놓여 있네.	客到僧房有酒瓶,
도라지 캐 돌아올제 두 갈래 길 풀빛이요,	桔梗採歸雙徑綠,
꾀꼬리 울음 그치자 한 봉우리 푸르구나.	栗留啼罷一峯靑,
구름과 솔 저 멀리 안면도를 알아보겠고,	雲松遠識安眠島,
바람과 아지랑이 속에 영보정이 잠겨있네.	風靄全沈永保亭.

〈「泰安郡守柳獻可誨見訪…」〉

정약용은 해미에서 돌아오는 길에 피부병 치료를 위해 온양에 들려 온천에서 목욕을 했다. 이때 그는 이 지방 노인에게 30년전(1760) 사도세자가 이곳에 왔을 때의 옛 일을 물어보았다. 당시 세자를 호위하던 군사들의 말이 수박밭을 망가뜨리자, 세자가 백성들에게 그 피해를 넉넉히 보상해주었던 후덕한 행적을 들었다. 또한 그날 세자는 자신이 활을 쏘았던 곳에 홰나무를 심고 단을 쌓게 하였던 사실을 확인하였다. 그때 세자가 심은 홰나무는 남아 있지만 쌓았던 단은 무너지고 더럽혀져 방치되고 있는 실정을 살펴보고 단을 다시 쌓게 하였다. 그가 이렇게 사도세자의 유적에 관심을 보인 다음에야 관찰사와 수령의 보고가 조정에 올라오게 되고, 정조 임금은 자신의 친아버지 사도세자의 사적을 기록한 비석을 세우게 하였다. 이 비석이 '영괴대(靈槐臺)'로 현재 아산시내 온양관광호텔 뜰 안에 보존되어 있다. 정약용은 오고 가는 길에서도 무심하게 지나치지를 않고 버려져 있는 사도세자의 옛 사적을 찾아서 드러내었다. 더구나 정조 임금이 아버지인 사도세자의 억울한 죽음을 가슴에 지극한 한으로 품고 있는데 사도세자의 자취를 드러내었으니 임금에게도 큰 위로가 되었을 것이다.

정약용이 조정에 돌아오자 정조는 그를 다시 예문관 검열에 임명하였고, 그는 세 번째로 한림을 사직하는 상소를 올렸다. 이어서 용양위(龍驤衛) 부사과(副司果: 종6품)에 임명되고, 그해 7월에는 사간원 정언(正言: 정6품)으로 오르고, 9월에는 사헌부 지평(持平: 정5품)으로 잇달아 승진하였다. 이 때 그는 정언과 지평의 사직 상소를 올리면서 국가제도의 가장 큰 폐단으로 과거시험 제도의 문제점을 지적하였다. 여기서 그는 과거시험 제도의 폐단을 해결하는 방법으로서 천거(薦舉)제도를 도입하여 추천으로 과거시험의 자격을 제한하여 무수한 사람이 과거시험에 몰려드는 혼란과 사회적 낭비를 제거하도록 할 것을 제시하였다. 이와더불어 그는 명경과(明經科)를 폐지할 것과 소과와 대과를 통합하고 3년마다의 정규적 과거시험 이외의 과거시험을 모두 폐지할 것을 제안하였다. 이러한 의견의 제시는 국가경영의 근본이 인재를 효율적으로 배양하고 합리적으로 선발하는데서 출발한다는 인식을 보여주는 것이다.

그해(1790) 9월에는 판서 김상집(金尙集), 참판 민종현(閔鍾顯), 참의 심환지(沈煥之)와 더불어 증광별시(增廣別試: 大科시험)의 일차시험 시험관으로 임명되었다. 시험관들은 출제에 관여하기 때문에 열흘동안 예조(禮曹)에서 갇혀 지내야 했다. 이 시험에 그의 둘째형 정약전이 급제하였다.

이어서 그는 사헌부 지평의 직책으로 훈련원에서 시행되는 무과(武科)시험을 감찰하는 임무를 맡았던 일이 있다. 그가 시험장에 나가 무과 시험이 시행되는 과정을 살펴보니, 지방에서 올라온 무사들이 무예의 재능은 뛰어나 좋은 성적을 받았지만, 병법서인『삼략(三略)』을 강론하는 시험에서는 시험관들이 교묘한 질문으로 지방출신을 대부분 떨어뜨리고 서울의 장신(將臣)집안 자제들을 주로 합격시키는 것이었다. 이때 그는 감찰의 직책으로서 이러한 문제점을 지적하여 시정하게 함으로써, 지방출신의 무사들이 모처럼 많이 합격할 수 있는 기회를 열어주었다. 이처럼 그는 벼슬길에 나서기 시작한 처음부터 공정한 마음으로 국가를 위해 봉사하겠다는 자세를 스스로 확고하게 다짐하였을 뿐만 아니라, 어느 자리에 나가서던지 사사롭게 정실과 이해관계에 빠져 공정함을 잃고 있는 행정의 폐단을 고치는데 과감하였음을 보여주었던 것이다.

2. 임금의 지도아래 다져지는 학문

1) 초계문신(抄啓文臣)으로 학문연마

정약용은 1789년 3월 벼슬길에 나오자 곧바로 초계문신(抄啓文臣)으로 뽑혔다. '초계문신'이란 젊고 학문적 자질이 뛰어난 젊은 유학자 관료들 가운데서 선발하여 규장각에 소속시키고 경전을 강론하며 매월 월과(月課)의 시험을 보게 하여 더욱 깊이 학문을 연마하게 함으로써, 국가에 유용한 인재를 기르기 위해 정조 임금이 특별한 관심을 기울여 설치하였던 제도이다.

그해 4월 그는 임금 앞에서 『대학』을 강의하게 되었다. 그는 이 강의에서 활발하게 토론하고 의견을 제시하였으며, 이를 기록하여 『회정당대학강의(熙政堂大學講義)』를 편찬하였다. 그해 겨울에는 초계문신들에게 『논어』를 강의하게 할 때, 임금은 사람을 보내 다음 날 『논어』의 어느 장을 강의해야할지 미리 귀띔해주려 하였으나, 그는 이를 돌아보지 않고 『논어』 전체에 걸쳐 강의준비를 하였다. 이렇게 성실하고 근면한 학문자세를 보여주었으니 임금으로부터 더욱 두터운 신임을 받게 되었던 것은 지극히 당연한 일이었다.

이듬해(1790) 정조 임금 앞에서 문신들과 『중용』에 관해 토론한 『희정당중용강록』(熙政堂中庸講錄)이 있지만, 극히 간략한 기록만 남아 있다. 또한 그해 10월 규장각에서 『맹자』를 강독할때 정조 임금의 조목별 질문에 대한 그의 대답은 그가 저술한 『맹자요의(孟子要義)』 속에 충실하게 수록하고 있다. 이처럼 정약용은 정조 임금 아래서 임금의 예리한 질문에 답안을 작성하고 대답하는 형식으로 임금의 직접 지도를 받으면서 경전연구의 기반을 확립해갔던 것이다.

정약용은 초계문신으로서 학문연마에 전념하였고, 매월 시험을 치루는 월과(月課)에서 다섯 번이나 수석을 차지하고 여덟 번이나 수석에 비교되는 성적을 받았으며 말과 표범가죽 등 많은 상을 받기도 하였다. 그는 월과시험에서 수석하여 과분한 상을 받은 감회를 시로 읊기도 하였다.

오색 구름 속에서 붓대 한번 놀렸는데,	五色雲中一彩毫,
궁중의 보배로 작은 수고를 보답해주셨네.	內家珍錫答微勞,
소과 합격패를 내리실제 이름 처음 알려졌고,	白牌賜遍名初重,
대궐의 학사들 가운데 성적 가장 높았네.	丹土戚班成秩最高,
서쪽 변방의 바람은 빠른 말밥굽에 감돌고,	西極風來吹逸足,
남산 안개걷히니 표범가죽 아롱진 털빛 보이네.	南山霧捲見斑毛,
여러 선비들 본래부터 사양을 잘하지만,	群公自是能推讓,
나의 서투른 재주로 상받을 줄 어찌 알았으랴.	豈意疎才竟奪袍.

〈「閣課畢猥居第一, 蒙賜廏馬文皮」〉

규장각의 초계문신 가운데서도 수석을 차지하여 준마와 표범가죽을 상으로 받았던 그날의 감격을 자랑스러워하면서도 겸손하게 표현하고 있다. 그는 임금이 직접 시험을 보였던 월과(月課)의 답안 가운데 1789년 윤5월에 제출한 「지리책(地理策)」으로 수석하였는데, 여기서 그는 땅이 네모졌다는 '지방설(地方說)'이 잘못되고 땅이 둥글다는 '지원설'(地圓說: 地球說)이 옳다는 것을 밝혔다. 특히 우리나라의 역사지리를 상세하게 고증하고 우리나라의 물산에 따른 세금제도나 방어를 위한 대책에 대해서 구체적으로 제시하는 실학정신을 잘 드러내고 있다.

이 무렵에 답안으로 올렸던 「문체책(文體策)」에서는 청나라에서 흘러들어오는 패관잡설(稗官雜說: 민간설화 등을 모아서 만든 소설류)을 천재·지변에 상응하는 인재(人災)라 하여, 그 폐단을 격렬하게 지적하였다.

> 지금이라도 국내에 유행되는 것은 모두 모아 불사르고, 북경에서 사들여오는 자는 중벌로 다스린다면, 거의 사설(邪說)들이 뜸해지고 문체가 한번 진작될 것입니다. 〈「文體策」〉

그가 이처럼 패관(稗官)소설류 문학의 문체에 대해 극단적인 배척태도를 밝히고 있는 사실은 왕권강화를 추구하는 정조의 정책을 옹호하는 것으로 그 답지 않은 보수적 일면을 엿볼 수 있게 하는 대목이다. 이에 앞서 박지원은 수필과 소설의 형식으로 중국여행기인 『열하일기(熱河日記)』를 저술하여 신랄한 풍자와 예리한 현실비판을 함으로써 북학파의 실학정신을 발휘하였으며, 그의 문체는 당시에 새로운 기풍을 일으켜 상당한 영향을 끼쳤다. 이러한 문체의 기풍이 일어나자 정조 임금은 박지원의 문체가 패관잡설의 영향을 받았다고 질책하면서, 패관소설의 영향을 단절시키고 고문(古文)으로 되돌리려고 시도하는 문체반정(文體反正)운동을 벌였던 일이 있었다.

정약용은 「인재책(人才策)」에서도 인재를 쓰는 데 전문성과 자질을 중시할 것을 요구하고 당파적 독점현실을 비판하였다. 동시에 그는 신분에 따른 차별이나 지방에 따라 인재등용이 제한되는 폐단을 개혁하도록 주장하여, 정치적 개혁의 과제로서 인재의 광범한 발굴이 중요함을 역설하였다. 또한 「십삼경책(十三經策)」에서는 주자학의 칠서(七書; 四書와 三經)해석에 사로잡혀 자율적인 안목이 가로막힌 폐단을 지적하고, 경전에 대한 이해의 폭을 넓힘으로써 창의적 해석을 계발해야 할 것을 강조하였다.

> 명(明)나라가 천하를 다스려 문명이 크게 밝아지면서 주자(朱子)를 높이 신봉하고 다른 학설을 금지하였으며,…천하 학자들로 하여금 자기의 지혜와 의사를 무시하고 모두 여기에 따라가도록 함으로써 한(漢)나라 이래의 여러 학설이 유통되지 못하고 폐지되기에 이르렀습니다.…학문에 같은 학설과 다른 학설이 있고 경전에 신본과 구본이 있는 줄을 모른 채, 굳어진 학설만을 따르고 세속의 학문만을 숭상하여 마치 하늘이 만들어낸 것으로 알 뿐, 자기의 총명을 폐쇄해버렸습니다.
>
> 〈「十三經策」〉

주자학의 정통적 권위에 의해 다양한 견해가 억눌리면서 학문적 창의성을 상실하게 된 문제점을 진지하게 제기하였던 것이다. 그는 정조 임금이 제시한 문제로서 책문(策問)에 대답하여 대책문(對策文)을 짓는 과정을 통해 자신의 사상적 입장을 다듬고 심화시켜 갔다. 그만큼 그의 관료생활 초년에는 정조 임금의 인재양성 정책 아래서 규장각의 초계문신으로 학문연마에 몰두할 수 있었던 것이요, 실질적으로 정조 임금의 지도를 받으며 학문적 기반을 다져갔던 것이라 할 수 있다.

정약용이 30세 때(1791) 9월에 궁중의 내원(內苑)에서 활쏘기를 시험하였는데, 그는 하나도 맞추지 못하여 그 벌로 창덕궁 북쪽에 있던 북영(北營: 昌德宮 서쪽에 있던 訓練都監의 分營)에서 입직하게 되었다. 이 때 정조 임금은 『시경(詩經)』에 관해 800여 조목의 의문점을 제시하고, 그에게 대답을 작성하게 하였다. 이에 경전을 비롯하여 역사서와 고문(古文) 및 제자(諸子)를 두루 참고하여 60일 동안에 임금의 질문 항목에 대해 조목별로 대답을 작성한 것이 바로 『시경강의(詩經講義)』이다. 정조 임금은 그의 『시경강의』를 보고 책 끝에다 친필로 비답(批答)을 써주었다.

> 백가(百家)를 널리 인용하여 그 출처가 무궁하니 참으로 평소에 온축된 지식이 해박하지 않았다면 어찌 이만할 수 있겠는가.
>
> 〈「詩經講義序」〉

정조는 그의 폭넓은 고증과 정밀한 경전해석을 극찬하여 격려해주었으며, 그도 임금의 기대에 어긋나지 않게 심혈을 기울여 경전연구를 심화시켜갔다. 이처럼 그가 평생동안 이루었던 방대한 경전해석의 업적은 일찍이 정조 임금의 지도아래 그 기초가 다져진 것이다. 곧 그는 정조 임금의 정밀한 조목별 질문에 대답하여 『중용강의』와 『시경강의』를 저술하면서 자신의 경학적 기초를 확립해갔던 것이 사실이다. 이런 의미에서 그의 학문 형성과정에 정조 임금의 영향은 매우 중요한 의미가 있으며, 그 자신 일찍부터 정조 임금이 자신을 가르치는 스승이었음을 밝히고 있다.

> 저는 본래 용렬하지만 나이 스무살이 넘자 바로 대학에 입학하여 임금님의 가르침을 받고 임금님의 독려하심을 입었으며, 과거급제 하고서는 또 각과(閣課: 규장각의 月課시험)에 참여하였습니다. 저는 바야흐로 두려워하고 조심하여 오직 임금님의 부지런히 가르치시는 뜻을 저버릴까 두려워하였습니다.　　　　　　〈「辭正言兼陳科弊疏」〉

2) 궁정학자로서 임금의 총애는 깊어가지만

31세때(1392) 3월 그는 홍문관 수찬(弘文館 修撰: 정6품)에 임명되었는데, 이때에도 반대파가 제지하려 하였으나 임금이 강력하게 옹호하여 임명될 수 있었다. 홍문관은 조선왕조의 궁정학자들이 집결하는 곳이므로 그가 홍문관의 수찬에 임명된 것은 궁정학자로서 명예와 장래를 보장받는 것을 의미한다. 그러나 며칠이 안되어 4월초 진주목사로 있던 부친 정재원이 임지에서 위독하다는 소식을 듣고 정약용은 형제들과 함께 달려갔다. 운봉(雲峯: 현 전북 남원시 운봉면)에 닿았을때 부친이 세상을 떠났다는 소식을 듣고 진주에 가서 영구를 모시고 다음달에 선영(先塋)이 있는 충주의 하담(荷潭: 현 충북 중원군 금가면 하담리)에 장사지내고, 마재에 돌아와 거상(居喪)하였다. 하담은 정약용의 할머니(豊山 洪氏)의 고향으로 그에게는 진외가이고, 그 선조는 홍이상(慕堂 洪履祥)이다. 하담의 강가에는 모현정(慕賢亭)과 홍이상을 제향하는 하강서원(荷江書院)이 있다. 그 해 겨울 상중이었지만 임금의 특명으로 수원성의 설계를 맡게 되었다.

33세때(1794) 6월에 탈상하고 나자, 7월에 성균관 직강(直講: 정5품)을 거쳐 10월 다시 홍문관 수찬에 임명되었다. 바로 이때 경기지역 암행어사로 나갔었다. 그해 12월에는 사도세자에 대한 호칭을 높여서 올리기 위해 설치된 임시기구인 '경모궁추상존호도감(景慕宮追上尊號都監)'의 실무책임을 맡는 도청(都廳)에 임명되었다. 정조 임금은 친아버지인 사도세자의 위상을 높이기 위해 심혈을 기울이고 있었던 만큼, 이미 돌아가신 사도세자가 1795년 회갑을 맞게 되는 해에 존호를 올려 위상을 높이는 일은 정조 임금에게 매우 중요한 일이었다. 그러나 당시 노론 벽파의 저항도 만만하지 않았다. 정조 임금은 이 일의 총책임을 맡는 도제조(都提調)에 재상인 채제공을 임명하고서 실무 책임자에 정약용을 임명하였던 것은 정약용이 비록 젊지만 해박한 지식과 치밀한 논리로 반대파를 납득시킬 수 있는 설득력이 있음을 깊이 신임하였기 때문이라 짐작할 수 있다.

앞서 영조는 아들인 사도세자를 죽이고나서 이를 후회하며 사도세자의 효성스러움을 밝힌 '금등의 글'(金縢之詞: 원래 『서경』의 「金縢」편은 周公이 형인 武王의 병을 낫게 해달라고 조상들에게 빌었던 글)을 지어 은밀하게 전했는데, 정조는 바로 전해(1793)에 이를 공개하여 사도세자의 억울한 죽음을 드러내고자 하였다. 당시 사도세자의 존호를 올리는 과정에서도 대제학(大提學) 서유신(徐有臣)이 「옥책문(玉策文)」을 지었는데, 여기에 '금등의 글'을 언급하지 않았다. '금등의 글'을 인정하지 않으려는 노론쪽의 태도를 드러낸 것이다. 이에 서유신이 지은 「옥책문」을 부분적으로 보완시킬 것인지 전면적으로 다시 짓게 할 것인지를 결정짓지 못하고 있을 때, 정약용은 「옥책문」에서 '금등의 글'을 언급하지 않음은 생명력을 모두 잃은 것이라 지적하여, 전편을 다시 짓도록 결정을 보게 하였다. 그해(1794) 12월 홍문관 부교리(副校理: 종5품)로 승진하였다.

34세 때(1795) 정월에 사간원 사간(司諫: 종3품)에 승진되고, 이어서 승정원 동부승지(同副承旨: 정3품)에 임명되어 임금의 측근에서 왕명의 출납을 맡아보게 되었다. 이제 정조는 자신이 배양한 인재로서 정약용을 최측근의 신하로 자신을 보좌하는 일에 쓰기 위해 종5품관에서 정3품관으로 특별히 승진시켰던 것이다. 2월에 정조는 어머니 혜경궁 홍씨(惠慶宮 洪氏)를 모시고 수원으로 사도세자(思悼世子: 莊獻世子)의 무덤인 현륭원(顯隆園)을 참배하러 가는 행차에 수행하도록 그를 병조참의(參議: 정3품)에 임명하였다. 정조는 사도세자의 능을 참배하고, 그해에 살아있다면 회갑을 맞을 아버지 사도세자를 추모하고, 어머니 혜경궁 홍씨의 회갑을 축수하는 잔치를 화성(수원)에 새로 지은 행궁(行宮)의 봉수당(奉壽堂)에서 열었다. 이어서 정조는 장대(將臺)에 올라 군대를 사열하고, 낙남헌(洛南軒)에서 노인을 위한 양로(養老)잔치를 열었다. 이러한 행사의 자리마다 그는 화답하는 시를 지어 임금의 뜻을 드러내었다.

서울로 돌아오자 병조에서 숙직하던 어느날 밤 정조 임금이 어려운 시제(詩題)를 주고 정약용에게 칠언 배율(七言排律: 排律은 한 수가 10句 이상되는 律詩) 100수를 새벽에 문을 열때까지 지어바치라는 명령을 내렸다. 이에 정약용이 밤을 새워 지어올린 시를 보고, 임금은 크게 감탄하여 칭찬하고 큰 사슴가죽 한 장을 상으로 내려주었다.

오늘 이 사람의 작품은 귀신처럼 빠른 점에서는 시(詩)나 부(賦)보다 낫고, 법도에 맞는 점에서는 표(表)와 책(策)보다 못하지 않으니, 이처럼 진실한 재주는 보기 드문 것이라 하겠다.

〈「騎省應敎賦得王吉射烏詞一百韻」〉

정조 임금은 먼저 정약용의 시를 이서구(李書九)·신기(申耆)·한만유(韓晩裕)가 지은 시나 황기천(黃基天)이 지은 부(賦)보다 빠르고, 윤행임(尹行恁)이 지은 표(表)나 책(策)처럼 법도에 맞는다고 높이 평가하고 나서, 다른 문신들에게도 평가하도록 지시하였다. 이에따라 노론 벽파의 문장가인 규장각 제학 심환지도 정약용의 이 '칠언배율 100수'에 대해 극진한 칭찬을 아끼지 않았다.

꾸불꾸불 뻗어나간 것은 구름이 퍼지고 물이 흐르는 것과 같고, 깔끔하고 치밀하기는 옥을 다듬고 비단을 짜놓은 듯하니, 이러한 사람을 두고 이른바 문단의 드문 재주(文苑之奇才)라는 것이 아니겠는가.

〈「騎省應敎賦得王吉射烏詞一百韻」〉

정조는 이렇게 문신들에게 정약용의 시를 평론하게 함으로써, 문장가로서 그의 명성을 크게 떨치게 하였다. 이것도 정조 임금이 정약용을 크게 쓰기 위해 시행한 예비작업의 하나라고 할 수 있겠다. 그러나 임금의 특별한 총애는 주위의 질시를 받게 되는 빌미를 만들 수도 있었다. 그해 2월 감시(監試)의 2차시험에 시험관이 되었는데 반대파에 의해 그가 사사롭게 인정을 썼다고 비난이 일어나기도 하였다. 그러나 정조는 그를 신임하여 의궤청(儀軌廳)에서 국가의 중요한 의례절차를 규정한 의궤(儀軌)의 편찬을 맡기기도 하고, 규영부(奎瀛府: 당시 監印所 곧 鑄字所에 '규영부'의 현판을 걸었는데, 규장각을 가리킴)에서 정부가 편찬하는 서적의 교정을 담당하게 하였다. 정조 임금은 그에게 이렇게 많은 임무를 부여하면서, "'남이 한가지를 할 때 나는 열가지를 한다'는 말을 따라야만 비로소 속죄할 수 있다"고 하여, 남들의 비방과 모함을 면하려면 누구보다 열심히 일하는 길밖에 없음을 엄격하게 훈시하였다.

이때 그는 이가환을 비롯한 규장각의 쟁쟁한 학사들과 더불어 수원성의 규모와 제도를 기록한 『화성정리통고(華城整理通攷)』의 편찬을 하였고, 현륭원(顯隆園: 莊獻世子의 능)의 설치와 식목에 대한 기록에서부터 수원근교에 있는 배봉진에 관한 기록(『拜峯鎭志』)에 이르기까지 여러 문헌의 편찬에서 핵심적 역할을 하였다. 당시 7년동안에 걸쳐 수원을 비롯한 8개 읍에서 현륭원에 식목한 사실의 기록이 방대한 분량으로 쌓여 있었는데, 정조 임금은 그에게 이를 간략하게 정리하도록 요구했다. 이에 정약용은 한 장의 종이에 종횡으로 식목 횟수와 각 읍에 따라 배열된 도표를 만들어 「식목연표(植木年表)」를 작성하고, 식목한 총계가 12,009,772그루임을 밝혀서 제시하였다. 정조는 이 도표를 보고서, "책 한권 정도의 분량이 아니면 자세히 할 수 없을 것이라고 생각했는데, 네가 한 마리의 소가 땀을 흘리며 끌어야 할 정도로 많은 분량의 내용을 한 장의 종이에다 일목요연하게 정리해 놓았으니 잘했다고 이를 만하다"〈정규영:『俟菴先生年譜』〉라고 하여, 오래도록 감탄하며 칭찬하였다고 한다. 그가 자료를 분석하고 집약시킬 수 있는 정리 능력이 얼마나 뛰어난지를 잘 보여주는 대목이며, 여기서도 그가 탁월한 수학적 사고능력을 발휘하고 있음을 엿보게 한다.

34세때 3월에는 대학생에게 시행하는 과거시험인 삼일제(三日製: 3월3일시행)의 대독관(對讀官)으로 다시 시험관이 되었던 일이 있다. 정조 임금은 대궐 안에서 10여명의 신하들을 불러 꽃구경을 하며 연회를 배풀었는데, 창덕궁 부용정(芙蓉亭)에서 낚시를 하며 연못에 배를 띄우고 시를 짓기도 하였다. 그도 이 연회에 참석하도록 부름을 받고 「부용정시연기(芙蓉亭侍宴記)」를 지어 임금과 신하가 화합하는 덕을 칭송하고 있다. 얼마후 세심대(洗心臺)에서 꽃구경을 하며 신하들에게 화답하는 시를 짓게 했는데, 정약용의 글씨가 가장 빠르다 하여 시를 받아적게 하였다. 이 때 정조는 자신이 앉아있는 의자(御榻)의 한쪽에다 종이를 올려놓고 정약용에게 글씨를 쓰게 할 만큼 그를 임금의 지극히 가까운 자리까지 접근하게하는 친밀함을 보여주었다.

정조 임금은 정약용을 너무나 가깝게 대하여 임금과 신하 사이의 엄격한 분별의 예법을 접어두고 서로 말장난을 주고받으며 즐거워하였다는 일화가 전하기도 한다.

> △정조 : "말니 마치(馬齒) 하나 둘이라."
> 정약용 : "닭의 깃이 계우(鷄羽) 열다섯이오."
> △정조 : "보리뿌리 맥근 맥근(麥根)."
> 정약용 : "오동열매 동실 동실(桐實)."
> △정조 : "아침까치 조작 조작(朝鵲)."
> 정약용 : "낮송아지 오독 오독(午犢)."

말의 이빨과 '마치(馬齒)', 닭의 깃과 '겨우(鷄羽)', 보리뿌리와 '매끈 매끈(麥根)', 오동열매와 '동실 동실(桐實)'은 우리말과 한자의 발음이 같은 것을 이용한 것이고, '조작 조작(朝鵲)'이나 '오독 오독(午犢)'은 우리말의 의성어(擬聲語)와 한자의 발음이 같은 것을 이용한 것으로 언어놀이의 익살스러운 재치를 보여주는 것이다.

> △정조 : "연못에 핀 붉은 연꽃 내가 점을 찍었네."
>
> (池上紅荷, 吾與點也)
>
> 정약용 : "전각 앞 푸른 버들 모두 드리웠다고 하네."
>
> (殿前碧柳, 僉曰垂哉)

여기서 『논어』 선진(先進)편의 "나는 증점(曾點)에 찬동한다"는 구절의 "오여점야(吾與點也)"에서 제자의 이름인 '점(點: 曾點)'을 '점찍는다'는 뜻으로 해석하거나, 『서경』 순전(舜典)편의 "모두 '수(垂)'입니다' 라고 말했다"는 구절의 "첨왈수재(僉曰垂哉)"에서 신하의 이름인 수(垂)를 '드리운다'는 뜻으로 해석하여 성스럽게 받들어야할 경전구절을 짓궂은 학동들처럼 말장난의 놀이에 이용하고 있는 파격을 보여준다.

또 이런 일화도 있다. 정조와 정약용이 한문글자에서 정(晶)·삼(森)·묘(淼)·뢰(磊)·간(姦) 등 같은 글자 셋을 합하여 한 글자를 이루는 경우를 누가 많이 아는지 시합을 벌였다고 한다. 각각 종이에 아는 글자를 모두 적어넣고서 대조하여 검사하려고 할 때, 정약용이 문득 "임금님께서는 한 글자만은 저에게 못미칠 것입니다"라고 아뢰었고, 실제로 비교해보니 정조는 '삼(三)'자를 적어넣지 않았다고 한다. 〈최익한;『실학파와 정다산』, 498-499쪽〉

이런 일화들은 항간에 입으로 전하는 이야기를 소개한 것이요, 사실이라고 보기는 어려운 점이 있다. 그렇지만 정조 임금과 정약용 사이가 얼마나 친밀하였는지를 엿볼 수 있게 하는 것임에는 틀림없다.

34세때 3월에 승정원 우부승지(右副承旨: 정3품)에 임명되었으나, 청나라 사람 주문모(周文謨) 신부가 입국하여 전교하는 사실이 드러나면서 천주교도에 대한 배척이 강화되고, 이에따라 정약용에 대한 비난도 한층 거세게 일어났다. 결국 정약용은 규장각에서 서적을 교정하는 일을 중단하게 되었고, 7월에는 금정역(金井驛) 찰방(察訪: 종6품)으로 좌천되었다가 그해 12월에 용양위(龍驤衛) 부사직(副司直: 종5품)으로 다시 서울에 돌아왔다.

이듬해 35세 때(1796) 10월 규장각에서 이만수(李晩秀)·박제가(朴齊家) 등과 『사기영선(史記英選)』을 교정하였으며, 12월에는 병조 참지(參知: 정3품)를 거쳐 좌부승지(左副承旨)에 임명되었다. 36세때(1797) 봄에는 이서구(李書九) 등과 『춘추경전(春秋經傳)』을 교정하였으며, 이문원(摛文院: 규장각 檢書官이 숙직하는 곳)에서 『두시』(杜詩: 당나라 杜甫의 詩)를 교정하고 규장각에 나가 『육시』(陸詩: 南宋시대 陸游의 詩)를 교정하였다. 이러한 교정활동은 그가 정조 임금의 문예중흥운동의 하나인 편찬사업에서 핵심적 역할을 하였음을 말해주는 것이다.

3. 화성(華城) 설계로 과학기술의 새로운 차원을 열다

1) 화성(華城)의 축조가 갖는 의미

31세때(1792) 겨울 정조 임금은 상중에 있는 정약용에게 화성(華城: 水原城)의 축성을 위한 설계와 공사를 위한 규정을 지어올리라는 명령을 내렸다. 상중에 있는 신하에게 임무를 맡긴다는 것은 그만큼 국가적인 중대한 일에 그 일을 담당할 다른 인물을 찾을 수 없기 때문에 부득이 왕명의 권위로 일을 부여하는 것이다.

정조로서는 화성 곧 수원성의 건설은 매우 중요한 의미가 있다. 정조는 억울하게 죽음을 당한 부친 사도세자의 한을 풀고 그 지위를 높이기 위해 몇가지 일을 계획했다. 그 첫 번째가 시호를 '사도(思悼)세자'에서 '장헌(莊獻)세자'로 고쳐서 올리고, 1789년 능을 수원의 화산(花山) 남쪽에다 이장하여 현륭원(顯隆園)으로 이름을 고치고 왕릉에 버금하는 규모로 정비하는 것이었다. 정조는 자신의 초상화를 새로 그리게 하여 현륭원의 재각(齋閣)에 걸어두고 항상 부친을 모시고자 하는 자신의 정성을 드러내었으며, 해마다 한강을 건너 현륭원으로 참배하는 거둥을 함으로써 사도세자를 높이는 뜻을 밝혔다. 이와더불어 1790년에는 현륭원 동쪽 근처에 사도세자의 명복을 비는 원찰(願刹)로서 용주사(龍珠寺)를 창건하여 현륭원의 위상을 더욱 드높였다. 여기서 한걸음 나아가 정조는 수원에 화성을 건설하고서, 세자(뒤에 純祖)가 15세가 되는 1804년에 왕위를 세자에게 물려주고 자신이 만년에 이곳 화성에 지은 행궁(行宮)의 노래당(老來堂)에 머물겠다는 이른바 '갑자년(1804)구상'을 하였다고 한다. 정조는 1794년부터 10년계획으로 화성건설에 착수하였다. 실제로는 성곽이 6km나 되는 화성을 새로 건설하고 이곳에 600여간의 큰 규모로 행궁을 건립하는 큰 공사를 2년 남짓한 기간에 마치고 1796년 10월16일에 낙성을 축하하는 연회를 열었다. 〈유봉학:『정조대왕의 꿈』, 62-75쪽〉

　이처럼 대규모로 축조된 화성은 그 규모가 크게 화려하다는 점에서도 독특한 지위를 차지하는 것이지만, 동시에 이 성을 축조함으로써 사도세자를 높이는 기반을 확립한 것은 바로 노론 벽파의 압박을 누르고 정조 자신의 왕권을 강화하는 계기로 삼았다는 점에서 중대한 의미가 있다. 이렇게 정치적으로 중요한 의미를 지닌 화성의 축조가 중대한 사업이었던 만큼 정조는 재상인 채제공을 공사전체의 총괄책임자로 삼고, 소론의 조심태(趙心泰)가 현장을 감독하게 하였다. 또한 정조는 "기유년(1789) 겨울 배다리를 놓는 공사에 정약용이 그 규제를 만들어 공적을 이루었으니, 그를 불러 집에서 화성의 규제를 만들어 바치게 하라"〈정규영;『俟菴先生年譜』〉고 명하여, 화성건설의 준비과정에서 설계를 하는 중요한 임무를 상중에 있는 정약용에게 맡기게 했다. 국력을 기울여 추진하는 국가의 큰 공사에서 기본설계를 그에게 맡긴다는 사실은 그의 전문적 지식과 역량에 대해 정조의 신임이 얼마나 컸던가를 넉넉히 짐작할 수 있게 한다.

2) 화성 설계에서 발휘한 수리적 계산법

정약용은 왕명을 받아 상중에 집에서 수원의 화성을 축조하기 위한 규제를 정하고 설계를 하였다. 그는 모원의(石民 茅元儀: 명나라 사람)의 『무비지(武備志)』와 특히 이 책에 실려있는 윤경(尹畊: 명나라 사람)의 「보약(保約)」 및 우리나라 유성룡(西厓 柳成龍)의 「전수기의(戰守機宜)」 등을 참고하여 축성제도를 연구하였다. 이 연구성과로서 그는 성곽을 축조하기 위한 기본과제를 8조목으로 분석하여 간추린 「성설」(城說)을 정조 임금께 올렸다. 여기서 그는 성곽의 건설을 위해 효율성을 극대화시키는 방법을 추구하였으며, 무엇보다 수리적 계량화를 함으로써 합리적 관리방법을 제시하고 있다는 사실이 가장 돋보이는 점이다.

① 분수(分數): 수원의 성곽이 둘레가 대략 3,600보(步)이고, 높이가 대략 25척(尺)의 규모를 기준으로 확인하였다. 이 기준에 근거하여 돌의 분량과 동원된 인원의 급료를 계산하고 있다.

② 재료(材料): 성벽을 쌓는 자료로서 벽돌을 이용한 벽성(甓城)은 우리나라 사람이 벽돌굽는데 익숙하지 않은 문제점이 있고, 흙과 석회를 이용한 토성(土城)은 기온과 비에 쉽게 허물어지는 문제점이 있음을 들어서 돌을 이용하는 석성(石城)이라야 함을 주장하였다.

③ 호참(壕塹): 성을 쌓을 때 산을 의지한 경우가 아니라면 안팎으로 동시에 쌓아야 하며, 특히 평지에 성을 쌓을 때 쓰이는 흙은 성밖에 구덩이를 파서 이용하고, 그 구덩이는 호참(壕塹: 해자)으로 방어에 이용한다는 것이다. 이때 호참은 성벽의 붕괴를 일으키지 않도록 성에서 30,40척(약10m) 떨어진 곳에 파고, 깊이는 15척(약4.5m)으로 하고, 폭은 바닥이 30척(약9m) 윗면이 70척(약21m) 되게 할 것을 제시하였다.

④ 축기(築基): 성벽의 기초공사가 중요함을 강조하고, 큰 돌을 기초에 쓰려면 비용이 많이 들게 되므로, 너비 10척(약3m) 깊이 4척(약1.2m)의 구덩이를 파고 개울의 자갈돌을 날라다가 채워서 기초를 다질 것을 제안하였다. 그는 자갈을 나르는 일에서도 인부들에게 급료를 일급으로 주는 것보다 날아오는 자갈의 분량에 따라 성과급으로 주는 것이 공정을 빠르게 할 것임을 지적하였다.

⑤ 벌석(伐石): 성벽을 쌓는 돌을 캐내는 것으로, 석공을 시켜 적절한 크기로 다듬게 한 다음에 운반하는 것이 노력을 절약하는 것임을 지적하고, 다듬어진 돌의 등급을 정하여 아래층에 쌓는 큰 돌은 하나가 수레 하나에 실리고, 중간층에 쌓는 다음 크기의 돌은 두 개가 수레 하나에 실리게 하며, 윗층에 쌓는 작은 돌은 3,4개가 수레 하나에 실리게 하여, 수레 하나에 실은 돌이 성벽의 1보(步)에 한층으로 놓을 수 있게 하다는 것이다. 이렇게 하면 3,600보의 성벽을 한층 쌓아올리는데 3,600수레의 돌을 쓰게 되며, 성벽의 높이가 몇층의 돌로 쌓는가에 따라 전체에 몇 수레의 돌이 들게 되고, 인건비는 얼마가 들 것인지 분명하게 계산이 된다고 제시하였다.

⑥ 치도(治道): 돌을 수레로 나르기 위해서는 먼저 길을 곧고 평탄하게 닦아야 함을 강조하였다.

⑦ 조거(造車): 돌을 나르는 수레의 제작을 위한 제도를 규정한 것이다. 그는 기존의 수레인 '대거(大車)'는 바퀴가 너무 높아 돌 싣기가 어려우며 폭이 약하여 쉽게 부서지는 문제점을 지적하고, 썰매의 형태인 '설마(雪馬)'는 빙판이 아닐때는 바닥이 닿아 힘이 들고, 둥근 통나무를 바닥에 넣어 굴리는 것은 작은 장애물에도 쉽게 걸리는 난점을 지적하며, 자신이 『무비지』에 실려있는 수레 제도를 참고하여 바퀴통 속에 바퀴살이 부채살 모양이 아니라 정(井)자 모양으로 이루어진 바퀴를 쓰는 '유형거'(游衡車)라는 수레의 제작법을 제시하였다.

그는 '유형거'라 일컫는 이 수레의 제도가 돌밑에 짐칸을 깊이 찔러넣어 돌을 실기 편하게 하고, 또 상하로 기울기를 조절하여 돌이 쉽게 짐칸에서 자리잡을 수 있게 한 것임을 지적하였다. 또한 그는 수레의 구성부분을 그림으로 설명하고, 수레 각 부분의 규격과 더불어 각 부분의 기능에 따라 어떤 성질의 목재를 써야할지도 일일이 제시하고, 돌을 실는 방법까지 자세하게 설명하고 있다. 또한 그는 3,600보에 이르는 성벽 1층을 쌓는데 3,600 수레의 돌이 들고, 9층으로 쌓는데 32,400수레의 돌이 들며, 70대의 수레로 매일 3차례씩 돌을 운반한다면 154일이면 필요한 돌을 모두 나를 수 있다는 계산까지 제시하였다. 이처럼 정약용은 성곽의 건설을 위해 수레를 기본 도구로 이용할 것을 강조하고, 수레를 기준으로 성곽공사의 전체과정을 계량화하여 소요되는 날자와 인력과 경비를 계산하여 제시하고 있었다.

⑧ 성제(城制): 성벽을 쌓는 방법으로서, 그는 성벽이 쉽게 무너지는 이유가 무엇보다 성벽의 배가 부른데 있음을 주목하였다. 따라서 성벽을 쌓는 방법을 3단계로 나누어 아래쪽의 3분지2(9층으로 쌓는 경우 아래쪽의 6층까지)는 한층마다 1촌(寸: 약 3cm)씩 안으로 들여쌓아올리고, 위쪽 3분지1은 한층마다 3분(分: 약1cm)씩 밖으로 내다쌓아올리는 방법을 제시하였다. 이렇게 하면 성벽이 견고할 뿐만 아니라, 위에서 아래를 내려다 보는 형세가 되어 적병이 넘어오기 어려우니 방어에도 유리하다는 것이다.

정약용이 화성건설을 위해 8조목의 기본규제로서 「성설(城說)」을 제시하자, 정조 임금은 크게 칭찬하고서, 구체적인 성곽의 설계로서 옹성(甕城)·포루(砲樓)·현안(懸眼)·누조(漏槽) 등의 제도와 무거운 것을 들어올리는 기중(起重)의 여러 이론을 빨리 강구하도록 명을 내리고, 규장각에 소장한 『도서집성(圖書集成)』1권을 참고하도록 내려보내주었는데, 이 책이 『기기도설(奇器圖說)』이었다. 정약용은 왕명에 따라 성곽의 기본시설을 설치하기 위한 설계와 제도를 그림과 함께 제시하였다.

㉮ 옹성(甕城): 성문을 방어하기 위해 성문 바같으로 쌓는 규모가 작은 성벽이다. 성문이 가장 먼저 공격되는 대상이고 성문의 문루가 목재로 지어져서 화공(火攻)을 당하기 쉬우므로 성문의 방어를 위한 성벽이 필요하다는 것이다. 우리나라에서는 서울의 동대문에 유일하게 옹성이 있음을 지적하고, 화성에서는 성문마다 각각 옹성을 설치하도록 제안하였다.〈「甕城圖說」〉

㉯ 포루(砲樓): 적을 방어하기 위해 성벽에 설치한 루(樓) 혹은 대
(臺)로서, 성벽 바깥으로 돌출하여 성벽 바깥을 한눈에 살피며
적병이 성벽에 접근하는 것을 방어하는 시설인 '치(雉)'를 갖추고
있다. 유성룡이 「전수기의(戰守機宜)」에서 성을 지키는데 '치'의
중요성을 강조한 사실을 지적하였다. 그는 여러 문헌에서 성벽
의 조건에 따라 포루(砲樓)의 여러 형태와 다양한 제도가 다른 차
이점을 해명하고서, 화성의 경우 포루(砲樓) 7곳, 적루(敵樓) 4곳,
적대(敵臺) 9곳, 포루(鋪樓) 2곳, 노대(弩臺) 1곳, 각성(角城) 7곳
을 세워야 할 것과 그 위치를 지적하고 그림으로 그려 제시하였
다.〈「砲樓圖說」〉

㉰ 현안(懸眼): 성가퀴에 구멍을 뚫은 것으로 적병이 성벽에 접근하
는 것을 감시하고 공격할 수 있게 한 시설이다. 멀리 볼 수 있도
록 수평으로 뚫린 현안과 가까이 볼 수 있도록 아래로 경사지게
뚫린 현안을 구별하여 그 설치제도를 제시하였다.〈「懸眼圖說」〉

㉱ 누조(漏槽): 적병들이 성문을 불태우는 것을 방어하기 위해 물을
흘려보내는 시설이다. 명나라 사람 여곤(呂坤: 1536-1618)의 『실
정록(實政錄)』에서 누조의 제도를 고증하여 옹성의 문위에 설치
하도록 제시하였다.〈「漏槽圖說」〉

정약용은 이러한 성곽의 방어시설을 옛 문헌에서 자세하게 고증하
고 그 기능을 구체적으로 검토하며, 제도의 차이를 다양하게 대비시켜
규명하고 있다. 따라서 이러한 고증과 검토를 거쳐 화성을 축성하는데
가장 효율적 기능을 지닌 적절한 제도를 규정하고 있으며, 또한 이를
그림으로 자세하게 설명한 도설(圖說)로 제시하여 실제로 공사를 수행

하는데 편리하게 하였다.

3) 서양과학기술 수용의 새로운 차원을 열다

정조 임금이 정약용에게 화성의 축성제도와 설계를 명령하면서 예수회 선교사인 테렌즈(Terrenz, 鄧玉函, 1576-1630)가 편찬한 것으로 서양의 기계제도를 설명한 『기기도설』(奇器圖說, 1634刊)을 참고하도록 보내주고, 특히 무거운 것을 들어올리는 기중(起重)의 제도를 연구하도록 지시하였다고 한다.〈「城說」〉

이러한 사실은 정조 임금 자신이 일찌기 서양과학서로서 『기기도설』을 읽었으며 그 속에 제시된 기중(起重)기구의 제도가 성벽을 쌓는데 유용하게 이용될 수 있을 것임을 잘 알고 있었다는 사실을 말해준다. 그만큼 정조 임금은 서양과학기술을 상당히 깊이 이해하고 있었던 것이며, 정약용에게 서양과학기술을 실제에 응용할 수 있는 역량이 있음을 잘 알고 있었음을 엿볼 수 있게 한다. 실제로 당시는 윤지충과 권상연이 천주교신앙에 빠져 제사를 폐지하고 신주를 불태운 신해년(1791)의 진산(珍山)사건이 일어난 바로 다음 해였으니, 금교령(禁敎令)과 금서령(禁書令)이 엄중하여 서학(西學)서적을 가지고 있을 수도 없고 읽을 수도 없는 상황이었다. 따라서 정약용으로서도 자신이 능동적으로 서양과학서적을 이용한 것이 아니라, 왕명을 받들어 서양과학기술서적을 연구하여 축성을 위한 기계를 계발하는 작업을 하였다는 사실을 밝혀둘 필요가 있었을 것이다.

정약용은 『기기도설』에서 성벽을 쌓기 위해 무거운 돌을 들어올리

는 기중(起重)기구의 제도를 연구하여, 「기중가도설(起重架圖說)」을
지었다.

> 옛 사람의 남긴 뜻을 취하고 새로운 제도를 참고하여 무거운 것을 들
> 어올리는 작은 틀(起重小架)을 만들어 화성을 쌓는데 사용하도록 하였
> 다.···기계의 성능이 신묘하고 쓰임이 민첩하여, 어리석은 사람은 깜짝
> 놀라고 지혜있는 사람도 어리둥절할 것이다. 심지어 성문 양편에 세우
> 는 큰 돌(懸端石)은 무게가 수만 근씩 되어 천 사람으로도 움직이지 못
> 하고, 백마리 소로도 끌지 못하는데, 이 것을 두 사람이 도르래의 손잡
> 이를 잡으면, 번거롭게 힘쓰는 소리를 낼 필요도 없이 깃털을 들어올리
> 듯 공중에 들어올리며, 숨이 찰 걱정도 없고 비용도 절약되니 그 이익
> 됨이 또한 크고 많지 않겠는가.   〈「起重圖說」〉

그는 도르래의 일종인 활차(滑車)를 이용하여 무거운 것을 들어올리
는 틀인 '기중가(起重架)'를 틀(架)과 도르래(滑車)와 가르지름대(橫梁)
등 네가지 구성부분으로 나누어 그림으로 그려서 제도와 기능을 설명
하였다. 또한 장구통처럼 생긴 바퀴(鼓輪)와 손잡이가 달린 축바퀴(轆
轤)를 갖추고 밧줄을 당겨 감아들이는 틀인 '거(簾)'를 덧붙여 기중(起
重)의 제도를 설명하고 있다. 특히 그는 기중(起重)의 기구가 역학(力
學)의 원리를 이용한 것임을 주목한다. 곧 물건의 무게에 비교해 작용
하는 힘이 같아야 물건을 들어올릴 수 있다하고, 도르래를 하나를 사
용하면 두배의 무게를 들어올릴 수 있으며, 두 개를 사용하면 4배의
무게를 들어올릴 수 있다고 한다. 이렇게 도르래 하나가 힘을 절반으
로 줄여주고 두배의 힘으로 역할한다는 역학적 원리를 확인하고 있다.

곧 도르래가 여러개 결합하여 같은 무게라면 필요되는 힘을 반감시켜 주고 같은 힘이라면 들어올리는 무게를 배가시켜주는 것이 상승되기 때문에 도르래를 여러개 이용하면 매우 작은 힘으로 엄청난 무게의 물건도 들어올릴 수 있다는 것이다. 여기서 그는 8개의 도르래를 결합한다면 25배의 엄청난 힘으로 작용한다고 기록하고 있는데, 이것은 그가 계산착오를 하였다고 보기 보다는 256배의 기록착오라 보아야 할 것 같다.

정약용이 무거운 것을 들어올리는 기중(起重)의 기구를 이용하여 화성의 축성에 이용함으로써 공사비용을 줄이고 공사기간을 단축하는데 큰 효과를 거두었다. 정조 임금은 화성의 축성공사를 마친 다음에 "다행히 기중가(起重架)를 써서 4만냥의 비용을 줄였다"고 언급하여, 정약용의 공로를 수량적으로 환산하여 칭찬하였다. 그러나 4만량의 금전보다 더욱 중요한 의미는 정약용이 도르래의 원리를 이용한 '기중'기구를 설계하고 실제로 축성공사에 이용함으로써 우리의 과학기술사에 새로운 단계를 열어주었다는 사실이다.

물론 '기중'기구는 『기기도설』에서 끌어온 것이고, 도르래의 원리는 정약용자신이 언급하고 있는 것처럼 이전에도 뱃사람들이 돛대 끝에 매달아 돛을 올릴 때 썼던 방법이다. 그러나 서양의 새로운 기술과 지식을 끌어들여 우리의 현실에서 적합하게 설계하고 제작하여 실용화하였으며, 나아가 이를 역학(力學)의 원리로 설명하고 그 효율성을 수리적으로 계산하여 제시할 수 있었다는 것은 정약용이 그 시대에서 우리의 과학기술을 새로운 차원으로 끌어올렸다는 것을 의미한다.

4. 암행어사로 나가서

1) 암행어사로 목격했던 참혹한 민생

1794년 10월 정조 임금은 그해에 흉년이 들자 경기도 각읍에 암행어사 10명과 적간사관(摘奸史官) 5명을 파견하여 수령들의 잘잘못을 규찰하고 백성들의 괴로움을 살피게 하였다. 이때 정약용은 10월29일 경기도 북부지역인 적성(積城)·마전(麻田)·연천(漣川)·삭녕(朔寧)에 암행어사로 파견되었다. 연천은 그가 6세때 이곳 현감이었던 아버지를 따라와 함께 지냈던 어렸을때의 추억이 깃들어 있는 곳이다. 출발한지 보름만인 11월15일에는 서울로 돌아와서 조사한 보고서를 올렸다.

정약용이 암행어사로 나갔던 기간은 보름동안도 채안되는 짧은 기간이었다. 그러나 벼슬길에 나온 이후 주로 규장각에서 학문연마에 종사해왔던 33세의 젊은 학자관료인 정약용으로서는 일생에 또 한번의 중요한 전환계기를 맞게 되었다. 곧 그는 한 사람의 청년학자로서 그동안 책상 앞에서 독서를 통해 닦아온 자신의 학문적 안목과 신념을 가슴에 품고 있었으나, 이때에 처음으로 지방행정의 현장과 민생의 실상을 직접 대면하면서 이 현실을 어떻게 인식하고 어떻게 대처해야 할 것인지를 고민하였던 것이다. 이를 계기로 그는 나름대로 현실인식의 방향을 분명하게 잡아가고 그 해결방법을 구체화하여 제시하기 시작하였다. 따라서 그는 암행어사로 나감으로써, 자신의 시대현실에 대한 통찰력을 확보하게 되었고, 대처방법을 제시하면서 실학적 현실인식이 비로소 터져나오게 되었던 것이라 하겠다.

정양용은 암행어사로 나가는 길에 자신이 담당한 지역의 첫머리에 있는 적성(積城: 현 파주군 적성면)의 시골 마을에 들어섰을 때 가장 먼저 그의 눈에 들어온 것은 참혹한 궁핍에 빠진 민생의 현실이었다.

시냇가 찌그러진 집 뚝배기와 흡사한데,	臨溪破屋如甕鉢
북풍에 이엉 걷혀 서까래만 앙상하누나.	北風捲茅椽齾齾
아궁이는 묵은 재에 눈이 덮여 차기만 하고,	舊灰和雪竈口冷
숭숭 뚫린 벽에서는 별빛이 비쳐드네.	壞壁透星篩眼豁
집안에 물건이란 쓸쓸하기 짝이 없어,	室中所有太蕭條
모조리 다 팔아도 칠팔 푼이 안 된다오.…	變賣不抵錢七八…

〈「奉旨廉察到積城村舍作」〉

농촌서민의 허물어져가는 움막같은 오두막 집에는 지붕도 벽도 이미 무너졌다. 한해동안 땀흘리며 노동하고서 추수가 끝난지 얼마되지 않았는데도 벌써 며칠째 밥도 못지어 먹어 굶주리고 있는 농민의 모습이 그의 눈에 가득 차게 들어온 것이다. 집은 무너져 내리고 텅 빈 살림살이에 찢어진 옷을 걸친 헐벗고 굶주린 농민들의 처참한 궁핍상을 목격하였다. 이렇게 극한의 궁핍에 빠진 백성들이 한두 집에 아니라 사방에 가득하게 널려있는 현실을 지켜보면서 그는 백성을 빈곤의 구렁텅이에 빠뜨린 원인이 바로 지방 수령과 아전들의 탐욕과 착취에 있음을 꿰뚫어 보고 있다.

놋수저는 지난번 이정에게 빼앗기고,	銅匙舊遭里正攘
쇠남비는 엊그제 옆집 부자 앗아갔지.…	鐵鍋新被鄰豪奪…
큰 아이 다섯 살에 기병으로 등록되고,	大兒五歲騎兵簽
작은 애도 세 살에 군적에 올라 있어.	小兒三歲軍官括
두 아들 세공으로 오백푼을 물고나니,	兩兒歲貢錢五百
어서 죽길 원할 판에 옷이 다 무엇이랴.…	願渠速死況衣褐…
나졸 놈들 문밖에 들이닥칠까 겁날 뿐,	只怕邏卒到門扉
관가 곤장 맞을 일는 걱정도 하지 않네.	不愁縣閣受笞撻
어허 이런 집들이 온 천하에 가득한데,	嗚呼此屋滿天地
구중 궁궐 깊고 깊어 어찌 모두 살펴보랴.…	九重如海那盡察…
아서라 옛날 정협의 '유민도'를 본받아,	遠摹鄭俠流民圖
이 시 한편 그려내어 임에게나 비쳐볼까.	聊寫新詩歸紫闥.

〈「奉旨廉察到積城村舍作」〉

그는 백성들의 절망적인 처참한 궁핍상을 목격하고 그 원인이 지방 수령들과 아전들의 혹독한 착취에 있음을 분노하여, 이 현실을 그림으로 그리듯 한 편의 시 속에 묘사하고 있다. 그것은 북송(北宋)때 정협(鄭俠: 1041-1119)이 유랑하는 백성의 참혹한 모습을 화공에게 그림으로 그리게 하여 신종(神宗)에게 올림으로써 왕안석(王安石)의 개혁정책인 신법(新法)으로 백성들이 당하는 극심한 고통을 고발하였던 옛 역사의 사실을 본받아 정약용 자신도 이 시대 우리나라 백성들의 참혹한 현실을 한 편의 시로 생생하게 그려내어 고발하고 있는 것이다.

이처럼 그가 백성의 참혹한 현실과 관료의 포악한 착취를 직시하고 백성을 굶주림과 착취로 부터 다시 살려내고자 하는 인식이 바로 그의 실학정신이 터져나오는 출발점이 되었고, 그의 실학이 지향하는 목표요 그에게 시대적 사명으로 각성되었다. 이에따라 그는 뒷날 백성을 골고루 잘 살 수 있게 하는지 못하는지에 임금(君)과 수령(牧)의 역할과 책임이 있음을 통렬하게 지적하였다.

> 산업을 골고루 마련하여 다 함께 잘 살도록 하는 사람이라야 참다운 임금이요 수령이며, 그 산업을 골고루 마련하여 다 함께 잘 살도록 하지 못하는 사람은 임금과 수령의 책임을 저버린 자이다. 〈「田論(1)」〉

유교의 정치원리는 백성을 위한 정치 곧 '위민(爲民)'정치를 표방하고 있지만, 유교를 통치원리로 삼은 조선왕조의 현실은 관료조직이 백성을 착취하는 모순에 빠져 있었다. 암행어사로 나가서 민생의 현장에 뛰어들자 정약용은 가장 먼저 백성들이 수령과 아전의 착취로 헐벗고 굶주려 인간다운 품격은 고사하고 하루하루를 연명하기도 어려운 극한적 상황에 놓인 현실의 모순을 절실하게 인식하였다. 따라서 그는 이 자리에서 무엇보다 백성에 대한 국가의 책임과 관리의 의무에 대한 각성을 진지하게 요구하고 있다. 곧 그의 실학적 인식은 시급한 당면 문제로서 도탄에 빠진 백성을 살려내야 한다는 절박한 목표를 확인하고, 이를 위해 당시 사회현실에서 구조적 고질병을 이루고 있는 관료의 부패와 착취라는 환부를 도려내는 칼날을 들이대기 시작하였다.

정약용은 암행어사의 임무를 마치고 돌아와 노량진의 군영에 머물며 임금의 지시를 기다리고 있을 때 잠시 한가로운 틈에 동료들과 즐거운 술자리를 마련했었다. 그러나 그의 눈앞에는 겨울 강변의 아름다운 설경 보다도 여전히 그가 돌아보았던 적성·마전·삭녕·연천 지역의 굶주린 백성들 모습이 떠올라 그의 가슴을 짓누르고 있음을 보여준다.

사냥그물 잠시 빌어 말뚝박아 손수 쳐서,	却借虞羅手自椓,
메추라기와 참새를 가득히 잡았다오.	滿取鴝鵒與瓦雀.
푸성귀를 뒤섞어 삶고 굽고 국을 끓여,	烹腤月正臛雜芬芳,
와자지껄 떠들면서 마음껏 즐긴다네.	讙譃叫呶恣行樂,
돌아보면 연천과 삭녕 시골 민가 싸늘하여,	回思漣朔蔀屋寒,
닷새만에 한번 끓여먹고 겨울에도 홑옷이라.	五日一炊冬一襌,
임금님께 올릴 글에 몇 줄 더 보태볼까,	重將啓牘添數段,
술잔과 수저 내려놓고서 긴 탄식을 하네.	停杯投筯坐長歎.

〈「還抵露梁候旨, 同別將飮酒賞雪有作」〉

암행어사로 돌아온 뒤에도 그의 눈과 가슴에 너무나 선명하게 찍혀 있어서 사라지지 않는 것은 굶주린 백성의 처참한 모습이었다. 그는 '굶주린 백성'을 단지 인간적 연민이나 동정의 감정으로 바라보았던 것이 아니라, 이 시대가 안고 있는 사회현실이요 조선사회가 해결해야할 시대적 과제로 인식하였던 것이다. 그가 서울에 돌아와서 장시(長詩)로 읊었던 굶주린 백성에 대한 노래〈「飢民詩」〉는 바로 이러한 그의 현실인식에서 터져나오는 절규라 할 수 있다.

줄줄이 고을문 걸어들어가서,	行行至縣門,
입처들고 죽가마 앞으로 모여드네.	喁喁就湯糜,
개돼지도 버리고 마다할 것을,	狗彘棄不顧,
사람으로 엿처럼 달게 먹누나.	乃人甘如飴.
	〈「飢民詩」〉

굶주린 백성을 구제한다고 관청에서 흉년대책으로 끓여주는 죽이 짐승도 못먹을 정도이지만 이것도 달게 먹어야 하는 백성은 이미 인간으로서 품격을 잃고 말았다. 유랑하며 떠도는 백성들로서는 가족사이의 인륜조차 지킬 수 없으니 인간으로서 착한 본성도 잃어버렸다고 할 터인데, 여기에 국가에 대한 충성심이 있을리 만무하다.

엄숙하고 점잖은 고관님네들이여,	肅肅廊廟賢,
나라의 안위가 경제에 달려 있다네.	經濟仗安危,
이 나라 백성들이 도탄에 허덕이니,	生靈在塗炭,
그대들 아니면 그 누가 구제하랴.…	拯拔非公誰.…
고관집엔 술과 고기 많기도 하고,	朱門多酒肉,
이름난 기생 맞아 풍악을 울리네.	絲管邀名姬,
태평세월 만난 듯 한껏 즐기며,	熙熙太平象,
대감님네 풍도라 거드름 부리네.…	儼儼廊廟姿,…
주린 백성이 먹는 들보리 있다고 한들,	雖有鳥昧草,
대궐에 바쳐서 무슨 소용 있으랴.	不必獻丹墀

형제 간에 서로 연민함이 없어졌는데,	兄長不相憐,
부모인들 자애를 베풀까 보냐.	父母安施慈.
	〈「飢民詩」〉

정약용은 조정에서 벼슬하는 사람들에게 경제를 일으켜 도탄에 빠진 백성을 구제하고 위기에 놓인 나라를 붙들어줄 책임을 호소하고 있다. 이것이 바로 그의 실학적 현실대응의 과제이다. 그러나 다른 한편으로 그는 벼슬높고 지체높은 사람들이 굶주리는 백성들에 대해 아무런 관심도 없이 태평세월처럼 잔치를 벌여 즐기며 자신의 지위를 뽐내고 있는 사실을 통렬하게 지적한다. 이런 현실에서는 굶주려 부황이든 백성들이 들판에서 찾아내어 주린 창자를 달래는 들보리(烏昧草)를 가져다가 임금에게 바쳐 고관대작들에게 백성의 참혹한 현실을 알려보았자 아무도 주의를 기울여주지 않는 현실에 절망감을 토로하기도 한다. 자기 한 몸과 자기 가족의 부유함만 추구하여 형제와 친족간에도 서로 돌보지 않는 사람들이 백성의 부모노릇을 하는 수령(목민관)이 되었다고 한들 백성들을 자애롭게 돌보지 않을 것이라는 절망과 분노를 표현한 것이리라.

2) 암행어사로서 비리를 적발하며 '민생'과 '국법'을 강조하다

정약용은 어사로 나가서 삭녕군수 강명길(康命吉)과 연천의 전직 현감 김양직(金養直)이 부정하게 백성을 착취하고 관청의 재산을 사사롭게 착복한 죄악을 일일이 지적하여 고발하였다. 강명길은 임금 어머니

(혜경궁 홍씨)의 병환을 보살피는 태의(太醫)였고, 김양직은 사도세자의 능을 수원으로 이장할 때 지사(地師: 풍수)로서, 이들은 임금의 총애와 왕실의 비호를 믿고 제멋대로 백성들을 착취하였던 인물들이다. 정약용은 이들의 죄를 엄중하게 고발하였으나 주위에서는 모두 이들을 처벌하기 어려울 것이라 말했다고 한다. 실제로 어느 대신이 임금에게 이들을 처벌해서는 안된다고 아뢰었던 일이 있었다. 이 사실을 듣자 정약용은 임금에게 상소를 올려 정면으로 항의하고 나섰다.

> 그들이 진실로 옳다면 임금님께서 무엇 때문에 저를 (어사로) 보내셨습니까. 이들은 총애하고 비호함을 빙자하여 이와같이 방자하였습니다.…이미 탄로되어 어사의 보고서에 올랐는데도 끝내 아무 처벌도 받지 않는다면, 장차 날개를 펴고 꼬리를 치며 양양하여 다시는 자중하지 않을 것입니다.…법의 적용은 마땅히 임금의 가까운 신하로부터 시작해야 합니다. 이 두 사람을 속히 의금부(義禁府)로 하여금 법률에 따라 형벌을 내리게 하여, 민생(民生)을 소중히 여기고 국법(國法)을 높이신다면 참으로 다행이라 하겠습니다.   〈「京圻御史復命後論事疏」〉

정약용은 태의(太醫)나 지사(地師)로서 임금을 가까이 모셨던 배경을 가진 지방 수령들이 임금의 총애를 믿고 백성을 착취하며 불법을 저지른 죄악을 엄중하게 고발하였다. 또한 그는 이들을 감싸려는 대신에 단호하게 맞섰다. 여기서 그는 임금에게 "법의 적용은 마땅히 임금의 가까운 신하로부터 하여야 한다"고 주장하여, 임금 자신이 친밀함이나 인정에 이끌리지 말고 국가의 법을 존중하도록 요구하였다. 이처럼 그는 임금측근이 법을 지키지 않거나 법에 따라 처벌되지 않는다면

다른 관료들에게 법을 지키도록 요구할 수도 없을 것이며, 관료들의
불법을 처벌하여 국가의 법질서를 확고하게 세울 수 없을 것임을 강조
하였다.

　나아가 정약용이 임금에게 "민생을 소중히 여기고 국법을 높일 것"
을 역설하였던 사실은 중요한 의미가 있다. 그것은 무엇보다 '민생'과
'국법'이라는 두가지 과제를 국가의 기강을 바로 세우는 근본강령으로
제시하고 있는 것이다. 곧 '민생'을 중시하고 '국법'을 존중함으로써,
관리들의 탐욕스런 착취를 근절시킬 수 있고, 관리들의 불법적 착취를
막아야만 백성을 도탄에서 구출할 수 있음을 확인하며, 그 실천을 임
금에게 요구하였다. 그는 경기지역 암행어사로 나가서 처음으로 지방
행정의 문제점과 민생의 현실을 목격하고서, 그의 실학적 현실인식에
따른 이 시대사회의 병증을 진단하고 이를 치료하기 위해 내렸던 처방
이 바로 관리들에 의해 혹독하게 착취당하는 '민생'과 세력있는 자들에
의해 여지없이 유린당하고 있는 '국법'을 다시 존중하여야 한다는 것이
었다.

　또한 그는 경기도 관찰사 서용보(徐龍輔)의 집안 사람이 마전(麻田)
의 향교(鄕校)터를 서용보에게 바쳐 묘(墓)자리로 쓰게 하기 위해 고을
의 선비들을 협박하여 향교를 옮기게 하였던 일을 적발하고 그 사람을
체포하여 처벌하였다. 이 일로 서용보의 탐욕스러움이 드러나게 되었
고, 이 때문에 뒷날 재상에 까지 올랐던 서용보는 정약용을 끝까지 괴
롭히는 역할을 하게 되는 악연을 맺기도 하였다.

5. 끈질기게 따라붙는 비방

1) 금정 찰방(金井察訪)으로 좌천되어

정약용은 34세때(1795) 7월 정3품 당상관인 우부승지(右副承旨)에서 종6품의 충청도 금정역(金井驛) 찰방으로 좌천되었다. 이 일은 그가 관료생활을 하는 동안 얼마나 위태로운 처지에 놓여있었는지를 보여준다. 그 원인은 그 자신이 한때 천주교신앙에 깊이 빠졌고 그의 주위 친지들이 천주교조직의 핵심인물들이었다는 사실에 있다.

당시 지하신앙활동을 하던 조선의 천주교공동체는 중국교회에 요청하여 1794년 12월 중국인 신부 주문모(周文謨)를 맞아다가 몰래 입국시켜 서울 북촌(北村: 현 종로구 桂洞)에 있는 최인길(崔仁吉)의 집에 숨어서 선교활동을 하게 하였다. 이 사실이 드러나자 정부에서는 주문모의 체포에 나섰으나 실패하고 주문모를 보호하던 천주교신앙조직의 핵심인물인 최인길·윤유일(尹有一)·지황(池璜)을 체포하였다. 1795년 6월 이들 세 사람은 체포되어 포도청에서 심문을 받다가 그날 밤으로 모두 형틀에서 죽음을 당하고 말았다. 이때 심문은 우의정 채제공의 지휘를 받아 포도대장이 시행하였는데, 사헌부 대사헌 권유(權裕)는 채제공의 계열에서 사건을 확대시키지 않으려는 의도아래 죄인들의 입을 막아 증거를 없애기 위해 고의적으로 죽였다는 의문을 제기하였다.

조선사회의 천주교신앙집단이 외국인 선교사까지 끌어들여 교세를 확장하고 있다는 사실은 이미 국내문제를 벗어나서 국가 사이의 외교문제로 얽혀들 수 있기 때문에 조선정부로서도 매우 심각하게 우려하지 않을 수 없었다. 이때 정조 임금은 정약용이 주문모신부의 종적을 알고 있을 것이라 하여 정약용에게 잡아들이라고 지시하였다는 기록도 있고, 그 이유를 중국인 신부를 끌어들인 것은 정약용의 무리들이 한 일이기 때문에 사실대로 고발하지 않았다고 설명하기도 한다.〈李晩采:『闢衛編』〉 그 사실여부는 불확실하지만 정약용이 천주교집단과 깊이 연결되어 있다고 의심을 받을 수 있는 여지는 매우 컸던 것이 사실이다. 당시 주문모는 지방의 신자들 집으로 숨어들어 1801년 신유교옥(辛酉敎獄)때 자수하기까지 체포되지 않은채 전교활동을 계속하였다.

외국인 선교사인 주문모신부가 국내에서 선교활동을 하고 있는 사실은 천주교를 배척하는 유교지식인들에게 격렬한 공격의 빌미를 제공하였다. 1795년 7월 부사직(副司直) 벼슬의 박장설(朴長卨)은 상소를 올려 당시 공조판서인 이가환을 공격의 중심 대상으로 삼아, 이가환이 생질인 이승훈을 북경에 보내어 서학서적을 구입해와서 국내에 전파시켰다는 점과 지난 해의 과거시험때 정약전이 시험답안에서 '오행'(五行: 金·木·水·火·土)을 논하면서 서양학설인 '사행'(四行: 水·火·土·氣)을 끌어들였는데도 이가환이 시험관으로서 합격을 시켰다는 점을 들어서 배척하였다. 이에따라 이가환이 변명하는 상소를 거듭 올리고 정조 임금도 이가환을 두둔하여 문제를 해결하려고 하였으나, 반대파의 공격은 더욱 거세어졌다. 대학생(성균관 유생)인 박영원(朴盈源) 등은 이가환과 정약전·정약용 형제 및 이승훈 등을 배척하는 상소를 올렸고, 해명과 비판의 상소가 어지럽게 올라갔다.

이렇게 임금의 측근 신하인 이가환과 정약용을 비롯하여 이승훈 등에게 비난이 쏟아지자 임금은 이가환을 충주목사로 좌천시키고, 정약용을 금정찰방으로 좌천시키며, 뒤이어 이승훈은 예산으로 유배를 보냈다. 당시 충주와 금정은 천주교신도들이 많은 지역이었으므로, 그곳에 나가서 천주교도들을 깨우쳐서 유교의 교화체제로 다시 돌아오게 하는 공적을 이루어 비판의 표적에서 벗어나는 기회를 삼으라는 뜻이 깃들어 있었다. 정조 임금은 정약용을 금정 찰방으로 내려보내면서 공식적으로는 매우 엄중한 문책을 하였다.

아직 해결되지 않은 안건은 정약용의 일이다. 그가 만일 눈으로는 성인의 글이 아닌 것을 안보고, 귀로는 경전에 어긋나는 말을 안들었다면, 죄가 없다는 그의 형은 어찌 상소문에 올랐는가? 그가 문장을 하려고 했다면 육경(六經)과 한(漢)나라때 글이 좋은 토대가 될 것인데, 하필 기이하고 새로운 것을 구하여 명망을 낭패하게 하고야마니 그것은 무슨 욕심인가? 종적이 별달리 탄로 된 것이 없다고 말하지 말라. 이런 비난이 일어나는 것이 바로 그에 대한 소송안건이다. 그가 글자 쓰는 획을 보더라도 오히려 엄한 교지를 따르지 않고, 비스듬한 글씨체를 예전대로 고치지 않으니, 이런 사람은 엄중하게 처분하여, 선을 하고자 한다면 더욱 선을 하도록 함으로써 그 의심받는 것도 스스로 뽑아낼 수 있게 해야 할 것이다.…무슨 낯으로 떠나는 인사를 하겠느냐? 즉시 길을 떠날 것이요, 살아서 한강을 건너올 방법을 도모하라.

〈정규영:『俟菴先生年譜』〉

정조 임금은 천주교신앙의 문제로 공격의 표적이 되고 있는 정약용을 안타깝게 여겼다. 그래서 그에게 엄중한 명령을 내려 그곳 천주교도들을 교화시켜 적극적으로 비난의 대상에서 벗어날 수 있도록 하여 속죄의 기회를 주고자 한 것이다. 그는 금정역 찰방으로 나가기 위해 동작나루를 건너면서 지은 시에서도 자신에게 기회를 주는 임금의 뜻을 되새기고 있었다.

대궐에서 왕명받드는 것만이 좋은 계책 아니요,	金門待詔非長策,
황량한 역(驛)에 보내진 것도 임금님 은혜라네.	水驛投荒也聖恩,
그곳 천주교도들 미혹하여 깨달을줄 모른다니,	聞說西人迷不悟,
이번 길은 회양(淮陽)태수로 나가는 것 같구나.	此行還似出淮藩.

〈「有嚴旨出補金井道察訪, 晚渡銅雀津作」〉

충청도 내포(內浦: 충남 중서부인 牙山에서 泰安까지의 평야지역)는 경기도 양근(楊根: 현 양평군)과 더불어 초기에 천주교도들이 가장 많았던 지방이다. 정약용이 금정 찰방으로 나간 것도 이곳이 내포지역과 연결되는 역참(驛站)이기 때문이며, 그는 한나라때 급암(汲黯)이 변방의 회양(淮陽)태수로 나가서 그곳의 어려운 문제들을 잘 해결했다는 옛 일을 거울 삼아 자신도 이곳의 천주교도들을 깨우쳐 유교의 교화질서 속으로 돌아오게 하겠다는 결의를 밝히고 있는 것이다.

금정역(金井驛: 현 청양군 남양면 금정리)은 당시 홍주(洪州: 洪城)에 속하는 땅으로, 대흥·결성·보령·해미·태안 등의 8개 역을 거느린 중요한 역도(驛道)의 하나이다. 특히 그의 5대조인 정시윤(丁時潤)이 이곳에서 찰방으로 재직하였던 일이 있으니 그에게 감회가 깊었을 것이고, 또한 재상 채제공이 홍성출신으로 이곳은 채제공의 고향인 어자동(漁子洞: 현 청양군 화성면 구재리)과 아주 가까이 자리잡고 있는 곳이다. 금정을 찾아가 보니 지금은 아무런 흔적이 남아 있지 않고, 금정삼거리의 도로표시판과 아스팔트 길만이 옛 역마을의 위치를 가리키는 기준이 되고 있었다. 이곳에서 멀지 않은 청양군 화성면 구재리의 낮은 언덕아래에 뒷날 세워진 채제공의 사당이 있다.

정약용은 이곳에 와서도 '금정'이라는 옛 우물은 물맛이 좋아 백제때 왕궁에 바쳐 임금이 마시는 물이었다는 역사의 자취를 찾아내기도 하였다. 그는 금정역에 좌천(左遷)되었다고 위로해주는 편지를 받고 찰방의 직책이 지닌 장점으로 빠른 말을 탈 수 있고, 지역 안의 어디를 유람하러 나가도 식량이 준비되어 있고, 번거로운 사무가 없다는 세가지 즐거움을 열거하면서 스스로 위안을 삼았다. 또한 그는 찰방의 직책이 본래 백성의 고통을 살피고 병폐를 찾아내는 것임을 되새기면서, 말이 병들거나, 역졸들의 노역이 고르지 않아 원망을 사거나, 사명(使命)을 받은 신하가 법을 어기고 사람과 말을 고달프게 하는 경우에 다투어 막지 못하는 세가지를 찰방의 죄라 하여 임무에 임하는 책임의식을 밝히고 있다. 〈「梧竹軒記」〉

그는 7월 26일 금정에 나갔다가 12월 20일 다시 서울로 돌아왔으니 4개월 남짓 금정 찰방으로 근무하였다. 짧은 기간이었지만 그는 이곳에서도 결코 시간을 낭비하지 않았다. 실제로 그는 금정에 있는 동안

이 지역의 토호(土豪)들을 불러다 국가의 천주교 금교령을 어기지 말고 제사를 지내도록 타일렀다. 또한 천주교신앙에 빠져있던 이곳의 역리(驛吏)들을 깨우쳐 효과를 거두었다고 하며, 천주교도 김복성(金福成)을 붙잡아 자백을 받기도 하였다. 특히 그는 사람들을 모아 천주교를 사교(邪敎)로 배척하는 제사(斥邪之禊)를 베풀고 사람들에게 제사를 지내도록 권장하였으며, 또한 동정을 지킨다고 고집하는 여자 신도를 혼인시키기도 하였다.

당시 내포지방에 천주교가 성행하였던 것은 이존창(李存昌)의 열성적인 전교활동이 거둔 성과라고 한다. 그해 겨울 충청감사 유강(柳焵)이 이존창을 체포하였는데, 정약용도 그 체포과정에 참여하였던 일이 있었다. 유강은 이존창 체포의 공로를 정약용에게 돌려 그가 다시 발탁될 수 있도록 하고자 하였다. 이 사실을 듣고 정조 임금은 새로 부임하는 충청감사 이정운(五沙 李鼎運)에게 도착하면 즉시 이존창 체포에 정약용의 공이 컸음을 보고하도록 남몰래 지시하였다. 천주교신앙문제로 비난의 표적이 되어 출세의 길이 막히고 운신하기도 어렵게 된 정약용을 다시 살려내어 측근에 불러들이기 위해 임금이 스스로 계책을 내었다는 이야기다. 천주교의 핵심인물을 체포한 공을 내세움으로써 정약용이 천주교와 철저히 단절되었음을 확인시켜야 그를 다시 높은 벼슬로 끌어올려 임금의 측근에 불러다 쓸 수 있기 때문이다.

정약용이 그 해 12월 서울에 돌아왔을 때 승지 이익운(李益運: 이정운의 아우)은 그에게 임금의 뜻을 전하면서 이존창 체포사실을 구체적으로 적어 충청감사로 내려간 그의 형 이정운에게 보내서 감사가 그의 공적을 보고할 수 있도록 당부하였다. 그러나 정약용은 임금의 뜻에 감격해하면서도, 죽음을 무릅쓰고 적진에 뛰어들어 적장의 목을 벤 공로도 아니라 하여, 이존창을 체포한 공을 내세워 출세할 의사가 없음을 분명하게 밝혔다.

> 저 이존창은 살려고 도망 다니는 한낱 어리석은 백성에 불과할 뿐입니다. 비록 그 어리석은 백성이 비와 바람을 부르고 둔갑술로 몸을 숨겨서 오영(五營)의 병졸을 다 풀어도 붙잡을 수 없는 것을 제가 책략으로 하루 아침에 체포했다고 하더라도 오히려 공로로 여길 것이 못됩니다.…그가 숨어 있던 곳을 알고서 장교 한명과 나졸 한명으로 마치 항아리 속에서 자라 잡듯이 붙잡은 것입니다. 더구나 그 행적을 염탐할 때는 애당초 참여하지도 않았던 내가 지금 이 일을 장황하게 진술하여 한 세상의 이목을 속여 출세할 자료로 삼는다는 것은 또한 잘못되고 군색한 짓이 아니겠습니까? 차라리 벼슬길이 막히고 뜻을 펴지 못한채 일생을 마치더라도 이런 짓은 하고싶지 않습니다.   〈「答五沙」〉

정약용은 선비로서 예의염치를 지키고자 한다는 명분을 내세워 이존창을 붙잡은 공로로 출세하는 짓은 못하겠다고 거절하였다. 그러나 그를 반대파의 비난에서 벗어나게 하여 높은 직위로 끌어쓰기 위해 임금이 제시한 뜻인줄 알면서도 끝내 거부하였던 이유는 무엇일까? 그자신이 한때 신봉했던 천주교를 배반하여 천주교도를 체포한 공로로 출세할 수 없다는 것으로 신의를 소중히 여기는 태도를 보여주는 것이라 짐작해볼 수도 있다.

2) 비방에 변명하는 상소(辨謗辭同副承旨疏)

정약용은 1795년 12월 용양위(龍驤衛) 부사직(副司直)이라는 무관 (武官)의 직책을 받아 금정에서 서울로 다시 올라왔으나, 사실상 정직 된 상태나 다름 없었다. 결국 이듬해(1796) 봄에 그의 후임으로 금정 찰방에 내려갔던 김이영(金履永)이 서울로 돌아와서 정약용이 금정 에서 천주교도를 깨우치는 공적이 크고 직무를 청렴하게 하였다는 보고를 올리자, 노론 벽파의 중심인물인 심환지(沈煥之)가 임금에게 정약용의 공로를 인정하여 다시 거두어 쓰도록 아뢴 다음에야 35세 때(1796) 가을에 규장각에 다시 나와 교정의 일을 맡게 되었다. 이어 서 12월에는 좌부승지(左副承旨)에 임명되었으나 바로 부호군(副護 軍)으로 옮겨졌고, 36세때(1797) 6월 다시 동부승지(同副承旨)에 임명 되었다.

그는 동부승지에 임명되어 다시 임금의 측근에서 활동하게 되었지 만, 그에 대한 비난은 쉽사리 사그러들지 않고 끈질기게 따라붙었다. 그만큼 천주교를 배척하는 관료들의 입장에서는 천주교와 관련된 혐 의를 지닌 인물이 임금의 측근에 자리잡고 있다는 것을 용납할 수 없 었던 것이다. 그렇다면 정약용 자신이 천주교신앙과 단절되었다는 확 실한 증거를 제시해야만 했다. 금정 찰방으로 나가서 그 지역 천주교 도를 깨우쳤고 수배중인 천주교도를 체포했다는 사실만으로 여전히 의심의 눈길을 완전하게 벗어날 수가 없었던 것이다. 마침내 그는 벼 슬이 높아지고 임금의 총애가 깊어질수록 자신에게 집중되고 있는 반 대파의 격심한 비난을 벗어나기 위해 정면으로 돌파하는 길을 선택했 다. 그는 동부승지에 임명되자 사직을 청원하는 상소문을 올리는 형식

을 빌어서 자신에 쏟아지고 있는 비난을 스스로 해명하는 공개적 선언
을 하였다.

이때 그가 올렸던 매우 긴 상소문이 바로 그의 상소문 가운데서도
가장 유명한 「변방사동부승지소(辨謗辭同副承旨疏)」이다. 이를 줄여
서 '변방소(辨謗疏)'라고도 일컫는다. 그는 이 상소에서 자신이 한 때
천주교 신앙에 빠져들었던 사실을 솔직하게 시인하면서, 벼슬길에 나
온 이후로 천주교를 버리고 이단(異端: 方外)의 학문에 뜻을 두지 않았
음을 주장하며, 자신이 사학(邪學)에 물들었었다는 비난을 받는 만큼
벼슬에서 물러나는 것이 본인이 살 수 있는 길이라고 간곡하게 사직의
뜻을 밝혔다.

> 저는 이른바 서양의 사설(邪說)에 관해 일찍기 그 책을 읽었습니
> 다.…일찍기 마음으로 좋아하여 기뻐하고 사모하였으며, 일찍기 드러
> 내고 남들에게 자랑하였습니다. 그 근본의 마음쓰는 자리가 기름이 배
> 어들고 물이 젖어들 듯 하였으며, 뿌리가 내리고 가지가 무성해지듯 하
> 였습니다. 〈「辨謗辭同副承旨疏」〉

그는 자신이 젊었을 때 천주교 서적을 읽고 깊이 심취하였을 뿐만
아니라 남들에게 전파하는데도 열심이었음을 밝히고, 자신의 마음 속
에 천주교신앙이 깊이 젖어들고 뿌리내렸던 사실을 공개적으로 고백
하였다. 이어서 그는 자신이 이렇게 깊이 빠져들었던 천주교를 버리게
된 동기를 대체로 세가지로 들고 있다. 그 첫째 동기는 과거시험 공부
에 매달리고 벼슬길에 나오면서 점점 마음에서 멀어져갔다는 것이고,
둘째 동기는 천주교교리가 인륜과 천리에 거슬리는 것을 깨닫게 되었

다는 것이며, 셋째 동기는 신해년(1791) 윤지충과 권상연이 제사를 폐지하고 신주를 불태웠던 사건을 보고서 깊은 증오심을 갖게 되었다는 것이다.

> 마음 속에 맹세하여 미워하기를 사사로운 원수같이 하고, 성토하기를 흉악한 역적같이 하였습니다. 양심이 이미 회복되자 이치가 저절로 밝아지니, 전날에 일찍이 기뻐하고 사모하던 것을 돌이켜 생각하니 하나도 허황하고 괴이하고 망녕되지 않은 것이 없었습니다.
>
> 〈「辨謗辭同副承旨疏」〉

천주교에 대한 강한 증오심을 표방하며, 그 교리로서 천주교의 사후세계에 대한 설명이나, 욕심을 극복하도록 요구하는 경계나, 기이하고 해박한듯한 문장이 잘못되었다고 비판하였다. 나아가 그는 무엇보다 천주교가 저지르는 용서받지 못할 죄악은 "하늘을 거역하고 귀신을 경멸하는 죄"라고 밝힘으로써, 그 자신이 천주교와 확실하게 단절되어 있음을 확인시켜주고자 하였다. 또한 그는 자신이 이제 천주교신앙에서 손을 씻고 결백함을 주장하면서, 천주교와 단절하였음에도 불구하고 여전히 의심을 받고 있는 자신의 처지로는 벼슬에서 떠나고 싶다는 뜻을 밝히고 있다.

> 저의 경우 처음에 물든 것은 어린아이의 장난같은 것이라, 지식이 차츰 자라자 곧 적이나 원수로 여겼고, 분명하게 알게 되어서는 더욱 엄하게 배척하였습니다. 깨우침이 늦어짐에 따라 더욱더 심하게 미워하였으니, 심장을 갈갈이 쪼개어도 진실로 나머지 가리운 것이 없고, 창

자를 모두 더듬어보아도 진실로 남은 찌꺼기가 없습니다. 그러나 위로
는 임금님의 의심을 받고, 아래로는 당세에 견책을 당하였으며, 한번
처신을 잘못하여 만사가 무너지고 말았습니다.…저는 차라리 한결같
이 벼슬길이 막히기를 바라며, 때로 꺾이기도 하고 때로 펼쳐지기도 하
여 부질없이 은혜만 심히 욕되게 하고 죄만 더욱 무겁게 되기를 바라지
않습니다.   〈「辨謗辭同副承旨疏」〉

  여기서 정약용은 천주교에 빠졌다는 비난의 지목에서 벗어나기 위
해 안간힘을 쓰는 처절한 모습을 보여주고 있다. 그러나 결국 자신이
그 비난을 벗어날 수 있는 유일한 길은 임금의 측근에서 벗어나 벼슬
을 버리고 초야에 파묻히는 길밖에 없음을 스스로 분명하게 인식하고
있었던 것이다.
  정조 임금은 이 상소를 받아보고, "착한 마음의 싹이 봄기운에 만물
이 자라나는 것과 같다. 종이에 가득히 열거한 말은 듣는 이를 감동시
킬만하다"고 비답을 내리면서 벼슬에 물러나지말고 직책을 수행하도
록 명하였다. 그러나 정약용이 천주교신앙과 단절하고 적대감을 가졌
음을 절절하게 서술하고 있었음에도 불구하고, 그의 상소문을 보고나
서도 의심의 눈길은 여전히 사라지지 않았다. 정조 임금은 정약용의
상소에 비답을 내린 다음날 곁에 모시고 있던 승지와 사관(史官)들에
게 그의 상소에 대한 소견을 물었다. 이때 예문관 검열(檢閱) 오태증
(吳泰曾)은 "저의 소견으로는 이 사람이 아직도 그 사학을 버리지 않았
습니다"라고 대답하였고, 이에 정조는 "네 말이 과연 옳다"고 하였다
한다.〈『承政院日記』; 이만채의 『벽위편』에서 재인용〉
  과연 정조 임금이 이 상소를 읽고난 다음에도 여전히 정약용이 천주

교를 완전히 버리지 않았다고 생각했을까? 오태증은 왜 "아직도 사학을 버리지 않았다"고 판단했을까? 아마 정약용의 상소가 매우 호소력 있는 문장이었음에도 불구하고, 그 서술에서 천주교에 대해 확고한 배척태도의 일관성보다 변명의 구차스러운 자취가 간파되었기 때문이 아니었을까 생각해본다.

　이 시기에 정약용은 천주교신앙을 버렸음은 분명하고, 천주교공동체와도 실제로 교류를 끊었던 것이 사실이다. 그러나 그가 상소문이라는 문장의 형식을 통해 천주교와의 단절을 강조한 것만으로는 그를 의심하는 사람들의 비난에서 풀려날 수가 없었던 것 같다. 그 자신이 살아나기 위해서라면 그와 함께 천주교신앙에 빠졌던 옛 친구들을 고발하고 공격하는 행동을 취함으로써 천주교도들로부터 배신자로 원망과 배척을 당하는데 까지 가야만 비로소 반대파로부터 그가 손을 씻었음을 인정받을 수 있었을 것이다. 그런데 그는 지난날 함께 천주교에 빠졌던 혐의가 있는 가까운 인물들과 여전히 친밀하게 지내고 있었으니, 반대파가 그를 믿어주기는 어려웠다. 정약용 자신도 이러한 사정을 잘 알고 있었으며, 벼슬에서 물러나 남들의 관심에서 사라지는 길만이 자신이 공격의 화살에서 벗어나 살 수 있는 유일한 길이라는 것을 분명하게 인식하고 있었다. 그러나 그는 정조 임금으로부터 알아주고 인정해주는 지우(知遇)를 받고 감격에 젖어 있었으며, 임금의 보살펴주고 옹호해주는 은혜에 너무 깊이 의지하고 있었기 때문에, 자신이 위기에 처하고 있는줄을 알면서도 단호하게 벼슬을 버려 임금의 주위를 떠나지 못하고 말았던 것같다.

6. 곡산부사(谷山府使)로 목민(牧民)의 현장에 나가서

1) 목민관으로 시행하였던 민생을 위한 정치

정약용은 36세때(1797) 6월 비난에 대해 해명하는 상소문(辨謗辭同副承旨疏)을 올렸지만, 그후에도 비난이 그치지 않자, 정조 임금은 잠시 공격을 누그러뜨리기 위해 그 다음달(윤6월) 다시 그를 황해도 곡산부사(谷山府使)로 외직에 내보냈다. 임지로 떠나면서 임금께 작별인사를 하는 자리에서도 정조는 그를 아끼고 아쉬워하는 마음을 간곡한 말씀을 내려 그를 위로해주었다.

지난번 상소문은 문장이 좋을 뿐만 아니라 생각도 환하니 참으로 쉽지 않은 것이다. 바로 한번 승진시켜 쓰려고 하였는데, 의논이 들끓으니 무슨 까닭인지 모르겠다. 한두 해가 늦어진다해도 상관없을 것이다. 가서 있으면 장차 부를 것이니 서운하게 여기지 말라.

〈「自撰墓誌銘 集中本」〉

결과적으로 그가 곡산부사로 나갔던 2년 동안은 목민관으로 처음 한 고을을 맡게 된 것이요, 직접 한 고을의 피폐한 민생을 구제하고 누적된 폐단을 바로잡는 행정을 펼칠 수 있었던 소중한 기회를 얻은 것이다. 이 기회는 바로 그 자신이 이론적으로 연구해오던 정치의 이상을 현실에서 구체적으로 활용하고 구현할 수 있는 기간이었으며, 이른바 '다산실학'을 현장에서 실험하는 의미깊은 자리였다.

정약용은 부임하는 길에서부터 목민관으로서 그의 신념과 자세를 분명하게 보여주었다. 그가 곡산 땅에 들어서자 길가에서 이계심(李啓心)이라는 자가 백성의 고통을 12조목으로 적어 호소하는 글을 가지고 자수하였다. 앞서 전임 곡산부사때 서리들이 농간을 부려 포군(砲軍)을 위한 세금으로 면포 40자(2백전에 해당)를 걷어야 하는데 그 대신에 돈으로 9백전을 걷어들이자, 이계심이 백성들 천여 명을 이끌고 관아에 나와 거칠게 항의하였던 일이 있었다. 관아에서는 이계심을 잡아들여 형벌로 다스리려 하자, 백성들에 둘러싸여 달아났다. 부사가 감사에게 보고하여 오영(五營)의 군사를 동원해서 체포하려 하였으나 붙잡지 못하였다. 이때 서울에서는 "곡산의 백성들이 부사를 들것에다 담아 객사(客舍) 앞에 버렸다"고 소문이 잘못 전달되기까지 하였으며, 대신 김이소(金履素) 등은 주동자 몇사람을 죽이라고 주장하기도 하였던 큰 사건이었다. 곡산의 서리들은 자수한 이계심을 포박하여 끌고가기를 청하였지만 정약용은 이를 거절하고, 이계심을 관아로 데려와서 판결하였다.

한 고을에는 모름지기 너와 같은 사람이 있어야 한다. 한 사람으로 형벌이나 죽음을 두려워하지 않고 만백성을 위해 그들의 원통함을 폈으니, 천금은 얻을 수 있을지언정 너와 같은 사람은 얻기가 어렵다. 오늘 너를 무죄로 석방한다.　　　　　　　　　〈정규영,『사암선생연보』〉

　관청이 밝지 못하게 되는 까닭은 백성이 자신을 위해 도모하는 데 교묘하기만 하고, 폐단을 들어 관청에 대들지 않기 때문이다. 너 같은 사람은 관청에서 천금을 주고 사야 할 것이다.　〈「自撰墓誌銘 集中本」〉

　두 기록이 약간의 차이를 보이지만, 백성들이 폐단을 고치기 위해 관청의 행정에 저항하는 태도가 오히려 관청이 밝은 행정을 하는데 절실하게 필요한 일임을 강조하였다. 이처럼 그는 목민관으로 관청이 백성 위에 군림하는 권위적 지배태도를 거부하고, 백성의 고통을 해결해주고 살길을 열어주는 백성을 위한 봉사가 관청의 근본적인 임무임을 확인하고 있다. 그가 암행어사로 나갔다가 돌아와서 올린 보고서에서 절규하였던 "민생을 중시하고 국법을 존중하라"는 주장을 그 자신이 목민관이 되어 행동으로 보여주는 것이다.

　조선후기의 실학자들이 민생을 향상시키기 위한 이용후생(利用厚生)의 방법을 다양하게 제시하였던 일은 있지만, 그들이 목민관으로 한 고을을 맡아나가서 실행으로 보여준 사례를 찾기는 매우 어렵다. 그러나 정약용은 곡산부사로 있는 2년 동안 그의 실학정신을 현장에서 구체적 행정으로 실현하여 보여주고 있다는 점에서 그의 10년 남짓한 관료생활 가운데서도 가장 빛나는 시기라 할 수 있다. 그가 곡산에 나가 목민관으로서 쌓은 치적은 바로 말로만 하던 "백성을 위한 정치"가 과연 무엇인지를 실지로 보여주는 것이었다. 그가 시행한 민생을 위한 행정은 크게 두가지로 구분해보면 하나는 제도적 기틀을 정비하는 것이요, 다른 하나는 합법적이고 효율적으로 시행하는 것이라 하겠다.

먼저 그는 민생을 위한 행정의 다양한 제도적 기틀을 정비하였다.

① 척도의 기준으로 자(尺)의 길이를 확정하였던 일이다. 그는 『오례의(五禮儀)』에 수록된 포백척도(布帛尺圖)의 자와 당시 사용하는 자의 길이를 대조하니 2치(寸)의 차이가 나는 것을 확인하고, 기준이 되는 경영(京營)의 구리로 만든 자(銅尺)에 일치시켜 정확한 자를 만들어 백성들이 바치는 포목의 관리를 철저히 함으로써 백성들의 부담을 줄였다.

② 그가 곡산부사로서 시정방침으로 여덟가지 규정(八規)을 제시하였던 일이다. 그 첫조목이 호적의 규정이었다. 목민관이 호구(戶口)의 실상을 제대로 파악하지 못하는 헛점을 이용하여 아전들이 속임수를 쓰는 사실을 간파하고 '가좌표(家坐表: 砧基簿)'라는 호적 일람표를 창안하였다. 그는 마을별로 집집마다의 호구와 재산 사정을 조사하여 한 눈에 파악할 수 있도록 호적일람표를 도표화함으로써 아전들이 농간을 부릴 수 있는 여지를 원천적으로 막았다.

③ 또한 경위선(經緯線) 위에 지도를 그려 지역의 넓고 좁음과 백성의 허실을 정확히 파악하여 균평한 행정을 시행할 수 있는 장치를 마련하였던 일이다. 그는 척도와 호적부를 정확하게 확인함과 더불어 정확한 지도작성을 통해 목민관으로서 지역별의 현황을 직접 파악함으로써, 아전들의 농간과 착취를 막아 백성들이 안심하고 살 수 있는 기반을 확보하였던 것이다.

④ 그는 '과사(課士)'의 규정을 두어 과거시험을 준비하는 유생(儒生)을 80명 정원으로 선발하고, 이들에게만 응시자격을 제한하였던

일이다. 당시 많은 사람들이 과거준비를 명분으로 생업에 종사하지 않으면서 특권을 누리는 폐단을 억제한 것이다.

다음으로 그는 민생에 실질적인 혜택이 돌아가도록 합법적이고 효율적 행정을 시행하는데 힘써서 큰 효과를 거두었다.

① 포목값이 올랐을 때 그는 관청의 공금으로 평안도에 가서 싸게 사들여 정부에 세금으로 바치고 백성에게는 싼 값으로 분담시켰다. 그 결과 집집마다 송아지 한 마리 값의 이익이 돌아가게 하였다고 한다.

② 1798년 겨울에 호조판서 정민시(鄭民始)가 곡산에서 바쳐야할 양곡 7000섬(石)을 1섬에 420전씩 계산하여 돈으로 바치도록 지시하였던 일이 있다. 당시 쌀값이 1섬에 200전이었으므로, 백성들에게는 엄청난 부담이 되었다. 이때 정약용은 백성들에게 돈으로 거두지 않고 쌀로 거두어 창고에 봉해두고 돈으로 바치기를 거부하였다. 이에 정민시가 그를 처벌하도록 임금에게 요청하였다. 조정에서는 정약용을 파직시키고 처벌하도록 요구하였으나, 임금이 그의 보고서를 살펴보고서 민생을 보호하기 위한 그의 입장이 옳다고 인정하였다. 이처럼 그는 한 고을의 수령으로서 민생을 위해서는 조정 대신의 지시에도 맞서는 자세를 보여주었던 것이다.

③ 황해도 감영에서는 곡산에 봄과 가을로 흰꿀 3말과 누런꿀 1섬을 바치도록 공문을 보내는데, 실제는 감영의 아전들이 흰꿀 6말과 누런꿀 대신에 더 비싼 흰꿀 2섬을 거두어가는 것이 관례가 되어 있었다. 그러나 정약용은 공문대로만 보내자, 관찰사도 "저 사람

은 그 고을의 백성들을 등에 지고 있고, 나는 내 입만 가지고 있
으니 다툴 수 없는 일이다"라 하고 받아들였다 한다. 법도에서 벗
어나 민생에 부담이 되는 관례라면 상급관청의 요구도 거절하는
그의 확고한 태도를 관찰사도 인정하지 않을 수 없었던 것이다.

④ 당시 곡산에 유배온 죄인이 10명 있었는데 백성들에게서 걸식을
하게하니 백성들이나 죄인이나 그 고통이 심하였다. 그는 기금을
마련하여 '겸제원(兼濟院)'을 설치해, 유배죄인에게 먹을 것과 잘
곳을 제공하였다. 이러한 처리는 백성의 부담을 덜어주면서 곤궁
에 빠진 죄인까지 보살피는 어진 정치를 시행하였던 것이다.

⑤ 곡산부의 관청 청사가 낡아 새로 지어야 하는 문제가 발생하자,
그는 미리 설계를 하고 필요한 목재의 종류나 크기와 숫자를 계
산해두었다가 아전과 장교를 보내 하루만에 필요한 목재를 베게
하고 유형거(游衡車)와 삼륜거(三輪車)를 만들어 얼음이 언 뒤에
쉽게 운반해와서 공사를 하였다. 이렇게 공사를 마쳤으니 관청
의 경비와 백성의 수고를 크게 덜어주었다.

그 밖에도 정약용은 범인을 수사하거나 죄를 판결하는데 탁월한 역
량을 발휘하였다. 그 하나는 소를 사러 갔다가 도적에게 살해되고도
보복이 두려워 신고를 못한 사건을 직접 현장검정(檢地)을 하여 도적
을 잡아 처형하였던 사실이다. 또 하나는 이웃 고을인 토산현(兎山縣)
의 장교가 도적을 잡아서 돌아오다가 도리어 수십명 도적떼의 산중 소
굴에 끌려갔다가 풀려났다는 보고에 따라 관찰사가 정약용에게 군사
를 동원하여 도적떼를 잡도록 지시했다. 그러나 그는 이 사건이 거짓
된 것임을 짐작하고서 허약한 서리와 장교 한명씩을 보내어 도적떼를

데려오게 하였더니, 도적떼라는 것이 실상은 모두 양민임을 확인하고 풀어주었다. 그는 도리어 그 장교를 잡아다 문초하여 무고한 사건임을 밝혀내었다. 이처럼 공정하고 명백한 판결은 억울한 사람이 없도록 하는 어진 정치의 기본과제임을 잘 보여주고 있다.

그는 목민관으로서 백성을 위한 정치를 베푸는 데 심혈을 기울였으며, 오랫동안 착취에 허덕이던 백성들은 그 혜택을 받게 되자 죽음에서 다시 살아나듯한 기쁨을 누렸다. 그는 이러한 목민관으로서의 실제 경험을 토대로 뒷날 『목민심서(牧民心書)』 등의 저술에서도 목민관의 현실적 과제를 구체적이고 절실하게 제시하여 설득력 있게 논의할 수 있었다.

정약용은 자신이 가는 곳마다 그곳의 역사적 유적을 주의깊게 조사하여 발굴해내는 학자로서의 치밀한 통찰력을 발휘하였다. 곡산에서도 지방사람들이 궁허(宮墟)라 일컫는 곳에 태조의 왕비인 신덕왕후 강씨(神德王后 康氏)의 옛 집터가 있음을 확인하고 그 주변에서 태조가 말달리던 치마곡(馳馬谷)과 산 위에 태조성(太祖城)이 있음을 고증하여 서울에 돌아온 뒤에 임금께 보고하였다. 이에 따라 왕명으로 이 사실을 기록한 비(碑)를 세우게 하였다. 그의 주의깊은 관심은 사라져버렸을 역사유적을 되살려놓았던 것이다. 우리 땅에 묻혀있는 우리 자신의 역사적 고적을 발굴하는 일도 깊은 애정과 관심이 있는 사람이어야 할 수 있는 일이지 아무나 할 수 있는 것은 아닌가 보다.

그는 38세때(1799) 2월 곡산부사로 있으면서 황주 영위사(黃州迎慰使)에 임명되어 호조참관이라는 임시직함(假銜)으로 건륭(乾隆: 淸 高宗)황제의 죽음을 알리러 오는 청나라 사신을 접대하게 되었다. 그는 이에 앞서 그 전해 겨울 서쪽으로부터 감기(寒疫)가 크게 번져 노인들이 많이 죽는 것을 보고서 89세의 노령인 황제가 죽어 중국사신이 올 가능성이 크다는 것을 예측하였다. 이에따라 중국사신이 오면 가장 근심되는 것이 무엇인지를 물어서 사신이 지나갈 때 젖은 땅에 깔자리(鋪陳)를 미리 사오게 하여, 경비를 줄이고 혼란을 예방하였으니, 다급하고 중대한 일을 지혜롭게 처리하였던 것이다. 이러한 일은 그가 예견하는 비상한 능력이 있어서가 아니라, 무슨 일에나 멀리 헤아리고 미리 예비하여 계획하는 성실한 자세로 임무를 행하고 있음을 말해준다.

또한 그는 영위사로 황주에 머물고 있던 그해 3월 임금이 비밀히 지시를 내려 수령의 직책에 있는 정약용에게 황해도 지역 다른 수령들의 잘잘못과 폐해를 조사하는 안렴사(按廉使)의 임무를 맡겼다. 또한 관찰사 이의준(李義駿)은 황해도 지역에서 일어난 2건의 까다로운 옥사(獄事)를 그에게 조사하여 처리하도록 맡기기도 하였다. 이처럼 그의 능력이 탁월함을 인정하여 곡산부사로 있는 동안에도 중대한 일들이 거듭하여 그에게 부과되었고, 그는 맡은 일을 공정하게 잘 해결하여 큰 공을 이루었다.

2) 민생을 위한 의술(醫術)과 농업정책

그는 곡산에서 목민관으로 바쁜 틈에도 학자로서 연구와 저술활동을 게을리 하지 않았다. 그가 곡산에 부임하기 위해 임금에게 하직인사를 드릴 때, 임금은 김이교(金履喬) 등이 왕명으로 『사기영선(史記英選)』을 주석하였는데 그 주석이 번잡하다고 정약용에게 곡산에 가서 공무를 보는 여가에 다시 간결하게 정리하도록 지시했다. 이듬해 4월 그는 왕명에 따라 주석을 수정하고 간추려 『사기영선집주(史記英選集註)』를 올렸는데, 정조는 이를 보고 매우 만족해 하였다. 정조는 그를 외직에 내보내고서도 규장각에서 하던 역할을 맡길만큼 그에 대한 신뢰가 극진하였음을 보여준다.

정약용은 곡산에 있는 동안 민생에 도움이 될 수 있는 중요한 저술 두가지를 완성하였는데, 그 하나는 의학서적인 『마과회통(痲科會通)』이요, 다른 하나는 농업진흥을 위한 상소문인 「응지론농정소(應旨論農政疏)」이다.

먼저 그는 36세때(1797) 곡산에 부임하자 천연두의 치료법을 정리하여, 그해 겨울 『마과회통』을 저술하였다. 그 자신 어린 자식 여섯을 잃었는데 대부분 천연두로 죽었으니, 일찍부터 천연두의 치료법에 깊은 관심을 가지고 연구해왔다. 더구나 그 시기에 천연두로 죽는 어린 아이들이 많았으니 그 치료법의 연구는 바로 백성을 구제하는 가장 큰 과제의 하나였다. 그는 『마과회통』 서문의 첫머리에서 송나라 범중엄(范仲淹, 989-1052)의 말을 인용하여, 사람의 목숨을 살리는 방법을 본받고자 하는 뜻을 밝히고 있다.

> 옛날 범중엄이 말하기를, '내가 글을 읽고 도를 배우는 것은 천하의 사람 목숨을 살리고자 함이다. 그렇지 않다면 황제(黃帝)의 의학서적을 읽어서 의술의 묘방을 깊이 연구하는 것이 또한 사람을 살릴 수 있는 일이다'라고 하였다. 옛 사람의 인자하고 넓은 마음이 이와 같았다.
>
> 〈「痲科會通序」〉

사람의 생명을 살리는 것을 학문하는 목적으로 확인하고, 학문으로 사람을 살리지 못한다면 의술을 연마하여 사람을 살리는 것도 또 하나의 방법이라 제시한 번중엄의 말에 깊이 공감하였던 것이다. 정약용이 종두법의 연구에 노력하였던 것도 바로 사람의 생명을 살리겠다는 뜻을 실행한 것이다. 따라서 그는 1775년 서울에 천연두가 크게 유행할 때 천연두 치료의 묘방으로 탁월한 치료효과를 보인 명의(名醫) 이헌길(李獻吉, 字 蒙叟)의 저술인 『마진기방(麻疹奇方)』을 비롯하여 천연두에 관한 중국서적 수십종을 구해서 체계적으로 분류하고 간명하게 정리하였다. 그는 『마과회통』의 원고를 다섯차례나 고쳐서 완성하였으니 이 저술에 얼마나 공을 들였는지 알 수 있다.

천연두의 치료법으로 사람의 천연두 딱지나 고름을 이용하는 인두법(人痘法)은 오래전부터 알려져 있었지만 매우 불안정한 방법이다. 이에비해 우두법(牛痘法)은 영국의 젠너(1749-1823)가 1796년에 처음 실험한 것인데, 1797년 겨울에 완성한 『마과회통』에 인두법과 더불어 우두법까지 소개되고 있는 사실은 그가 서학(西學)서적을 통해 수입한 지식이라 보고 있다.〈최익한; 『실학파와 정다산』, 512-523쪽〉 그는 곡산을 떠나 서울에 올라온 뒤인 1799년 가을에 의주 부윤(義州府尹)으로 있다가 서울로 돌아온 이기양(伏菴 李基讓)이 북경에서 얻어온 인두법(人痘法)의 처방을 얻어보고, 또 북학파 실학자인 박제가(朴齊家)가 규장각 도서에서 배껴놓은 처방을 얻어보아 한 편의 책으로 합쳐서 정리하였다. 여기서 그는 박제가가 영평(永平)현감으로 나가 그곳에서 인두법의 실험에 성공하였던 사실과, 1807년 경상도 상주에서 의원이 치료에 성과를 보았던 사실을 주의깊게 기록하고 있다.〈「種痘說」〉 의술을 천시하던 당시 유교지식인들의 풍조와는 달리 의술을 통해 인명의 구제에 열정을 쏟아붇고 있었던 것은 바로 그의 실학정신이 발휘된 중요한 영역의 하나로 주목해야 할 것이다.

정조는 1798년 11월 영조가 적전(籍田)에서 몸소 경작한지 60주년이 되는 것을 기념하여 널리 농사에 관한 서적(農書)을 구하는 윤음(綸音)을 내렸다. 그는 이에 농업 생산의 발전을 위한 방책을 제시하여 「응지론농정소(應旨論農政疏)」를 올렸다. 이때 많은 농업서적이 올려졌는데 박지원의 『과농소초(課農小抄)』와 박제가의 『진소본북학의』(進疏本北學議: 『北學議』를 3분지1정도 분량으로 간추린 것)도 실학파의 농업기술과 농업정책을 제시한 것으로 유명하다.

정약용의 글은 농업기술에 관해 구체적으로 서술한 저술이 아니라 농업정책을 상소문의 간략한 형식으로 제시하고 있지만, 이 상소문에서 그는 농업정책의 혁신적 방향을 가장 압축적으로 제시하고 있다.

> 농사가 세가지 남만 못한 것이 있으니, 존귀함은 선비만 못하고, 이익은 장사만 못하고, 편안함은 기술(百工)만 못합니다.…이 세가지 남만 못한 것을 제거하지 않으면 비록 날마다 매로 치며 권장하고자 하여도 끝내 백성들을 권장할 수 없을 것입니다. 무릇 농사의 이치는 지극히 정밀한 것인데도 거칠게 합니다. 거칠기 때문에 수고는 많아도 이익이 적으며, 수고는 많아도 이익이 적으므로 농사짓는 자가 날로 비천해집니다. 농사가 날로 비천해지므로 더욱 거칠게 되니, 반복하면서 서로 원인이 되어 농업행정이 멀어져 갑니다. 〈「應旨論農政疏」〉

농업이 피폐해지는 원인이 무엇인지를 진단하고, 그 피폐의 원인이 거칠어지는 결과를 낳고 거칠어지는 결과가 더욱 피폐화의 원인을 낳아 반복하면서 심화되는 악순환의 현상을 통해 농업정책이 붕괴된 현실을 진단한 것이다. 이에따라 그는 농업정책을 첫째, '편농(便農)' 곧 농사를 편리하게 할 것과, 둘째, '후농(厚農)' 곧 농사를 이롭게 할 것, 셋째, '상농(上農)' 곧 농사를 높게 대접할 것의 세가지 기본강령으로 제시하고, 그 실현방법을 각각 네가지 조목으로 분석하여 간결하게 밝히고 있다.

그는 농사를 편리하게 하는 '편농'의 방법으로 파종하는 간격을 효율적으로 고르게 하고, 좋은 곡식종자를 가려쓰고, 농기구를 개량하며, 수리(水利)방법을 개발하도록 요구하였다. 특히 우리나라가 중국의 발달한 농기구와 수리방법을 익히지 못하고 낙후되어 있는 현실을 구체적으로 제시하고 있다. 또한 농사를 이롭게 하는 '후농'의 방법으로 춘궁기에 백성들에게 곡식을 빌려주는 환곡(還穀)제도를 개선하고, 축산을 장려하며, 도량형의 제도를 바르게 할 것을 강조하였다. 나아가 농사를 높게 대접하는 '상농'의 방법으로 과거제도를 개선하여 응시자의 숫자를 지역별로 제한함으로써 놀고먹는 명목만 선비계층을 줄여 농사에 종사하도록 할 것을 강조하며, 농민에게 모든 세금을 부과하는 양역법(良役法)을 폐지하여 양반계급과 양민의 차별을 없애도록 할 것을 요구하고, 임금이 직접 농사짓는 친경(親耕)의례를 시행할 것을 제안하였다.

정약용이 『마과회통』을 저술하며 의술연구에 정성을 기울이거나, 「응지론농정소」에서 농업진흥책을 제시하면서 보여주고 있는 것은 기존지식의 틀에 안주하지 않고 끊임없이 새로운 지식과 기술을 도입함으로써 질병의 퇴치나 농업의 개량을 추구하고 있는 점이다. 그것은 바로 그의 학문이 진보와 실용성을 중시하는 실학정신을 발휘하고 있음을 보여주는 것이다. 곧 그는 실학적 학문관으로서 학문의 궁극적 목적이 백성을 살리는 방법을 계발하는데 있음을 명확히 인식하고 있다. 따라서 자신의 출세나 이익을 도모하는 통속적 지식인은 말할 것도 없고, 개인의 인격연마에만 몰입하여 사회적 책임을 망각한 학자도 건강한 학문정신을 상실한 것으로 보고 있다.

7. 급박해진 정국, 살얼음판을 걷는 삶

1) 비방의 파도는 더욱 높아지고

정약용이 아직 곡산부사로 있던 38세 때(1799) 정월에 남인 시파의 영수요 정약용의 정치적 후견인이었던 채제공(蔡濟恭)이 세상을 떠났다. 정약용의 벼슬길도 그 마감을 재촉하는 상황이었다. 그해 4월 정조임금은 그를 병조 참지(參知: 정3품)로 다시 조정에 불러올렸다. 서울에 들어가자 형조 참의(參議: 정3품)에 제수하였다. 그가 곡산부사로서 의심스러운 사건들을 명쾌하게 판결한 보고서를 살펴본 정조 임금은 그를 형조 참의로 불렀던 것이다.

처음에는 올 가을을 기다려 불러오려고 했지만, 마침 큰 가뭄이 들어처리해야할 여러 옥사를 심리하고자 하여 불렀다. 황해도에서 일어난 의심스러운 옥사에 대해 재조사한 너의 보고서를 보니 그 글이 매우 명백하고 절실하였다. 뜻하지 않게 글귀나 읽는 선비로 옥사를 심리하는 직책을 맡을만 하므로 바로 불러들인 것이다.   〈정규영;『사암선생연보』〉

정조 임금이 그를 곡산부사에서 다시 급히 형조 참의로 불렀던 이유가 그의 옥사를 처리하는 탁월한 능력을 눈여겨 보았기 때문이다. 이때 임금은 형조판서 조상진(趙尙鎭)에게, "그대는 이제 늙었지만 참의는 젊고 총명하니, 편히 쉬고 일체를 참의에게 맡기도록 하오"라고 말하였다 한다. 정약용에 대한 정조 임금의 신임이 얼마나 두터웠는지를 잘 보여주는 대목이다.

그는 누적된 소송사건을 신속하고 공정하게 처리하였으며, 임금은 그를 항상 밤늦도록 불러놓고 야대(夜對: 임금이 밤에 신하를 불러 정치나 학문을 논의하는 것)하여 각별하게 총애하였다. 이렇게 임금의 총애가 깊으니 주위의 시기와 반대파의 공격이 더욱 날카로워지지 않을 수 없었다. 홍시보(洪時溥)가 그에게 삼가도록 경계하면서, 임금이 그와 야대를 끝내지 않으면 옥당(玉堂: 홍문관)에서 숙직하는 관료들이 사람을 보내 동태를 살피며 잠을 못잔다는 사실을 알려주기도 하였다.

드디어 대사간 신헌조(申獻朝)는 임금 앞에서 보고하는 기회에 이가환·권철신·정약종을 사학(邪學) 죄인으로 처벌하기를 요구하였다.

> 사학의 소굴은 세상이 모두 알고 있습니다. 말하자면 관리로는 이가환이 있고, 서울 근처에는 권철신과 정약종(정약전으로 보기도 한다)의 무리가 있습니다. 바야흐로 닥쳐오는 근심은 홍수(洪水)와 맹수(猛獸)에 비하여 더욱 심합니다.…청컨데 괴수 이가환의 머리를 서울의 거리에 달아매어 난리의 근본을 끊게 하시고, 그 나머지 권철신과 정약종의 무리는 법률대로 처단하소서. 〈이만채, 『벽위편』〉

신헌조가 이가환 등에 대해 공격하자 정조는 격노하였으나, 이미 오랜 세월 공격의 칼날을 갈아왔던 노론 벽파는 정조 측근의 남인 시파들이 지닌 가장 큰 약점인 천주교와 연관문제를 정면으로 들고 나온 것이다. 뒤이어 그해 6월 사간원 헌납(獻納) 민명혁(閔命赫)은 대사간 신헌조에 의해 그 형이 배척되고 있는데도 공무를 보고 있었다고 정약용을 공격하였다. 조선시대의 법도로는 관료가 자신이나 가까운 친족이 혐의를 받아 배척당하면 스스로 직무를 중단하고 임금의 처분을 대기하여야 하였는데, 그때 정약용은 신헌조가 그의 형을 배척한 사실을 미처 몰랐었다고 한다. 그러나 민명혁의 공격을 받자 정약용은 형조참의를 사직하는 상소를 올리고 직무에 나가지 않았다.

> (저는) 배척받음이 쌓여 위태로운 처지가 되었으니, 조정에 나온지 11년 동안 일찍이 하루도 편한 날이 없었습니다. 첫째도 자초한 것이고 둘째도 자초한 것이니, 어찌 감히 자신을 용서하고 남을 탓하여 거듭 스스로 그물과 함정 속에 빠져들겠습니까?…일생의 허물을 당시의 세상에 스스로 폭로하여 한 세상의 공론을 들어서, 세상이 과연 용납해주면 굳이 떠나지 않을 것이요, 세상이 용납하지 않으면 굳이 나아가지 않으려 하였습니다. 이제 세상의 뜻을 보면 용납하지 않을 뿐만 아니라 한 집안을 연루시키려 하니, 지금 떠나지 않으면 저는 한갓 세상에 버려진 사람이 될 뿐만 아니라 장차 집안의 패역한 아우가 될 것입니다.…제가 태어나고 자란 고향은 강과 호수나 물고기와 새의 풍광이 성품을 닦을만 하니, 비천한 백성들 속에 뒤섞여 죽을때까지 전원에서 여생을 쉬면서 임금님의 은택을 노래한다면, 저에게는 남의 표적이 될 근심이 없고, 세상에는 눈의 가시를 뽑아낸 기쁨이 있을 것이니, 좋지 않

겠습니까?   〈「辭刑曹參議疏」〉

    사직을 간청하는 정약용의 말에는 젊은 날 자신의 허물이 빌미가 되어 당시의 세상에 용납되지 않아서 벼슬에 나온 이후 끊임없이 불안 속에 지내왔음을 털어놓았다. 이제 그로서는 형제와 친지들이 모두 사교에 빠졌다는 죄명으로 얽혀 있어서 함정에 빠진 토끼나 그물에 갇힌 새의 신세가 되었고, 남들에게는 눈의 가시처럼 미움의 대상이 되었음을 밝히고 있다. 그러니 여기서 빠져나갈 수 있는 길은 벼슬에서 떠나 공격의 표적이 되지 않는 길 밖에 없음을 호소하여 사직의 이유를 밝혔던 것이다. 정조 임금은 그래도 정약용을 놓아보내지 않고 직무에 나오기를 엄하게 명령했지만, 정약용은 병을 핑계로 한 달이나 직무에 나가지 않고 버텨서 7월에야 겨우 벼슬에서 갈려 물러났다.

    그해 10월 충청도 내포지방에서 천주교도들 사이에 침투하여 천주교도를 밀고하는 조화진(趙華鎭: 趙和鎭)이란 자가 "이가환과 정약용 등이 남모르게 천주교를 주장하여 모역을 꾀합니다"라고 무고하였고, 충청도 관찰사 이태영(李泰永)이 이 일을 비밀히 보고하였던 일이 있었다. 정조 임금은 그 보고내용이 무고임을 바로 알고 도리어 충청도 관찰사를 엄중하게 문책하였다. 그러나 정약용에 대한 비방의 파도는 더욱 높아져 조정의 신료들 사이에서 배척이 일어날 뿐만 아니라, 이제 지방에서 천주교도를 색출하는 정보원에 의해서도 밀고되는 위태로운 정황에 이르게 되었던 것이다.

    천주교도의 지하신앙활동은 점점 활발해지고 조선정부의 억압정책과 천주교공동체 사이에 일어나는 충돌은 필연적으로 더욱 격심해지지 않을 수 없었다. 그만큼 정약용에 대한 공격도 거세질 수 밖에 없는 형편이었다. 이러한 상황에서 정약용은 더 이상 벼슬길에 나갈 뜻을 접고 서울에도 머물기 어렵다는 판단을 하였다.

2) 하늘이 무너지는 날—정조의 죽음

39세 때(1800) 봄에 그는 시기와 배척의 칼날을 피하기 위해 벼슬에 더 이상 나가지 않으려는 뜻을 굳히고서 처자를 이끌고 고향 마재로 돌아왔다. 그러나 그가 고향에 내려갔다는 소식을 듣고 정조 임금은 그를 재촉하여 불렀다. 할 수 없이 다시 조정에 돌아왔을 때, 임금은 승지를 통해 "(대궐 안에) 머물 곳이 정해지거던 들어와서 서적의 교정을 하는 것이 좋겠다. 내가 어찌 너를 버리겠는가"라고 간곡한 뜻을 전했다.

그해 6월12일 달빛이 밝아 뜰에 앉아 달구경을 하고 있는데 임금이 규장각의 서리를 통해 『사기선(史記選)』 10질을 보내면서, 5질은 간직하여 집안에 전하도록 하고, 5질은 표제에 제목을 써서 들여보내도록 하라고 지시하였다. 임금은 이렇게 그에게 책의 제목을 쓰게 하는 일을 시키면서 그의 안부를 물어주는 깊은 관심과 애정을 보여준 것이다. 심부름을 왔던 규장각 서리는 임금이 명령을 내리면서 몹시 그리워하는 안색이었고 말씀도 특별히 부드러우셨다고 전하자, 그는 임금의 극진한 사랑에 감격하여 눈물을 뿌렸다.

동쪽으로 소내에 가서 고기잡이 맛들였는데, 　　　東出苕溪學捕魚,

임금이 부르시는 글 시골집에 이르렀네. 　　　綠綈恩召到田廬,

대궐문 이미 옮기고 별관을 열었으며,	已移靑瑣開唐館,
황색보로 곱게 싸서 『한서』를 내리셨도다.	別裹緗緘降漢書,
재주없는 이 몸도 임금께서 버리려 않으시니,	聖主應嫌棄菅蒯,
이 목숨 차마 어찌 초야에서 노닐어보랴.	此生何忍憶樵漁,
산으로 돌아가 은거할 계책 영원히 포기하고,	長抛李泌歸山計,
처자 함께 또 서쪽으로 올라와 살 곳 정했소.	妻子西來又奠居.

〈「六月十二日 蒙賜寒暑恭述恩念」〉

　그는 가족을 데리고 고향으로 내려가 벼슬을 버리고 초야에 파묻힐 결심을 굳게 다짐했지만 임금이 그를 극진히 총애하여 놓아주지 않으니 다시 서울에 올라와 주저앉고 말았다. 이미 그는 임금에게 자신을 허락한 몸이니 자기 한 몸의 안전함을 도모하기 위해 임금의 뜻을 저버리고 떠날 수 없다는 신의를 지키고자 하였다.

　정조 임금은 그에게 『사기선』을 내려주신 이튿날부터 종기로 앓기 시작하고 6월28일에는 갑자기 세상을 떠나고 말았다. 정조 임금의 죽음은 그에게 하늘이 무너지는 날이었다. 그를 강력하게 보호해주던 정조 임금이 없는 세상은 지붕이 없는 집과 같았다. 그의 모든 꿈이 한꺼번에 무너지는 것이었다.

　임금이 돌아가셨다는 소식을 듣고 달려가 창경궁 정문인 홍화문(弘化門) 앞에 도착했을 때 조득영(趙得永)을 만나 함께 가슴을 치며 통곡하였다. 정조의 영구가 수원으로 떠나는 광경을 보며 목놓아 울 뿐이었다.

영구 수레 밤에사 노량나루 모래톱에 이르니,　　龍輴夜到露梁沙,
일천 개의 등촉이 비단장막을 애워싸네.　　　　燈燭千枝護絳紗,
단청한 배 붉은 난간은 어제와 같은데,　　　　　畫舸紅欄如昨日,
임금님 넋은 어느 틈에 화성으로 가셨는가.　　猶疑仙蹕幸于華.

천줄기 흐르는 눈물은 옷깃 흠뻑 적시고,　　千行涕淚滿衣裳,
바람 속의 은하수도 슬픔에 잠겼어라.　　　　風裏星河氣慘蒼,
성곽과 대궐은 옛 모습 그대로나,　　　　　　縱有依然舊城闕,
임금님 영정모신 서향각 배알도 못하게 막네.　司閽不許拜書香.

〈「啓引日述哀」〉

　이제 정조 임금도 떠났으니 그도 아무 미련없이 서울을 떠나 고향
으로 돌아갈 수 있게 되었다. 그러나 벌써부터 그를 노리고 있던 반
대파에서는 이가환과 정약용을 강력하게 보호하던 정조가 죽자 공격
의 창을 더욱 급하게 날려왔다. 이때 반대파에서는 "이가환 등이 장
차 변란을 일으켜 4흉8적(四凶八賊)을 제거하려 한다"는 유언비어를
퍼뜨렸다. 이들은 '4흉8적'으로 재상과 명사들이나 홍락안·이기경
등 서학을 배척하던 반대파의 인물들을 열거하여 선동하고 있었다.
그의 주위에 재앙의 불길이 급하게 닥아들고 있음을 어찌 모를 수가
있겠는가. 그 해 겨울 국상(國喪)의 졸곡(卒哭)을 마친 뒤 고향 소내
(苕川)로 돌아왔다.

동문 밖 새벽 빛 눈발이 날리는데,　　　　靑門曉色雪飛飛,
말은 슬피 울며 돌아가려 않네그려.　　　鳴馬悲鳴欲底歸,

오늘 아침 바라보니 대궐은 쓸쓸하나,	天宇今朝瞻廓落,
어제밤 꿈 속의 임금님 말씀 아른거리네.	玉音前夜夢依俙,
오래도록 전원으로 물러나길 빌어왔건만,	舊懷乞骨投田圃,
어이하여 머리 돌려 임금님 계신 곳 그리는가.	不奈回頭戀禁闈,
낚싯대에 거룻배야 있다지만,	縱有長竿與小艇,
무슨 마음에 한가로이 낚시터로 나가리오.	何心閒適出漁磯.
	〈「卒哭日歸苕川」〉

  고향에 돌아가는 길에도 그의 마음은 돌아가신 정조 임금에 대한 그리움으로 발길이 떨어지지 않았다. 고향에 돌아간다한들 다 잊어버리고 마음 편하게 전원생활을 즐길 수 있을 것같지 않음을 잘 알고 있었다. 신하로서 자신을 알아준 임금에 대한 사랑이 얼마나 극진한줄을 잘 보여준다. 그 자신 정조 임금의 죽음을 안타까워하면서, "매양 생각이 이곳에 미치면 눈물이 펑펑 쏟아져 옷소매를 적시었다. 곧바로 따라 죽어 지하에서나마 임금님 얼굴을 뵙고자 했으나 그렇게 하지를 못했다"〈정규영;『사암선생연보』〉라고 언급한 대목도 그의 임금에 대한 사랑이 결코 문장으로 꾸며진 수식어가 아니라 진실한 마음의 고백임을 알 수 있다.

3) 살얼음판을 걷는 삶-'여유당(與猶堂)'

  정약용은 39세 때(1800) 겨울 처자를 이끌고 고향에 돌아왔다. 그는 고향 마재에서 형제들이 모여 날마다 경전을 강론하며 전원생활에 안주할 계책을 찾아가고 있었다. 그동안 정조 임금에게 올리려고 『문헌비고(文獻備考)』의 오류를 바로잡는 교정작업을 해왔었는데, 그해 겨울 고향에 머물던 기간에 『문헌비고간오(文獻備考刊誤)』 1권을 완성하였으나 이미 정조 임금은 세상을 떠나고 말았으니 이제는 올릴 곳이 없었다.

그는 이 때 고향집의 당호(堂號)를 '여유당(與猶堂)'이라 지어서 붙였다. 그의 「여유당기(與猶堂記)」에서는 당호를 '여유당'이라 붙인 이유를 설명하면서 그 자신이 세상을 바라보는 처지와 살아가는 태도를 밝히고 있다. '여유(與猶)'라는 말은 『노자』에 나오는 말이다.

> 망설임이여, 겨울에 시냇물을 건너듯 하고,
> 경계함이여, 사방에서 엿보는 것을 두려워하듯 한다.
> 與兮若冬涉川, 猶兮若畏四隣.　　　　　　　〈『노자』, 15장〉

'여'(與: 豫라고도 함)와 '유'(猶)는 원래 짐승이름인데, 의심과 겁이 많아 소리만 나면 나무 위에 올라가 숨는 짐승이라고도 한다. 겨울에 시내를 건너자면 얼어붙을 듯 차가운 물이 겁나고, 사방에서 자신을 엿보는 것을 알면 그 적대적인 시선이 두렵지 않을 수 없다. 이렇게 두렵고 조심한다는 뜻으로 '여'와 '유'라는 글자를 『노자』에서 끌어다가 당호를 삼았으니, 그가 이 세상을 살얼음판을 걷듯이 조심하고 두려워하며 살아갈 수밖에 없었던 현실을 생생하게 보여주고 있는 것이다.

> 나의 병은 나 자신이 알고 있다. 용기는 있지만 지모(智謀)가 없으며,
> 선(善)을 좋아하지만 가릴 줄을 모르며, 마음에 따라 곧바로 행하고 의

심하거나 두려워하지 않았다. 그만 둘 수 있는 일이지만 진실로 마음에 기쁨이 일어나면 그만두지 못하고, 하고싶지 않았지만 진실로 마음에 걸리거나 통쾌하지 않으면 반드시 그만두지 않았다.

그래서 어려서는 일찌기 세속을 초월함(方外: 천주교를 가리킴)에 치달리면서도 의심하지 않았고, 장성해서는 과거공부에 빠져 돌아보지 않았으며, 서른살이 넘어서는 지난 일에 대한 후회를 깊이 진술하면서도 두려워하지 않았다. 그래서 선(善)을 좋아하여 싫어할줄 몰랐으나 홀로 비방을 많이 받았다. 아! 이 또한 운명인가. 성품이 이에 있으니 어찌 감히 운명이라 말하겠는가.　　　　　　　　　　　〈「與猶堂記」〉

그는 자신이 비방을 받아 위태로운 처지에 빠지게 된 원인이 바로 자신의 기질이나 성품에 있는 것이라 반성한다. 여러 책을 읽다가 마음에 기쁨이 일어나면 정통에서 벗어나는 것이라도 그만두지 못하고 빠져들었으며, 글을 읽다가 마음에 걸림이 있어도 그 의문이 해결될때까지 그치지 못하였던 것을 용기와 탐구정신으로 자부하면서도, 자신을 통제하는 분별의 지혜와 세상의 비난을 두려워하는 조심성이 없었던 점에 문제가 있다고 스스로 확인한다. 이러한 문제로 비방을 받게 되는 것도 맹자가 말한 것처럼 '운명'이라 하여 체념할 것이 아니라 '성품'이라 하여 책임질 자세를 밝힌 것이다. 그래서 그는 자신의 성품을 절제하고 배양하는 수양의 자세를 갖겠다는 결의를 '여유당'의 당호에 담고 있다.

뒷날 강진에 유배되었을 때 아들 정학유에게 훈계하면서도 말과 행동에 의심받지 않도록 간곡하게 당부하였으며, 숨김이 없게 하여 근신함으로써만이 하늘을 섬기고 집안을 보존할 수 있음을 강조하였다.

남이 알지 못하게 하고싶으면 하지 않는 것보다 더 좋은 것이 없고, 남이 듣지 못하게 하고싶으면 말하지 않는 것보다 더 좋은 것이 없다. 이 두 마디 말을 평생동안 몸에 지니고 왼다면 위로 하늘을 섬길 수 있고 아래로 집안을 보존할 수 있다. 천하의 재앙과 우환이나 하늘을 들어올리고 땅을 뒤흔들며 자신을 죽이고 가문을 뒤엎는 죄악은 모두 비밀리에 하는 일에서 빚어지는 것이니 일을 할 때와 말을 할 때에는 부디 깊이 성찰해야 한다.

편지 한 장을 쓸 때마다 모름지기 두 번 세 번 읽어 보면서 축원하기를, '이 편지가 네거리의 번화가에 떨어져 원수진 사람이 열어보더라도 내가 죄를 입지 않게 하소서' 라 하고, 또 '이 편지가 수백년 뒤까지 유전되어 많은 안목 있는 사람들에게 보여져도 내가 비난받지 않게 하소서'라고 한 뒤에 봉함해야 하니, 이것이 군자가 근신하는 태도이다.

〈「贐學游家誡」〉

그 자신에게 비난과 의심의 화살이 집중되었던 뼈아픈 경험을 가졌으니, 말 한 마디 편지 한 장에서도 의심을 사지 않도록 되돌아보고 조심하도록 당부한 것이다. 그래서 집안의 편지도 열흘마다 점검하여 남의 눈에 걸릴 만한 것은 정도에 따라 불에 태우거나 노를 꼬거나 찢어진 벽을 바르도록 지시해야 했으니, 살얼음판 위를 디디고 가는 위기 속의 삶이었던 것이다.

4) 배를 띄우고 수향(水鄕)에 살리라
  -'소상연파조수지가'(苕上烟波釣叟之家)

정약용은 앞서 그해 초여름 형조 참의에서 물러난 뒤 낙향할 뜻을 세워 처자를 데리고 고향으로 돌아왔던 일이 있다. 이때 그는 온갖 비방으로 소란한 세상에 대한 미련을 모두 훌훌 내던지고 언제나 자연 속을 유랑하며 노래를 읊조리는 시인으로 살아가고자 하는 꿈을 꾸었던 일이 있다. 그 꿈은 고향에 돌아와서 정처 없이 물에 떠다니며 살아갈 계획을 세운 것이다.

> 나는 적은 돈으로 배 하나를 사서, 배 안에 어망 네다섯 개와 낚싯대 한두 개를 갖추어 놓고,…늙은 아내와 어린 아이와 어린 종 한 명을 이끌고 물에 떠다니며 사는 집(배)에 살고자 한다. 그리하여 종산(鍾山)과 소내(苕水) 사이를 왕래하면서, 오늘은 오계(奧溪)의 연못에서 고기를 잡고, 내일은 석호(石湖)에서 낚시질하며, 또 그 다음날은 문암(門巖)의 여울에서 고기를 잡고자 한다. 바람을 맞으며 물위에서 잠을 자고, 마치 물결 위를 떠다니는 오리들처럼 둥실둥실 떠다니다가 때때로 짤막짤막한 노래(詩歌)를 지어 스스로 기구한 감정과 회포를 읊고자 한다. 이것이 나의 소원이다.　　　　　　　　　　　　〈苕上烟波釣叟之家記〉

실제로 그는 당나라때 은사(隱士) 장지화(張志和)가 자신의 호(號)를 안개와 물결 속에 낚시하는 늙은이라는 뜻으로 '연파조수(烟波釣叟)'라 지었던 옛 일을 모방하여, 몇 년전부터 자신이 생활할 배에다 '소상연파조수지가(苕上烟波釣叟之家)'라 이름을 붙였다. 그는 이 배의 이름을 목판에 새겨 편액을 만들어 간직해온지 벌써 몇 년이 되었다고 한다. 소내 강의 안개와 물결 속에 낚시질하는 늙은이의 집이라는 뜻인 '소상연파조수지가'라는 이름은 그가 천주교도라는 비난과 공격의 표적이 되어 버리자 이제 세상에 뜻붙일 곳을 잃고 물위에나 떠다니며 살겠다는 서글픈 의미를 간직하고 있다. 다른 한편으로 사람들 사이에 얽혀 살면서 겪게 되는 온갖 굴레에서 벗어나 아무런 속박도 받지 않고 산과 물을 따라 자유롭게 살고 싶어하는 그의 운치 있는 정서를 보여주는 것이기도 하다.

그러나 그가 고향에 내려갔다는 소식을 듣자 정조 임금은 다시 불러들이기를 재촉하였으니 할 수 없이 그는 배를 장만하여 배에다 현판을 걸어보지도 못하고, 그 현판을 자신의 집에 있는 정자에다 걸어두고 서울로 올라갔던 일이 있다.

3부

유배생활:
유배지에서 연마한 학문과 인간애
(40-57세, 1801-1818)

1. 신유교옥(辛酉敎獄)과 첫 번째 투옥

2. 장기(長鬐)에서의 유배상활과 두 번째 투옥

3. 강진(康津) 유배지에서 좌절을 딛고 일어나

4. 학승(學僧)들과 사귀며

5. 다산초당의 아늑한 정취

6. 고통받는 민생에 대한 깊은 관심과 분노

7. 제자를 가르치며

8. 저술의 거대한 탑을 쌓아올리다

9. 아내와 자식에 대한 애틋한 사랑

10. 자기를 알아주는 평생의 벗, 둘째 형(丁若銓)에 대한 그리움

茶山評傳

1. 신유교옥(辛酉敎獄)과 첫번째 투옥

1) 신유교옥의 발단

정조가 세상을 떠난 다음 해인 신유년(辛酉: 1801, 순조 원년) 마침내 오랫동안 속으로 들끓고 있었던 천주교 배척의 요구가 대폭발을 일으켜 신유교옥(辛酉敎獄)이 일어났다. 조선정부의 천주교에 대한 금교 (禁敎)정책에도 불구하고 서민대중 속에 열정적 신앙으로 번져가는 새로운 신앙집단인 천주교도들과 천주교를 '사교(邪敎)'로 배척하는 유교 지식인이나 관료들이 대치하는 상황이었고, 여기에 조선정부는 천주교 금압정책에서 온건책과 강경책을 바꿔가며 선택하여 그 갈등의 지렛대 역할을 하고 있었다. '신유교옥'에서 '교옥'이라는 용어만 해도, 조선정부는 '사교'를 처벌하는 옥사(獄事)라는 의미에서 '사옥(邪獄)'이라 하였고, 천주교 교회에서는 억울한 핍박과 수난을 받았다는 의미에서 '박해(迫害)'라 하고 있다. 여기서는 종교문제로 일어난 옥사라는 의미에서 '교옥'이라는 중립적 용어를 선택하였을 뿐이다.

정조 임금이 재위하고 있는 동안은 1791년 진산(珍山)에서 천주교도인 윤지충과 권상연이 제사를 폐지하고 신주(神主)를 불태운 사건 이후로 조선정부가 천주교를 '사교'로 규정하여 법률로 금지하여 왔지만, 정조의 천주교에 대한 금지정책은 매우 온건하고 포용적이었다.

> 우리 도(道)를 크게 밝히고 정통의 교학(正學)을 크게 드러내면 사악한 교설(邪說)은 스스로 일어났다가 스스로 소멸할 것이니, 그 사람은 사람으로 여기고 그 서적은 불태우는 것이 옳다.
>
> 〈『정종실록』,12년 8월〉

정조는 천주교를 사교로 확인하면서도 천주교가 성행하게 된 원인이 정통의 교학인 유교가 밝혀지지 못한데 책임이 있음을 지적하고, 유교를 밝히는데 힘쓸 것을 강조하였다. 또한 천주교도들도 우리 백성임을 인정하여 깨우치는 것이 정부의 임무임을 밝히면서 천주교 서적은 불태워 천주교 신앙을 금지할 것을 제시한 것이다. 실제로 정조의 측근 신하들인 이가환·정약용·이승훈 등을 비롯하여 기호 남인의 젊은 지식인들이 다수 천주교 신앙에 연관되어 있었던 만큼, 윤지충·권상연처럼 제사를 폐지하고 신주를 불태워 유교의 교화질서에 정면으로 도발하는 경우가 아니라면 깨우쳐서 유교질서 속으로 돌아오게 한다는 포용적 정책을 시행하였다.

그러나 정부의 금교정책에도 불구하고 천주교의 교세가 날로 확장되어가고 국내의 천주교도들이 1794년 중국인 신부 주문모(周文謨: 세례명 야고보)를 불러들이면서 천주교를 위험시하는 조선정부의 입장도 더욱 강화되어갔고, 유교지식인 관료들의 천주교에 대한 배척도 더욱 심화되어 갔다.

1800년 정조의 죽음으로 국상(國喪)기간 동안 천주교에 대한 옥사가 중단되자 천주교도들의 지하신앙활동이 활발해져 그해 겨울에는 서울 거리에 새벽과 밤으로 등불을 들고 다니는 사람들이 갑자기 많아졌다고 한다. 그해 12월19일 밤에 형조의 나졸들이 서울의 장흥동(長興洞: 현 종로구 적선동과 내자동에 걸쳐 있던 동내로 長興庫가 있었음)을 지나다가 창문 안에서 박자치는 소리를 듣고 도박판이라 생각하여 수색하였다. 그 결과 '성헌당첨례일'(聖獻堂瞻禮日: 양력 2월2일. 마리아가 아기 예수를 성전에 봉헌한 축일로 오늘날은 '봉헌축일'이라 함)에 집회를 하던 천주교도들이 발각되었고, 이때부터 천주교도의 총회장인 최창현(崔昌顯)을 비롯하여 천주교도들을 잡아들이기 시작하여 좌우 포도청의 감옥이 가득 차게 되었다.

2) 오가작통법(五家作統法)과 천주교도의 일망타진

정약용이 40세때인 신유년(1801, 辛酉) 1월10일 아직 12세밖에 되지 않은 순조 임금의 뒤에서 수렴청정(垂簾聽政)을 하던 정순대비(貞純大妃: 英祖의 繼妃金氏)는 천주교도를 일망타진하여 박멸시키겠다는 결의로 전교(傳敎)를 내렸다.

지금 이른바 사학은 아비를 아비로 여기지 않고 임금을 임금으로 여기지 않으며, 인륜을 파괴하고 교화를 배반하여 오랑캐와 짐승으로 돌아가게 한다. 저 어리석은 백성들이 미혹되어 점점 물드는 것이 어린아이가 우물에 빠져드는 것 같으니, 이 어찌 측은하고 마음 아프지 않겠

느냐? 감사(監司)와 수령들은 자세히 깨우치고 타일러서 사학을 하는
자로 하여금 생각을 바꿔 고치고 깨닫게 할 것이요, 사학을 하지 않는
자는 조심하고 경계하게 하라.…

이렇게 엄금한 뒤에도 고치지 않는 무리는 마땅히 역적의 법률로 처
리하라. 각 고을 수령들은 그 지경 안에서 오가작통(五家作統)의 법을
실시하여 그 통(統) 안에 사학하는 무리가 있거든 통수(統首)가 관청에
고하여 징계하고 다스리되, 그래도 고치지 않으면 나라에 법이 있으니
극형으로 없애버려 종자를 전하지 못하게 하라.

〈『純宗實錄』, 원년 1월〉

정순대비의 전교가 전국에 포고되면서 천주교도를 인륜에 역행하는
범죄집단으로 규정하고, '오가작통법(五家作統法)'을 시행하여 전국적
으로 천주교도를 일제히 색출하고 검거하여 역적을 다루는 법률로 혹
독하게 다스리는 신유교옥이 공식적으로 시작되었다.

그해 1월 정약용의 셋째 형 정약종은 천주교도의 조직인 명도회(明
道會) 회장으로 서울에 숨어서 전교활동을 하다가 정부의 수색이 심해
지자 시골로 은신할 계획으로 그동안 가지고 있던 천주교의 성상(聖
像)이나 서적들을 큰 상자에 담아서 솔잎으로 덮어 땔감 나무짐처럼
위장하여 사람을 시켜 나르게 하였다. 그런데 이 책상자가 거리에서
한성부(漢城府)의 순찰에 적발되어 압수당하는 이른바 '책롱(册籠)사
건'이 터졌다. 이 책 상자 속에는 주문모신부의 편지를 비롯하여 천주
교도들 사이에 왕래하던 편지들이 많이 나와서 천주교도 수색의 불길
에 기름을 끼얹는 계기가 되었다.

이어서 2월 9일 삼사(三司: 사헌부·사간원·홍문관)에서 채제공이 천

주교도들을 비호하였던 죄가 죽여야 마땅하다 하여 이미 죽은 채제공의 관직을 삭탈할 것을 요청하는 상소를 올렸다. 천주교 조직을 박멸시키려면 그 비호세력의 우두머리부터 쳐내야 한다는 논리다. 이어서 사헌부에서는 이가환·이승훈·정약용의 죄가 죽여야 마땅하다 하고, 이들 셋이 사학의 소굴을 이루고 사학의 뿌리가 되었다하여 의금부(義禁府)에서 국문(鞫問)하기를 요구했다. 이제 정조가 세상을 떠나자 정조 측근의 신하들은 반대파의 거센 공격의 창끝을 막아낼 수 있는 방패를 잃게 되었고, 사교의 죄목으로 얽혀들었으니 벼랑끝에 몰려 정적(政敵)들의 칼날 앞에 맨몸으로 노출되어 전멸당하게 된 상황이었다.

　정약용은 2월 9일에 의금부 감옥에 투옥되어 국문을 받았다. 이때 이가환·이승훈·권철신·오석충·홍낙민 등 친지들과 정약전·정약종 두 형들도 모두 잇달아 투옥되었다. 국문에 참여하였던 대사간 신봉조(申鳳朝)는 상소문을 올리면서 이가환·정약용·이승훈 등에 대해 곤장을 맞으면서도 천주교도로 활동한 사실을 자복하지 않는 흉악한 무리라고 격렬하게 비난하였다.

　　이들 모두 사악한 기운이 뭉쳐 마귀가 재앙내리는 것으로 습관을 이루었으며, 차꼬(죄인의 발목에 채우는 형틀)를 마치 지푸라기처럼 보고, 형벌로 죽는 것도 마치 즐거운 곳에 나가는 것처럼 여기고 있었습니다. 그 단서가 이미 드러났는데도 곤장의 형벌을 참으며 자백하지 않고 사사롭게 주고받은 편지가 적발되었는데도 죽기를 작정하고 저항하여 실토하지 않고 있으니, 고금 천하에 어찌 이와같이 지극히 흉악한 무리가 있겠습니까.　　　　　　　　　　〈『순종실록』, 원년 2월 14일〉

그러나 다행스럽게도 정약종의 책 상자 속에서 나온 편지에는 어떤 천주교도가 정약종에게 보낸 편지 속에 "너의 아우가 알지 못하게 하라"는 구절이 있었고, 정약종의 글 속에도 "형제와 함께 서학(천주교)을 익힐 수 없으니 나의 죄가 아님이 없다"는 구절이 있어서, 정약용이 천주교도로 활동하지 않고 있다는 증거가 나왔다. 이에따라 2월 26일에 판결이 내려질 때는 이가환과 권철신은 먼저 곤장을 맞아 죽었고, 이승훈과 정약종은 처형이 확정되었지만, 정약전과 정약용형제는 죽음을 면제받았다. 그래서 정약전은 신지도(薪智島: 당시 강진군에 속했으나 지금은 전남 완도군에 속함)로 유배되고, 정약용은 장기현(長鬐縣: 현 경북 포항시 장기면)으로 유배되었다.

정약용 자신의 기록에는 여러 대신들이 모두 풀어주자고 의논하였는데 서용보(徐龍輔)가 반대하여 유배를 가게 되었다고 하지만,〈「自撰墓誌銘 集中本」〉『조선왕조실록』에는 국문을 책임진 영부사(領府事) 이병모(李秉模)가 대왕대비 앞에서 형량을 보고할때 대신들이 이의를 제기한 기록은 없다. 그가 유배를 떠난 뒤인 3월 18일에도 사헌부에서는 그의 형제를 유배지에서 다시 의금부로 잡아들여 엄중하게 국문할 것을 요구하기까지 하였다.

정약전과 정약용은 정약종의 형제로서, 몰래 이승훈에게서 요사스러운 글을 받아 밤낮으로 즐겨 빠져들어 명분의 가르침을 어지럽히고 윤리를 소멸시켰으니, 세상에서 지목받은지 여러 해가 되었습니다. 지금 엄중하게 국문을 받으면서 처음에는 미혹되었으나 마침내 깨닫게 되었다는 말은 모두 꾸며대어 항거한 것이며, 통렬하게 바로잡아 돌아온 자취는 끝내 증명할 수 없으니, 깊이 빠져들어 옛날과 다름이 없음

을 미루어 알 수 있습니다.　　　　　〈『순종실록』, 원년 3월 18일〉

　사헌부가 정약용 형제의 죄를 성토하는 말이 과격한 것은 사실이지만, 정약용이 한때 천주교에 빠졌다가 뉘우치고 벗어났다는 사실을 인정한다 하더라도, 그가 고위관료로 사회적 책임이 있고 또한 그의 형제와 친지들이 겹겹이 걸려있는 만큼 무죄방면되기를 바란다는 것은 처음부터 어려웠을 것이다. 더구나 그에 대해 "통렬하게 바로잡아 돌아온 자취가 없다"는 지적은 정약용 자신이 천주교배척의 선봉에 나서서 자신의 친지들을 배척하고 고발하지 않았다는 말이다. 바로 이 점은 정약용이 천주교신앙과 단절한 뒤에도 친족과 친우에 대해 인간적 유대를 소홀하게 하지 않았던 그의 인품을 보여주는 것이지만, 사교배척을 대의명분으로 내걸고 있는 척사론(斥邪論)의 입장에서는 정약용이 배교를 했다는 실상을 의심하지 않을 수 없는 것도 현실이라 하겠다.

　정약용은 의금부 옥중에 갇혀 국문을 받으며 죽음과 삶의 갈림길에 놓여 있었다. 그는 이러한 위기의 상황에서도 『대학』에서 '뜻을 정성스럽고 진실하게 한다'는 '성의(誠意)' 두 글자로 마음을 다스려 평정심을 지키려고 노력하였다고 한다.

　　내가 처음 감옥에 들어갔을 때 밤낮으로 생각한 것은 오직 『대학』의 '성의장(誠意章)' 뿐이었다. 대개 죽고 사는 것이야 정해진 명(命)이 있으니 걱정하여 속을 태운들 아무 소용이 없다. '성의' 두 글자는 죽을 때까지 써야 하는 것이요, 더구나 우환과 재앙에 놓여서는 오직 이로써 바르게 해야 할 것이다. 반복 하여 추구하니 화평해져서 마음에 얻은 것이 있었으니, 이로써 자못 마음을 너그럽게 가졌다. 그런데 며칠이

지나면 홀연히 또 마음에 번뇌가 일어나니, 마음을 굳게 지키지 못함을
스스로 탄식하였다.   〈정규영;『사암선생연보』〉

얼마전 까지 임금의 각별한 총애를 받던 신하였고, 또 형조 참의로
죄인을 심문하고 판결하던 재판관이었는데, 그가 이제는 형틀에 묶여
곤장을 맞으며 심문을 받는 처지가 되어 앞날이 캄캄하게 안보이는 형
편에 놓였으니 마음을 아무리 단속한다 한들 동요와 번뇌가 어떻게 없
겠는가. 그러던 어느날 꿈 속에서 한 어른을 만나서 훈계를 들었다고
한다.

자네는 '마음을 격동시키고 성질을 참아내는'(動心忍性〈『맹자』〉) 공부
에서 더욱 성의를 다해야겠네. 옛날 한(漢)나라 소무(蘇武)는 19년동안
흉노에게 갇혀 있었지만 오히려 참아내었는데, 그대는 19일동안 갇혀
있는데도 도리어 스스로 번뇌한단 말인가. 〈정규영;『사암선생연보』〉

그는 이 꿈을 깨고 나서보니 감옥에 갇힌지 19일째 되는 날이요, 그
날 풀려났다고 한다. 하루하루 날자를 헤아리며 버텨가는 감옥생활이
라 있을 법한 꿈이지만, 정약용이 워낙 영대(靈臺: 정신)가 밝은 분이라
꿈이 신통하게 맞았는지도 모르겠다. 더구나 그가 정조 임금이 죽고
벼슬에서 물러나 고향에 내려갔던 1800년에서 강진의 유배생활을 끝
내고 고향에 다시 돌아온 1818년 사이가 19년이었다는 딱맞아 떨어지
는 계산도 나온다.〈정규영;『사암선생연보』〉

2. 장기(長鬐)에서의 유배생활과 두 번째 투옥

1) 장기 땅에 유배되어

1801년 2월 27일 밤에 의금부 감옥에서 풀려나와 이튿날 유배길에 올라 3월 9일에 경상도 장기에 도착하였다. 그 이튿날부터 성문 동쪽(현재 포항시 장기면 마현리) 시냇가 자갈밭에 있는 늙은 장교 성선봉(成善封)의 집에 거처를 정하고 머물렀다. 그가 머물던 곳은 현재 장기초등학교가 있는 자리 근처로 추정된다. 장기초등학교 교정에는 이곳에 유배되었던 송시열과 정약용의 사적을 기록한 비석이 나란히 세워져 있다.

장기로 내려오는 유배길에서 그는 하담(荷潭)의 선영에 들려 부모님의 무덤에 하직인사를 드렸다. 어머니 해남 윤씨 부인 몸에서 태어난 3형제 가운데 한 아들(약종)은 죽음을 당하고 두 아들(약전·약용)은 멀리 유배를 당하는 처지였으니 부모를 생각하는 그의 마음도 비통하기 그지 없었다.

아버님이여, 아시는지요.	父兮知不知,
어머님이여, 아시는지요.	母兮知不知,
가문이 갑자기 무너지고,	家門欻傾覆,
죽은 자식 산 자식 이꼴이 되었어요.	死生今如斯,
남은 목숨 보존한다 해도,	殘喘雖得保,
크게 이루기는 이미 글렀어요.	大質嗟已虧,
자식 낳고 부모님 기뻐하셔서,	兒生父母悅,
부지런히 어루만져 길러주셨지요.	育麴勤攜持,
하늘 같은 은혜를 갚아야 마땅하나,	謂當報天顯,
풀베듯 제거당할줄 생각이나 했겠습니까.	豈意招芟夷,
세상 사람들에게 다시는,	幾令世間人,
자식 낳았다고 축하를 못하게 했군요.	不復賀生兒.

〈「荷潭別」〉

유배를 떠나면서 남대문 밖 석우촌(石隅村)에서 집안 어른들과 작별하고, 또 한강을 건너 사평(沙坪)에서 처자와 이별할 때만 해도 속으로는 눈물지었지만 겉으로는 꿋꿋한 모습을 보이려 참았다. 그러나 이곳 부모님 무덤 앞에 와서는 자신의 처지와 무너진 집안을 돌아보며 부모의 마음을 생각하고 한바탕 통곡하지 않을 수 없었다.

그는 장기에 머무는 동안 큰 형님 정약현이 집에 붙인 편액인 수오재(守吾齋)에 기문(記文)을 지었는데, 이 기문 속에서 자신의 40 평생을 되돌아보고 있다.

나는 잘못 간직했다가 나를 잃은 자이다. 어렸을 때는 과거(科擧)급
제가 좋게 보여서 과거시험공부에 빠져 들어간 것이 10년이었다. 마침
내 처지가 바뀌어 조정에 나아가 검은 사모 쓰고 비단 도포 입고 미친
듯이 대낮에 큰길을 뛰어다녔는데, 이와 같이 12년을 하였다. 또 처지
가 바뀌어 한강을 건너고 조령(鳥嶺)을 넘어 친척과 선영(先塋)을 버리
고 곧바로 아득한 바닷가의 대나무 숲에 와서야 멈추게 되었다.

〈「守吾齋記」〉

과거시험 공부에 매달렸던 10년, 벼슬살이에 분망했던 12년의 지난
세월은 그 눈부신 재주를 발휘하고 임금의 사랑을 독차지 했으니 가장
영광스러웠던 성공의 시대로 볼 수 있을 것 같기도 한데, 그게 아니라
'나'(吾)를 잃어버린 허망한 세월이라고 각성하고 있다. 이제 그 종착
점으로 귀양살이의 외롭고 적막함 속에 멈추어 서자, 그는 자신을 새
삼스럽게 발견하고 그 자신을 지킴으로써, 자신의 인생에 주인이 되겠
다는 결심을 굳게 하고 있는 것이다.

장기는 송시열(尤菴 宋時烈)이 1674년 효종비(孝宗妃)가 죽자 상복문
제로 제2차 예송(禮訟)이 일어났을때 패배하여 한때 이곳에 유배되었
던 일이 있었던 곳으로, 이곳에 송시열을 제향하는 죽림서원(竹林書院)
이 있다. 그러나 장기땅은 상당히 외따른 바닷가여서 학문적 풍토가
없고 드러난 선비도 거의 없는 곳이었다. 그만큼 정약용은 고독한 유
배생활을 견디며 회한에 젖어야 했다. 이때 읊은 시를 보면 그 심경이
선명하게 드러난다.

허망하게도 천하 일을 모두 다 알겠다고, …	妄要盡知天下事,
이 세상 책이란 모조리 읽기로 생각했었지.	邃思窮覽域中書,
태평시절 괴롭게도 활에 맞아 다친 새였더니,	淸時苦作傷弓鳥,
남은 목숨 이제는 그물에 걸린 물고기로세. …	殘命仍成掛網魚. …
괴로워하고 낙심하며 이십년을 지나는 동안,	圉圉纍纍二十秋,
꿈 속에서 약간 얻은 것 깨고나서 거두었네.	夢中微獲覺來收,
헛된 이름 사방에 났지만 이미 지나간 일,	浮名四達已陳跡,
텅비어 아무 것도 없고 남은 건 대머리뿐.	外物一空餘禿頭.

〈「自笑」〉

　동서고금의 모든 지식을 알아보겠다는 열린 탐구정신으로 서양학문을 섭취했고, 그 때문에 정조 임금의 총애를 받던 좋은 시절에도 반대파의 공격을 받아 상처받은 새의 처지였지만 이제는 그물에 걸린 물고기처럼 유배된 죄인의 몸이 되고 만 자신을 되돌아 보았다. 40세에 자신을 돌아보면서 지난 20년동안 심신을 괴롭히며 탐구해왔던 학문의 세계에서, 그래도 미미하지만 자기만이 깨달은 자득(自得)의 창의적 수확이 있었음을 자부하기도 한다. 그러면서도 현재의 공허하고 고독함에 한없이 쓸쓸한 심경을 토로하는 것이 아닌가.

　정약용은 벼슬에 나간 바로 다음해인 29세때(1790) 충청도 해미로 7일간 유배갔던 일이 있었지만 그때야 죄를 지은 것이 아니라 가벼운 마음으로 잠시 여행을 떠나듯이 다녀온 것이다. 그러나 이번은 '사학죄인'이라는 무거운 죄명으로 죽음을 감면받고 유배되었으니 살아서 돌아갈 수 있을지 앞날을 기약하기가 어려웠다. 그는 답답한 심정을 억누를 수 없을 때는 끝없이 시를 지어 자신을 달랬다. 그때 지은 시의 한편에 붙인 서문에는 당시 그의 모습을 그대로 보여준다.

> 여름날에 병들어 누워 있으려니 가슴이 꽉 막힌다. 서울에 있던 누각과 정자에 오르면 바람이 소리내며 문으로 솔솔 들어오던 일들이 그리워, 발광을 하며 소리를 질러보아도 아무런 소용이 없다. 그러나 그 옛날을 생각하고 지금 처지를 슬퍼하면서, 당나라 시인 두보(杜甫)가 가을을 흥거워했던 뜻을 잊을 수가 없다.　　　　　　　〈「夏日遣興」〉

그렇다고 그가 고독감으로 몸부림치며 세월을 보냈던 것만은 아니다. 문득 문득 답답하고 고적한 심정에 빠지기도 하였지만, 오히려 그는 주위의 자연을 감상하고 서민생활을 관찰하여 시를 읊기도 하였으며, 마음을 가라앉히고 정신을 가다듬어 몇권 안되는 책을 이용하여 저술하는데 열정을 기울여 온갖 시름을 떨쳐내고 있었다.

2) 장기 유배지에서 이룬 저술

정약용은 40세때인 1801년 3월9일 장기에 도착하여 10월20일 다시 체포될때까지 7개월 남짓한 기간 장기에 머물어 있었는데, 이 짧은 기간동안 참고할 책도 거의 없는 상황에서 그는 자신의 학문체계에 매우 의미있는 중요한 저술을 이루었다. 곧 고증학의 기초로서 문자학 저술을 비롯하여, 성리설과 예설에 관한 저술, 및 의학서의 저술에 까지 미치고 있다. 그 밖에도 시를 통한 민속과 서민생활에 대해 읊은 소중한 작품들을 남겼으니, 짧은 기간동안에 잠시도 허송세월을 하지 않았던 것을 보여준다.

그는 장기에서 한문의 옛 문자학 저술인 「삼창」(三倉: 漢初 李斯의 「倉頡篇」과 趙高의 「愛歷篇」과 胡母敬의 「博學篇」을 합친 것)을 고증하여 「삼창고훈(三倉詁訓)」을 저술하였고, 『이아』(爾雅: 13經의 하나로 옛 문자학 서적)를 해석하여 『이아술(爾雅述)』 6권을 저술하였다. 이렇게 문자학 서적에 관심을 기울이고 있는 것은 문헌의 객관적 고증을 위해서는 문자학(小學이라고도 함)에 확고한 기초가 있어야 하기 때문이며, 그가 청나라 고증학의 업적에 깊은 관심을 기울이고 있음을 보여주는 것이다. 이 두 저술은 그해 겨울 두 번째 투옥되었을 때 잃어버리고 말았다.

그해 여름 「이발기발변(理發氣發辨)」 2편을 저술하였다. 이 저술은 비록 매우 간략한 논변이지만 성리학의 역사에 새로운 획을 긋는 중요한 의미를 지니고 있다. '이발기발'이란 간단히 말하면 착한 마음의 싹인 사단(四端)이라는 감정과 선악이 뒤섞인 보통 마음인 칠정(七情)이라는 감정의 두가지 양상에 대해 그 감정이 발생하는 근거가 이치(理)인가 기질(氣)인가를 따지는 성리설의 핵심적 쟁점이다. 여기서 퇴계는 이치와 기질이 각각 주장이 되어 서로 작용한다는 '이기호발설(理氣互發說)'을 제시하고, 율곡은 두 감정이 모두 기질의 발동이라는 '기발일도설(氣發一途說)'의 견해로 대립하면서 영남학파와 기호학파로 학풍이 갈라지는 중대한 쟁점을 이루었다. 그런데 정약용은 이렇게 상이한 양쪽의 견해가 각각의 독자적 의미가 있음을 해석하여 대립을 지양시키는 새로운 관점을 제시함으로써 성리설의 뿌리깊은 대립을 극복하고자 한 것이다. 그가 「이발기발변」에서 제시한 견해는 앞서 34세

때(1795) '서암강학회'에서 이삼환(木齋 李森煥)에게 제시하였던 일이
있다.

또한 그해 가을에는 제1차 예송인 기해예송(己亥禮訟: 1659년 孝宗의
國喪때 趙大妃의 服喪기간 문제에 얽힌 의례논쟁)의 예법에 대한 이론을
변증한 저술로「기해방례변」(己亥邦禮辨: 장기에서 저술한 원고는 두 번
째 투옥때 잃어버렸으나 그후 다시 저술한 것이 문집에 실려 있음)을 지었
다. 여기서 그는 군왕의 의례적 정통성을 강조하는 남인(南人) 예설의
입장을 정당한 것으로 밝히고 있으며, 그의 예학에 대한 관심은 이때
부터 한 단계 심화되고 있었다.

그가 장기에 있을 때 고향에서 아들이 의학서적 수십권을 보내주었
다. 부친에게 의학서적을 연구하여 건강을 돌보라는 배려였을 것이다.
이때 그는 다른 책이 없어서 이 의학서적만 읽고 있었는데, 장기의 서
민 생활은 의술의 혜택이 거의 미치지 않는 형편이라 한 젊은 이의 요
청을 받고 백성들의 인명을 구하는 방책으로 40여장 분량의 간결하고
실용적인 의학서적을 편찬하였다. 이것이 바로『촌병혹치(村病或治)』
이다. 이 책도 현재 서문만 남아 있을뿐 잃어버리고 말았다. 그러나 그
는 이 책에서 의학서적 편찬을 위한 범례를 정하여『본초강목(本草綱
目)』에서 중심 치료법의 약재를 선택할 때에도 희귀한 약품을 빼고,
서민들이 약초의 이름을 잘 알거나 쉽게 구할 수 있는 것을 선택하여,
시골에서 서민들이 쉽게 활용할 수 있는 실질적인 처방체계를 제시하
였음을 밝히고 있다. 또한 병의 항목을 분류하면서, 상편은 술 때문에
생긴 병(酒病)으로 끝나게 하고, 하편은 성 생활로 생긴 병(色病)으로
끝나게 하여 세상을 깨우치고 건강을 보호하려는 깊은 뜻을 붙였다고
한다.〈「村病或治序」〉

특히 그는 황량하고 궁벽한 해변의 유배지에서 외로움을 달래며 많은 시를 지었는데, 그 가운데도 「기성잡시(鬐城雜詩)」와 「장기농가 (長鬐農歌)」등은 이곳의 풍광과 서민생활을 생생하게 그려놓은 시들이다.

집집마다 두 길 넘게 울타리를 세워두고,　　　　樹柵家家二丈强,
처마끝에 그물 치고 긴 창들 꽂아놓았네.…　　欄頭施罟揷長槍,…
새로 짠 생선기름 온 집안이 비린 냄새,　　　新榨魚油腥滿家,
들깨도 안 심는데 참깨가 있을 손가.　　　　青蘇不種況芝麻.

〈「鬐城雜詩」〉

어저귀 베어내고 삼밭을 매느라고,　　　　檾麻初剪牡麻鋤,
늙은 할멈 쑥대머리 밤에야 빗질하네.　　　公姥蓬頭夜始梳,
일찍 자는 영감을 발로 차서 일으키며,　　　蹴起僉知休早臥,
풍로에 불지피고 물래도 고치라 하네.　　　風爐吹火改繅車.

〈「長鬐農歌」〉

호랑이와 이리가 많아 높은 울타리와 긴 창으로 방비해야 하는 집구조와, 바닷가라서 참기름을 쓰지 않고 생선기름을 쓰는 서민생활이 그려져 있다. 또한 늙은 할멈이 밤늦도록 쑥대머리로 노동하는 고달픈 생활과 영감을 발로 차서 깨우는 서민들의 일상생활이 그대로 묘사되어 있다. 그의 시가 있기에 이 지방의 그 당시 생활 모습이 그림처럼 눈앞에 다시 떠오른다.

3) 황사영 백서(黃嗣永 帛書)사건과 두 번째 투옥

1801년 여름에 그동안 도망다니던 중국인 신부 주문모가 자수하여 잡혔다. 그리고 그 해 9월에는 황사영의 이른바「백서(帛書)」가 발각되고, 10월3일 충청도 제천의 배론 산속에 숨어있던 황사영이 체포되었다. 이 때문에 신유교옥의 2차 옥사가 일어났다. 황사영의「백서」는 천주교 신도들의 신앙활동과 신유교옥에서 희생된 신도들의 행적을 소상하게 기록하여 북경의 천주교회 주교에게 보고하면서, 아울러 중국정부와 서양의 힘을 빌어 조선정부를 압박하는 방안을 북경교회에 제안하여 조선정부의 천주교 금압정책을 해소시키고 신앙의 자유를 얻을 수 있도록 청원한 것이다. 여기서 황사영이 신앙의 자유를 얻기 위해 조선정부를 압박하려는 방책은 조선정부의 입장에서 보면 국가의 존립을 위협하는 반역적 행위로 인식하지 않을 수 없는 것이다.

① 조선을 영고탑(寧古塔: 만주 길림성에 위치)에 예속시킴으로써 황제의 근본되는 지역을 넓히고, 평양과의 사이에 무접사(撫接司: 지역통치를 위한 관청)를 개설하여 친왕(親王: 청나라 황제의 친족)을 임명하여 그 나라(조선)를 감독하고 보호하게 할 것.

② (조선의) 왕이 나이가 어려서 아직 결혼할 시기가 못되었다 하니, 만약 황실의 딸을 한 사람 골라서 그 명색을 공주라 하여 출가시켜서 왕비를 삼으면 현재의 왕이 부마(駙馬: 帝王의 사위)가 되고, 다음의 왕은 외손이 되어 마땅히 황제의 조정에 충성을 다할 것임.

③ 군함 수백 척에 정예 병사 5,6만명과 대포 등 무서운 무기를 많이 싣고 와서 말하기를…"교종(敎宗: 敎皇)의 명령을 받아 이 지역 인

생들의 영혼을 구하고자 한다.…혹시라도 천주의 사신(使臣)을 받아들이지 않는다면 마땅히 천주의 벌을 받들어 집행할 것이다" 라고 할 것.〈황사영;「帛書」〉

황사영이 북경 주교에게 청원한 방책은 조선을 청나라에 병합시키거나 실질적으로 예속시키게 하자는 것이요, 서양의 군함에 군대와 대포를 싣고 와서 무력 위협을 하자는 것이다. 이 세가지는 모두 천주교 신앙의 자유를 위해서라면 국가의 존립을 위협하는 반역행위도 서슴치 않겠다는 것이다. 서양의 군함을 불러오자는 방책은 이른바 '양박청래'(洋舶請來)의 문제로 이에 앞서 1801년 4월 전라감사 김달순(金達淳)의 보고에 전주의 천주교도 유항검(柳恒儉) 등이 모의한 것으로 알려지기 시작하였고, 9월에 형조에서 유항검을 심문한 보고에서도 "큰 선박을 불러들여 우리나라를 위협해서 한바탕 결판을 내려고 하였다"는 계획을 자백한 것으로 밝혀졌다. 이때 조선정부를 무력으로 위협하는 방법이 천주교 신앙의 모범이 될 수 없다는 의견이 천주교 신도들 사이에서도 제기되었는데, 이러한 의견에 대해 황사영의 주장은 극단적인 과격함을 보여주고 있다.

홀로 이 총알만한 우리나라만이 순명하지 아니할 뿐만 아니라, 도리어 강경하여 천주교를 잔인하게 박해하고 신부를 학살하였다.…예수의 거룩한 훈계에 의거하면 전교를 용납하지 아니하는 죄가 소돔과 고모라보다 더 무겁다 하니, 이 나라를 전멸한들 천주교의 모범에 해로울 것이 없다. 〈황사영;「帛書」〉

이에대해 조선정부는 황사영을 대역부도(大逆不道)한 죄로 처형을 판결하면서 「백서」에서 제시한 방책에 대해 그 죄악를 격심한 분노로 표현하고 있다.

글자마다 흉악한 뱃심이요 글귀마다 역적의 심장이며, 임금을 향해 무도한 말이 아님이 없고 국가에 원수가 되려는 계획이 아님이 없다.

〈『순종실록』, 원년 11월5일〉

황사영은 정약용의 큰 형 정약현의 사위로 정약용에게는 조카사위 였으니, 황사영이 체포되자, 사헌부 집의(執義) 홍락안(洪樂安: 洪羲運 으로 改名) 등은 이미 유배되어 있는 정약전과 정약용을 다시 체포하여 국문하기를 요청하였다. 그해 10월15일 체포령이 내려지고, 정약용은 10월20일 장기에서 체포되어 10월27일 서울의 의금부에 다시 투옥되 었다. 홍락안은 심문관인 대사간 박장설(朴長卨)에게 "천 사람을 죽여 도 정약용 한 사람을 죽이지 못하면 아무도 죽이지 않은 것만 못하다" 라고 강경하게 처형을 요구하였으나, 심문을 해본 결과 정약전과 정약 용이 황사영과 내통한 흔적이 없다는 사실이 밝혀졌다. 그런데도 불구 하고 정약용을 사교의 원흉으로 지목하여 죽여야 한다는 주장이 만만 치 않게 제기되었다. 이때 황해도 관찰사로 나갔다가 서울로 올라온 정일환(鄭日煥)은 곡산에서 정약용이 목민관으로 끼친 선정(善政)을 들어 정약용은 죽일 수 없다고 변호하였다. 11월5일 정약전은 나주 흑 산도로 유배되고 정약용은 강진으로 유배되는 판결이 내려져 다시 유 배지로 향하는 길에 오르게 되었다.

3. 강진(康津) 유배지에서 좌절을 딛고 일어나

1) 강진으로 유배되어

1801년 11월5일 출옥하여 강진현(康津縣)으로 또다시 유배를 가야 하는 정약용은 나주목 흑산도(黑山島: 현재 전남 新安郡에 속함)로 유배된 둘째 형 정약전과 함께 길을 떠났다. 밤에 동작나루를 건너고 과천을 지나 금강을 건넜다. 나주 성밖 북쪽으로 5리쯤 떨어진 율정점(栗亭店)에서 밤을 보내고 이튿날 아침 각각 유배지를 향해 헤어져야 했다.

초가 주막의 새벽 등잔 가물거려 꺼지려는데,	茅店曉燈靑欲滅,
일어나 새벽별을 보니 이별할 일 참담하구나.	起視明星慘將別,
묵묵히 마주 보며 둘이서 말이 없고,	脉脉嘿嘿兩無言,
목청 바꾸려 애쓰니 목이 메어 울음 터지네.	強欲轉喉成嗚咽,
흑산도 아득하여 바다와 하늘 맞닿은 곳이니,	黑山超超海連空,
그대 어쩌다가 이 속으로 들어가시는가.	君胡爲乎入此中.

〈「栗亭別」〉

그는 둘째 형을 무척이나 따랐었다. 두 형제가 모두 두 번째로 유배지를 찾아가야 하는 처지도 기구한 운명이라 한스러웠으리라. 더구나 이렇게 이별하고나면 다시 만날 기약도 없으니, 바다 건너 아득히 멀리 떨어진 섬으로 유배를 가게 된 형과 작별하면서 자신의 신세보다 한층 더 안타까웠을 것이다.

그가 유배지 강진에 도착한 것은 1801년 11월 말이었다. 강진 사람들은 유배된 죄인을 싫어하여 죄인이 머무르는 집의 대문을 부수거나 담장을 허물어뜨리고 달아나기도 하였다. 그러니 어느 집에서도 그를 받아주려 하지 않았다. 그나마 동문 밖 주막의 노파가 받아주어 소란스러운 주막의 뒷 골방을 겨우 빌어 들어갈 수 있었다. 그는 긴 강진 유배생활을 시작하면서 쓸쓸한 그 해 겨울날의 심회를 다음과 같이 읊었다.

흩날리는 눈처럼 북풍에 날리어,	北風吹我如飛雪,
남으로 강진 땅 주막집에 밀려왔네.	南抵康津賣飯家,
작은 산이 바다를 가려주어 다행이요,	幸有殘山遮海色,
빽빽한 대나무가 꽃처럼 아름다워라.	好將叢竹作年華,
습하고 따스한 풍토는 겨울 옷 벗게 하고,	衣緣地瘴冬還減,
수심 많으니 밤마다 술만 더욱 느는구나.	酒爲愁多夜更加,
그나마 나그네 근심을 풀어주기는,	一事纔能逍客慮,
섣달 이전에 붉게 핀 동백꽃인가.	山茶已吐臘前花.
	〈「客中書懷」〉

정약용의 장년기는 40세때부터 57때까지 18년동안의 오랜세월을 강진에서 유배생활로 보내야 했던 불운한 그늘이 덮고 있었다. 그를 주목하는 감시의 눈은 심하였고, 도착한 이듬해 강진현감 이안묵(李安默)은 그가 임금을 원망한다고 무고하여, 또 한 차례의 위기를 겪었으나 증거가 없어 무사히 해결되었다. 이안묵은 그가 신유교옥으로 체포되어 국문을 당할 때 문사랑(問事郎: 죄인의 심문기록을 작성하여 읽어주는 서기)으로 심문에 참여했으니, 그의 죄목과 실상을 가장 잘 알고 있는 인물이었을 터인데도, 이렇게 그를 핍박하는데 가담하였던 사실은 당시 그의 처지가 여전히 불안하였음을 엿볼 수 있다.

그가 강진에서 유배생활을 하는 동안 몇 차례 풀려날 기회도 있었다. 그러나 그때마다 반대파의 저지를 받아 뜻대로 이루어지지 않고 말았다. 그 첫번째는 42세때(1803) 대왕대비(大王大妃:貞純王后 金氏)의 특명으로 석방하려 했는데, 이번에도 서용보가 저지하여 풀려날 수 없었다.

두번째는 49세때(1810) 큰 아들 정학연(丁學淵)이 순조 임금의 능행(陵行) 길에 징을 쳐서 부친의 억울함을 호소하였고, 이에 형조판서 김계락(金啓洛)의 요청에 따라 정약용을 고향으로 돌려보내도록 임금의 결재가 내렸지만, 홍명주(洪命周)와 이기경(李基慶)의 반대로 실현되지 못했다. 이에 앞서 정학연은 임금에게 호소할 계획으로 호소문을 지어 인편으로 그에게 보냈었다. 이 글을 보고나서 그는 아들에게 억울함을 호소하지 말고 처분을 기다리도록 당부하였다. 또한 친우 김이재(金履載)에게 보낸 편지에서는 "이 몸이 살아서 돌아가는지 여부는 내 한 몸의 기쁨과 슬픔일 뿐이지만, 지금 만 백성이 거의 다 죽게 되었으니 이 일을 어찌하겠습니까?"〈「與金公厚」〉라고 하여, 자신의 석방

보다 오히려 도탄에 빠져 고통받는 백성을 걱정하였다.

　세 번째는 53세때(1814) 사헌부 장령(掌令) 조장한(趙章漢)이 죄인의 명단에서 그의 이름을 삭제하도록 요구하여 의금부에서 석방시키는 공문을 보내려 하였으나, 또다시 강준흠(姜浚欽)·이기경 등이 격렬하게 반대하여 막히고 말았다. 그후 큰 아들 정학연은 그에게 그의 석방을 반대하는 홍의호(洪義浩: 정약용의 처4촌)·강준흠·이기경에게 호소하는 편지를 보내도록 요청하였지만, 그는 동정을 애걸하는 것은 지조를 지키는 도리에 어긋날 뿐만 아니라 효과도 없다고 타이르고 있다.

> 돌아가고 돌아가지 못하는 하찮은 일 때문에 아양을 떨면서 동정을 애걸한다면, 만일 나라 국경에 난리가 일어났을 경우 임금을 버리고 적에게 투항하지 않을 자가 과연 몇 사람이 되겠느냐?…사람이 닦아야 할 도리를 이미 다 했는데도 끝내 돌아가지 못한다면 이 또한 천명일 뿐이다.　　　　　　　　　　　　　〈「答淵兒」〉

　그는 자신의 유배생활이 아무리 외롭고 고통스럽더라도 지조를 잃지 않음으로써 도리에 어긋나지 않겠다는 신념을 당당하게 밝히고 있다. 동시에 유배생활이 계속되더라도 이를 천명으로 받아들여 순응하겠다는 자세로 이미 마음의 평정을 얻고 있음을 보여준다.

2) 강진에서 거처하던 곳

　정약용이 강진에서 유배생활을 하던 18년동안 거처하였던 곳은 네 곳이다. 유배 초기에는 성(城) 동문 밖 노파의 주막집 골방에 몸을 의탁했다. 밥을 파는 주막집이었으니 누추하고 소란하였겠지만, 그는 이곳에서 유배생활의 모든 번뇌를 떨치고 일어나 독서와 저술에 열중하였다. 그러던 어느날 저녁 그는 주인 노파와 한가롭게 이야기를 하다가 노파가 문득 던진 질문을 받고 문답한 내용이 흥미롭다.

> 노　파: "부모의 은혜는 다 같지만 어머니는 더욱 노고가 많은데, 성인의 가르침에서는 아버지를 무겁게 여기고 어머니를 가볍게 여겨, 아버지의 성(姓)을 따르게 하고 어머니의 복(服: 喪服)을 낮추며, 아버지 집안은 친족으로 삼고 어머니 집안은 외가로 삼으니 너무 치우친 것이 아닙니까?"
>
> 정약용: "아버지께서 나를 낳으셨으니, 그래서 옛 책에도 '아버지는 나를 낳아준 시초이다'라고 하였소. 어머니의 은혜가 비록 깊지만 하늘이 만물을 내는 은혜가 더욱 무거운 것이요."
>
> 노　파: "말씀이 아직 미흡합니다. 내가 생각해보니 풀과 나무에 비교하면 아버지는 씨앗이요 어머니는 흙입니다. 씨앗이 땅에 떨어지는 것은 지극히 작은 일이지만 흙이 길러내는 공은 아주 큽니다. 그러나 밤톨은 밤이 되고 볍씨는 벼가 되니, 그 몸을 온전하게 이루는 것이야 모두 흙의 기운이지만 끝내 종류가 나누어지는 것은 모두 씨앗을 따릅니다. 옛 성인이 가르침을 세우고 예법을 제정한 것이 이에 말미암은 것이라 생각됩니다."　〈「上仲氏」〉

　질문은 인간 생활의 비근한 현실에서 일어나는 일이지만 도덕과 예법의 근본이 걸려 있는 중대한 문제이기도 하다. 이에대한 정약용의 대답은 옛 책에 의거하여 추상적 관념을 되풀이한 것이었을 뿐이다. 그러나 노파의 의견은 적절한 비유로 자연의 이치를 절실하게 설명하고 있다. 이때 그는 둘째 형 정약전에게 보낸 편지에서 주막집 노파와 주고 받은 말을 자세히 소개하면서, "나는 이에 모르는 사이에 황홀하여 크게 깨닫고 두려워하여 공경하는 마음이 일어났습니다. 천지 사이에 지극히 정밀하고 지극히 미묘한 의리가 밥 파는 노파에게서 드러날 줄이야 누가 알았겠습니까? 매우 기이하고 또 기이한 일입니다"〈「上仲氏」〉라고 소감을 밝혔다. 주막집 노파의 지혜로움도 남다르지만, 교육도 받지 못한 시골 노파의 말 한마디 속에 담긴 깊은 뜻을 받아들이는 정약용의 허심탄회한 포용력이 또한 돋보인다.

　강진에 온 다음해에 큰 아들 정학연이 찾아뵈러 왔을 때의 반가움은 컸겠지만, 잇달아 그해 겨울 네살난 막내 아들(農牂)이 죽었다는 소식을 듣고서는 무척이나 가슴 아파했다. 그해 겨울 부친의 친우로 강진의 목리(현 강진군 도암면 항촌리)에 사는 윤광택(尹光宅)이 몰래 조카 윤시유(尹詩有)를 통해 술과 고기를 보내어 안부를 묻고 위로해주었다. 그 무렵 그의 친구로 강진 앞바다의 고이도(皐夷島: 현 완도군 고금면 古今島)에 유배되었다가 돌아가는 교리(校理) 김이재(金履載)가 찾아왔다가 윤서유(尹書有:윤광택의 아들)와 윤시유를 알게 되었고, 그에 대한 감시가 너무 심한 점을 강력하게 지적하여 이때부터 서리들의 감시가 많이 풀리게 되었다.

　그는 자신이 머물던 주막집을 그동안 '동천여사(東泉旅舍)'라 일컬어왔는데, 42세 때(1803) 동짓날 그는 이 주막집에 '사의재(四宜齋)'라 이름을 붙였다.

> 생각은 마땅히 담백해야 하니(思宜澹), 담백하지 않음이 있으면 빨리
> 생각을 맑게 할 것이요, 외모는 마땅히 장엄해야 하니(貌宜莊) 장엄하지
> 않음이 있으면 빨리 모습을 단정하게 할 것이요, 언어는 마땅히 과묵해
> 야 하니(言宜訒) 과묵하지 않음이 있으면 빨리 말을 그쳐야 할 것이요,
> 행동은 마땅히 신중해야 하니(動宜重) 신중하지 않음이 있으면 빨리 행
> 동을 더디게 해야 할 것이다.   〈「四宜齋記」〉

그는 마땅히(宜) 지켜야할 일을 담백한 '생각', 장엄한 '외모', 과묵
한 '언어', 신중한 '행동'의 4가지 조목으로 제시하여 자신을 단속하겠
다는 다짐을 밝힌 것이다. 그것은 수양의 방법이면서, 동시에 유배생
활로 좌절하여 자신의 품격을 잃지 않겠다는 결의를 보여주는 것이
기도 하다.

오히려 그의 속을 태우는 근심은 자신이 성취하고자 하였던 큰 뜻을
아직 이루지 못한채 세월이 흘러 자신이 늙어가고 있다는 사실이었다.
자신의 처지가 불운할수록 그는 젊어서부터 세웠던 큰 뜻, 곧 한 세상
을 구제할 수 있는 성현의 학문을 이루겠다는 마음으로 초초했던 것
같다. 그만큼 자신을 채찍질하며 스스로 분발하려는 의지를 다지고 있
는 것으로 보인다.

어려서는 성인이 되기를 배우고자 했고,	弱齡思學聖,
중년에는 현인이 되고자 바랐었지.	中歲漸希賢,
늘그막엔 어리석은 백성대접 달게 여기니,	老去甘愚下,

근심이 몰려와 잠을 못이룬다네.…

술에 취해 북산에 올라 통곡하니,

통곡소리 하늘에 까지 사무치누나.

주변 사람이야 내 뜻을 모르고서,

날더러 신세 궁색하여 슬퍼한다고 하네.

憂來不得眠.…

醉登北山哭,

哭聲干蒼窮,

傍人不解意,

謂我悲身窮.

〈「憂來」〉

　다음으로 44세때(1805) 겨울 강진으로 두 번째 찾아온 큰 아들 정학연을 데리고 강진읍에서 부쪽으로 5리쯤 떨어져 우두봉(牛頭峯) 아래 자리잡은 보은산방(寶恩山房: 高聲寺)에 머물면서 아들에게 『주역』과 『예기』를 가르쳤다.

우두봉 아래 자그마한 선방에는,

대나무가 쓸쓸히 낮은 담장 위로 솟았네.

작은 바다의 조수는 낭떠러지와 이어있고,

고을 성의 저녁연기 산이 첩첩 가리웠구나.

나물 담은 둥근 찬합 중의 밥자리 따라다니고,

초라한 경전 책 상자는 나그네의 행장이로다.

청산이라면 어디인들 머물지 못하리오,

한림의 봄꿈은 이미 희미하여 아득하다네.

牛頭峯下小禪房,

竹樹蕭然出短墻,

禪海風潮連斷塈,

縣城煙火隔重岡,

團團菜榼隨僧粥,

草草經函解客裝,

何處靑山未可住,

翰林春夢已微茫.

〈「題寶恩山房」〉

　보은산방에서 산줄기 사이로 멀리 보이는 바다를 바라보며, 대궐을 드나들던 한림학사의 빛나던 젊은 시절 기억은 아득한 꿈으로 접어두었다. 그는 이제 청산이라면 어디에라도 낡은 책상자를 풀어놓고 경전을 읽으며 그만하면 살만 하다는 마음의 여유를 찾았다. 그해 섣달 그 몸날 읊은 시에서는 자신의 쇠약해가는 건강에도 불구하고, 저술에 전념하여 다음 세상에서 알아줄 사람을 기다리겠다는 뜻을 밝히고 있다. '기다린다'(俟)는 것은 그의 생애 후반이 귀착하는 종착점이라 하겠다.

눈이 침침한지 벌써 반년이나 지났고,	眼暗已半年,
근육은 시큰거려 한쪽 손을 쓰지도 못하네.	筋酸廢一手,
아직도 바라는 것이야 더 늦기 전에,	尙冀未遲暮,
돌아가서 강물을 떠도는 어부되는 것이요.	歸爲江上叟,
책 속에 온 힘을 다 쏟아부어,	竭力典籍內,
백세 이후를 기다려 보자는 것이지.	以俟百世後.

〈「將學稼在寶恩山院, 遂値歲除,…」〉

보은산방 곧 고성사(高聲寺)를 찾아 올라가 정약용이 머물던 곳을 물으니 주지스님은 대웅전 서쪽에 자그마한 나무하나를 가리키며, 옛날에 산신각(山神閣)이 있던 자리로 그곳에 머물었다고 한다. 가장 외로웠던 시절 큰 학자가 머물었던 자리에 서 있는 나무이니, 이 나무라도 우뚝하게 거목으로 자라기를 기대하는 마음이 일어난다.

세 번째 거처로서 그는 이듬해(1806) 가을 읍내 남쪽편 목리(牧里)에 있던 제자 이청(李晴)의 집으로 옮겨서 머물게 되었다. 이청의 집에서 겨울을 두 번 넘겼으니, 이렇게 세곳을 옮겨다니며 강진읍내에서 8년 동안을 지냈다.

네 번째로 47세때(1808) 봄에 강진 읍에서 남쪽으로 20리쯤 떨어진

다산(茶山)의 귤동(橘洞: 현 강진군 도암면 만덕리)에 있는 그의 외가 친척인 윤단(橘林 尹慱)의 산정(山亭)으로 옮겨서 자리잡았다. 윤단은 해남 윤씨 시조인 윤효정(漁樵隱 尹孝貞)의 4대손 윤복(杏堂 尹復)의 후손으로 정약용에게는 외가의 종친이었다. 이곳 윤단의 산정이 바로 그가 강진의 유배생활 후반부 10년을 머물었던 다산초당(茶山草堂)이다. 그는 이곳에서 제자를 가르치고 저술에 몰두하며 자신의 생애에서 학문적으로 가장 빛나고 풍성한 수확을 거둘 수 있었다.

4. 학승(學僧)들과 사귀며

1) 아암 혜장(兒菴 惠藏)선사와의 교유

정약용은 유배생활의 답답한 심회를 풀기 위해 자주 가까운 사찰을 찾았고, 그곳의 학승들과도 친밀하게 교유하였다. 그 중에서도 혜장(兒庵 惠藏)과 의순(草衣 意恂)이 가장 가까웠던 학승들이다.

혜장(惠藏, 호 蓮坡·兒庵; 1772-1811)은 천묵(春溪 天黙)·유일(蓮潭 有一)·정일(雲潭 鼎馹)의 세 스승에게서 배우고 27세 때 즉원(晶巖 卽圓)의 법을 이었으며, 30세 때는 해남 대흥사(大興寺: 大芚寺)의 강석(講席)을 맡았던 탁월한 승려였다. 정약용과 혜장의 첫 만남이 자세하게 서술되어 있다.

내가 강진에 유배되어 5년이 지났을때 봄에 아암(혜장)이 백련사에 머물었는데 나를 몹시 만나고싶어 했다. 하루는 시골노인을 따라 신분을 감추고 가서 만나보았다. 그와 함께 반나절을 이야기 했지만 내가 누군줄을 몰랐다. 작별하고 북암(北菴)까지 왔을 때 해가 저물려 했는데, 아암이 헐레벌떡 쫓아와서 머리 숙이고 합장하며 말하기를, '공은 어찌 이렇게도 사람을 속이십니까. 공이 정(丁)대부 선생이 아니십니까. 저는 밤낮으로 공을 사모하였는데, 공은 어찌 차마 이러십니까'라 하였다. 이에 손을 끌어 그의 방에 가서 묵었다.　　〈「兒菴藏公塔銘」〉

정약용이 44세때(1805) 봄에 백련사로 놀러갔을 때 혜장은 이 곳에 머물고 있으면서 정약용을 한 번 만나보고자 소망하던 터라, 그를 만나보자 오랫동안 사모해왔음을 토로하며 스승처럼 따르기 시작했다. 이 때 34세의 혜장은 이미 『논어』와 『주역』을 비롯하여 성리설에까지 해박하였으나, 정약용을 만나면서 『주역』에 대해 질문하고, 많은 학문적 계발을 받았다. 정약용도 혜장의 높은 명성과 탁월한 학식을 아낌없이 칭찬하였다. 그러면서도 그는 혜장에게 겸손한 덕을 지니도록 각별하게 충고하였다.

혜장은 참으로 어려서부터 노숙한 덕 있어서,	藏也信壽童,
어린 시절 남쪽지방을 떠들석하게 했다네.	眇小噪南國,
그 명성이 우레처럼 크게 떨쳐,	盛名若雷霆,
사방의 호걸들이 얼굴 보기를 원했었지.…	豪傑願顔色,…
삼십 나이에 천 사람의 스승 되었으니,	三十師千人,
그 어찌 하늘을 나는 새가 아니런가.…	豈非戾天翼,…
바라노니 그대 겸손한 빛을 풍기게나,	願汝流謙光,
그 공부에 그 정도는 힘드는 일 아니리라.	推移詎費力.

〈「贈惠藏上人」〉

혜장은 정약용이 보은산방과 다산초당에 머물때 자주 찾아와 왕래하였다. 때로 차(茶)와 술을 가져와 함께 나누며 즐거워하고, 시로 화답하며 깊은 친교를 맺었다. 혜장은 정약용 보다 열살이나 아래였지만 그에게 유배생활의 외로움을 위로해주는 마음의 벗이 되었던 것이다. 그는 혜장이 남에게 아첨할줄 몰라 거만하게 보이기 쉬운 점을 지적하여 겸손하도록 충고하였으며, 또한 혜장의 성격이 고집스러움을 경계하여, "그대가 어린아이처럼 유순할 수 있겠는가"라고 타일렀다. 이에 혜장은 정약용의 충고를 가슴에 새겨 자신의 호를 '아암(兒菴)'이라 지었다 한다.〈「兒巖藏公塔銘」〉한 시대를 대표하는 유학자였던 정약용은 이 지역에서 젊어서부터 명성을 날렸던 학승인 혜장과 더불어 한적한 산사와 초당에서 마주앉아 유교와 불교를 넘나들면서 종횡으로 담론하던 광경을 시로 읊어 그려내고 있다.

다행히 촌사람 곁에 없으니,	幸無村墅客,
시냇물 달려가듯 종횡으로 담론했었지.	縱談若奔川,
나의 경전 『시』·『서』·『역』으로,	以我詩書易,
그대 경전 『화엄』·『능엄』·『원각』을 풀이했는데.	博爾華楞圓,
공중에서는 안개비 내리고,	霏屑落層空,
내뱉는 말마다 깊고도 현묘한 이치였다네.	咳唾皆幽玄,
사방이 고요하여 미동도 없었지만,	四座寂不動,
하늘의 이치에 감동하여 눈물 흘렸지.	出漏感其天,
알았노라 그대 이마 넓은 중이여,	因知廣額屠,
곧바로 선(禪)에 도통하리라.…	立地可通禪.…

〈「惠藏至高聲寺…」〉

정약용은 기본적으로 불교의 교리나 선(禪)의 수행방법을 엄격하게
거부하는 입장이었다. 그는 주자학을 비판하면서도 주자학이 선불교
의 영향으로 고요함과 내면의 관조(觀照)에 빠져 실천적인 행동으로
나오지 못함을 지적하였다. 그러나 그 자신은 불교를 배척하는 폐쇄적
인물은 아니었다. 그는 혜장처럼 탁월한 불교 학승과 교류하면서 유교
와 불교의 경전을 넘나들면서 교리의 핵심문제를 활발하고 깊이있게
토론하였던 사실을 보여준다. 그 토론의 내용이 기록으로 남아있지 않
은 점은 참으로 아쉬운 일이다. 그러나 정약용과 혜장은 유교와 불교
의 경전에 근거하여 종횡으로 토론을 벌였으며, 혜장은 그 계발된 이
치에 감격하여 눈물을 흘리기 까지 하였다 한다. 그 토론은 이 시대에
유교와 불교의 사상적 교류와 상호이해를 심화시키는 것으로 한국 사
상사에서도 매우 중요하고 의미깊은 일이라 할 수 있겠으나, 토론의
내용을 확인할 길이 없어 아쉽기 그지없다.

정약용은 혜장과 사귀면서 그 자신이 세속을 벗어나 조용한 수도처
에 숨어 살고 싶은 마음이 간절하였었나 보다. 그는 혜장의 처지가 되
어 한 사람의 수도승이 된 심정으로 산사에서 생활하는 심경을 20수의
시로 읊기도 하였다. 그 첫 수와 마지막 수를 보면 다음과 같다.

새벽 참선 끝나자 밥때 알리는 종이 울리고,	曉參纔罷飯鍾鳴,
물안개 숲에 낀 연기 점점 맑게 걷히네.	水霧林霏始放晴,
불경 주석 내려다가 붓을 다시 멈춘 것은,	欲註鬖經還閣筆,
울타리 둘레 꾀꼬리 소리 너무 영롱해서라네.	繞籬鶯語太分明.

| 대밭 속의 불경소리가 늙어갈수록 당기는데, | 竹間經唄晚來多, |

미혹의 바다 건너는덴 나루와 다리도 장애라.　　　迷海津梁亦障魔,

송락모자 쓰고 솔잎 죽을 마시면서,　　　　　　　松絡帽兒松葉粥,

남은 인생 불도(佛道)를 배우며 수행하려네.　　　餘齡要學老頭陀.

〈「山居雜興」〉

　비록 그가 불교를 따르겠다는 생각은 전혀 없었겠지만 스스로 "날은 저물고 갈 길은 먼 신세"라 말하고 있는 유배죄인의 처지였으니, 마음 한구석에서는 불도(佛道)를 닦는 승려의 생활이 새삼스럽게 부러워보였던 것이 아닐까.

　혜장은 정약용이 강진에서 아직도 유배생활을 하고 있던 1811년 40세의 나이로 죽었다. 이에 그는 산(山)과일 한 접시를 손수 따고 마을에서 술 한사발을 사다가 혜장의 제자 자홍(慈弘)을 시켜 혜장의 영전에 올리게 하고 또 자신이 지은 제문을 읽게 하였다. 강진 생활 속에서 가장 가까이 지냈던 친우 한 사람을 잃은 것이다. 해남 대흥사에는 혜장의 비석이 있다. 정약용이 지은 비문으로 짐작되지만 글자가 심하게 마모되고 비석에 이끼가 많이 끼어 탁본을 하지 않고서는 글자를 제대로 읽기가 어려웠다.

　정약용은 어려서부터 학덕이 높은 승려와 만나는 인연이 있었다. 혜원(青坡 慧苑)은 속성이 정(丁)씨로 소내의 고향 집을 찾아와서 일찍부터 그의 부친과 교류가 있었으며, 혜원을 통해 유일(蓮潭 有一; 1720~1799)의 명성을 들어왔다고 한다. 또한 그의 부친이 화순 현감으로 있을 때 유일스님이 부친을 찾아와 서로 친교가 있음을 보여준다. 이때 17세(1778)의 소년이었던 정약용은 부친의 명으로 유일에게 주는 시를 두 편 지었던 일이 있었다. 그 시에서도 유교와 불교라는 서로 다른 신념

체계 사이에 누가 옳고 그른지 대립하여 다투는 것을 거부하고 있다. 곧 마음의 평정을 통해 대상을 공정하게 바라보면 하늘 이치(天理)를 터득할 수 있을 것이요, 모든 것을 하나로 포괄하는 하늘의 이치 속에서는 유교와 불교 사이에도 정통이니 이단이니 갈라놓고 다툴 필요가 없다는 열린 자세를 보여주었다.

일찌기 혜원스님과 알고 지내어,	凤與苑公識,
유일스님 높은 이름 들어왔었네.	獲聞南斗名,
학이 되돌아온 때를 우연히 만나,	偶値鶴返期,
떠돌며 노니던 마음 잠시 머물었다네.…	暫住雲遊情,…
대상이 맑아지면 하늘 이치 얻는 법이라,	物淨斯得天,
어찌 유가니 묵가니 다투어야 하리오.	儒墨何須爭.

〈「贈有一上人」〉

유일은 바로 혜장이 따르던 스승이었으니, 정약용의 부친과 유일의 사귐은 그와 혜장의 사귐으로 대를 이어가는 교분을 이루었다. 그는 이러한 인연을 매우 소중하게 여겨 마음에 두고 있었으며, 혜장에게 스승인 유일처럼 시를 통해 진리를 드러내는데 힘쓰도록 권유하기도 하였다.

그 옛날 혜원스님은 시를 좋아하여,	憶昔苑公耽詩律,
말 다듬어 시 짓느라 붓이 쉴틈 없었다네.	酸言瘦句無停筆,
유일스님은 호가 '연담'이요 자는 '무이'라,	蓮潭老人字無二,
문장 솜씨 그 당시에 제일이라 일컬었지.…	文采當時稱第一,

그대는 소년으로 늙은 이와 사귀면서,	汝更少年結老蒼,
시는 좋아 아니하며 맑고 고요함만 숭상하네.	但不嗜詩崇淸謐,
시와 진리가 어찌 두갈레 길이리오,	詩與眞如豈二門,
여기서 미혹하고 깨달음 나오고 득실이 생기네.	直由迷悟生得失.

〈「憶昔行, 寄惠藏」〉

정약용은 혜장의 제자 가운데 색성(袖龍 賾性; 1777~?)을 가장 뛰어나다고 인정했고, 색성이『화엄경』에도 밝으며 두보(杜甫)의 시를 배우는 사실을 칭찬하였다. 색성도 스승 혜장과 함께 정약용을 따랐으며, 좋은 차를 만들어 보내주기도 하였다. 또한 혜장의 제자로 자홍(騎魚 慈弘)은 스승이 죽은 뒤에까지 정약용을 잘 따랐다. 정약용은 자홍에게 "군자는 도(道)를 걱정하지 가난을 걱정하지는 않는다"는 유교의 격언을 끌어들여 도를 닦는 데 힘쓰도록 훈계하면서, "불법이 비록 허망한 것이지만, 참됨과 망녕됨, 있음과 없음의 형상은 바로 유교에서 본연과 기질의 분변이로다"〈「爲騎魚僧慈弘贈言」〉라고 하였다. 여기서 그는 불교와 유교 특히 성리학의 교설 사이에 공통성이 있음을 인정하였다. 이처럼 그는 혜장의 제자에게도 자신의 제자처럼 친절하게 타이르고 격려하였던 사실은 그와 혜장이 얼마나 깊은 친교를 맺었는지를 엿볼 수 있게 한다.

정약용은 혜장과 교유하면서 백련사(만덕산 아래 있어서 만덕사라고도 한다)를 자주 왕래하였으며, 이러한 인연으로『만덕사지(萬德寺誌)』를 편찬하기도 하였다. 또한 혜장이 두륜산(頭輪山: 전남 해남군에 위치. 大興寺가 있음)에다 일발암(一鉢菴)이라는 초가 한채를 짓자, 그는 그 검소함이 허유(許由)와 안회(顔回)의 도를 따르는 것이라 칭송하는 기문

을 지었던 일이 있다. 〈「一鉢菴記」〉

2) 초의 의순(草衣 意恂)선사를 가르치며

의순(草衣 意恂; 1786~1866)은 대흥사에서 윤우(玩虎 倫佑; 1758~1826)의 법을 이은 학승이다. 정약용이 48세때(1809) 대흥사를 찾아갔다가 돌아올때 의순은 그를 '탁옹(籜翁)선생'이라 일컬으며 그에게 작별의 시를 지어 올렸다. 이때 의순은 이미 그의 문하에 입문한 제자였던 것으로 보인다. 〈김상홍;『대산문학의 재조명』, 544쪽〉

어찌 궁벽한 바닷가라고 말하랴, …	豈謂窮海曲,
하늘은 나를 맹자 어머니 곁에 내려주셨네.	天降孟母鄰,
그 덕행과 학업은 나라 안에서 으뜸이시고,	德業冠邦國,
문채와 바탕이 아울러 찬란하시도다. …	文質兩彬彬, …
군자는 때를 만남을 귀하게 여기나,	君子貴遇時,
불우한 처지라도 찡그리지 않으셨네.	不遇亦不嚬,
큰 도를 지니셨지만 본래 용납되지 못하니,	道大本不容,
유배된 처지지만 온화함이 넘치시도다.	流落且誾誾,
내가 이 도를 찾고자 하니,	我爲求此道,
멀리 오셔서 미덥고 진실함을 보이셨네.	遠來致恂恂,
곁에서 모시다 떠나시게 되었으니,	且將違座側,
옷자락 거둬잡고 곡진한 타이르심 청합니다.	摳衣請諄諄,
떠나시는 길에 감사드리며,	儻贈謝車言,

간에 새기고 띠에 적어 깊이 간직하럽니다.　　　　　鏤肝復書紳.

〈『艸衣詩藁』, 卷上,「奉呈籜翁先生」〉

　　정약용이 대흥사에 갔을 때 의순은 그를 스승으로 모시고 시와 유교
경전을 배웠던 것 같다. 의순은 그를 만나게 된 것을 마치 하늘이 자신
을 맹자 어머니 곁에 내려주신 듯 정성스러운 가르침을 받게 된 좋은
기회를 얻은 것이라 여겼다. 이렇게 의순이 정약용의 지도를 받으며
열심히 유교경전을 배우는 모습을 보고 다른 승려들은 그가 불교를 버
리고 유교인으로 되돌아가려는 것이나 아닌지 의심을 하기도 했다고
한다.

　　의순은 다산초당으로 자주 찾아와서 배웠으며, 자하동(다산초당)의
스승 정약용을 늘 그리워하였다. 1813년 여름 정약용의 부름을 받고
다산초당을 찾아가려다가 장마철의 심한 비바람으로 되돌아가게 되었
던 안타까움을 시로 읊기도 하였다.

내가 자하동을 생각하노라면,　　　　　　　我思紫霞洞,

꽃과 나무 무성함이 그대로 떠오르네.　　　花木正紛繢,

장마비가 괴롭게도 방해를 하니,　　　　　淫雨苦相防,

행장을 꾸린지 스무날이 넘었다오.　　　　束裝踰二旬,

몹시 외로우실 선생님의 부르심인데,　　　深孤長者命,

내 심정 진실하게 호소할 길 없네.　　　　無由訴情眞.

〈『艸衣詩藁』, 卷上,「阻雨未往茶山草堂」〉

이 무렵 어느날 정약용은 제자 윤동(尹峒)과 의순을 데리고 다산초당에서 멀지 않은 백운동(白雲洞)에서 노닐었던 일이 있다. 그 때 의순이 백운동의 경치를 그림으로 그리고 정약용이 시를 읊으며 함께 즐기기도 하였다. 정약용은 의순에게 도연명이나 소동파가 승려들과 교유한 행적을 소개하면서, 시(詩)문학을 논하고, 『주역』의 모든 구절이 괘상(卦象)에서 말미암는다는 역학의 견해를 제시하였다. 또한 그는 천책(天頙: 시호 眞靜國師)선사의 말을 인용하여 세속을 경계하기도 하였다.

> 천책(天頙)선사가 말하기를…딱하도다. 나는 저들(세상 사람들)과 더불어 허망한 세상에서 허망한 인생을 살고 있다. 저들이 허망한 몸으로 허망한 말을 타고 허망한 길을 달리며, 허망한 기교를 잘하여 허망한 사람으로 하여금 허망한 일을 보게 하고, 다시 허망한 위에 허망함이 또 허망하게 된다는 것을 어떻게 알겠는가? 이 때문에 밖에 나갔다가 번거로이 떠드는 것을 보면 서글픈 마음만 더할 뿐이다.
>
> 〈「爲草衣僧意洵贈言」〉

정약용은 천책선사의 말을 세속에서 벗어나는 허무주의로 비판하는 입장이 아니라, 이 말 속에 담긴 뜻으로 세속에 빠져 도리를 깨우치지 못하는 것을 경계함을 음미하면서, 그것이 바로 시(詩)가 세속에 빠지지 말고 진실함을 드러내어야 하는 것과 통할 수 있음을 제시하였다. 이처럼 그는 '시'가 뜻을 말하는 것으로서 뜻이 저속한데 빠져서는 안된다는 점에서 '선(禪)'의 세계와 일치하고 있음을 보여주고 있다. 그만큼 그의 가르침은 유교문화의 꽃이라 할 수 있는 '시'와 불교문화의 정수라 할 수 있는 '선'이 통속에 빠지는 것을 경계하고 진실을 추구하는 길에서 서로 통할 수 있음을 제시하는 것이다.

여기서 정약용이 강진의 백련사(白蓮寺)에서 승려가 된 고려시대의 학승인 천책선사를 매우 중시하고 있는 사실이 주목된다. 그는 천책의 시에 대해 "감정이 넘치고 내용이 힘차서 승려의 담박한 병폐가 없다"고 칭찬하였으며, 신라와 고려의 시인 가운데 세사람을 뽑는다면 최치원(崔致遠)·천책·이규보(李奎報)를 들겠다고 할만큼 천책의 시를 높이 평가하고 있다. 〈「題天頙國師詩卷」〉 현재 백련사에는 천책과 혜장의 필적이나 자취가 전혀 남아 있지 않다. '대웅보전(大雄寶殿)'의 현편은 이광사(圓嶠 李匡師)의 글씨고, 김생(金生)의 글씨를 집자(集字)한 '만덕산 백련사(萬德山 白蓮寺)'라는 현판은 대웅전 안에 걸려 있을 뿐이다.

의순은 정약용이 유배에서 풀려나 고향으로 돌아간 뒤에도 마재로 스승을 찾아왔으며, 정약용의 아들 정학연을 비롯하여 홍현주(洪顯周) 등 이 지역 선비들과도 시를 주고 받으면서 폭넓게 교류하였다. 또한 의순은 긍선(白坡 亘璇; 1767~1852)과 활발한 선학(禪學)논쟁을 벌였으며, 실학자 김정희(秋史 金正喜; 1786~1856)와도 깊은 교유관계를 맺었다. 이처럼 정약용이 혜장·의순과 교유하였던 일이나 김정희가 긍선·의순과 교유하였던 일은 19세기 전반기에 실학파의 유학자들과 선승(禪僧)들 사이에 학문적 교류가 활발하게 일어나고 인간적 친교가 깊었던 사실을 보여주는 것으로, 조선후기 사상사에서도 매우 의미있는 사건이라 할 수 있다.

무엇보다 의순은 다도(茶道)에 정통하여 우리나라의 다도를 일으킨 인물로 유명하다. 의순은 차를 따고 차를 만드는 일에서 시작하여 차의 향과 빛깔과 맛을 분별하고, 차도구에 관한 것까지 20항목으로 다도를 설명한 「다신전(茶神傳)」을 저술하고, 우리나라 차와 중국 차에 관한 다도의 다양한 지식을 31송(頌)으로 읊은 「동다송(東茶頌)」을 지어 다도를 이론적으로 정리하였다. 또한 의순은 차 생활과 선 수행을 일치시키는 다선일미(茶禪一味)의 경계를 열었던 인물이기도 하다. 당시 다산초당에서 정약용이 보여준 다도의 생활이 의순에게 다도를 정리하고 완성하는데 깊이 영향을 주었던 것으로 볼 수 있다. 지금 남아 있지는 않지만 정약용이 우리나라 차에 관해 「동다기(東茶記)」를 저술하였다고 전해지기도 한다.〈문일평의『호암전집』에 언급이 있다고 하나 확인하지 못함〉

정약용은 혜장과 의순을 만나면서 대흥사(大興寺: 大屯寺)와도 인연을 깊게 맺었다. 당시 대흥사의 12강사(講師)에 들었던 인물로 윤우(玩虎 尹佑)와 혜장(兒菴 惠藏)이 있는데, 윤우계열에 의순(草衣 意恂)·시오(縞衣 始悟)와 혜장계열의 색성(袖龍 賾性)·자홍(騎魚 慈弘)이 경쟁적 대립관계에 있었다고 한다. 그런데 두 계열의 인물들이 대부분 정약용과 교유하거나 문하에 출입하였던 사실이 특이하다.〈이을호;『다산학의 이해』, 250쪽〉이 지역의 유교지식인들에게는 정약용이 유배죄인으로 보여 적극적으로 교유하려 나서지 않았는지 모르지만, 대흥사의 학승들은 오히려 정약용이 당대의 대학자임을 바로 알아보고 그의 문하에 모여들었던 것을 알 수 있다.

윤우·혜장·의순 등이 대흥사의 사적을 편찬한『대둔사지(大屯寺誌)』에는 정약용이 우리나라 불교의 역사와 고승들의 전기를 간략히 서술한 「대동선교고(大東禪教考)」가 수록되어 있다. 이 시절 대흥사의 학승 가운데 두운(隱峯 斗云)은 정약용의 문하에 출입하였으며, 두운의 요청으로 정약용은 대흥사의 만일암(挽日菴)을 중수하였을 때 기문을 지었다. 〈「重修挽日菴記」〉 또한 두운의 요청에 따라 『만일암지(挽日菴志)』를 서첩에 써주기도 하고 그 머릿글(「題挽日菴志」)을 짓기도 하였다. 이 글에서 그는 대흥사 학승인 제성(維那 濟醒)의 요청을 받아 널리 역사책과 불교서적 및 비문들을 검토하여 「채희암비명(蔡希菴碑銘)」을 고증하였던 일도 있다. 〈이을호;『다산학의 이해』, 251쪽〉 이러한 사실은 그가 승려들과 교유하면서 불교 교설이나 역사에 상당히 깊은 소양을 쌓았음을 말해주는 것이다.

정약용은 그 자신 젊은 시절 천주교에 빠져 있었던 일로 평생을 통해 고통을 받았다면, 그가 불교에 대해 끝까지 허망한 교설이라 비판적 견해를 지녔으면서도 불교의 학승들과 교유하면서 인간적 유대를 넓혀가고 학문적 교류를 심화시켜 가면서 가장 어려운 시절 큰 위로를 받았던 사실이 흥미롭다.

5. 다산초당의 아늑한 정취

1) 다산초당에 자리잡고

정약용은 47세때(1808)부터 윤단의 산정(山亭)인 귤동 다산초당으로 옮겼는데, 그가 다산초당에 자리잡게된 것은 그해 3월16일 윤규로(尹奎魯: 윤단의 아들)·윤종하(尹鍾河)와 함께 다산초당에 열흘 넘게 머물었던 일이 계기가 되었던 것으로 보인다.

깃들 집 정한 곳 없어 안개따라 떠다니는데,	幽棲不定逐煙霞,
다산이야 골짜기 가득 차나무라네.	況乃茶山滿谷茶,
하늘 멀리 물가 섬엔 때때로 돛배 뜨고,	天遠汀洲時有帆,
봄 깊은 담장안엔 여기저기 꽃이로세.	春深院落自多花,
싱싱한 새우와 나물은 병을 조리하겠고,	鮮鮮鰕菜堪調病,
못과 누대 초라해도 살만한 집이라네.…	草草池臺好作家,…
조수는 봄빛처럼 왔다가 다시가고,	潮如春色來還去,
꽃이야 조정 권세같이 성했다가 곧 시들지.	花似朝權盛卽衰,

한가로이 송나라 시 읽으며 골라볼 생각이요,　　閒把宋詩謀手選,

고요히 『주역』으로 이 마음 의탁할까나.　　靜將周易託心期.

〈「三月十六日游尹文擧茶山書屋…」〉

　　이때부터 다산초당에 거처를 정하고 유배가 풀리지 않으면 이곳에서 일생을 마칠까 생각했던 것같다. 그는 다산초당의 차나무가 마음에 들었고, 멀리 강진포구의 경치와 가까이 담장안 꽃들이나, 이곳의 먹거리까지 마음에 흡족했다. 그래서 무상하게 변하는 세상을 멀리서 바라보며 송나라 시인들의 시를 골라 읽고, 『주역』을 음미하면서 마음에 평안을 누리며 이곳에서 살고싶은 뜻을 밝혔던 것이다.

　　정약용은 다산초당의 풍광을 무척이나 사랑하였던가보다. 다산초당의 주변에서 가까이 보고 경험할 수 있는 광경 하나하나에 세심하게 살피며 애정어린 눈길을 주고 있다. '담을 스치고 있는 작은 복숭아나무(拂墻小桃)', '문발에 부딪치는 버들개지(撲簾柳絮)', '따뜻한 날에 꿩 우는 소리듣기(暖日聞雉)', '가랑비 속에 물고기 먹이주기(細雨飼魚)', '아름다운 바위에 얽혀있는 단풍나무(楓纏錦石)', '못에 비친 국화꽃(菊照芳池)', '한 언덕 위에 대나무의 푸르름(一塢竹翠)', '만 골짜기에 소나무 물결(萬壑松波)'을 다산팔경(茶山八景)으로 정하고 시로 읊기도 하였다.〈「茶山八景詞」〉 그가 말하는 '다산팔경'이란 사방에 펼쳐진 기이한 경치를 꼽고 있는 것이 아니다. 자신의 생활 속을 맑게 들여다보며 시의 주제처럼 찾아낸 그 자신만이 아끼고 즐기며 간직하는 경치였다.

　　또한 그는 다산초당의 주위에 피는 꽃나무들로 매화·복숭아·차·모란·작약·수구(繡毬: 국화의 일종)·석류·치자·백일홍·월계화·해바라기·국화·능소화·포도 등을 정성스럽게 가꾸며 세심하게 감상하면서 「다산화사(茶山花史)」 20수의 시로 읊었다. 이처럼 철따라 피는 꽃 속에 도취할 수 있었으니 비록 그는 유배된 몸이었지만 모처럼 행복감에 푹 젖어들 수 있었다.

귤 동산 서쪽 다산은 어여뻐라,	茶山窈窕橘園西,
천그루 솔숲 속에 한줄기 시냇물 흐르네.	千樹松中一道溪,
시냇물 처음 솟아 흐르는 곳에 이르면,	正到溪流初發處,
바위 틈 정갈한 곳에 그윽한 집 한채 있도다.	石間瀟洒有幽棲.
작은 못은 참으로 초당의 얼굴이요,	小池眞作草堂顔,
못 속에 돌을 쌓으니 세봉우리 산이 솟았나.	中起三峰石假山,
철따라 피는 백화 섬돌을 둘러 있고,	差次百花常繞砌,
아롱다롱 자고새 무늬 물속에 어른거리네.……	水心交纈鷓鴣斑…
하늘이 이 동산 누리라고 선생을 보냈더니,	天遣先生享此園,
봄볕에 졸고 봄빛에 취하여 문을 열지 않네.	春眠春醉不開門,
산 속의 뜨락은 이끼로 덮였는데,	山庭一冪莓苔色,
때때로 사슴 지나간 발자국 있을 뿐이라오.	唯有時時鹿過痕.

〈「茶山花史」〉

샘이 흘러 냇물이 발원하는 산 속 깊숙히 바위 틈 정갈한 터에 자리 잡은 다산초당에 거처를 정하면서 그는 이곳을 하늘이 그에게 내려준 곳으로 받아들일만큼 만족했다. 왕래하는 인적이 드물어 마치 깊은 산사에 깃든 수도승처럼 이끼긴 뜨락의 고요함을 좋아했다.

2) 다산초당을 다듬으며

이듬해(1809) 봄에 그는 다산초당의 주변을 새롭게 꾸미는 큰 공사를 벌였다. 처음에는 어느날 우연히 매화나무 아래로 산책을 하다가 잡초와 잡목이 우거진 것이 보기싫어 혼자서 칼과 삽으로 얽혀있는 잡목을 쳐내기 시작하였다. 그러다가 일이 점점 크게 벌어져 초당의 주인 윤단의 아들 윤규로(尹奎魯)·윤규은(尹奎殷) 형제가 나서서 도왔고, 동내 아이들까지 불러들였다. 먼저 초당 앞 비탈에 돌로 단을 쌓아 채마밭을 만들었다. 이어서 연못을 넓히고 꽃나무를 심어 산속에다 아름다운 정원을 꾸몄던 것이다. 그는 채마밭에다 손수 무·부추·파·숭채(菘:겨자과에 속하는 야채)·쑥갓·가지·해바라기·겨자·상치·토란 등을 심었다. 그리고 빈터에 저절로 나는 나물로 명아주·비름·고사리·쑥까지 알뜰하게 캐다 먹는 전원생활의 맛을 즐기기 시작하였다.

토란을 특별히 많이 심은 것은,	蹲鴟特連畦,
토란죽이 입맛에 맞아서라네.	玉糝頗可口,
빈터에도 잡초만 제거하고나면,	壖地剔榛荒,
저절로 나서 자라는 나물도 많구나.	旅生多野蔌,
집곁에는 명아주 비름 기르고,	廊廡畜藜莧,
울타리에 구기자를 늘어세웠네.	藩屛列杞枸,
고사리 캐다가 국 끓여 먹고,	捋薇充羹滑,
남겨놓은 쑥은 뜸뜨는데 써야지.	留艾備焫炙.

〈「一日散步梅下, 隱其榛蕪…」〉

이렇게 채마밭을 가꾸는 것은 그의 취미생활이기도 하다. 실제로 그는 다산초당에서 독서와 저술에 자신의 모든 정열을 쏟아붇고 있었지만, 몸과 마음이 지쳐 잠시 쉬게 하는 여가에 채마밭을 돌보았던 것이다.

그가 49세(1810)되는 정월 초하루, 새로 자리잡은 다산초당에서 두 번째 맞게되는 새해 원단(元旦)에 그 자신 이곳에 정착하여 마음 깊이 안정감을 얻고 있음을 보여준다.

시냇물 얼어붙어 눈덮인 차가운 산 속에서,	一溪氷雪寒山裏,
홍매화 피었는지 가지를 살펴본다네.	只管紅梅早晚枝,
산비탈에서 병을 조리하는,	養疾山阿側,
고요한 초당 한 칸.	蕭然一草堂,
약을 달이는 화로에는 불씨가 남아 있고,	藥爐留宿火,
책을 새로 손질해 단장했네.	書帙補新裝,
설경을 사랑하나 쉬 녹는게 걱정이고,	愛雪愁仍煥,
소나무 어여뻐하나 더디 자라 안타깝네.	憐松悶不長,
이 언덕에서 여생을 보낼 만한데,	玆丘可終老,
고향찾아 돌아가고자 빌 까닭이 무엇이랴.	何必丐還鄕.
	〈「元日書懷」〉

돌아갈 기약도 없는 고향에 돌아가겠다고 애걸하려는 마음이야 처음부터 억눌러 놓았지만, 그래도 고향에 돌아가고싶은 그리움도 떨쳐 버리고 다산초당에서 여생을 마칠 마음의 평정과 여유를 찾은 것이다. 봄을 기다리며 홍매화가 얼마나 피었나 매화가지를 살피는 그의 눈길을 함께 따라갈 수 있을 것 같다. 부지런히 저술한 자신의 책을 장정하

여 서가에 쌓아둔 것이 벌써 여러 질이 되어가는 것은 큰 보람이요 성취감일 것이다. 때때로 잠시 책에서 눈을 떼고 고개를 들어 창밖을 내다보면 산중에서 보는 설경이 더욱 사랑스럽고 솔숲의 아름다움에 깊이 정을 붙일만 하다는 이야기다. 이렇게 자신을 위로하고 마음을 안정시켰지만 그렇다고 어찌 고향을 차마 잊을 수 있겠는가. 이보다 조금 앞서 지은 시에서는 여전히 고향 생각과 조정에서 벼슬하던 옛 추억을 되새기고 있는 자신의 모습을 실토하고 있다.

홀연히 꽃을 보니 눈물이 수건 적시누나,	忽漫看花淚滿巾,
십년 전에는 조정에서 벼슬하였었지.	十年前是內朝臣,
봄얼음 호랑이꼬리 같아 안심하고 발디딜 곳 없고,	春氷虎尾無安土,
비바람 불고 닭우는 새벽 먼 곳 사람 그리워라.	風雨鷄鳴憶遠人,
나를 알아주던 벗이야 황천에나 가야 있고,	知己秖應泉下有,
꿈 속에선 자주자주 고향집으로 돌아간다네.	還家猶向夢中頻,
벽오동 그늘 아래 틈만 나면 기대 누워,	碧梧陰下頻婆側,
주고 받던 옛 얘기를 호젓이 더듬는다네.	記把張陳話宿塵.

〈「忽漫」〉

　꿈 속에서 고향집을 자꾸만 가면서도 낮에는 이곳 생활에 안정감을 다져갔다. 가끔씩 옛 친구들이 그리워지지만 한가로운 틈에 무심코 일어나는 생각을 반추할 뿐이었다. 그는 독서와 저술에 심혈을 기울였고, 쉬는 겨를에는 채마밭도 가꾸고 근처의 경치가 좋은 곳을 산보하며 애써 고향집과 옛 친구에 대한 그리움을 지긋이 눌러두고 다산초당의 생활에 젖어들기 시작했던 것이다.

산에 사노라니 일이 없고 한가로워,	山居無事不蕭閒,
새로 지은 띠집이 딱 두 칸이라네.	新縛茅菴只二間,
방은 겨우 병든 몸 의지할 정도이고,	製室僅堪容病骨,
들창은 청산을 마주 볼 만큼 냈다네.	鑿窓聊可對靑山,
솔바람 소리는 피리이자 거문고요.	四時笙瑟松風響,
푸르른 바위들이 병풍이요 휘장이지.	一面屛帷石翠斑,
이천권 서적이 가득 쌓여 있기에,	爲有縹緗二千卷,
언제나 문에 들어 기쁜 얼굴로 마주 본다네.	入門相見每歡顔.

〈「松風樓雜詩」〉

다산초당에 두칸짜리 띠집을 짓고, 송풍루(松風樓)라 이름을 붙였다. 송풍루의 방이야 보잘 것 없었겠지만 산 위의 집이라 누각처럼 높고, 밖에서 불어오는 솔바람 소리가 피리나 거문고를 연주하듯 음악처럼 너무 좋아 이름을 '송풍루'라 붙였던 것 같다. 여기에 더하여 무엇보다 그가 소중하게 여겼던 것은 초당주인 윤단의 장서가 이천권 가까이 있어서 그가 이렇게 먼 변방에 유배를 왔지만 자신의 학문적 열정을 유감없이 불태울 수 있는 장비를 아쉬운대로 어느정도 갖추었기에 더할 수 없이 다행스러웠다. 그래서 언제나 방문을 들어서서 서가에 쌓인 책을 볼때마다 가슴에서 솟아나는 기쁨이 얼굴에 까지 번져나왔던 모양이다. 그로서는 다산초당이 솔바람 부는 자연과 쌓여있는 이천권의 장서가 있었기에 이렇게 먼 유배지의 외따른 산 속이라도 바로 자신에게 학문을 연마하는 수도처요 자신을 충만하게 구원해주는 지성소(至聖所)로 기쁘게 받아들일 수 있었던 것이다.

6. 고통받는 민생에 대한 깊은 관심과 분노

1) 민생에 대한 깊은 관심

정약용은 강진에 온 뒤로도 이곳 농촌이나 어촌의 서민생활에 대해 세심하게 관찰하고 그 풍물을 그림처럼 그리며, 그 삶의 고통을 깊은 연민으로 이해하고 북받치는 의분으로 고발하는 많은 시를 남기고 있다.

그는 강진 유배시절 초기에 서민생활의 실상과 애환을 시로 읊어 생생하게 묘사하였다. 철 따라 이어지는 자연풍광의 아름다움을 생동하게 그려내면서 수령이나 서리의 탐학으로 고통받는 실상을 교차시켜 대조함으로써, 당시 사회상에 대한 감회를 더욱 절실하게 드러내 주고 있다.

새로 짜낸 무명이 눈결같이 고왔는데,	棉布新治雪樣鮮,
이방에게 줄 돈이라고 졸개놈이 뺏아가네.	黃頭來博吏房錢,
누락된 밭 세금까지 성화같이 독촉하여,	漏田督稅如星火,
삼월달 중순이면 세금 실은 배 떠난다네.	三月中旬道發船.

복어야 옛날부터 장안에서도 즐겼지만,   自古漸臺嗜鰒魚,

동백이 창자 씻어낸단 말 헛말이 아니로세.   山茶濯膩語非虛,

읍내 아전들 방 들창문 안에는,   城中小吏房櫳內,

규장각 학사들의 편지가 두루 꽂혔네.   徧挿奎瀛學士書,

                                                    〈「耽津村謠」〉.

  강진에서 아낙네들이 짜는 고운 무명도 짜내기가 무섭게 아전들에게 빼앗기고, 삼월에는 세금으로 거둔 곡식 실은 배가 서울로 떠나야 하니 세금독촉에 시달리는 백성의 모습이 그대로 보인다. 대궐을 드나들며 기름지게 먹은 규장각 학사들이 과식으로 막힌 내장을 씻어내기 위해인가. 강진의 특산물인 동백기름을 구하려고 이곳 아전들에게 부탁하는 편지를 보내고 있지 않은가. 또 아전들은 이를 핑계로 백성들에게 덧붙여 빼앗아가는 착취의 고리를 환하게 드러내고 있다.

김을 매고 북돋우는 일 호미를 쓰지 않고,   穧襏從來不用鋤,

잡초도 손으로 뽑아 없앴다네.   手拏稂莠亦須除,

맨다리에 거머리 붙어 붉은 피 흐르는데,   那將赤脚蜞鍼血

이 피로 실정을 그려 임금님께 바쳤으면.   添繪銀臺遞奏書.

넓디 넓은 못에도 물고기를 기르지 않고,   陂澤漫漫不養魚,

아이들더러 연(蓮)일랑 심지를 말라하네.   兒童愼莫種芙蕖,

연밥 따면 관가에다 바쳐야 할 뿐아니라,   豈惟蓮子輸官裏,

틈나는 날 관리들 고기잡으로 올까 두렵다네.   兼怕官人暇日漁.

                                           〈「耽津農歌」〉

고된 노동을 하는 수고로움에도 불구하고 관리들의 착취로 헐벗고 굶주리는 농민들의 참혹한 생활모습을 직시하였다. 그래서 농민들이 거머리에게 물려 흘리는 붉은 피로 그 참혹한 실상의 그림을 그려 구중궁궐 속에 아득히 모르고 계시는 임금님께 호소하고 싶다는 심경을 밝히고 있다.

2) 착취당하는 민생의 고통에 대한 분노

관리들의 착취가 극심해지니 백성들은 넓은 못이 있어도 물고기도 안 기르고 연도 심지 않을 만큼 이곳 농민들은 관리들의 착취에 못견 뎌 생산의욕조차 잃고 있는 현실을 고발하고 있는 것이다.

작은 배에 가죽신 신은 자들 물가를 메웠는데,	瓜皮革履滿回汀,
올해는 선박허가증 선혜청에서 직접 받는다네.	船帖今年受惠廳,
어부들 살기 좋아졌다고 말들을 말게나,	莫道魚蠻生理好,
종다래끼 하나도 그냥 둘 관청 아니지.	桑公不赦小筌箸.
아전들 기세 높아 동헌의 수령 눌러보고,	椽閣嵯峨壓政軒,
붉은 패 차고 매일같이 어촌을 찾아오네.	朱牌日日到漁村,
선박허가증 진짜 가짜 따질 것이 뭐라던가,	休將帖子分眞贗,
관청이란 원래부터 문지키는 호랑이인데.	官裏由來虎守門.

〈「耽津漁歌」〉

어민들의 작은 배 하나에도 빼앗아갈 가죽신 신은 관리들이 몰려드는 실정이니 어디 마음 편하게 생업을 할 수 있겠는가. 선박허가증이라 할 수 있는 선첩(船帖)을 내어주는 것을 기회로 지방관청에서 착취를 심하게 하니 그 허가증을 중앙관청인 선혜청에서 직접 주도록 법을 바꾸었다. 그래도 관청이란 어민에게 물고기 잡는 작은 대바구니(종다래끼)까지 뺏아갈 것이니 마음 놓을 수 없다는 사실을 고발한다. 제도와 법을 바꿔보아도 이미 관청은 백성을 위해 봉사하는 곳이 아니라 백성을 착취하는 것이 그 생리로 굳어졌음을 보여준다. "가혹한 정치는 호랑이 보다 사납다"(苛政猛於虎)라고 하지 않았던가. 관청이 힘없는 백성들에게는 호랑이처럼 사납고 무서운 존재일 뿐임을 밝히고 있는 것이다.

그는 농민이나 어민의 힘겨운 생활에 파고드는 서리(胥吏)들의 혹독한 착취의 실상을 속속들이 드러내고 있다. 이 시대는 삼정(三政)의 문란으로 죽은 아비와 갖난 아이까지 군적(軍籍)에 올려 세금을 긁어들이는 가혹한 착취가 만연하였고, 강진에서 갖난 자식을 군적에 올려 생존의 근본까지 박탈당하는 착취를 견디다 못해 어떤 백성이 자식 낳은 것을 후회하여 자신의 성기를 잘라낸 사실을 그 자신이 직접 듣고, 그 극한의 참혹한 실황을 「애절양(哀絶陽)」이라는 한 편의 시로써 처절하게 고발하기도 했다.

43세 때(1804) 여름날 술잔을 앞에 두고 지은 시에서도 붕괴된 국가 기강과 더불어 삼정의 문란과 혹독한 탐학으로 도탄에 빠진 백성을 보며, 타오르는 울분과 적개심에다 어찌해 볼 수 없는 좌절감을 피를 토하듯 내뱉고 있다.

한밤중에 책상 치고 벌떡 일어나,	中夜拍案起,
높은 하늘 우러러 길이길이 탄식하네.…	歎息瞻高穹,
곳곳에서 하늘을 부르며 울부짓누나.	處處號秋旻,
너무나 억울해 양근을 잘라버리기까지 하니,…	寃酷至絶陽,…
생각할수록 속이 끓어올라,	拊念腸內沸,
술이나 들이키고 무심으로 돌아가버릴까.	痛飮求反眞.
어찌하면 일만 개 대나무로,	那將萬箇竹,
천길 되는 큰 빗자루 만들어내어,	束箒千丈長,
쭉정이 티끌 먼지 싹싹 쓸어내어,	盡掃秕穅塵,
바람에 한꺼번에 날려버릴까.…	臨風一飛颺,
깊이 생각하면 애간장만 타기에,	深念焦肺肝,
부어라 또 술이나 마신다네.	且飮杯中醲.

〈「夏日對酒」〉

부패와 착취로 고통받는 백성의 참혹함을 보면서 안타까워하는 연민의 수준이 아니라, 끓어오르는 분노로 폭발하고 있다. 이 세상에서 아무런 희망을 찾을 길 없고 오직 하늘을 향해 울부짖으며 원망하는 수밖에 없는 현실을 고발하였다. 이제 그의 마음 속에서는 이 썩을대로 썩은 나라를 한꺼번에 쓸어내고 싶다는 혁명의 꿈과, 아무런 방책이 없어 술이나 마신다는 좌절감이 뒤엉겨 간장이 타들어가고 있음을 토로하고 있는 것이다. 그는 한낱 먼 변방에 던져진 유배 죄인으로 자신의 불운을 탄식하고만 있는 인물이 아니었다. 오히려 속속들이 썩어가는 나라를 근심하는 의로운 선비요, 절망적인 고통 속에 허덕이는 백성을 걱정하는 사회의식으로 충만한 지성인이었던 것이다.

정약용은 다산초당에 자리잡은 이후로도 고통받는 민생을 살피고 탐학한 관리를 고발하는 시를 많이 남겼다. 「이노행(狸奴行)」은 관리들을 감독해야할 감사(監司)가 백성을 더욱 심하게 착취하는 도적이 되고 있는 현실을 보면서 쥐를 잡기 위해 기른 고양이가 오히려 더 크게 훔쳐가는 일에 비유하여 풍자하였다.

> 너는 지금 힘 세고 세력 높고 마음도 거칠어,　　汝今力雄勢高心計麤,
> 쥐들이 못하는 짓 네 맘대로 하리라.…　　　　鼠所不能汝唯意,…
> 너를 닮아 일 좋아하는 자 더러 있다는데,　　好事往往亦貌汝,
> 졸개들이 쥐떼처럼 둘러싸 호위한다네.　　群鼠擁護如騶徒,
> 나팔불고 북치며 격식을 갖추었고,　　　　吹螺擊鼓爲法部,
> 대장기 높이 들어 앞잡이를 삼았구나.　　樹纛立旗爲先驅,
> 너는 큰가마 타고 거드름을 부리면서,　　汝乘大轎色夭矯,
> 쥐떼들 굽실대는 그것이나 좋아하겠지.　　但喜群鼠爭奔趨,
> 내 이제 붉은 활 큰 화살로 너를 직접 쏴죽이고,　我今彤弓大箭手射汝,
> 차라리 사냥개 시켜 횡행하는 쥐 잡으리라.　若鼠橫行寧嗾盧.
>
> 〈「狸奴行」〉

한 고을에서 아전과 수령의 착취는 오히려 좀도둑질이라고 한다면 한 도(道)를 맡은 감사의 착취는 큰 도둑질이니, 백성들은 겹겹이 관료 조직의 수탈을 당하는 착취구조에 고통을 받아야 했다. 그는 이제 착취의 고리를 끊기 위해 탐학하는 감사부터 활로 쏘아 죽이고 싶다는 분노를 표출하고 있다. 그가 다른 방법으로 실행할 길은 없지만 이렇게 시를 통해 풍자하여 그 실상을 온 세상에 고발하고자 하였음을 보여준다. 그와 같은 시대에 살던 선배 실학자인 박지원(燕巖 朴趾源, 1737~1805)이 소설을 통해 이 시대 도학자들의 위선과 허위의식을 풍자하여 고발하였던 일이 있다. 그러나 정약용이 시를 통해 고발하는 관리의 착취와 백성의 고통은 이 시대사회현실 속으로 더욱 깊이 뛰어든 것이라 하겠다.

정약용이 다산초당에 있던 48세때(1809) 그해는 예년에 없던 큰 가뭄이 들었다. 그 전해 겨울부터 봄을 지나 입추(立秋)가 되도록 논밭이 타들어가 들은 풀 한 포기 없는 벌거숭이가 되었다. 한 여름인 6월 초가 되자 유랑민이 길을 메우는 형편이었는데, 이를 지켜보면서 그는 "마음이 아프고 보기에 처참하여 살고싶은 의욕이 없을 정도였다"〈「采蒿」〉라고 탄식하였다. 그는 유배된 죄인의 처지로 이 참혹한 형상을 임금에게 알릴 길이 없자, 『시경』처럼 4언(言) 형식으로 몇 편의 시를 지어 그 실상을 그려내어 읊었고, 이 시들을 「전가기사(田家紀事)」라 하였다.

> 무엇하려 쑥을 캐나/ 눈물이 쏟아지네.　　采蒿何爲, 涕滂沱兮,
> 독에는 쌀 한 톨 없고/ 들에도 풀싹 하나 없네.　甁無殘粟, 野無萌芽.
> 〈「采蒿」〉

큰 가뭄으로 모판에 모가 말라죽자 그 말라죽은 모를 **뽑아**내면서 통곡하는 농민의 울부짖는 소리가 들판에 가득했다고 한다. 그는 어느 아낙내가 너무 억울해서 "자식을 하나 죽여서라도 비 한 번 쏟아지면 좋겠다"고 넉두리를 했다는 말을 전해주고 있다.〈「拔苗」〉 이러한 통곡

과 절규도 귀가 있는 자가 아니면 제대로 들리지 않았던가 보다. 같은
시대를 살았던 그 많은 이름높은 도학자나 유교지식인들이 입만 열면
의리와 도덕을 논하면서도 백성들이 고통으로 울부짖는 소리는 귀머
거리처럼 아득하게 못듣고 있었던 것과는 너무나 뚜렷하게 대조되는
것이 아닌가.

쑥대머리 한 아낙네/ 논 가운데 퍼질러앉았네.　有女蓬髮, 箕踞田中,

방성통곡 하면서/ 저 하늘 불러 호소하네.　放聲號咷, 呼彼蒼穹.

〈「拔苗」〉

자식까지 팔았다만/ 내 처야 누가 사가랴.　子旣粥矣, 誰買我妻,

내 살가죽 네가 벗기고/ 내 뼈까지 부수는구나.　爾剝我膚, 而槌我骸.

〈「豺狼」〉

그는 극심한 빈곤에 허덕이는 백성들을 혹독하게 착취하는 아전들
의 횡포를 가까이서 지켜보며 생생하게 묘사하여 고발하고 있다. 다산
초당 남쪽에 있는 두 마을에 사는 두 사람이 장난삼아 서로 치다가 한
사람이 죽는 사고가 생겼다. 마을 사람들은 관가의 조사가 두려워 죽
게 한 사람을 자결하도록 권하였고, 그 사람도 선선이 자결하여 아무
일이 없게 되었던 일이 있었다 한다. 그러나 그 소문을 듣고 관가에서
조사를 나와 돈 3만냥을 뜯어내자, 두 마을은 쌀 한 톨과 베 한오라기
도 남지 않은 처지가 되어 사람이 모두 떠나고 아낙네 한 사람이 남았
을 뿐이다. 혹독한 착취가 흉년보다 더 심하니, 관리가 바로 이리요 승
냥이로 보일 뿐임을 고발하고 있다.

정약용은 서리들이 일차적으로 백성을 착취하는 현장의 광경을 생생하게 묘사하고 있다. 그는 인근의 용산마을, 파지마을, 해남 등 어디에서나 일어나고 있는 서리의 횡포를 시를 통해 고발하였다.

아전들 용산마을에 들이닥쳐,	吏打龍山村,
소를 찾아내 관리에게 넘겨주네.	搜牛付官人,
소를 몰고 멀리멀리 가는 꼴을,	驅牛遠遠去,
집집마다 대문 밖에서 보고만 있네.…	家家倚門看,…
참으로 가련하기야 곤궁한 백성이라,	窮生儘可哀,
죽는 편이 오히려 더 낫다네.	死者寧胷矣.

〈「龍山吏」〉

농민의 생존권이 박탈당하고 관청의 권력에 저항할 힘도 없으니 차라리 죽는 편이 낫다고 하여, 그 시기의 실정을 보여주었다. 정약용은 어디를 가서도 자신의 견문과 감회를 시로 읊어왔고, 끊임없이 시 짓기를 쉬지 않았는데, 49세때(1810) 흉년의 참혹상을 읊은 「전가기사(田家紀事)」의 6편 시(「采蒿」·「拔苗」·「蕎麥」·「熬麩」·「豺狼」·「有兒」)와 서리의 횡포를 고발한 3편의 시(「龍山吏」·「波池吏」·「海南吏」)를 지은 다음에 강진시절 동안에 갑자기 시로 읊은 작품이 중단되고 있다. 실제로는 계속 시를 지었지만 어떤 사정이 있어서 문집에 수록되지 못하게 되었던 것인지 알 수 없다. 만약 그렇지 않다면 그가 참혹한 민생의 고통을 목격하고 끓어오르는 분노로 이를 고발한 시를 지은 다음 더 이상 시를 지을 흥취를 잃었던 것이 아니었을까 짐작해본다.

7. 제자들을 가르치며

1) 강진의 초기 제자들

정약용은 강진에서 독서와 저술을 하면서 동시에 제자들을 가르치는데도 많은 정성을 기울였다. 그가 처음 주막집 골방에서 꼬박 4년을 지내고, 44세때(1805) 겨울부터 보은산방으로 옮겼다가, 다시 45세때(1806)가을에 제자 이청의 집으로 옮겨서 47세때(1808) 봄까지 지냈는데, 이렇게 읍내에서 살던 전반기 7년 남짓한 기간동안에는 주로 아전들의 자제들이 그의 문하로 글을 배우러 나왔다. 그러나 47세때(1808) 봄부터 그가 다산초당으로 옮겨간 이후 10년동안의 후반기 제자들은 그의 외가의 친척들을 중심으로하는 사대부집안 자제들이었다.

정약용이 읍내에 머물던 시절 '읍중제생(邑中諸生)'으로 일컬어지는 초기의 제자들로는 손병조(孫秉藻), 황상(巵園 黃裳; 1788~1863?), 황취(醉夢齋 黃取/衣), 황지초(硯菴 黃之楚), 이청(琴招 李晴, 1792~1861), 김재정(金載靖)의 명단이 확인되고 있다. 〈임형택; 『실사구시의 한국학』, 403쪽〉 이들의 대부분은 몇 년 못가서 그만두었지만 그 가운데 황상과 이청이 다산초당에 까지 따라가 계속 배워 상당한 학문적 성취를 이루었다.

정약용은 1802년 당시 15세의 소년이었던 황상에게 문학과 역사를 배우도록 권하였는데, 황상은 자신이 둔하고(鈍), 막혔고(滯), 미욱하여(戞) 배우기 어려움을 토로하였다. 그는 황상에게 학문에 힘쓰도록 타이르는 글을 한 편 지어 격려해주었다.

공부하는 자에게 큰 병통이 세가지 있는데, 너에게는 해당되는 것이 하나도 없구나. 첫째 외우기를 빨리하면(敏) 그 폐단은 소홀히 하게 되는 것이며, 둘째 글짓기를 빨리하면(銳) 그 폐단은 부실하게 되는 것이요, 셋째 이해를 빨리하면(捷) 그 폐단은 거칠게 되는 것이다. 무릇 둔하면서 파고드는 자는 그 구멍이 넓어지며, 막혔다가 소통이 되면 그 흐름이 툭 트이고, 미욱한 것을 닦아내면 그 빛이 윤택하게 되는 법이다. 파들어가는 것은 어떻게 하느냐? 부지런함이다. 소통시키는 것은 어떻게 하느냐? 부지런함이다. 닦아내는 것은 어떻게 하느냐? 역시 부지런함이다. 이 '부지런함'을 어떻게 다 할 수 있느냐? '마음가짐을 확고히 하는 것'이다.

〈임형택;『실사구시의 한국학』404쪽에서 재인용〉

공부하는 방법으로서 외우고 글짓고 이해하기를 빨리하는 것이 장점이 아니라 폐단이 되며, 오히려 둔하고 막히고 미욱함을 극복하면 이것이 강점이 되어 학문을 성취할 수 있음을 강조하였다. 특히 부지런히 노력할 것과 부지런할 수 있는 조건으로서 '마음가짐을 확고히 할 것'을 공부하는 방법의 근본적인 전제로 제시하여 제자를 격려하고

이끌어갔다. 황상은 스승 정약용으로부터 받은 '세가지 부지런함(三
勤)'의 가르침을 평생 간직하였고, 스승이 죽은 뒤에도 스승의 두 아들
정학연·정학유와 교유를 계속하며 자자손손 우의를 계속하기를 다짐
하여 '정황계(丁黃契)'를 맺기까지 하였다.

이청은 총명한 제자였다. 정약용은 1805년 14세인 이청에게 "대(大)
자와 양(羊)자가 합하여 '달(羍)'자가 되는 데, 어째서 '달'의 뜻을 작은
양(小羊)이라 하는가?"라고 질문을 던졌다. 이에 이청은 곧바로 "범(凡)
자와 조(鳥)자가 합하여 '봉(鳳)'자가 되니, 그러므로 '봉'을 신령한 새
(神鳥)라 일컫습니다"라고 대답하여 스승을 감탄하게 하였다.〈「題李琴
招詩卷」〉정약용은 1806년 가을부터 1808년 봄까지 2년 가까운 기간
을 읍내 목리에 있는 이청의 집에 머물었던 인연이 있다.

2) 다산초당의 제자들과 함께

정약용이 1808년 봄부터 다산초당에 머물면서 그의 외가쪽 집안
자제들을 중심으로 그의 문하에서 18명의 제자들이 중심이 되어 수
업을 받았다. 다산초당에 모여들어 수학하였던 18명의 제자들인 '다
산제생(茶山諸生)'과 더불어 그는 활발한 강학의 학풍을 일으켰다. 이
'다산제생'들이 '다산학단(茶山學團)'으로 일컬어지고 있는데, 다산초
당의 제자 18명의 명단은 다음과 같다.〈임형택;『실사구시의 한국학』
410-418쪽〉

이유회(李維會:1784~1830), 貫-廣州 / 　　　　　白雲 李保晚의 5대손
이강회(李綱會:1789~ ?), 　　　　　　　　　이유회의 아우.
이기록(李基祿:1780~ ?), 관-廣州 /
정학가(丁學稼:1783~1859), 名-學淵 / 호-酉山 / 정약용의 큰 아들.
정학포(丁學圃:1786~1855), 명-學遊 / 호-耘圃 / 정약용의 둘째 아들.
정수칠(丁修七:1768~ ?), 관-靈光 / 호-烟菴 / 居-長興.
윤종문(尹鍾文:1787~ ?), 　　　　　　　　　恭齋 尹斗緖 후손.
윤종영(尹鍾英:1792~ ?), 　　　　　호-敬菴 / 정약용의 외사촌.
*윤종기(尹鍾箕:1786~1841), 　　　　　　　　尹奎魯의 아들
*윤종벽(尹鍾璧:1788~1837), 명-鍾億 / 호-醉綠堂 / 윤종기의 아우.
*윤종삼(尹鍾參:1798~1878), 명-鍾翼 / 호-星軒 / 윤종벽의 아우.
*윤종진(尹鍾陳:1803~1879), 　　　　　호-淳菴 / 윤종삼의 아우. 진사.
*윤종심(尹鍾心:1793~1853), 명-峒·鍾洙/ 호-紺泉 / 尹奎夏의 아들
*윤종두(尹鍾斗:1798~1852), 　　　　　　　　　윤종심의 아우.
윤자동(尹玆東:1791~ ?), 　　　　　호-石南 / 거-강진(寶岩 栗亭). 진사.
윤아동(尹我東:1806~ ?), 　　　　　호-栗亭 / 윤자동의 아우.
이택규(李宅逵:1796~ ?), 관-平昌 / 李承薰의 아들.
이덕운(李德芸:1794~ ?).
〈이름 앞에 '*'표가 붙은 6명은 초당의 주인 윤단(尹慱)의 손자들이다.〉

「다신계절목(茶信契節目)」에 수록된 위의 18제자 이외에도 당시 다산초당에 나와 그에게서 배운 인물로 두 사람이 추가되고 있다.

이시헌(李時憲:1803~1860), 호-自怡.
윤창모(尹昌模:1795~1856), 일명-榮喜 / 호-鴈菴 / 정약용의 사위가 됨.

정약용은 정수칠 보다 나이가 6세 많은데 불과하였으니, 친구사이라 해야 할 것이다. 그러나 정수칠은 제자의 자리에서 정약용의 지도

를 받았던 것 같다. 정약용이 그에게 훈계하여 적어준 말에는 학문하
는 기본원리와 독서의 방법에 까지 친절하게 제시하고 있다.

> 경전의 취지가 밝아진 뒤에야 도(道)의 실체가 드러나고, 그 도를 얻
> 은 뒤에야 마음씀(心術)이 바르게 되고, 마음씀이 바르게 된 뒤에야 덕
> (德)을 이룰 수 있다. 그러므로 경학을 힘쓰지 않으면 안된다.
>
> 〈「爲盤山丁修七贈言」〉

이처럼 그는 경전의 올바른 인식에서 출발하여 경전을 통해 도를 얻
을 수 있고, 심법을 바르게 할 수 있으며 덕을 성취하는데 까지 나갈
수 있음을 제시하여, 학문이 경전공부에서 출발해야 하는 이유를 명확
하게 제시하고 있다. 또한 그는 경전을 중심으로하는 독서의 방법을
훈계하면서도 특히 독서의 순서를 매우 독특하게 독자적으로 밝히고
있는 사실이 주목된다.

> 『예기』의 「곡례(曲禮)」・「소의(少儀)」・「옥조(玉藻)」・「내칙(內則)」편
> 등을 마땅히 이때(어린 아이때)에 먼저 가르쳐 주어, 글과 행동이 아울러
> 진보하도록 해야 할 것이다.…『예기』의 여러 편을 읽고나면, 『시경』의
> 「국풍(國風)」과 『논어』를 읽어야 하고, 그 다음에 『대학』과 『중용』을
> 읽어야 하고, 다음에 『맹자』와 『예기』와 『좌전』(春秋左傳) 등을 읽어
> 야 하고, 다음에 『시경』의 「아」(雅: 大雅・小雅)와 「송」(頌: 魯頌・商頌)과
> 『주역』을 읽어야 한다. 그 다음에 『서경』을 읽고, 마치면 『사기(史記)』
> 와 『한서(漢書)』를 읽은 뒤에, 비로소 사마광(司馬光)의 『자치통감(自治
> 通鑑)』을 가져다 두세번 숙독해야 하는데, 혹 주자의 『통감강목(通鑑綱

目)』을 읽어도 된다. 〈「爲盤山丁修七贈言」〉

여기서 『예기』 가운데서도 「곡례」·「소의」·「옥조」·「내칙」의 4편을 가장 먼저 읽어야 할 경전으로 제시하고 있는 것은 마치 주자학의 학풍에서 『소학』을 먼저 읽게 하는 것에 상응되는 것으로 볼 수도 있다. 그러나 그 다음에 『시경』의 「국풍」→『논어』→『대학』→『중용』→『맹자』→『예기』→『좌전』→『시경』의 「아」와 「송」→『주역』→『서경』의 순서로 경전을 읽고, 그 다음에 역사서로서 『사기』→『한서』→『자치통감』(『통감강목』)을 읽도록 제시하고 있는 것이다. 율곡이 『격몽요결(擊蒙要訣)』에서 제시한 주자학의 전통적 독서순서는 『대학』→『논어』→『맹자』→『중용』의 사서를 읽은 뒤에 『시경』→『예기』→『서경』→『주역』→『춘추』를 차례로 읽도록 제시하고 있는 것과는 현격한 차이를 보여준다. 정약용 자신은 이러한 독서순서를 지켜야 하는 이유를 분명하게 설명하지 않고 있다. 그러나 독서의 순서가 경전공부에서 매우 중시되었던 사실에 비추어보면, 정약용의 독특한 독서순서는 바로 그가 말한 것처럼 학문적 성장과정에서 생각(글)과 행동이 병행하여 성장하도록 지도하는 것이 중요하다는 관점을 반영하는 것이라 하겠다.

제자 윤종문에게 주는 글에서는 가난한 선비로서 채소와 과일나무를 심어 식량을 스스로 공급할 수 있게 할 것을 당부하여 선비생활에서 생업의 소중함을 강조하면서, 나아가 독서의 중요성을 절실하게 훈계하고 있다.

독서 한가지 일만은 위로 성현(聖賢)을 따라가 짝할 수 있고, 아래로 무수한 백성을 오래도록 깨우칠 수 있다. 깊숙하여 어두운 세계에서는 귀신의 정상을 통달하고, 드러나서 밝은 세계에서는 왕도(王道)와 패도(覇道)의 계책을 도울 수 있으니, 짐승이나 벌레의 부류에서 벗어나고 큰 우주도 지탱할 수 있다. 이것이 바로 우리 인간이 해야할 본분이다. 〈「爲尹惠冠贈言」〉

이처럼 그는 독서를 통해서만이 인격적 이상을 성취하고 사회적 책임을 수행하며, 우주의 형상 없는 신적 존재를 인식하고 형상 있는 정치적 질서를 실현함으로써 인간으로서의 가치를 발휘할 수 있다고 역설하였다. 그러나 동시에 그는 생업의 안정이 중요함을 강조하였다. 따라서 그는 윤종억에게 주는 글에서도 사마천(司馬遷)이 "늘 가난하고 비천하면서도 인(仁)과 의(義)를 말하기 좋아한다면 역시 부끄러운 일이다"라고 말한 것을 인용하면서, 선비다운 생활에 경제적 기반을 확보하는 것이 중요함을 지적하였다.

지금 소부(巢父)와 허유(許由)의 절개도 없으면서 몸을 누추한 오막살이에 감추고, 명아주나 비름의 껍질로 배를 채우며, 부모와 처자식을 헐벗어 얼고 굶주리게 하며, 벗이 찾아와도 술 한 잔을 권할 수 없으며, 명절때에도 처마 끝에 걸려있는 고기는 보이지 않고, 오직 공적이나 사적으로 빚독촉하는 사람들만 대문을 두드리며 꾸짖고 있으니, 이는 세상에서 가장 졸렬한 것으로 지혜로운 선비는 하지 않을 일이다.

〈「爲尹輪卿贈言」〉

정약용이 제자들에게 훈계하였던 기본입장은 생업으로 품격있는 생활기반을 확보하고 독서로 인격적 향상을 추구하는 일을 병행하는 것이 선비로서 살아가는 방법의 두가지 기본조건임을 강조하는데 있다. 아무 대책없이 추위와 굶주림을 견디며 단지 독서만 하는 것을 미덕으로 여기던 당시 조선사회의 선비들이 보여준 생활태도에 대해서, 그것은 선비로서 자신의 책임을 다하지 못하는 어리석고 부끄러운 일이라 역설하였다. 바로 이 점은 그의 교육자로서 태도에서도 현실을 중시하는 실학적 정신을 엿보게 하는 대목이다.

정약용은 강진 동문밖 주막집에 머물 때인 1804년 봄에 아동들을 가르치기 위한 교과서로『아학편』(兒學編: 兒學編訓義)을 지었다. 그는 우리나라에서 아동들의 한문교육을 위해 일반적으로 쓰고 있는 주흥사(周興嗣)의『천자문(千字文)』이 분류체계나 대응구조를 무시하여 아동교육에 적합하지 않은 점을 날카롭게 비판하고, 그 자신이 유형한 물체에 관한 1천자와 무형한 현상에 관한 1천자를 합리적 체계로 구성하여 2천자로 이루어진『아학편』을 지었던 것이다. 그의『아학편』이 일반에게 널리 보급되어 실제의 아동교육에 활용되지는 못하였지만, 교육방법을 경험과학적으로 개혁하고자 하였던 중요한 업적이라 할 수 있다.

또한 그는 1805년 겨울 보은산방에서 머물며 큰 아들 정학연에게 "내가 썩어 없어지지 않을 수 있는 것은 오직『역(易)』과『예(禮)』뿐이다"〈『예의문답』〉라고 말하였던 일이 있다. 당시 그는 밤낮으로 쉬지 않고『역』과『예』를 연구하여 저술하고, 또 이를 가르쳤다. 그는 자신의 학문적 업적에서『역』과『예』에 관한 연구가 가장 심오한 경지에 이르렀고 또 창의적 해석이라는 확고한 자신감을 보여주고 있다. 이때

예법에 관한 질문에 대답한 내용을 기록하여 『예의문답』(禮疑問答: 僧
菴禮問 혹은 僧菴問答)으로 편찬하였는데, 질문하였던 제자로는 큰 아
들 정학연이 중심이지만 최신(崔信)과 윤종영의 이름도 보인다. 또한
1808년 봄 다산초당에 자리잡고서 제자들에게 『주역』을 가르치면서
질문에 대답한 것을 기록하여 『다산문답(茶山問答)』을 편찬하였다. 그
는 다산초당에서 많은 저술을 할 때 제자들이 그의 저술과정에서 자료
조사나 필사 등에 직접 참여하면서 학문을 연마할 수 있게 하였다. 그
의 제자들로서는 스승의 지도에 따라 경전을 비롯하여 여러 전적들을
조사하고, 분류하여 정리하는 작업에 참여할 수 있는 소중한 기회를
얻었다.

  일찌기 다산에 있으면서 열심히 연구와 편찬에 전념하여, 여름 무더
위에도 쉬지 않았고 겨울 밤에는 닭우는 소리를 들었다. 그 제자들 가
운데서 경전을 살피고 역사서를 뒤적이는 사람이 두어명이요, 입으로
부르는 대로 받아 적는데 붓 달리기를 나는 듯하는 사람이 서너명이요,
항상 번갈아가며 수정한 원고를 정서하는 사람이 서너명이요, 옆에서
거들어 먹으로 줄을 치거나 교정하고 대조하거나 책을 매는 사람이 서
너명이었다. 무릇 책 한 권을 저술할 때에는 먼저 저술할 책의 자료를
수집하여, 서로서로 대비하고, 이것저것 훑고 찾아 마치 빗질하듯 정밀
하기를 기했다.…그러므로 저술한 경전 취지는 구름을 헤치고 햇빛을
보는 것 같지 않은 것이 없어서, 조금이라도 희미하고 흐린 기운을 띤
것이 없다.   〈정규영; 『사암선생연보』〉

정약용의 지도아래 이러한 경전주석의 공동작업 광경은 마치 큰 공장에서 자동화된 기계가 돌아가듯 정밀하고 신속하고 효율적인 생산과정을 보는 듯 하다. 이러한 공동작업은 정약용 자신의 저술에 제자들의 도움을 받은 것이기도 하지만, 그보다 제자들로서는 당대 최고 학자의 창의적 저술에 조력하면서 그 시대 학술의 정상에 직접 참여함으로써 가장 수준높은 교육을 받을 수 있는 기회를 얻었던 것이다.

8. 저술의 거대한 탑을 쌓아올리다

1) 예학과 역학의 저술에 착수하다.

정약용은 18년간의 유배기간을 탄식하고 절망하면서 낭비하지는 않았다. 그는 이 고통스러운 유배기간을 학문에 깊이 침잠할 수 있도록 하늘이 내려준 기회로 받아들이고 더욱 분발하였다. 이러한 믿음으로 자신의 모든 정열을 기울여 학문에 전념하고 저술에 힘을 쏟아부어, 경학과 예학 및 경세론을 중심으로 한국사상사에서 가장 방대하고 창의적인 업적을 이루었다.

> 젊어서는 학문에 뜻을 두었으나, 20년 동안 세상 일에 빠져 다시 옛
> 성왕(聖王)의 큰 도리가 있는 줄을 알지 못하였는데, 지금 여가를 얻게
> 되었다.   〈「自撰墓誌銘 集中本」〉

그는 강진에 도착하여 동문밖 주막 골방에 자리잡자 문을 닫아걸고 앉아서 깊이 생각하며 자신을 돌아보고나서 학문에 전념할 뜻을 확고

히 하여 독서와 저술에 착수하였다. 40대 초반이었던 이 시절 그의 학문적 열정은 초인적이라 할만 하다.

> 나는 임술년(1802) 봄부터 곧바로 저술하는 일에 전념하여, 붓과 벼루만을 곁에다 두고 새벽부터 밤까지 쉬지 않았다. 그래서 왼쪽 어깨가 마비되어 마침내 폐인의 지경에 이르고, 시력이 아주 나빠져서 오직 안경에만 의지하게 되었다.　　　　　　　　　　　　〈「示二兒家誡」〉

　그가 강진에 도착한 이후 처음 붙잡은 책은 『예기』의 「단궁(檀弓)」편이었던 것 같다. 그는 "「단궁」(상·하) 2편은 『예기』의 여러 편 가운데서도 의리가 특별히 정밀하고 문장이 특별히 아름다워, 내가 이 때문에 가장 좋아한다"〈「題檀弓箴誤」〉고 하였으니, 자신이 가장 좋아하는 경전의 글을 먼저 손댄 것일 수 있다. 그러나 「단궁」편의 내용이 상례(喪禮)에 관한 것이고, 유배지에 도착하자 상례의 문제에 처음 관심을 집중한 이유가 무엇인지를 분명하게 알기는 어렵다. 두차례나 의금부에서 국문을 당하면서 죽음의 문제가 그에게 절실하게 닥아왔기 때문인지도 모르겠다. 그가 강진에서 가장 먼저 저술한 것은 1803년 봄에 이루어진 「단궁」편의 옛 주석에서 잘못된 것을 바로잡은 『단궁잠오(檀弓箴誤)』 6권이었다.

　「단궁」편의 연구에서 출발하였던 상례문제에 대한 관심은 곧 바로 『의례』의 「사상례」 3편(「士喪禮」·「旣夕禮」·「士虞禮」)과 「상복(喪服)」 1편을 중심으로 상례문제를 더욱 천착하여, 먹고 자는 것조차 잊어버린채 밤낮으로 정밀하게 연구하는데 몰입하였다. 이러한 상례연구의 결실이 그후 다산초당으로 옮긴 뒤인 1811년 『상례사전(喪禮四箋)』 50

권과『상례외편(喪禮外編)』12권으로 결실을 거두었다.

그는『상례사전』의 저술을 하면서 먹고 자는 것도 잊을 정도로 몰입
하였고, 또한 이 저술을 통해 그가 새롭게 밝혀낼 수 있었던 경전의 진
실한 세계와의 만남을 무척이나 즐거워하고 있다. 여기서 그는 자신이
적용하고 있는 경전해석의 기본적 방법을 두가지로 제시하였다. 그 하
나는 한 경전 구절의 의미를 해석하면서 다른 경전 구절에서 증거를
찾아 고증하는 '이경증경(以經證經)'의 고증학적 방법이요, 다른 하나
는 서로 연관된 두 구절을 비교하고 대조시킴으로써 상호조명하여 의
미를 드러나게 하는 '피차비대(彼此比對)'의 해석학적 방법이다.

> 널리 옛 문헌을 상고하여 '경전으로 경전을 고증'(以經證經)함으로써
> 성인의 취지를 이해하고자 기약하였고, 혹은 '저것과 이것을 대비'(彼此
> 比對)함으로써 두가지의 의미가 서로 조명하여 드러나게 하였다. 비유
> 하자면 마치 기계의 법도에 고동을 한번 치면 온갖 기묘한 작용이 일제
> 히 나타나지만 불변의 이치는 그 기계 자체에 있는 것과 같다. 참으로
> 즐거워할 만하다.   〈「喪禮四箋序」〉

이처럼 정약용의 상례에 관한 경전해석 방법은 객관적 증거와 논리
적 상관성을 중시하는 것임을 확인할 수 있다. 그만큼 그는 기존의 해
석에 대해 자의적인 억측이나 이념적인 독단에 빠졌던 오류를 비판하
는 입장을 분명하게 밝히고 있는 것이다. 정약용은 그 자신의 이러한
해석을 마치 기계가 고동(스위치)만 틀어주면 그 자체의 구조와 운동원
리에 따라 저절로 작동하듯이 경전에서 제시된 옛 성인의 가르침을 그
자체로 드러내는 것이요, 기존 학자들이 자기 주관이나 관념에 빠져

멋대로 해석하는 오류를 극복한 것임을 자부하고 있다.

그는 『상례사전』을 저술한 동기로서 그동안 누적된 오류를 바로잡아 공자의 정신을 되살려내겠다는 강한 사명감을 밝히고, 그 자신이 이 저술을 통해 밝혀낸 성과에 대해 깊은 애착과 강한 자부심을 보여주고 있다.

> 『상례사전』은 바로 내가 성인을 독실하게 믿고 지은 책으로, 미친 듯 소용돌이치는 물결을 돌리고 온갖 시내를 막아 수사(洙泗: 공자와 맹자)의 참된 근원으로 돌아가게 했다고 여기는 것이다. 정밀하게 생각하고 관찰하여 그 오묘한 뜻을 터득하는 사람이 있다면 곧 뼈에 살을 붙여주고 죽은 생명을 살려주는 것이니, 천금을 주지 않더라도 받은 것처럼 감지덕지하겠다. 〈「示二兒家誡」〉

강진에 유배와서 초기에 그는 상례연구에서 그 스스로 자부하듯이 한국사상사에서 예학과 경학의 새로운 차원을 열어주는 획기적인 업적을 이루었다. 그러나 여전히 그가 왜 이렇게도 상례연구에 깊이 몰두하였던 것인지 그 이유를 선명하게 이해하기는 어렵다. 다만 그 자신이 예학의 중요성과 특히 상례의 긴급함을 강조하고 있는 사실을 확인할 수 있을 뿐이다.

> 예학이 밝아진 뒤에야 인륜에 처할 때 곧 그 분수를 다할 수 있다. 육례(六禮: 冠禮·昏禮·喪禮·祭禮·鄕禮·相見禮) 가운데 상례가 가장 넓고 가장 급한 것이다. 〈「爲盤山丁修七贈言」〉

정약용은 천주교신앙에 빠졌던 사실과 연관된 죄목으로 두 번이나 구속되어 국문을 받았고, 두 번째로 유배를 왔으니, 자신이 천주교신앙과 단절하여 유교에 확고하게 돌아왔다는 증거를 확보하기 위해 예학을 연구하고 상례에 관해 저술하였다고 보는 견해가 있기는 하다. 그러나 그가 자기 신변을 보호하기 위한 수단으로 예학연구를 하였다고 보기에는 그의 연구자세가 너무나 진지하고 철저하다. 그의 학문적 연원이라 할 수 있는 이익(星湖 李瀷)은 "유교에는 이학(理學)과 예학(禮學)의 두 갈래가 있다"〈『星湖僿說』,「儒術」〉고 언급한 바 있다. 정약용은 경학에 기반하는 자신의 학문체계를 구축하면서, 행동절차를 규정하는 '예학'이라는 하나의 큰 축을 정립함으로써, 의리를 밝히고 도를 논하는 '이학'이라는 또 하나의 축과 더불어 전체의 규모를 구상하였던 것이라 생각된다. 말하자면 '인륜'이라는 도리의 문제를 밝히는 과제와 그 인륜의 실천을 위한 분수를 규정하는 '의례'라는 행동의 문제를 밝히는 과제를 병행시켜 전체의 균형을 잡으려는 구상에 따른 계획된 저술의 순서가 아니었을까 짐작해본다. 그것은 '경학'과 '경세학'이라는 두 축에 상응하여 '인륜'과 '의례'라는 두 축이 그의 학문체계를 이루는 기본구성요소로 이해할 수 있음을 의미한다.

그는 42세때(1803) 겨울부터는 예학연구가 시작단계에 접어들었을 때인데, 잇달아 『주역』연구에도 착수하기 시작하였다. 이처럼 그가 '예학'연구에서 곧바로 '역학(易學)'연구로 이어가게되었던 과정에 대해서는 그의 친우 윤영희(松翁 尹永僖, 1761~1828)에게 보낸 편지에서 그 자신이 자세히 설명하고 있다.

책이라는 이름이 붙은 것은 모두 기(氣)가 꺾여 포기한 적이 없는데, 오직 『주역』만은 바라보기만 해도 기가 꺾여 탐구하고자 하면서도 감히 손도 대지 못한 것이 여러 번이었다네.…강진에 유배된 이듬해 (1802) 봄에 「사상례」를 읽고, 이어 상례에 관한 여러 책들을 읽어보니, 주(周)나라의 옛 예법은 대부분 『춘추』에서 증거를 취하였기 때문에, 이어 『춘추좌전』을 읽기로 하였다네. 이미 『춘추좌전』을 읽기로 하였으니, 상례와 관계가 없는 것이라 해도 널리 보지 않을 수가 없었지. 드디어, 『춘추』에 실려 있는 관점(官占: 나라의 卜官이 치는 점)의 법도에 대해 때때로 곰곰이 탐색하니,…깨닫는 바가 있는 듯하다가도 도리어 황홀하고 어렴풋하여 도저히 그 통로를 찾을 수가 없었네. 의심과 분한 생각이 마음 속에 교차되어 거의 먹는 것도 그만두려고까지 하였다네. 그래서 보고 있던 모든 예서(禮書)를 다 거두어 넣고서 오로지 『주역』 한가지만 책상 위에 놓고 밤낮으로 마음을 가라앉히고 깊이 탐색하였다네. 대개 계해년(1803) 늦은 봄부터는 눈으로 보는 것, 손으로 만지는 것, 입으로 읊는 것, 마음으로 생각하는 것, 붓으로 쓰는 것에서부터 밥상을 대하고 변소에 가고 손가락을 퉁기고 배를 문지르는 것까지 하나도 『주역』이 아닌 것이 없었네. 〈「與尹畏心(永僖)」〉

정약용은 학문에 자신감이 충만한 학자였지만, 오랫동안 『주역』을 이해하는데는 무척 어려움을 느끼고 심리적 압박을 많이 받았음을 엿볼 수 있다. 그가 『주역』에 본격적으로 뛰어들게된 계기는 상례연구의 과정에서 열렸다. 그는 옛 상례의 증거를 찾아 『춘추』를 읽게되었고, 『춘추』를 읽다가 춘추시대의 관점(官占) 방법을 연구하면서 의문이 풀리지 않자 모든 것을 덮어두고 오로지 『주역』연구에 몰두하게 되었다는 것이다. 이때 그가 『주역』 연구에 심혈을 기울여 열중하였으니, 마침내 그는 『주역』 앞에서 자신이 느껴왔던 높은 벽을 허물어내고 『주역』의 이치를 무르녹게 통달할 수 있었다.

그는 43세때(1804) 여름부터 『주역사전』(周易四箋: 周易心箋)의 저술에 착수하여 그해 겨울에 초고본을 이루었고, 이듬해부터 해마다 대폭 수정하여 네 번의 개고(改稿)를 거쳐 47세 때(1808) 다산초당에서 완성하였으니, 그가 『주역사전』을 다듬어가는데 얼마나 공을 들였는지 알 수 있다. 그 사이에 그의 두 아들 정학연과 정학유 및 제자 이청이 이 저술을 도왔다.

이렇게 완성된 『주역사전』의 저술에 대해 그는 오직 하늘의 도움으로 가능한 일이었음을 강조하여, 인간의 사고능력을 초월하는 역(易)의 새로운 세계를 열어놓은 것이라 자부하고 있다. 그만큼 그는 이 저술의 참된 가치를 알아줄 사람을 간절히 고대하고 있었던 것이다.

> 『주역사전』은 내가 하늘의 도움을 얻어 지은 책이요, 절대로 사람의 힘으로 소통시키고 사람의 지혜나 생각으로 도달할 수 있는 것이 아니다. 이 책에 마음을 침잠하여 오묘한 뜻을 모두 통할 수 있는 사람이 있다면 그는 바로 나의 자손이요 붕우이니, 천년에 한 번 만나더라도 나의 정을 배 이상 쏟아 애지중지할 것이다. 〈「示二兒家誡」〉

정약용은 상례를 연구하다가 우연히 역학에 뛰어들게 되었던 것으로 말하고 있지만, 유배 초기의 시련 속에서 이 두 저술에 몰두하였던 내면적 이유가 있었을 것으로 짐작된다. 그가 죽음의 덫에서 빠져나와 변방의 유배지에 던져져서 고독한 시련에 처했을 때, 상례의 문제를 통해 죽음의 세계를 마주하는 인간의 마음가짐과 행동절차를 해명하면서 죽음과 삶의 문제에 대한 인식을 진지하게 심화시킬 수 있었던 것은 아닐까. 이와더불어 그는 자신의 운명이 죽음과 삶 사이로 한 순간에 뒤바뀌는 상황을 경험하고 나서, 무상한 현실 세계의 변화 법칙과 그 의미를 『주역』에서 더욱 절실하게 체득할 수 있었던 것이 아니었을까 짐작해 본다.

사실 그는 강진생활의 초기에 『상례사전』과 『주역사전』을 저술하면서 자신의 학문적 세계를 절정의 수준으로 끌어올렸던 것이요, 그 스스로 이 두 저술의 가치를 자신의 생명처럼 소중하게 여겨, 자신의 두 아들에게 이 두 저술을 계승해줄 것을 간곡하게 당부하였던 것이다.

> 내가 죽은 뒤에 아무리 정결한 희생과 풍성한 제수를 차려놓고 제사를 지내준다 하여도, 내가 흠향하고 기뻐함은 내 책 한 편을 읽어주고 내 책 한 장을 베껴주는 일보다는 못하게 여길 것이다.…이 두 책(『상례사전』과 『주역사전』)만 전하여 계승할 수 있다면 나머지 것들은 폐기한다하더라도 괜찮겠다.   〈「示二兒家誡」〉

2) 다향(茶香) 속에서 거둔 학문적 수확

정약용은 47세때(1808) 봄에 다산초당으로 옮기면서 차향기가 감도는 한적한 산 속의 초당과 이곳에 소장된 1천권이 넘는(2천이라 말하기도 함) 장서는 그의 연구와 저술에 큰 도움이 되었다. 더구나 그가 지도하는 제자들도 그의 저술작업에 적극적으로 뛰어들어 도움을 주었다.

다산초당에 자리잡은 뒤로 가장 먼저 그해 겨울에는 그동안 네차례나 수정을 거듭하여『주역사전』24권을 완성하였고, 또한『역학서언』12권이 이루어졌다.『주역』을 주석한 여러 학설을 검토한『역학서언』은 그 후에도 수정과 보완이 계속되어 유배에서 풀려난 뒤인 1821년 완성되었다. 이와더불어 예학에 관련해서도 제사의례를 체계적으로 밝힌『제례고정(祭禮考定)』2권을 저술하였다. 이『제례고정』에 대해서는 "내 평생의 뜻이 담겨져 있는 것이다"〈「寄二兒」〉라고 할만큼 제사의례의 기본정신을 밝힌 것으로 중시하고 있다.

정약용은 48세때(1809) 가을에 앞서 1791년 정조 임금의 질문 800여 조목에 대답한 저술을 정밀하게 재검토하여 600여 조목으로 깎아서『시경강의(詩經講義)』12권을 다듬어내고, 이듬해(1810) 봄에『시경강의보(詩經講義補)』3권을 저술하여, 예경(禮經)과 역경(易經)의 범위를 넘어서『시경』연구에 까지 손을 뻗으면서 '육경(六經)'의 주석체계를 구축하는 작업으로 확장시켜갔다. 따라서 그는 49세때(1810) 봄에는 관례와 혼례의 절차를 규정한『가례작의(嘉禮酌儀)』1권의 저술을 비롯하여 예학에 관한 연구도 계속하고 있었으며, 이와 동시에『서경』의 해석에 관해 고증학적 검토를 시작하여『매씨서평(梅氏書平)』9권과『상서고훈수략(尙書古訓蒐略)』6권을 이루어『서경』연구에 착수함으로써 자신의 경학체계를 단계적으로 넓혀가고 있었다. 그해 가을 아동들의 학습을 위한 저술로『소학주천(小學珠串)』3권을 저술하였던 것은 앞서 저술한『아학편』에 이어 아동교육에 기울인 세심한 배려를 보여준다.

50세때(1811)는『서경』연구를 계속하여『상서지원록(尙書知遠錄)』

7권을 저술하고, 그해 겨울에는 강진에 도착한 이후 계속하여 관심을 집중해왔던 상례에 관한 연구를 마무리하여『상례사전』50권을 완성하였다. 이어서 이듬해(1812) 겨울에는『춘추』를 통해 주(周)나라 시대 국가의 제사의례를 비롯하여 상례 등을 고증한『춘추고징(春秋考徵)』10권을 저술하였다.

이 무렵 경학에 관심을 집중하면서도 우리의 역사지리와 국토방어 문제에 관심을 넓혀 1811년 우리 역사지리연구의 중요한 업적인『아방강역고(我邦疆域考)』를 저술하고, 이듬해(1812)에는 우리나라의 국토방어정책에 관한『민보의(民堡議)』를 저술하였다. 53세때(1814)는 제자 이청의 도움을 받아 우리나라의 강에 대한 역사지리적 연구로서『대동수경(大東水經)』을 저술한 것도 주목된다.

52세때(1813) 부터는 '사서(四書)'의 해석으로 관심을 넓혀, 그해 겨울에는『논어』에 관한 주석들을 폭넓게 검토하고 비판한『논어고금주(論語古今註)』40권의 저술을 마쳤으며, 이듬해(1814) 여름에는『맹자요의(孟子要義)』9권을 저술하고, 이어서 그해 가을에는『대학공의(大學公議)』3권과『중용자잠(中庸自箴)』3권을 저술하였으며, 잇달아 1784년 대학생시절에 정조 임금에게 올렸던『중용강의』를 30년만에 수정하고 보완하여『중용강의보(中庸講義補)』6권을 완성하면서 '사서'를 주석하는 저술을 마무리하였다.

54세때(1815) '육경'과 '사서'의 경전해석을 일단계 마친 이후에 남은 과제들에 까지 눈을 돌리는 여유를 보이고 있다. 곧 그해 봄에는 주자가 편찬한『소학』을 주석하여『소학지언(小學枝言)』1권을 저술하고, 그해 여름에는 진덕수(眞德秀)가 편찬한『심경』을 주석하여『심경밀험(心經密驗)』1권을 저술하였다. 그는『심경밀험』의 첫머리에서『소학』과『심경』으로 수양의 실천기준을 삼고 있음을 밝히고 있다.

> 내가 곤궁한 처지에 놓였지만 한가로이 지내며 육경과 사서를 연구
> 한지 여러 해 되었는데, 하나라도 얻은 것이 있으면 뽑아서 간직해 두
> 었다. 이에 그 독실하게 행할 방도를 찾아보니 오직『소학』과『심경』
> 은 바로 여러 경전이 꽃으로 피어난 것이었다. 진실로 이 두 책에서 배
> 워 마음을 침잠시키고 힘써 실천하여,『소학』으로 바깥의 행동을 다스
> 리고『심경』으로 안의 마음을 다스린다면, 어진 사람이 되는 길이 있
> 을 것이다.   〈『心經密驗』〉

여기서 그는 경전주석을 대체로 마무리 하면서 수양론의 실천으로
관심을 옮겨가게 된 이유를 설명해주고 있다. 그리고나서 55세때 봄
에는 경전과 고전에서 음악에 관한 언급들을 모으고 이를 분류하여 정
리하고 설명한『악서고존(樂書孤存)』12권을 완성하였다. 이『악서고
존』이 이미 사라지고 없는 악경(樂經)의 연구에 해당하는 것이라면 정
약용은『악서고존』의 저술을 마침으로써 이른바 '오경(五經)'이 아니
라 그가 말하는 '육경'의 해석체제를 갖추게 되었다고 할 수 있다. 그
이듬해(1817) 가을에는『상의절요(喪儀節要)』6권을 편찬하였는데, 그
것은 그가 이미 저술한 상례연구가 너무 방대하여 실제의 활용을 위해
간략한 형식으로 재편집하였던 것이라 할 수 있다.

그는 다산초당에서 육경과 사서의 경전주석을 완성하고나자, 또 경
세론의 저술에 착수하여 새로운 단계로 넘어갔다. 56세때(1817)는 국
가경영의 제도를 정밀하게 검토하고 체계적으로 구성하는『경세유표』
(經世遺表: 邦禮草本)의 저술에 착수하였는데, 비록 완성하지는 못하였

지만 48권으로 이루어져 있다. 이듬해인 57세때(1818) 여름에는 목민관의 기본강령과 행정사무를 구체적으로 제시한 것으로서 그의 경세론을 대표하는 『목민심서(牧民心書)』 48권의 저술을 마쳤다. 그리고 나자 그는 마침내 유배에서 풀려 그해 8월에 꿈 속에나 그리던 고향에 돌아왔다.

정약용이 다산초당에서 완성한 저술은 경전과 직접 연관된 것이 232권이요, 경세론의 저술이 96권이니 이것만 합쳐도 328권에 이르는 거대한 탑을 이루는 것이다. 그러나 그 경전해석이 열어준 정밀한 고증과 창의적 사유의 세계가 지닌 사상사적 중요성과 그 경세론의 구체적이고 현실적인 제도개혁의 정신이 지닌 비중을 고려한다면 단순히 거대한 탑을 이루었다고 하기 보다는 오히려 거대한 산봉우리로 솟아 올랐다고 해야 할 것이다.

그는 이 곳 다산초당에서 이루었던 자신의 저술에 대해 그 스스로 천금처럼 아끼는 애착을 지녔고, 온 천지에 크게 울릴 종처럼 언젠가 자신의 저술이 온 천하를 뒤흔드는 때가 올 것이라는 당당한 자신감을 밝히고 있다. 그래서 그는 세상 사람들이 어떤 비방을 하더라도 전혀 근심하거나 동요하지 않고, 오직 자신을 알아주는 한 사람을 기다리겠다는 넉넉한 여유를 보여줄 수 있었던 것이라 하겠다.

이곳은 당나라 이비(李泌)의 책시렁처럼,	況玆鄴侯架,
경사자집(經史子集) 책이 가득 쌓여 있네.	縹緗積四部,
궁색하게 살지만 저술은 많으니,	窮居富述作,
보잘 것 없어도 천금처럼 아긴다네.…	千金惜敝帚,…
오직 한 사람이 알아주기를 바랄 뿐이요,	唯求一人知,

세상사람 모두 꾸짓어도 근심할 것 없노라.	寧愁擧世詬,
벌레가 먹어 종을 매단 끈이 떨어진다해도,	追蠡雖剝落,
큰 종이야 칠때를 기다린다오.	洪鍾猶待扣,
종소리 흘러 하늘 열리는 자리까지 닿아,	聲流到天荒,
포뢰(蒲牢: 바다짐승) 울 듯 우렁차리라.	殷若蒲牢吼.

〈「一日散步梅下, 隱其榛蕪…」〉

이렇게 다산초당에서 저술한 그의 학문적 업적이 그의 사상이라는 거대한 건물의 중심이 되는 본채를 이루고 있으니, 다산초당은 그의 일생에서 가장 피땀어린 노고가 엉겨있는 곳이고 동시에 가장 풍요한 수확을 거두어들였던 황금기였다. 그러니 '다산(茶山)'이라는 호칭은 그가 써왔던 많은 호(號)들 가운데 가장 잘 알려졌고 그만큼 대표성을 가지게 되었던 것이라 하겠다.

9. 아내와 자식에 대한 애틋한 사랑

1) 아내와 자식에 대한 애틋한 정

강진에 유배갔던 이듬해(1802) 봄에 아내가 보낸 옷가지와 찰밥을 받아보고 가슴에 저리게 자신을 사랑하는 아내를 생각하였다.

천리 길을 어린 종이 가지고 온 편지 받고,	千里傳書一小奴,
초가 주막 등잔 아래 홀로 길게 한숨짓누나.	短檠茅店獨長吁,
어린 자식 농사 배운 건 아비꼴 경계해서이고,	稚兒學圃能懲父,
병든 아내 옷 꿰매 보내니 그래도 날 사랑하네.	病婦縫衣尙愛夫,
즐긴다고 이 먼 곳에 찰밥 싸서 보내왔지만,	憶嗜遠投紅稬飯,
굶주림 면하려고 쇠 투호를 또 팔았다 하네.	救飢新賣鐵投壺,
답장 바로 쓰자하니 달리 할 말이 없고,	旋裁答札無他話,
뽕나무나 수백 그루 심으라 당부했다네.	飭種壓桑數百株.

〈「新年得家書」〉

유난히 금슬이 좋았던 부부사이라 추운 겨울날 남편을 하늘 끝의 유배지에 떠나보내고나니 그의 아내가 병이 나는 것도 지극히 당연한 일이리라. 그래도 해가 바뀌어 봄이 오고 날이 풀리자 어린 종을 보내 편지로 집안 소식을 전해주면서, 봄에 입을 옷을 꿰매고 손질하여 보내고 또 평소에 그가 좋아한다고 찰밥을 지어 천리길을 싸보냈으니, 아마 목이 메어 좋아하던 그 찰밥도 쉽게 넘어가지 않았을 것이다. 형제 가운데 한 사람은 처형되고 두 사람은 유배를 가서 집안은 풍비박산이 되고 말았다. 그러니 한창 공부에 전념해야할 사대부집안 자제이지만 그의 어린 자식들이 생계를 위해 농사를 배워야 하는 처지가 되었고, 집안사람은 식량이 떨어져 가재도구를 팔아서 써야 하는 형편인줄을 알고 있었다. 그는 답장을 하자해도 가슴이 막혀 할 말이 없었을 것이다.

그가 강진의 보은산방에 머물던 45세때(1806) 봄날 아내를 생각하며 읊었던 노래에는 애끊는 간절한 그리움을 절절하게 표현하고 있다.

하룻 밤에 지는 꽃은 천 잎이요,	一夜飛花千片,
우는 비둘기 어미 제비가 지붕 맴도는데,	繞屋鳴鳩乳燕,
외로운 나그네 돌아가지 못하고 있으니,	孤客未言歸,
어느 때나 침방에 들어 꽃다운 인연 맺어볼까.	幾時翠闈芳宴,
그리워 말아야지.	休戀,
그리워 말아야지. 서글픈 꿈 속에서 본 그 얼굴.	休戀憫悵夢中顔面.
	〈「如夢令, 又」〉

　화사하게 만발했던 꽃들은 봄이 깊어 이제 바람에 무수한 꽃잎을 날리며 지고 있으니, 시간이 얼마남지 않아 순간 순간이 아쉽고 초조할 뿐이다. 더구나 짝을 부르는 비둘기의 울음소리를 듣고 새끼를 찾아 날아드는 제비의 모습을 보며, 유배된 몸이라 만날 길 없는 아내와 자식에 대한 그리움이 더욱 간절해지는 것을 어찌 막겠는가. 마음대로 돌아갈 수 없는 몸으로 아내를 못견디게 그리워하면서도 "그리워 말아야지"하고 되풀이 뇌이며 자신의 마음을 눌러두지 않을 수 없고, 아무리 그리움을 달래어 보아도 꿈 속에서 다시 그 얼굴을 보게되는 쓸쓸함을 진솔하게 고백하고 있다.

　그가 49세때(1810) 다산초당에 있을 때 아내 홍씨는 10년째 얼굴도 못본채 멀리 유배지에 있는 남편을 그리워하며 시집 올 때 입었던 활옷의 빛바랜 여섯폭 다홍치마를 보내왔다. 겉으로 내건 이유는 남편이 저술한 책을 제본할 때 책표지 만드는데 쓰라는 것이지만, 속으로는 그리운 마음을 실어보낸 것이리라. 그는 아내의 낡은 다홍치마를 받고서 이것을 작게 잘라 그기에다 훈계하는 말을 적어 「하피첩(霞帔帖)」이라는 작은 책자 4개를 만들어 두 아들에게 주었다. 자식들이 어머니 치마에 아버지가 손수 써준 훈계를 읽으며 감흥이 일어나 양친의 은혜를 생각하게 되고 저절로 분발하게 되기를 바라는 마음을 담았던 것이다.〈「題霞帔帖」〉 그리고 이 낡은 치마의 남은 조각을 간직했다가 1813년 딸이 시집갈때 그 치마의 조각에다 딸을 위해 자기가 지은 시를 쓰고 매화가지에 한 쌍의 새가 앉은 '매조도(梅鳥圖)'를 그려 족자로 만들어 주었다.

오락가락 날던 새가,	翩翩飛鳥,
우리 뜨락 매화가지에 쉬네.	息我庭梅,
매화 향기 짙었으니,	有烈其芳,
즐겨 날아왔도다.	惠然其來.

여기 머물고 여기 깃들어,	爰止爰棲,
너의 보금자리 즐기누나.	樂爾家室,
꽃도 이미 한창이니,	華之旣榮,
그 열매 탐스러우리라.	有蕡其實.

이 「매조도」 족자의 화제(畵題)로 쓴 시는 『시경』의 한 편을 읽는 듯하다. 딸을 향기로운 매화꽃처럼 여기고, 친구(尹書有)의 아들이요 자신의 제자인 윤창모(尹昌模)와 혼인한 딸의 내외를 자기 뜨락 매화 가지에 깃든 한 쌍의 새처럼 귀여워하는 그의 따스한 정이 흠뻑 녹아 있다.

그는 아내 홍씨와 사이에 아들 여섯 딸 셋으로 자식을 아홉 낳았는 데, 그 중에 아들 넷과 딸 둘이 천연두나 홍역을 앓다가 어려서 죽는 참척(慘慽)을 잇달아 당하였다. "오호라. 내가 하늘에 죄를 얻어서 당하는 잔혹함이 이와같으니, 어이하면 좋단 말인가"〈「農兒壙志」〉라고 길이 탄식하였다. 이렇게 여러 자식들을 잃으면서 그의 애끓는 슬픔은 골수에 깊이 새겨졌던가 보다.

큰 딸은 팔삭으로 태어나 4일만에 죽었으니 이름도 짓지 못했다. 그를 무척이나 따르던 셋째 아들 구장(懼牂)은 세 살때 마마를 앓다가 죽었고, 무척 애교스러웠던 둘째 딸 효순(孝順)도 세 살때 마마를 앓다가 죽었다. 넷째 아들 삼동(三童)도 세 살때 그가 곡산부사로 있을 때 곡산에서 마마를 앓다가 죽었다. 다섯째 아들은 이름도 짓기 전에 죽고 말았다. 그리고 막내로 낳은 여섯째 아들 농장(農牂)은 1802년 겨울 네 살에 역시 마마를 앓다가 죽었는데, 강진 유배지에서 막내 아들의 죽음을 듣고서 무척이나 비통해 했다.

> 나는 죽음이나 삶과 슬픔이나 즐거움의 이치를 대략 알 수 있는데도 이렇게 비통한데, 하물며 너희 어머니는 자식을 품속에서 꺼내어 흙 속에다 묻었으니, 그 아이가 살았을 때의 기특하고 사랑스러웠던 말 한마디 몸짓 하나까지 모두 귀에 쟁쟁하고 눈에 삼삼할 것이다.…너희 어머니가 목숨을 의탁하고 있는 것은 오직 그 아이뿐이었다. 더구나 큰 병을 앓고 많이 수척해진 뒤에 이런 일을 당했으니 하루 이틀 사이에 잇달아 죽지 않는 것만도 매우 기이한 일이다. 너희 어머니 처지를 생각하면 내가 그 아이의 아비란 것도 문득 잊은채 다만 너희 어머니만을 위해 슬퍼한다. 너희들은 아무쪼록 마음을 다하여 효성으로 봉양해서 너희 어머니의 목숨을 보전하도록 하여라. 　〈「答兩兒」〉

네 살난 막내아들의 죽음은 그가 '하늘끝 땅모서리'(天涯地角)라 하는 아득히 먼 유배지에서 당했기 때문에 더욱 슬펐다. 그러나 그는 자식의 죽음에 대한 자신의 슬픔보다 아내의 비통함이 얼마나 큰 것인가를 절절하게 느끼고 있었다. 남편을 다시 만날 기약도 없고, 다른 자식들은 장성했으니 걱정이 없을 터이다. 단지 어린 자식 하나가 있어서 이 아이를 키워야 한다는 일념으로 병든 몸을 추스리며 살아왔을 아내가 상심이 커서 잇달아 죽지나 않을지 마음조렸던 것이다. 그래서 두 아들에게 어머니를 봉양하여 살 수 있도록 하라고 간곡히 당부하였다.

2) 자식을 가르치는 정성

정약용은 아홉 자식을 낳아 아들 둘과 딸 하나를 키웠다. 두 아들은 학연(學淵: 初名 學稼)과 학유(學游: 초명 學圃)요, 딸은 강진에서 그가 가르친 제자 윤창모(尹昌謨)에게 출가하였다. 그래서 다산은 남은 두 아들을 훈계하고 가르치는 데 특별한 정성을 기울였다. 유배지인 강진에서도 거듭 편지를 보내 학문을 독려하기도 하고, 직접 강진으로 불러 곁에 두고 가르치기도 하였다.

> 절대로 자포자기하지 말고 성의를 다하고 부지런히 힘써서 책을 읽고 책을 베끼고 글을 짓는 일에 혹시라도 소홀함이 없어야 할 것이다. 벼슬길이 막힌 집안으로서 글을 배우지 않고 예의가 없다면 어찌하겠느냐? 모름지기 범상한 사람보다 백배의 노력을 더하여야 겨우 사람 축에 들게 될 것이다.　　　　　　　　　　　　　　　　〈「答二兒」〉

강진에 유배된 다음해(1802) 2월에 두 아들에게 보낸 답장에서 정약용은 형제 가운데 셋째 형이 처형을 당하고 둘째 형과 자신이 유배되는 불운에 빠지면서 집안이 무너지고 벼슬길이 막히는 폐족(廢族)의 처지에 놓이자, 자식들에게 학문을 함으로써만이 집안의 명맥을 이어갈 수 있음을 무엇보다 강조하여 간곡하게 당부하였다. 또한 그는 독서의 방법에 대해서도 자상하게 충고하고 있다.

> 책을 그냥 읽기만 하면 하루에 천백번을 읽어도 읽지 않은 것과 같
> 다. 책을 읽을 때에는 한 글자를 볼 때마다 그 명칭과 의미를 분명하게
> 알지 못하는 곳이 있으면 모름지기 널리 고찰하고 자세히 연구해서 그
> 근본을 터득하고 따라서 그 글의 전체를 완전히 알 수 있어야 한다.
>
> 〈「寄游兒」〉

이렇게 정밀하게 고증하여 정독하는 훈련을 쌓음으로써 학문을 이룰
수 있는 길로 이끌어주고 있다. 그는 두 아들에게 독서의 범위로서 경
전을 기본으로 하면서도, 우리나라의 역사에 관한 지식을 갖추도록 강
조하였다. 곧 그는 "우리나라 사람들이 걸핏하면 중국의 일을 인용하는
데, 이 또한 비루한 품격이다"〈「寄淵兒」〉라고 하여, 우리자신의 역사와
옛 문헌에 대해 소홀히 하는 태도를 경계하였다. 이에 따라 그는 『삼국
사기』・『고려사』・『국조보감(國朝寶鑑)』・『여지승람(輿地勝覽)』・『징
비록(懲毖錄)』・『반계수록(磻溪隨錄)』・『성호사설(星湖僿說)』・『연려실
기술(燃藜室記述)』 등 우리나라 역사책과 선현들의 저술도 폭넓게 읽
고 초록하여 고증에 활용하고, 시를 짓는데도 우리나라 문헌을 활용하
도록 당부하였다.

그는 몸과 마음을 닦아 인격을 성취하도록 훈계하면서, 수신의 방법
은 효도와 우애가 근본임을 강조하고, 가정에서 행실이 어떠한지를 살
펴보면 사람됨을 판단할 수 있음을 일깨워주고 있다. 〈「示學淵家誡」〉
또한 선행을 하는 것이 복을 받는 도리라 하고, 재물을 몰래 간직하기
위해서는 남에게 베푸는 것이 가장 좋은 방법이라 하여, 선행으로 덕

을 쌓아가도록 타이르고 있다.〈「示二子家誡」〉

그는 자기 집안이 이미 벼슬길이 막힌 폐족이라 하면서도, 자식들에게 벼슬에 나간 사람처럼 당당할 것을 당부하였다. 또한 그는 임금을 섬기는 방법으로서 임금의 사랑을 받는 신하가 아니라 임금의 존경을 받는 신하가 되어야 한다고 강조하여 벼슬길에 나간 신하의 도리를 깨우쳐주고 있다.

> 임금을 섬기는 방법이란 임금에게 존경받는 사람이 되어야 하고, 임금에게 사랑받는 사람이 되어서는 안되며, 임금에게 신임받는 사람이 되어야 하고, 임금이 좋아하는 사람이 되어서는 안된다.
>
> 〈「示學淵家誡」〉

임금을 가까이 모시고, 시 잘 짓고 글씨 잘 쓰며, 비위 잘 맞추는 신하를 임금이 사랑할지언정 존경하지는 않는다는 것이다. 그 자신 정조임금의 극진한 사랑을 받았지만, 그가 바라는 군신관계는 사랑으로 맺어지는 것이 아니라 존경과 신뢰로 맺어지는 것이라야 한다고 보고 있다. 아마 임금의 사랑을 받는다는 것은 다른 사람이 시기하는 대상이 되기 쉬워 위태로울 뿐만 아니라, 임금의 사랑을 받는 것으로는 한때 분주하게 부림을 받지만 끝내 크게 쓰이지 못하고 만다는 사실을 깊이 경계하고 있는 것이라 하겠다.

정약용은 자식들에게 벼슬길이 막힌 집안의 처지에서 지켜야할 일로, 독서와 병행하여 생활기반을 확보하는 일을 중시하며, 그 방법으로 과수를 심고 채마밭을 가꾸는 일에 힘쓰도록 거듭 당부하고 있다.

　　먹고 입는 근원으로는 오직 뽕나무나 삼(麻)을 심는 것과, 채소나 과
일나무를 심는 것과, 부녀자가 부지런히 베짜는 것이 조금 할 만한 일
이다.…공손하고 성실하게 경전을 연구하라. 부지런하고 검소하게 채
마밭 가꾸기에 힘써라. 겸손하고 도를 지키며 일을 줄이고 경비를 절약
하라. 이렇게 한다면 집안을 보존하는 어진 아들이 되리라.

〈「示學淵家誡」〉

　그는 벼슬길이 막혔다고 자포자기하여 독서를 폐지하고 허랑방탕하
여 놀고 먹는다면 그 집안이 다시 일어설 수 없도록 무너지고 말 것이
라는 사실을 지적하여 경계한다. 따라서 벼슬길이 막힌 집안을 보존하
는 방법으로 독서와 생업의 두가지 일을 병행하도록 가르치고 있다.
여기서 그는 생업을 위해 부지런함과 더불어 절약하는 검소한 생활태
도를 강조하였다.

　　나는 전원을 너희에게 남겨줄 수 있을 만한 벼슬은 하지 않았다. 그
러나 오직 두 글자의 신령한 부적이 있어서, 삶을 넉넉히 하고 가난을
구제할 수 있기에 이제 너희에게 주니, 너희는 소홀히 여기지 말아라.
한 글자는 부지런할 '근(勤)'이요, 또 한 글자는 검소할 '검(儉)'이다. 이
두 글자는 좋은 전답보다도 낫고, 평생 써도 다 쓰지 못할 것이다.

〈「又示二子家誡」〉

　'근'과 '검'(勤儉)이라는 두 글자를 유산처럼 물려주면서 어떤 문전옥
답을 물려주는 것보다 좋은 유산이라 지적하였다. 아무리 좋은 전답을
많이 물려주어도 낭비하면 쉽게 탕진되고 말지만, 부지런함과 검소함

은 이것을 쓰면 쓸수록 더 부유해질 수 있다는 가르침이다.

그는 '근검'의 훈계를 주자의 말에서 찾기도 한다. 곧 주자가 "화목하고 순종함(和順)은 집안을 안정시키는(齊家) 근본이요, 부지런하고 검소함(勤儉)은 집안살림을 다스리는(治家) 근본이요, 글을 읽는 것(讀書)은 가문을 일으키는(起家) 근본이요, 이치를 따르는 것(循理)은 집안을 보존하는(保家) 근본이다"라고 언급한 구절을 매우 중시하여, 이를 가정생활의 네가지 근본, 곧 '거가사본(居家四本)'이라 하였다. 그는 여러 책에서 이 네가지 조목에 연관된 명언들을 뽑아 하나의 책으로 편집하였는데, 어떤 사람에게 빌려 주었다가 잃어버리고 말았던 일이 있었다. 그래서 두 아들에게 다시 여러 책에서 뽑아 한 권의 책으로 만들어보기를 지시하였다.〈「寄兩兒」〉이처럼 그는 자식들에게 벼슬이 막힌 집안이지만 집안을 다시 일으키고 보존하는 방법을 간곡하게 당부하고 있음을 보여준다.

그는 두 아들이 과음하지 말도록 경계하면서, 제대로 술을 맛보는 방법이 술을 입술에 적시는데 있으며, 술을 즐긴다는 것은 살짝 취하는 정도에 있다고 타이른다. 여기서 그는 소가 물마시듯 술을 마시는 폭음하는 짓의 무지함을 지적하면서, 격조있는 음주문화를 제시하고 있다.

> 너희들은 내가 술을 반 잔 이상 마시는 것을 본 적이 있느냐. 참으로 술의 맛이란 입술을 적시는 데 있는 것이다. 소가 물 마시듯 하는 사람들은 입술이나 혀는 적시지도 않고 곧바로 목구멍으로 넘기니, 무슨 맛이 있겠느냐. 술의 정취는 살짝 취하는 데 있는 것이다.…나라를 망치고 가정을 파탄시키는 흉포한 행동은 모두 술로 말미암아 비롯된다.
>
> 〈「寄游兒」〉

10. 자기를 알아주는 평생의 벗,
둘째 형(丁若銓)에 대한 그리움

　　정약용은 무척 사교적인 성격이어서 많은 벗들과 사귀었지만, 특히 20대의 청년시절에 깊이 사귀었던 벗은 이벽(曠菴 李蘗)이었다. 그러나 그 누구보다 그는 둘째형 정약전(巽菴 丁若銓)을 무척 따랐고, 평생을 통해 자기를 알아주는 지기(知己)의 벗이라 하였다. 어려서부터 함께 산사에 가서 독서하며 토론을 벌이기도 하고, 서울에서는 함께 시우(詩友)들과 어울려 즐기기도 하였다.

　　신유교옥(1801)때는 두 형제가 모두 투옥되어 두 번씩 유배를 가야했다. 그해 겨울 정약전은 흑산도로 그는 강진으로 유배지를 찾아가게 되었을 때 형제가 서울에서부터 함께 내려오다가 나주 북쪽 5리에 있는 율정(栗亭)주막에서 하루 밤을 묵고 이튿날 아침 헤어져야 했다. 43세때(1804) 봄날 정약용은 보은산 정상에 올라 둘째 형 정약전이 유배생활을 하는 흑산도 앞의 우이도(牛耳島)를 바라보며 둘째 형을 그리워하여 읊은 시가 있다.

나주 바다와 강진사이는 이백리 거리,	羅海耽津二百里,
험준한 두 우이산을 하늘이 만드셨던가.…	天設巃嵸兩牛耳,…
아득히 먼 곳을 싫컷 본들 무슨 소용 있으랴,	瓊雷騁望嗟何益,
괴로운 마음 쓰라린 속을 남들은 모른다네.	苦心酸腸人不識,
꿈 속에서 서로 보고 안개 속을 바라보니,	夢中相看霧中望,
눈은 물커지고 눈물 말라 천지가 깜깜하누나.	目穿淚枯天地黑.

〈「九日登寶恩山絶頂」〉

속이 쓰리고 눈이 물커질만큼 보고싶은 둘째 형에 대한 그리움이 간절하였다. 그는 둘째 형이 있는 나주의 흑산도(현재는 신안군에 속함)라는 명칭에서 '흑(黑)'자가 너무 스산하게 느껴져, '흑'을 '현'(玆: '자'와 '현'의 두가지 발음이 있음)이라 글자를 고쳐 '흑산'을 '현산'('자산'이라 읽기도 함)이라 읽었다. 둘째 형이 있는 흑산도로 들어가는 입구에 '우이도'가 있고, 강진의 뒷산인 보은산(우두봉)은 '우이산'이라고도 하니, 우연히도 명칭이 일치한다. 게다가 보은산의 정상에는 봉우리가 둘인데 그 이름이 '형제봉'이라 한다. 그는 우이도와 우이봉이 바다 건너 마주하고 있는 사실과 이곳 우이봉을 형제봉이라는 사실이 마치 둘째 형과 자신의 형제 사이를 가리키는 것처럼 생각했다.

그는 46세때(1807) 강진에서 둘째 형의 편지를 받고 형제가 이별하여 바다를 건너 떨어져 아무리 그리워도 만날 길이 없는 현실을 슬퍼하고, 고향에 외롭게 있는 형수와 조카를 생각하며 안타까운 마음을 토로하는 시를 읊었다.

율정 주막이 미운 것은,	生憎栗亭店,
문 앞 길이 두갈레로 갈라진 것이네.	門前歧路叉,
원래 한 뿌리에서 태어났는데,	本是同根生,
떨어진 꽃잎처럼 뿔뿔이 흩어지다니.	分飛似落花.
북풍이 나를 몰고 오는데,	北風驅我來
가고 또 가다가 바다를 만나 멎었네.	行行遇海止,
우리 형님은 더 거센 바람을 만나,	我兄風力猛,
깊은 바다 속까지 들어갔다네.	乃入滄溟裏,
두고 온 아내는 과부가 되고,	留妻作寡婦,
이별한 자식은 고아가 되었구나.	別兒爲孤子.

〈「奉簡巽菴」〉

그는 둘째 형이 1816년 6월6일 유배지 흑산도에서 죽었다는 소식을 듣고나서 형을 잃었다는 것에 앞서서 이 세상에서 하나 밖에 없는 자기를 알아주는 벗을 잃은 슬픔으로 통곡하였다. 이때 그는 두 아들에게 보낸 편지에서 자신의 피맺힌 슬픔을 처절하게 토로하고 있다.

오호라. 어질면서도 곤궁함이 이와같을 수 있는가. 원통하여 무너지는 가슴을 호소하니 목석도 눈물을 흘리는데 다시 무슨 말을 하겠느냐. 외로운 천지 사이에 우리 손암(巽菴: 정약전)선생만이 나의 지기(知己)였는데, 이제는 그분마저 잃고 말았다. 앞으로는 비록 깨달은 바가 있다 하더라도 누구에게 입을 열어보겠느냐. 사람이 자기를 알아주는 이가 없다면 죽느니만 못한 것이다. 아내도 나를 알아주지 못하고 자식도 나를 알아주지 못하고 형제 종족들이 모두 나를 알아주지 못하는 처지에 나를 알아주던 우리 형님이 돌아가셨으니 슬프지 않으랴. 경집(經集) 240책을 새로 장정하여 책상 위에 두었는데 나는 이 저술을 불살라야 한단 말인가.　　　　　　　　　　　　　　　　　　　〈「寄二兒」〉

그가 둘째 형 정약전에게 정신적으로 얼마나 깊이 의지해 왔는지 엿볼 수 있다. 자신이 피땀으로 이루어놓은 경전주석 249권을 이제 알아줄 사람이 없어 불태워 버려야겠다고 생각하는 것은 더 이상 살고 싶지 않다는 고백이기도 하다. 그는 강진에서 한가지 저술이 이루어지면 흑산도의 둘째 형에게 보내어 논평을 받았고, 정약전은 아우의 저술이 지닌 진가를 유감없이 평가하여 칭찬을 아끼지 않았다.

그가 『주역사전』를 보내자, 정약전은 "세 성인(伏犧·文王·周公)의 마음 속 은밀한 뜻이 오늘에 와서 다시 찬란히 밝아졌다"라 극찬하고, 『상례사전』을 보냈더니, 정약전은 "정리되고 다음어진 것이 마치 장탕(張湯: 西漢때 名判官)이 판결하는 것과 같이 드러나지 않은 실정이 없다"고 칭찬하였다. 『악서고존』을 받아보고, "2천년 동안이나 계속된 긴 밤의 꿈 속에서 헤매던 음악이 지금에서야 정신이 들었다"고 칭찬하면서도 악률의 잘못된 해석을 지적해주었고, 정약용은 이에따라 자신의 저술을 전면적으로 수정하였다.〈「先仲氏墓誌銘」〉

정약용은 경전해석을 하면서 자신이 터득한 새로운 견해에 대해, "신명(神明)이 말없이 깨우쳐 줌이 있는 것 같았다"〈「自撰墓誌銘 集中本」〉라고 말할 만큼 창의적 깨달음이 있었음을 밝혔다. 그러나 이를 마음놓고 보여주고 평가받을 곳은 둘째형 정약전 한 사람이 있었을 뿐이었다. 정약전은 이러한 아우의 창의적 견해를 깊이 이해해주고 아낌

없이 격려해주었던 지기지우(知己之友)였던 것이다. 정약전은 정약용의 『주역사전』에 붙인 서문에서 그가 알고 있는 아우의 인물됨을 간결하게 서술하고 있다.

> 그가 젊어서 성균관에 다닐 적에는 과거시험의 문체로 세상에 이름을 떨쳤으니, 나는 그를 재치가 번뜩이는 재사(才士)로 여겼다. 장성하여 규장각에 출입하면서 문학으로 명철한 임금을 섬기게 되었을 때는 나는 그를 문장과 경학의 선비(文章經術士)라고 여겼다. 지방수령으로 나가 행정을 담당하면서는 크고 작은 안팎의 일이 모두 지극한 성과를 이루었기에 나는 그를 재상될만한 그릇(廊廟器)이라 여겼다. 만년에 바닷가에 귀양가서 『주역사해』(周易四解: 周易四箋)를 지었는데, 나는 처음에는 놀라고 그 다음에는 기뻐하다가 마침내는 나도 모르는 사이에 무릎이 꿇어질 뿐만 아니라 그를 어디에 비겨야 할지 모르겠다.…다만 내가 섬에 유배되어 죽을 날이 멀지 않았지만, 그와 같은 세상에 같은 형제가 되어 이 책을 읽고서 이 책의 서문을 쓸 수 있는 것만으로도 이 얼마나 좋은 일인가. 나는 진실로 유감이 없도다. 아아. 그도 또한 아무 유감이 없을 것이다.　　　　　　　　　　　〈「周易心箋序」〉

평생을 가장 가까이서 지켜보아 왔던 둘째 형 정약전이 아우 정약용에 대한 인물평이다. 여기서 정약전은 정약용의 사상이 보여준 창의적 세계에 외경의 마음을 밝히고 있을 뿐만 아니라, 아우 정약용에 대해 더 이상 평가하고 규정해볼 수 없는 경지에 이르른 것으로 극진하게 높이고 있음을 보여준다. 정약용의 『주역사전』을 읽고 서문을 쓸 수 있다는 사실만으로도 유배지에서 죽게 되더라도 아무 유감이 없다는 고백이요, 이 책을 저술한 정약용으로서도 평생을 괴롭혀왔던 모든 고통과 시련에 대해 유감이 없을 것이라 확신을 밝히고 있다. 정약용의 저술을 통해 '도'(道)를 들었으니 이제 죽더라도 아무 유감이 없다는 것이요, 그것은 정약용이 저술에서 밝혀낸 진리를 통해 구원을 받았다는 고백이기도 하다. 공자가 "아침에 도를 들으면 저녁에 죽어도 좋다"(朝聞道, 夕死可矣)라고 하였던 말씀의 뜻에 해당하는 것이 아니겠는가.

4부

노년의 여유:
다음 세상을 기다리며

(58-75세, 1818-1836)

1. 유배에서 풀려나 고향 소내(苕川)로 돌아와서

2. 저술을 마무리하고 학자들과 토론의 꽃을 피우며

3. 다음 세상을 기다리며

茶山評傳

1. 유배에서 풀려나 고향 소내(苕川)로 돌아와서

1) 유배에서 풀려나 고향에 돌아왔지만

57세 때(1818) 정약용은 강진에서 18년동안 보낸 유배생활을 끝내고 마침내 그해 9월15일 고향에 돌아올 수 있었다. 그가 유배생활에서 풀려나게 되는 문제와 관련하여 몇 가지 일화가 전해지고 있다.〈崔益漢;『실학파와 정다산』, 500-502쪽〉

그 한가지는 강진에 유배와서 몇 년이 지났을 때 그 당시 전라도 관찰사로 부임하였던 그의 옛 친우로서 세도가의 친척인 어떤 인물(金履載를 가리키는 듯함)이 정약용에게 보낸 편지에서 속히 풀려나기 위한 방법으로 세도가인 재상을 칭송하는 시나 글 한 편을 지어보내라는 암시를 하였다고 한다. 이에 답장하면서 정약용은 한 사람이 유배에서 풀려나는 것은 국가에 큰 관계가 없지만, 백성의 곤궁이 극한에 달하였고 탐관오리의 착취는 갈수록 심해지니, 이를 해결하지 않으면 호남에 큰 사변이 일어날 것이라 하여, 자신이 유배에서 풀려나는 일 보다는 민생을 구해내는 일이 시급한 일임을 역설했다고 한다.

그는 1808~1809년에 김이재(江右 金履載, 1767~1847)와 편지를 주고 받았는데, 당시 김이재의 벼슬이 무엇이었는지는 확인할 수 없지만 전라도 관찰사는 아니었던 것 같다. 정약용은 1809년 김이재에게 보낸 편지에서 당시의 혹심한 가뭄으로 호남지역의 참혹한 실상과 위태로운 상황을 알려주고 있다.

> 6월 초순부터는 유랑민이 사방으로 흩어져 울부짖는 소리가 곳곳에서 들리고, 길가에 버려진 어린아이가 헤아릴 수 없이 많으니, 마음이 아프고 눈이 참담하여 차마 듣고 볼 수가 없습니다. 〈「與金公厚」〉

> 지금 호남 일대에 근심스러운 일이 두가지 있습니다. 그 하나는 백성들의 소요이고, 또 하나는 관리의 탐학입니다.…뜻을 잃고 나라를 원망하는 무리들이 유언비어를 퍼뜨려 불안한 말로 선동하고, 간사한 참위설로 백성들을 현혹시키고 있습니다. 〈「與金公厚」〉

실제로 정약용은 자신이 유배에서 풀려나느냐의 문제보다 도탄에 빠져 울부짖는 백성들과 절망적인 상황 속에서 선동하여 민란이 일어날 위험을 더 시급한 문제로 인식하고 있었던 것이 사실이다.

또 한가지는 1818년 그가 풀려나기에 앞서 옛 한림학사 시절의 친우인 김이교(竹里 金履喬, 1764~1832, 김이재의 형)와 만났던 이야기다. 그때 김이교는 강진에 유배 왔다가 풀려나서 서울로 돌아가는 길에 다산초당으로 그를 찾아 왔는데, 하룻밤을 지새우며 회포를 풀고 그 다음날 떠나게 되었다. 정약용은 옛 친구를 전송하며 십리를 함께 걸어가면서도 자신의 신상에 관한 말이 없었다고 한다. 다만 김이교의 부채에 작별의 정표로 시 한 수를 써 주었다는 것이다. 김이교는 당시 세도가인 김조순(金祖淳)의 친척으로 서울에 올라가서 김조순의 사랑방에 갔을 때, 가을인데도 부채를 펴서 슬슬 부치고 있었는데, 김조순이 그 부채에 쓰인 시를 보고는 정약용이 지은 시임을 알아보고는 안쓰럽게 생각하여 조정에 나가 임금에게 아뢰어 정약용을 풀어주게 하였다고 한다. 그가 김이교와 작별하며 부채에 적어준 시는 다음과 같다.

역마을에 가을비 내려 송별이 늦어지나,	驛亭秋雨送人遲,
누가 다시 이 외딴 곳을 찾아주리오.	絶域相尋更有誰,
반자(班子)는 선선이 될 가망이라도 있지만,	班子登仙那可望,
이릉(李陵)은 한나라로 돌아갈 기약이 없네.	李陵歸漢竟無期,
규장각에서 붓을 휘날리던 생각을 하면,	尙思西舍揮毫日,
경신년 임금님 승하하신 날을 차마 말 못하겠네.	忍說庚年墜劍時,
참대 숲에 걸린 기울어지는 달이 밝으니,	苦竹數叢殘月曉,
그 옛날 궁중 뜨락을 회상하며 눈물 흘리네.	故園回首淚垂垂.

〈최익한; 『실학파와 정다산』, 502쪽에서 인용〉

반자(班子)는 아마 『한서(漢書)』를 지은 반고(班固)를 가리키는 것이 아닌지 불확실하지만, 이릉(李陵)은 전한(前漢)시대의 명장으로 흉노에 붙들려 그곳에서 죽은 인물이다. 서울에 돌아가 다시 높은 벼슬을 하게 될 김이교와 유배지에 남아 돌아갈 기약없는 자신의 처지를 견주어본 것이리라. 이 시를 '선자시(扇子詩)'라 한다. 강진 읍의 북쪽 길가에 정약용의 동상이 세워져 있는데, 동상의 발밑 대석(臺石)에 이 시가 새겨져 있다. 아마 이곳 쯤에서 김이교와 작별하였던 것이 아닌가 짐작된다.

그러나 실제로 정약용을 유배에서 풀어주는 과정에서는 1818년 여름(5월) 부응교(副應教) 이태순(李泰淳)이 상소하고, 우의정 남공철(南公轍)이 임금에게 아뢰어 실행되었던 것이다.〈「自撰墓誌銘 集中本」 및 『純宗實錄』〉 따라서 이 일화와는 유배에서 풀어주도록 요청한 시기와 요청한 인물에서 현저한 차이가 있다.

40세에 시작하여 57세에 끝난 18년 간의 긴 유배생활을 마치고 이미 노년에 접어들어서야 꿈에도 그리던 고향으로 돌아왔다. 그는 다산초당을 떠나기 전에 강진의 제자들과 이곳에 와서 공부하였던 두 아들을 포함하여 '다신계(茶信契)'를 결성하도록 하였다. '다신계'는 약조(約條)를 정하여, 해마다 정해진 날에 시회(詩會)를 열어 친목을 도모하고 차를 만들며 다산초당을 유지하도록 조치하였다.

정약용은 이미 노년기에 접어드는 57세의 나이에 유배에서 풀려났지만 마재(馬峴) 곧 소내(牛川·苕川)의 고향집에 돌아온 뒤에도, 유배 갈 때 그를 공격하던 목만중(睦萬中)의 손자로 당시 정언(正言)벼슬에 있던 목태석(睦台錫)이 정약용을 혹독하게 공격하여 다시 유배시킬 것을 상소하였다. 그러나 아무 혐의가 없었으니 다행히 더 이상 문제가 일어나지는 않았다. 정약용을 끝까지 괴롭히던 서용보는 당시 소내에서 멀지 않은 이웃에 물러나 있었는데, 정약용이 유배에서 풀려나 고향에 돌아오자 사람을 보내 위로하는 말을 전하였다. 그러나 서용보는 그 이듬해(1819) 재상으로 다시 조정에 나갔다. 이때 조정에서 정약용에게 다시 벼슬을 주어 토지측량의 직책을 맡기려고 의논이 정해졌던 일이 있자, 이번에도 서용보가 반대하여 저지되고 말았다.

그후 정약용이 66세때(1827) 왕세자(순조의 세자. 죽은 뒤에 翼宗으로

追尊됨)가 임금의 대리로 정치를 담당하면서 정약용을 거두어 쓰려고 하자, 반대파에서는 윤극배(尹克培)를 시켜 극심하게 모함하여 저지시켰다. 이어서 1830년무렵에는 또 윤극배가 사서(邪書)를 만들어 지니고 다니면서 그를 모함했지만 재상인 김조순(金祖淳)이 물리쳐서 아무 일이 없었다고 한다.〈정규영;『사암선생연보』〉이처럼 그를 해치려는 반대파의 창끝은 완전히 사라진 것이 아니라 그의 평생을 따라다니며 빈틈을 노리고 있었음을 알 수 있다. 반대파가 이렇게도 집요하게 정약용이 재기하는 것을 방해하고 음해하려 하였던 사실은 그들의 눈으로도 정약용의 비중이 그만큼 크고 위치가 중대하다는 것을 깊이 인식하였기 때문이라 하겠다.

정약용이 다시 벼슬길에 나서는 것은 반대파에서 이렇게 처음부터 막고나서니 사실상 불가능하였다. 그러나 그가 만년에 두 번이나 조정의 부름을 받았던 것은 그가 의술(醫術)에 정통하다는 사실이 널리 알려졌기 때문이다. 첫 번째는 69세때(1830) 순조 임금의 왕세자(뒷날 翼宗으로 追尊)가 병이 위독하자, 정약용에게 부호군(副護軍: 종4품)의 직첩을 내려 불러들여서 약의 처방을 의논하는 일에 동참하게 하였다. 막상 그가 대궐에 들어가 왕세자를 진맥했을 때에는 이미 운명하기 직전이었으니, 약을 구하려고 물러나온 지 얼마 되지 않아 왕세자는 세상을 떠나고 말았다. 두 번째는 73세때(1834) 11월 순조 임금이 위독하여 정약용을 약원(藥院)으로 불러들였다. 그가 급히 상경하였으나 홍화문(弘化門)에서 초상이 났다는 소식을 듣고 그 이튿날 돌아왔으니, 두 번 모두 아무런 성과를 거두지 못한채 끝나고 말았다.

2) 꿈에 그리던 고향에 돌아와 지난 평생을 돌아보다

정약용이 고향에 돌아와 보니, 집안은 그동안 극도의 빈곤에 빠져 양식마저 떨어지고 아내는 추위에 굶주리고 있었다. 유배에서 풀려나 돌아왔지만 그로서도 갑자기 생활대책을 마련할 길이 막막한 처지였다. 두 형수는 "그가 온다 그가 온다 하더니, 오고 나도 달라진 게 없네"라고 푸념을 하여, 정약용이 고향에 돌아온 다음에도 생활 대책을 못 세우고 있는 것을 원망하였다고 한다. 이 때 정약용은 밤늦도록 잠을 못 이루며 근심에 젖은 심정을 시로 읊고 있다.

물결 차운데 별빛은 흔들리고, …	水寒星不靜,
산이 멀어도 눈빛은 오히려 밝아라.	山遠雪猶明,
먹고 살 길 도모해도 좋은 계책이 없고,	謀食無長策,
책을 가까이 하니 짧은 등잔이 있다오.	親書有短檠,
깊은 근심 끝없이 떠나지 않으니,	幽憂耿未已,
어떻게 하여 일평생을 마칠거나.	何以了平生.
	〈「夜」〉

생활대책은 쉽게 마련되지 않았지만 여전히 책을 읽고 저술하는 일밖에 아무 다른 일을 할 수 없는 자신의 형편으로서 어찌 살아가야할지 근심이 깊지 않을 수 있겠는가. 그는 고향에 돌아오자 우선 그가 돌아오기 바로 전해(1816)에 죽은 둘째 며느리(정학유의 처 沈氏)의 묘지명을 지어, 그 며느리가 시어머니를 지성으로 받들었던 사실을 기록해 주었다.

　유배에서 풀려 고향에 돌아온 그해 가을 먼저 그는 강진에서 강건너 이웃(광주군 남종면 귀여리)으로 이사와 있던 친우요 사돈인 윤서유(尹書有)와 함께 강에 배를 띄워 물가를 돌기도 하고, 아침 저녁으로 언덕에 올라서 고향의 풍광을 돌아보기도 하며 살아서 고향을 다시 볼 수 있게된 감회를 되새기고 있다.

구사일생 돌아왔으나 생각은 막막하여,	百死歸來意惘然,
때때로 강변에 나가 지팡이 짚고 기대 섰노라.	枯筇時復倚江邊,
낙엽 물든 그윽한 마을에 가을비 내리더니,	一苞黃葉深村雨,
날 개이자 산봉우리들 석양에 물들었네.	數角晴巒落照天…
	〈「東皐夕望」〉

고향땅 그리웠더니 다시 볼 수 있어서 기쁘고,	懷土欣重見,
집을 떠났던 세월 지난 날 괴로움이 생각나네.	離家憶舊勞,
이미 돌아와 즐겁다고 했으면 그만이지,	旣云歸可樂,
하필 동쪽 언덕에 올라 휘파람불 것까지야.	何必嘯東皐.
	〈「東皐曉望」〉

　그렇게도 그립던 고향에 이제 노년을 바라보는 나이로 돌아와 둘러보면서 현재에 안도하지만 앞날의 근심이 뒤섞여 밀려들고, 돌아온 기쁨과 지난날의 괴로웠던 기억들이 복합되고 있다. 그래서 도연명(陶淵明)처럼 고향에 돌아온 것이 기쁘지만, 그렇다고 동쪽 언덕에 올라가 휘파람을 불고싶은 마음까지 선뜻 일어나지 않음을 보여준다.

　이듬해(1819) 4월에 큰형(정약현)을 모시고 작은 고기잡이 배를 빌어

습수(濕水: 남한강)를 따라 충주 하담으로 가서 선영에 참배하였다. 그가 유배에서 돌아왔다는 소식이 전해지자 차츰 그를 찾아오는 명사들이 많아졌고, 그의 출입도 잦아졌다. 이무렵 그는 가장 가까운 벗 가운데 한 사람으로 광주 송파(松坡: 현 서울 송파구 송파동)에 사는 윤영희(松翁 尹永僖)를 찾아가 이틀 밤을 보내며 오랜 회포를 풀기도 하였고, 그 이듬해에는 윤지범(南皐 尹持範)이 원주에서 찾아와 며칠을 묵으며 그동안 막혔던 정을 풀었다. 그는 고향에 돌아와 안정을 하게 되면서 가까운 산수의 경치를 즐기고, 오랫동안 못만났던 친구들과의 재회를 즐거워하였다.

독서와 저술을 하는 여가에 이가환·이기양·권철신·오석충·정약전 등 옛날 따르던 선배들의 묘지명(墓誌銘)을 짓고 일화까지 자세하게 기록하여 이미 죽은 선배들에 대해 자신의 변함없는 존경과 신의를 보여주었다. 또한 윤지범·윤지눌·이유수·윤서유 등 먼저 간 친구들의 묘지명도 지어 깊은 우정을 밝히면서 자신의 만년을 마무리하는데 마음을 기울였다.

1822년 6월 16일은 그가 회갑을 맞았던 날이다. 그는 그동안 파란 많았던 자신의 60평생을 돌아보며 자신의 행적을 서술하고 저술의 내용을 개괄하여 「자찬묘지명(自撰墓誌銘)」 두가지를 지었다. 그 하나는 무덤 속에 넣을 '광중본(壙中本)'이요, 다른 하나는 자신의 문집 속에 수록할 '집중본(集中本)'이다.

한 갑자(甲子) 60년은 모두 죄와 뉘우침으로 지내 온 세월이었다. 지난 날을 거두어서 정리하고 일생을 다시 시작하고자 한다. 금년부터 정밀하게 자신을 닦고 실천하며, 하늘의 밝은 명령을 돌아보면서 남은 생애를 마치리라.   〈「自撰墓誌銘 集中本」〉

「자찬묘지명」의 '집중본'에서 그는 환갑을 맞아 이렇게 자기의 묘지
명을 스스로 짓는 이유를 설명하였다. 곧 자신의 지나온 평생을 돌아
보며 죄책감과 후회가 많음을 성찰하면서 정리하고, 앞으로 남은 생애
를 새로 출발한다는 결심을 밝히기 위한 것임을 보여준다. 따라서 그
는 두 번째로 맞는 인생으로서 만년의 생애를 후회없이 살기 위해 자
기 수양에 힘쓰고 천명을 따르며 받들겠다는 다짐을 굳게 하였던 것이
다. 이와는 대조적으로 「자찬묘지명」의 '광중본'에서는 자신의 60평생
에서 이룬 업적에 대해 강한 자부심을 밝히고 있다.

임금의 은총을 입어,	荷主之寵,
가까이 보좌하는 자리에 나갔으며,	入居有密,
심복으로 신임을 받아,	爲之腹心,
아침 저녁으로 모셨도다.	朝夕以昵.
하늘의 은총을 입어,	荷天之寵,
어리석은 속 마음을 깨우쳐주니,	牖其愚衷,
육경(六經)을 정밀하게 연구하여,	精硏六經,
미묘함을 밝히고 깊이 통달했도다.	妙解微通.
간사한 사람이 이미 뜻을 폈으나,	憸人旣張,
하늘이 너를 사랑하여 쓰셨으니,	天用玉汝,
잘 거두어 들이고 깊이 간직해야지,	斂而藏之,
장차 높이 날아올라 멀리 떠나리라.	將用矯矯然遐擧.

〈「自撰墓誌銘 壙中本」〉

그는 임금의 은총(主寵)과 하늘의 은총(天寵)이 자신의 60평생을 이끌어온 가장 큰 동력임을 되새겼다. 특히 자신의 경학연구를 통해 이룬 창의적 업적은 하늘이 깨우쳐준 것이라 자부하며, 자신이 세속의 핍박을 받았지만 하늘이 자신을 사랑하였다는 확신을 보여주고 있다. 그래서 남은 생애동안 마지막까지 하늘의 은총을 잘 거두어 간직한다면 높고 멀리 날아오를 것이라는 큰 포부와 자신감을 당당하게 밝혔다.

그 자신 오랜 세월 유배지에서 질병과 싸우며 저술에 심신을 과도하게 소모했던 탓인지 고향에 돌아와 몇 년을 지난 뒤인 62세때(1823) 병이 나서 넉달을 앓아누웠다가 이듬해(1824) 봄에야 병석에서 일어났던 일이 있다. 병이 왠만큼 회복되자 마침 여동근(玄谿 呂東根)이 용문산과 수종사를 유람하고 천진암으로 가는 길에 그를 찾아왔다. 이때 그도 천진암으로 따라 나섰고, 가는 길에 소내에서 강건너 맞은 편에 있는 광주 사마루(社村)로 소론계의 인물로서 강화학파에 속하는 고증학자 신작(石泉 申綽)을 찾아가 셋이 함께 세 집안의 젊은이들을 다리고 천진암에 가서 놀았다. 〈조성을;『여유당집의 문헌학적 연구』, 185쪽〉

정약용의 만년은 빈곤한 살림살이나 노년의 병마로 여러 가지 어려움을 겪었지만, 그럼에도 불구하고 그의 고향을 둘러싸고 있는 산천을 즐기면서 한없는 행복에 젖을 수 있었던 것 같다. 배를 띄우고 물길을 따라 돌기도 하고, 천진암을 찾아들어가거나 용문산에 가서 노닐기도 하였다. 59세때(1820)는 친우들과 산수(汕水: 북한강)를 거슬러 올라가 청평산을 유람하면서, 그리워하던 고향과 근처의 산수를 마음껏 즐기며 회포를 풀었다.

그는 고향 소내를 흐르는 한강(漢江)이란 한사군(漢四郡)의 경계를 이루었던 강이라서 붙여진 이름으로 보고, 원래의 이름이 '열수(洌水)'

이며, 북한강은 산골짜기를 흐르는 '산수(汕水)'요 남한강은 낮은 습지
를 흐르는 '습수(濕水)'라고 옛 명칭을 고증하였다.〈「汕水尋源記」〉이
에따라 그는 유배지 강진에서 '다산'이라는 호를 주로 썼지만, 고향에
돌아온 이후에는 '열수(洌水)'·'열상노인(洌上老人)'·'열초(洌樵)' 등으
로 자신의 호를 써서 이 강에 대해 깊은 애착을 보여주고 있다. 그는
만년에 이 '열수'에서 배를 타고 고기를 잡거나 뱃놀이를 즐기고, 또
열수의 물길을 따라 '습수'로 내려가 하담에 가서 성묘(省墓)하거나 '산
수'를 따라 춘천에 까지 오르내리며 산천을 노닐기를 무척이나 즐겨
하였다.

2. 저술을 마무리하고 학자들과 토론의 꽃을 피우며

1) 저술을 마무리하고

그는 만년에 고향에 돌아와서도 저술에 힘썼으나, 주로 이미 이루어진 저술을 수정하고 보완하는 데 더욱 많은 정력을 기울였다. 유배에서 돌아온 이듬해인 58세때(1819) 여름에 『흠흠신서(欽欽新書)』30권을 저술하여 앞서 저술한 『경세유표』・『목민심서』와 더불어 경세론의 삼부작을 완성하였다. 또한 그해 겨울에 잘못 사용하는 언어의 본뜻을 고증한 『아언각비(雅言覺非)』3권을 저술하였다.

60세때(1821) 봄에는 『사대고례산보(事大考例刪補)』를 편찬하고, 가을에는 청나라 예학자 서건학(徐乾學)의 『독례통고(讀禮通考)』에 대한 의문점과 견해를 기록한 『예고서정(禮考書頂)』1권을 저술하여 『상례외전』을 보완하였다. 또한 그해에 1808년 강진에서 저술하였던 『역학서언(易學緒言)』을 보완하여 12권으로 완성하였다. 강진에서 분출하였던 저술을 위한 열정이 고향에 돌아온 뒤에도 결코 식지 않았음을 보여준다.

그가 61세때(1822) 회갑을 맞아 지었던 「자찬묘지명」 '집중본'에서는 자신의 평생 학문을 한마디로 집약하여, "'육경사서'로써 자신을 닦고, '일표이서'로써 천하와 국가를 다스리니, 뿌리(本)와 가지(末)를 갖춘 것이다"라고 규정하여, 경학과 경세론이 자신의 학문을 이루는 두 축임을 밝히고 있다. 그는 이 「자찬묘지명」 '집중본'에서 그때까지 마무리된 자신의 저술로 경집(經集) 232권을 비롯하여 경세론과 지리·의약을 합친 문집이 267권으로 전체가 499권에 이르고 있음을 제시하였다.

회갑을 맞은 61세때 이후의 저작은 상대적으로 많지 않다. 62세때 (1823)는 여행기라고 할 수 있는 『산수심원기(汕水尋源記)』나 『산행일기(山行日記)』가 있다. 66세때(1827) 겨울에는 홍석주의 『상서보전』을 읽고 자신의 견해를 붙인 『독상서보전(讀尙書補傳)』 1권을 짓고, 또 그해 겨울에는 홍석주가 보내준 청나라 경학자 염약거(閻若璩)의 『상서고문소증(尙書古文疏證)』을 검토하여 『염씨고문소증초(閻氏古文疏證抄)』 4권을 지었다. 그리고 73세때(1834) 봄에는 강진에서 저술했던 『상서고훈수략』과 『상서지원록』을 합쳐서 수정하고 재편집하여 『상서고훈』(尙書古訓) 21권을 완성하였다. 이어서 그해 가을에는 강진에서 저술한 『매씨서평(梅氏書平)』 9권을 고향에 돌아온 이후 두 번째로 수정하여 완성하였다. 그의 만년에 가장 많은 관심을 기울여 손질을 하였던 것은 『서경』에 관한 연구였던 것을 알 수 있다. 그것은 그가 강진시절 너무나 제한된 문헌을 가지고 고증학적 연구를 하였는데, 고향에 돌아와 새로 구해보게된 청나라 학자들의 저술을 비롯한 문헌들로 보완할 것이 많았기 때문이라 보인다.

이처럼 그의 저술은 61세 때 「자찬묘지명」 '집중본'에서 제시한 이후에도 수정과 보완이 계속되었다. 오늘날 전하는 그의 저술로는 필사본(筆寫本)인 『열수전서(洌水全書)』가 총 182책 503권(經集 88책 250권, 文集 30책 87권, 雜纂 64책 166권)이며, 1934-1938년에 신조선사(新朝鮮社)에서 간행된 활자본인 『여유당전서(與猶堂全書)』로 편집된 것이 총 154권 76책(詩文集·經集·禮集·樂集·政法集·地理集·醫學集 등 7집으로 편찬)이다. 그 후에도 누락된 저술이 상당수 수집되어 『여유당전서보유(與猶堂全書補遺)』 5책이 1969년 다산학회(茶山學會)에서 영인본(影印本)으로 간행되었다. 그리고나서도 새로 발굴된 저작이나, 아직 찾지 못하고 있는 저술이 상당수 있는 것으로 보인다. 이렇게 이루어진 그의 방대한 저술은 분량에서도 우리나라 학자 가운데 가장 많은 저술을 남겨주고 있지만 그 학술적 내지 사상사적 중요성에서도 가장 높은 봉우리의 하나를 이루고 있다.

2) 당시의 석학들과 토론

정약용은 만년에 고향에 돌아온 뒤로 가까이 사는 같은 시대의 명망 있는 학자들과 폭넓게 교류하면서 활발한 학문적 토론을 벌였다. 그가 벌였던 경학의 고증학적 토론은 19세기 전반기에서 경학의 중요한 쟁점을 표출시키고 있는 것이다. 이러한 사실은 조선후기 사상사에서 매우 중요한 의미를 지니고 있는 것이며, 동시에 그로서는 이 시대 노론과 소론계열 학자들 사이에 자신의 학문적 업적과 창의적 학설을 소개할 수 있는 기회를 얻는 것이기도 하다. 정약용이 만년에 학문적으로 교유하며 토론을 벌였던 노론계의 학자들로는 성리학자인 이재의(文

山 李載毅)와 홍석주(淵泉 洪奭周)·홍현주(海居 洪顯周) 형제, 및 김매
순(臺山 金邁淳)과 김기서(鼎山 金基敍)가 있고, 실학자로 김정희(秋史
金正喜)가 있다. 또한 소론계 학자로는 고증학자인 신작(石泉 申綽)을
들 수 있다. 그만큼 정약용은 당파적 편향성을 떠나서 만날 수 있는 모
든 학자들과 학문적 토론을 위해 열린 자세를 보여주고 있는 것이다.

(1) 조정에서 벼슬할 때 교류한 북학파 실학자들

그는 젊은 날 북학파(北學派)에 속하는 서얼 출신의 실학자인 박제
가(楚亭 朴齊家, 1750~1805)나 이덕무(雅亭 李德懋, 1741~1793)와 함께
규장각의 검서(檢書)로 일하던 시절에 가깝게 교류하였던 일이 있다.
정약용은 박제가의 시와 글씨를 즐겨서 차마 손에서 놓지 못하고 있다
고 할 만큼 좋아하였으며, 그가 종두법(種痘法)을 도입하여 연구할 때
박제가와 협력하였던 사실도 확인할 수 있다. 또한 그는 박제가를 통
해 이덕무가 완성한 『기년아람(紀年兒覽)』을 빌려보고 발문을 짓기도
하였으며, 이덕무의 「비왜론(備倭論)」과 또다른 북학파의 실학자인 유
득공(泠齋 柳得恭, 1749~?)의 「필기(筆記)」에 논평을 붙이면서 일본과
서양에 관련된 정보를 소개하고 검토하기도 하였다. 이러한 사실을 통
해 이들이 외국의 정세에 대한 공통의 관심을 가지고 있었음을 알 수
있다. 그러나 이들과의 교유는 그가 유배간 이후에 이어지지는 않았던
것으로 보인다.

(2) 강진의 다산초당으로 찾아온 이재의(李載毅)와 심성론 토론

정약용이 강진에 있을 때인 1814년 노론계열의 성리학자 이재의(文山 李載毅, 1772~1839)가 찾아와 함께 토론을 벌이며 학문적 교유를 맺었던 일이 있었다. 이재의는 한원진(南塘 韓元震)의 학맥인 송환기(性潭 宋煥箕)와 이재(陶庵 李縡)의 학맥인 박윤원(近齋 朴胤源)의 문하에서 배웠던 인물로서 정약용보다 10세가 젊었다. 정약용이 강진의 다산초당으로 찾아온 이재의와 토론을 벌인 이후 몇년동안 편지를 주고받으면서 심성론과 예설의 문제에 관해 진지한 토론을 벌였다. 이 때 정약용은 경전해석을 통해 밝혀낸 자신의 독자적 이론으로 사덕(四德: 仁·義·禮·智)이 내재하는 본성이 아니라 실천하여 획득되는 결과임을 주장하고, 사단(四端)의 '단'이 내재하는 덕이 드러나는 끝머리인 단서(端緒)가 아니라 덕의 실현을 향하여 출발하는 첫머리인 단초(端初)임을 주장하여 주자의 해석과 상반된 견해를 유감없이 토로하였다. 바로 이 점은 이재의가 옹호하는 성리학의 입장과 예리하게 충돌하는 것이었다. 비록 이재의는 정약용의 견해를 그대로 받아들이지 않고 주자학의 입장을 고수하였지만, 정약용의 학문적 진지성에 깊은 감명을 받았다. 그래서 이재의는 정약용이 유배에서 돌아온 이후에도 소내로 그를 찾아와 함께 유람을 가거나 시를 주고받으면서 교류를 계속하였다.〈실시학사 경학연구회;『다산과 문산의 인성논쟁』〉

정약용이 강진에서 수준 높은 학자를 만날 기회가 없었던 상황에서 이재의와 벌였던 토론은 자신의 핵심 사상을 반대쪽 입장과 직접 맞닥뜨려 이론을 전개해볼 수 있었던 매우 고무적인 일이었다. 그는 편지로 토론을 시작하면서 자신의 학문자세를 분명하게 밝히고 있다.

나는 경전을 연구할 때 오직 옳은 것만 찾고, 옳은 것만 따르며, 옳은 것만 지키려고 한다. 어떤 것을 선택해서 지키고자 할 때는 널리 고증하고 지혜를 다 기울여 정밀하게 검토하지 않음이 없으며, 마음가짐은 티없는 거울과 평평한 저울같이 유지하여 소송에 판결을 내리듯이 그 뜻을 파악해내고자 한다. 이렇게 한 다음에 비로소 감히 이론을 세운다. 어찌 감히 그럴 것이라 보이는 견해로서 남이 주장하는 것을 덩달아 주장하면서, 모두가 받아들이고 있는 이론을 어기겠는가.

〈「答李汝弘(載毅)」〉

그것은 정밀하고 객관적인 검토를 통해 밝혀지는 진실성을 진리의 기준으로 확립함으로써, 기존의 일반적 학설에 동조하거나 자신의 독단적 편견을 철저히 벗어나야함을 강조하고 있는 것이다. 정약용은 이재의와 심성론의 쟁점에 대한 토론을 하는 과정에서 그 무렵 자신이 읽었던 책으로 보성 도개(道開: 현 보성군 미력면 도개리)에 사는 안호(棲雲 安浩)가 지은 『기변(幾辨)』에 대해, "그 정밀하고 분명한 이론이 사람을 탄복하게 한다. 만약 이 사람이 다시 태어난다면 내가 무엇을 걱정하리오. 근래에 자나깨나 생각은 이 사람(安浩)에게 있는데 세상에 없으니 애석하다"〈「答李汝弘」〉고 높이 평가하였다. 아마 정약용과 견해가 일치하는 이론을 제기했던 것 같으며, 그가 탄복할 만큼 이론이 정밀했던 것 같다. 정약용이 이재의에게 이 편지를 쓸 당시에는 안호가 이미 죽은 뒤였는데, 이재의는 앞서 1805년에 도개로 안호를 찾아가 하룻밤 묵으면서 토론을 벌였던 일이 있었다고 한다.〈李載毅의 『自撰年譜』, 『다산과 문산의 인성논쟁』 198쪽〉

안호는 정약용과 이재의가 이렇게 높이 평가했던 학자라 그 자취를 알아보려고 보성의 도개를 찾아갔다. 그러나 안호를 아는 사람을 아무도 만날 수 없었다. 불과 2백년 전의 인물인데 이렇게 흔적도 찾을 수 없는 사실이 안타깝다. 좀 더 시간을 두고 계속해서 찾아내어야 할 인물이다. 안호의 저술인 『기변』을 찾을 수 있다면 정약용의 사상과 비교하여 연구할 수 있는 귀중한 자료가 될 것이다.

정약용은 다산초당에 머물고 있을때 이재의가 온다는 소식을 듣고 무척 기다렸던 것 같다. 그는 이재의가 찾아오자 오래 붙잡아 두고싶어 했으며, 비록 의견의 일치도 못보고 어느 쪽이 이겼는지 승부의 결판이 나지도 않았지만, 밤이 새도록 지칠 때까지 종횡으로 토론하던 정경을 시로 읊고 있다.

나루터 정자 시든 버들에 저녁 매미 울어대니,	津亭衰柳暮蟬聲
날마다 석양만 되면 자네 오기 기다렸다오.	每到斜陽待子行
좋은 달빛 이미 졌으니 비가 온들 어떠한가,	好月旣過何害雨
반가운 손님 막 왔으니 날 개이기 바라지 않네.	嘉賓纔稅不求晴
몸은 마치 다 타고 심지만 남은 촛불과 같고,	身如短燭唯餘炧
글은 흡사 두다가 남겨놓은 바둑판 같구려.	書似殘棊未了枰

〈「喜文山李進士至」〉

(3) 강화(江華)학맥의 고증학자 신작(申綽)과
『주례』·『주역』에 관한 토론

정약용은 고향에 돌아온 이듬해(1819) 소내에서 강건너 가까이 광주 사마루(社村: 현 광주시 초월면 서하리)에 사는 신작(石泉 申綽, 1760~1828)을 방문하였으며, 자신의 저술인 『상례사전』과 『매씨서평』을 보내어 논평을 부탁하였다. 이를 계기로 두 석학이 이 시대 경학의 새로운 학풍을 이루는 고증학적 방법에 따른 경전해석의 쟁점에 관한 토론을 전개하기 시작했다.

신작은 조선 후기 양명학의 학풍을 일으킨 정제두(霞谷 鄭齊斗)의 외증손으로 고증학에 깊은 조예를 지닌 실학자였다. 정약용은 만년에 신작과 서로 왕래하며 산수에 노닐기도 하고, 학문적 토론을 정밀하게 전개하기도 하였다.

정약용은 신작과 서로 편지를 주고받으면서 『주례』의 '육향(六鄕)' 제도에 대한 해석과, 『주역』의 '벽괘설(辟卦說)'을 비롯한 경전의 해석에 관한 고증학적 토론을 전개하였다. 정약용은 신작의 지적을 받아들여 자신의 저술에 잘못된 부분을 바로잡기도 하였으나, 신작이 정현(鄭玄)의 해석에 사로잡혀 있는 점을 비판하기도 하였다. 정현을 비롯하여 한(漢)나라 학자들의 견해를 따르는 입장에 있는 신작은 정약용이 이들에 대해 예리하게 비판하는 태도를 경계하였다. 〈실시학사 경학연구회; 『다산과 석천의 경학논쟁』〉

지금 그대의 논증은 이미 해박하며 분별이 매우 조리 있고 밝아 허물할 만한 것이 없습니다. 그러나 재주가 높고 식견이 투철한 까닭에 함

부로 선배들을 비난하는 혐의가 있습니다. 후세 사람들이 이를 본다면
이것으로 그대의 단점과 장점을 헤아릴 수 있을 것입니다.

〈『石泉遺集』, 後集 권6, 「答丁承旨」〉

신작이 정약용의 경전해석을 극찬하면서도 선배 학자들에 대한 비
판태도를 경계하고 있는 것은 두 사람 사이에 드러나는 학풍의 차이를
보여주는 것이다. 정약용은 객관적 증거가 충분하고 논리가 분명하지
않으면 어떠한 기존의 학설이나 권위에도 구속받지 않고 과감하게 비
판하였으니 그만큼 자유로운 사유의 객관성을 중시하고 있다면, 신작
은 비록 성리학의 권위에 얽매이지는 않았지만 도리어 한(漢)나라 학
자들의 훈고학적 주석에 의존하고 있는 고증학자였다는 점에서 분명
한 차이를 보여주는 것이다.

신작은 정약용의 경전해석에 대해 그의 형 신진(申縉)에게 보낸 편
지에서도 그 해석의 해박하고 정밀함에 감탄하여 이 시대에 비교될만
한 인물이 없다고 높이 평가하면서, 선배 학자들을 비판하는 태도에
대해서는 못마땅함을 지적하고 있다.

그(정약용)는 구절이나 따지고 문맥이나 지키는 자가 아닙니다. 재주
가 뛰어나고 문장도 체제를 얻었으며, 경전주석에 매우 조리있고 섬세
하여, 알고 지내는 사람 가운데 그보다 나은 자가 없을 듯합니다.…그
의 예설(禮說)을 한번 읽어보니 근거가 정확하고 분별이 밝으며, 문장
도 위진(魏晉)시대의 예설과 주석에서 우러나온 것이어서 볼 만한 점이
많습니다. 근래 예(禮)를 논하는 자 가운데 견줄만한 사람이 없습니다.
다만 선배를 경솔히 비판하고 자기 견해를 스스로 내세우는 병통이 있

습니다.…그가 지은 『상서평』(尙書平: 梅氏書平)은 대개 고문(古文)의 잘
못됨을 들어 조목조목 분석하여 비판함이 혹독한 관리보다 심하지만,
논거 또한 폭넓고 정확하니 없어서는 안 될 책입니다.

〈『石泉遺集』, 권3, 「上伯氏」〉

 신작이 그의 형에게 보낸 편지에서 정약용의 경전해석을 평가한 내
용은 직접 정약용에게 보낸 편지에서 언급하는 인사치례의 칭찬과 달
리 얼마나 깊이 감탄하고 있으며 이 시대 최고의 학자임을 인정하는
것임을 확인할 수 있다. 정약용은 당시의 다른 당파에 속하는 학자들
과 학문적 교류와 토론을 통해 오히려 자신에 대해 더욱 객관적 평가
와 인정을 받게 되는 큰 소득을 얻을 수 있었던 것이 사실이다.

 정약용은 신작의 한가로운 전원생활과 고풍스럽고 질박한 기풍의
글씨체를 칭송하고, 옛 문헌을 탐색하는 고증학자로서의 학문태도를
서술하여 한 수의 시에다 읊었다. 여기서 그는 글자의 미세한 주석을
파헤치는 번거로운 일을 털어버리고 낚시나 다니며 노년의 우정을 함
께 즐겨보자는 뜻을 담아 보여주기도 하였다.

이미 세상과 맞지 않아 도를 찾아가니,	旣與人畸與道求
뜰에 둘러 있는 꽃나무 또한 맑고 그윽하여라.	繞庭花木更淸幽
한(漢)기와 진(秦)비석 글씨체를 이어받았고,	毫分漢瓦承秦碣,
삼황(三皇)을 꿈 꾸고 구주(九州)를 소급하네.…	夢想三墳溯九丘…
충(蟲)자 어(魚)자의 자잘한 주석일랑 그만두세,	蟲魚瑣瑣休添注
나 또한 남은 생애를 낚싯배에 맡겼다오.	吾亦殘年付釣舟.

〈「次韻題石泉屋壁」〉

(4) 석실(石室)학맥의 김매순(金邁淳)과 토론

김매순(臺山 金邁淳, 1776~1840)은 김창흡(三淵 金昌翕)의 현손으로 김창협(農巖 金昌協)·김창흡 형제에 의해 주도되었던 석실(石室: 石室書院은 현 경기도 구리시 토평동에 있었음)학맥에 속하는 인물이다. 그는 정약용보다 14세가 젊었지만 규장각의 초계문신으로 함께 조정에서 활동했던 친분이 있었으며, '여한십대가(麗韓十大家)'의 한사람으로 이름난 문장가였고 성리설에서도 일가를 이룬 인물이다. 정약용이 60세때(1821)부터 김매순과 다시 만나게 된 이후 편지를 주고받으며 토론을 벌였다. 김매순은 정약용의『매씨서평』을 비롯한 경학의 문제와『상례사전』의 예학 문제에 관해 토론을 벌이면서 정약용의 이론에 깊이 공감하였고, 정약용도 김매순의 지적을 받아 자신의 고증을 과감히 고치는 자세를 보여주고 있다. 김매순은 정약용의『매씨서평』에 대해 극진한 찬사를 보내왔다.

> 『매씨상서평』을 두세번 반복해서 읽었습니다. 열흘동안이나 빠져있었는데, 마치 사탕수수를 씹는 듯 점점 아름다운 경치에 들어가고, 전국술을 마시는 듯 취한 줄도 모른채 애지중지하여 손에서 떼고 싶지 않았습니다.…이 책 속의 논의는 한결같이 모두 명확하고 진실하며, 필력의 거침없는 기세는 그 누구도 상대가 되지 못할 것입니다.…그래서 혼자 이렇게 총평해보았습니다.
>
> '은미한 것을 밝히고 숨겨진 것을 통찰함은 비위(飛衛)가 이(虱)를 보는 듯하고, 얽힌 대목을 정리하고 견고함을 깨뜨림은 포정(庖丁)이 소를 잡는 듯하고, 비정한 수단으로 간흉을 주륙함은 상앙(商鞅)이 위수

(渭水)에서 죄수를 처리하는 듯하고, 진정을 다해 바른 이론을 수호함
은 변화(卞和)가 형산(荊山)의 벽옥(璧玉)을 안고 울부짖는 것 같다. 한
편으로 공자가 살던 집 벽(孔壁)에서 나왔다고 칭탁한 가짜 고문(僞古
文)을 물리친 일등공신이요, 또 한편으로 주자학에 대한 모멸을 막아낸
용맹스런 신하이다. 유림의 큰 업적 가운데 이것과 견줄 수 있는 것은
없을 것이다. 적막한 천년 뒤 황무지인 이 땅에서 이렇게 탁월하고 기
이한 일이 일어날 줄 어찌 생각이라도 했겠는가.'

〈실시학사 경학연구회,『茶山과 臺山·淵泉의 경학논쟁』, 33-34쪽〉

김매순이 정약용의『매씨서평』에 대한 총평은 더 이상의 극찬이 없
을만큼 최고의 평가를 아끼지 않았다. 정약용은 그의 평생에 이룬 학
문적 업적이 같은 시대 다른 당파에 속하는 학자에 의해 이렇게 높이
평가받을 줄을 그 자신도 기대하지 못했으리라. 그의 만년은 이렇게
그의 학문을 이해해주고 인정해주는 동지를 만났으니 결코 외롭지 않
았을 것이다. 이 무렵 김매순의 친우인 김기서(鼎山 金基敍)도 김매순
과 함께 정약용과 사귀게 되었고, 편지를 주고받으며 경학과 예학의
문제에 관해 활발한 토론을 전개하였다.

(5) 석실(石室)학맥의 홍석주(洪奭周)와 토론

정약용은 66세때(1827)부터 홍석주(淵泉 洪奭周, 1774~1842)·홍현주
(海居 洪顯周, 1793~1865) 형제와 교류하며,『상서』에 관한 토론을 활
발히 전개하였다. 홍석주는 석실학맥의 계승자인 김원행(渼湖 金元行)
의 연원에 속하며, 순조 때 좌의정까지 올랐고 두 번이나 청나라에 사

신으로 다녀왔던 성리학자이다. 홍현주는 홍석주의 아우로서 정조 임금의 사위이기도 한 문벌이 높은 노론 가문의 인물이다. 홍석주 형제는 정약용의 『상서』 연구에 관심을 보였다. 정약용이 66세때(1827) 겨울에 홍현주가 마재로 찾아와 정약용의 『매씨서평(梅氏書平)』을 보고자 요청하였고, 홍석주는 홍현주를 통해 청나라 염약거(閻若璩)의 『상서고문소증(尙書古文疏證)』을 정약용에게 보내주어 『매씨서평』을 수정하고 보완하는 데 참고할 수 있도록 해주었다. 이에 정약용은 염약거의 견해를 초록하면서 약간의 수정을 붙여 『염씨고문소증초(閻氏古文疏證抄)』를 지었다.

> 최근에 청나라 학자 송감(宋鑑)의 『상서고증(尙書攷證)』을 읽어보니, 그의 논의가 나와 딱 일치한다.…그 때를 돌이켜보면 유배지에는 서적이라고 전혀 없고, 가지고 있는 것이란 겨우 『사기』·『한서』·『후한서』·『진서(晉書)』·『수서(隋書)』 등 전지류(傳志類) 수십 권뿐이어서, 마치 화살 없는 활로 날카로운 칼날을 감당하는 격이었다. 자칫하면 웃음거리가 될 뻔하였다. 오직 내가 마음먹고 있는 것이 옳고, 군사란 곧은 것을 장하게 여기니, 모기령(毛奇齡)의 도전적인 칼날에 꺾이는 지경에는 이르지 않았다.…삼가 그 책(염약거의 『상서고문소증』)을 읽어보니,…그 가운데 매씨(梅氏: 梅賾)의 거짓된 견해에 대해서는 빗질한 듯 엄정하게 다루어져 있으며, 전거(典據)도 넓고 설명도 남김이 없으며, 실상도 숨김이 없이 아주 잘 갖추어졌다고 할 만하다.…나의 책은 지금 없애버리는 것이 좋을 것 같다. 무엇을 나의 책에서 취할 것이 있겠는가.
> 〈『梅氏書平』,「閻氏古文疏證百一抄」〉

정약용은 강진에서 참고문헌이 너무나 부족한 가운데 경전주석을 하였으나, 고향에 돌아온 뒤로 신작·김매순·홍석주 등 당시의 석학들과 교류하면서 『상서』의 쟁점에 관해 깊이 있게 토론하는 과정에서 새로운 문헌들을 구해 읽게 되자, 강진에서 저술하였던 『상서』에 관한 주석에서 부족한 부분을 절실하게 느끼게 되었던 것같다. 이 때문에 그는 만년에 『상서고훈(尙書古訓)』을 재구성하고 『매씨서평』을 보완함으로써 특히 『상서』주석에 관한 저술의 수정과 보완에 가장 많이 힘을 기울였던 것도 바로 당시 학자들과 토론을 거치면서 가장 시급히 수정해야할 필요가 있었기 때문이라 보인다.

또한 홍석주는 『매씨서평』에 대한 의견이나 의문점을 일일이 찌(籤: 메모)를 붙여 보냈고, 정약용은 이 의견에 일일이 답하였다. 또한 홍석주가 자신의 저술인 『상서보전(尙書補傳)』을 정약용에게 보내어 비평을 부탁하자, 정약용은 『상서보전』을 읽고서 『독상서보전(讀尙書補傳)』으로 한 권의 책을 지어 자신의 견해를 제시함으로써, 서로의 저술을 정밀하게 검토하며 활발한 토론을 벌였다. 이러한 토론의 학풍은 이 시대 학자들의 진지한 토론문화를 엿볼 수 있게 한다.

(6) 고증학자 김정희(金正喜)와 토론

김정희(秋史 金正喜, 1786~1856)는 청조 고증학을 도입하는 데 중요한 역할을 하였던 19세기 실학자의 한 사람으로, 정약용과 직접 만났는지 여부는 확인할 수 없지만 몇 차례 왕복편지를 통해 토론을 벌였던 것으로 보인다.

그 토론의 내용 가운데 하나는 자연현상인 조수(潮水)의 문제에 관한 과학적 논의이다. '달이 정남이나 정북에 있을 때 조수가 생긴다'는 김정희의 견해에 대해, 정약용은 연평도(延平島) 근해에서는 성립하지만 큰 바다에서 일어나 해안까지 흘러올 때의 시차(時差)가 있음을 지적하고 있다.〈「答金元春(正喜)」〉 이것은 조수에 대한 문제의 토론이었다.

　토론 내용의 다른 하나는 김정희가『예기』의「잡기(雜記)」와「상대기(喪大記)」편이나『의례』의「사상례(士喪禮)」편 등의 의례 문제에 대해 정현(鄭玄)의 주석이 의심할 점이 있음을 인정하지만 그것이 사설(師說)이요 가법(家法)으로서 폐지할 수 없는 것이라 하여 옹호하는 입장을 제기하고 있는 것이다.〈『阮堂集』「與丁茶山(若鏞)」〉 여기서 김정희는 정현의 예설에 대해 비판적 견해를 지적한 정약용의 입장에 대해 정현을 옹호하는 입장을 밝히고 있다. 당시 고증학자들 사이에서는 한학(漢學)을 기준으로 삼아 적극적으로 옹호하면서 한학과 송학(宋學)의 절충을 추구하는 것이 일반적 경향이었다. 신작이나 김정희의 입장도 바로 이러한 경우라 할 수 있다. 이 점에서 정약용은 증거의 객관성과 논리의 합리성을 기준으로 한학이나 송학을 자유롭게 비판하기도 하고 섭취하기도 하는 자율적 학문태도를 지니고 있었던 만큼, 두 사람 사이에는 기본 전제에서 상당한 차이를 드러내고 있는 것이 사실이다.

　김정희는 정약용보다 24세 젊었으며, 정약용의 큰 아들 정학연 보다 3세 아래였다. 김정희의 형제들은 정학연·정학유 형제와 친밀하게 교류하는 사이였다. 김정희는 강진에서 유배생활을 하는 정약용을 위해 '다산초당(茶山草堂)'을 썼고, 정약용의 제자 윤종진(尹鍾軫)을 위해 '보정산방(寶丁山房)'이라는 글씨를 썼는데, 이 글씨는 지금 강진의 다산

초당에 현판으로 걸려 있다. 또한 김정희는 평안감사로 있던 부친 김
노경(金魯敬)을 뵈러 평양에 가 있던 1829년 늦가을 그곳에서 마재로
정약용에게 고려청자 화분에 심은 수선화 한포기를 선물로 보냈던 일
도 있다. 정약용은 1800년 이기양(伏菴 李基讓)이 중국에 사신을 갔던
길에 가져와 화분의 맑은 물에 뿌리내리고 꽃피운 수선화를 이가환과
함께 찾아가 감상하였던 일이 있다. 당시 중국에서 전래한 수선화가
조선에서는 매우 신기로웠던가 보다. 정약용은 그 이듬해 장기에 유배
가서도 이때 보았던 수선화와 옛 친지들을 그리워하며 시를 지었던 일
이 있다.〈「水仙花歌」〉30년이 지나 다시 김정희로부터 수선화 화분을
선물받고 무척이나 기뻐하여 시를 읊어 수선화의 향기롭고 청초함을
예찬하였다.

신선 풍채 도인 골격의 고아한 수선화여,	仙風道骨水仙花,
30년이 지나서야 나의 집에 이르렀나.	三十年過到我家,
일찌기 복암(이기양)노인 사신길에 가져왔는데,	伏老曾携使車至,
이번엔 추사(김정희)가 평양에서 옮겨왔네.…	秋史今移浿水衙,…
하얀 꽃 푸른 잎새 서로 마주 서 있으니,	縞衣靑巾光相對立,
옥같은 골격 향그런 살결에 향기 절로 풍기네.	玉骨香肌猶自浥,
맑은 물 한 화분에 바둑 알 두어개뿐,	淸水一盆碁數枚,
티끌조차 없는데 무엇을 빨아들일까나.	微塵不雜何所吸.…

〈「秋晚金友喜香閣寄水仙花一本其盆高麗古器也」〉

김정희는 70세때인 1855년 정약용의 둘째 아들 정학유가 죽었다는
소식을 듣고 마재로 찾아가 조문을 하기도 하였다.〈유홍준;『완당평전』

(2), 663쪽) 정약용의 제자 황상(黃裳)은 정학연의 소개로 김정희와 교유하게 되었으며, 김정희는 황상의 시를 매우 높게 평가하였다. 〈임형택;『실사구시의 한국학』, 406쪽〉 이러한 사실에서 정약용의 아들 및 제자들과 김정희 사이에 교류가 더 활발하게 이어져 가고 있음을 엿볼 수 있다.

3. 다음 세상을 기다리며

1) 다음 세상을 가다리는 '사암(俟菴)'

정약용은 평생을 통해 여러 가지 호(號)를 사용하였는데, 그 호들은 각각 자신의 생애에서 그 단계의 성격을 보여주고 있는 것이다. 어려서는 자신의 눈썹이 천연두의 흉터로 세갈래가 되었다 하여, '삼미자(三眉子)'라 하였으니, 자신의 용모에 따른 별명으로 소년다운 호칭이다. 젊은 시절 벼슬에 나갔을때는 고향의 전원생활에 대한 그리움을 실어 멋스럽게 자신의 고향마을 뒷산인 철마산(鐵馬山)의 이름을 따라 '철마산초(鐵馬山樵)'라 부르기를 즐겼다.

그러나 39세때 자신을 보호해주던 정조 임금이 죽고 반대파의 공격이 급박해지자 조심스럽게 살아야겠다는 뜻을 『노자』에서 따다가 고향집 당호를 '여유당(與猶堂)'이라 붙여 당호로 삼았다. 1801년 강진에 유배가서 초기에 주막집 골방에서 꼬박 5년동안 머물었는데, 이 주막집에서 그는 생각과 용모와 말과 행동의 네가지를 마땅하게 해야겠다는 뜻으로 집의 이름을 '사의재(四宜齋)'라 하였으니 그의 재호가 된 것이다. 1808년부터 10년간 강진의 다산초당에서 머물던 시절 그는 자신의 호를 '다산(茶山)'이라 썼다. 신변이 위태로운 시기에 처신해야할 방법을 자신의 호로 삼았으나, 다산초당에 살면서 마음의 평정을 얻자 다시 그곳 산이름으로 자신의 호를 삼고 있음을 보여준다.

그리고 유배에서 풀려나 고향 소내로 돌아와서는 고향을 흐르는 한강의 옛 이름이 '열수(洌水)'였음을 고증하고, '열수'·'열초(洌樵)'·'열상노인(洌上老人)'으로 자신의 호를 즐겨 썼다. 그가 풍광이 아름다운 고향의 산수를 무척이나 사랑하였기에 노년을 즐기는 생활공간으로 강의 이름을 따라 호로 삼은 것이다.

그는 만년에 '사암(俟菴)'이라 스스로 일컬었다. 61세때 지은 「자찬묘지명」의 '광중본'과 '집중본'에서 자신의 호를 '사암'이라 하고, 당호를 '여유당'이라 하였으니, 사실상 그 자신이 최종적으로 확정한 자신의 호는 '사암'이다. '사암'이란 그가 살고 있는 시대에 자신을 온전하게 이해시킬 수 없다는 현실을 의식하여 다음 시대를 기다리겠다는 뜻을 담은 것이다. 그는 정조 임금의 죽음과 함께 정치적으로 철저히 소외당하여 부패한 세도정치의 그늘 속에서 오랜 유배생활의 고통을 받음으로써, 자신의 포부를 그 시대에 펴볼 수 있는 기회를 끝내 박탈당하고 말았다. 그러나 그는 세상을 떠나는 날까지 방대한 저술을 남김으로써 자신의 학문과 사상을 다음 시대에 남겨 다음 시대에서나마 그를 알아주고 그의 뜻을 펴줄 수 있는 사람이 나오기를 기다리겠다는 뜻을 밝힌 것이라 하겠다.

2) 회혼(回婚)날에 세상을 떠나다

1836년 2월22일 아침 정약용은 마재의 고향집에서 75세로 세상을 마쳤다. 그가 죽던 날은 그의 부부가 혼인한 지 60주년이 되는 회혼(回婚: 回巹)의 날이었다. 친척들과 자손들과 제자들이 모두 모여 잔치를 벌이려던 날에 세상을 떠난 것이다. 그는 죽기 사흘 전에 회혼을 맞게 된 자신의 감회를 시로 읊었다.

육십년 풍상의 세월 순식간에 흘러갔으나,	六十風輪轉眼翻,
복사꽃 화사한 봄빛은 신혼 시절 같구려.	穠桃春色似新婚,
살아 이별 죽어 이별로 늙음을 재촉했건만,	生離死別催人老,
슬픔 짧고 기쁨 길어 임금님 은혜에 감격하네.	戚短歡長感主恩,
이 밤 목란사(木蘭詞) 읽는 소리 더욱 정답고,	此夜蘭詞聲更好,
그 옛날 다홍치마엔 먹 흔적 아직 남았다오.	舊時霞帔墨猶痕,
쪼개졌다 다시 합한 것 참으로 우리 모습이니,	剖而復合眞吾象,
표주박 한 쌍을 남겨서 자손에게 물려주리.	留取雙瓢付子孫.

〈「回巹詩」〉

홍씨부인과 부부의 인연을 맺은 60년 세월은 한 순간 눈깜빡할 사이에 흘러간 듯 하지만, 그의 마음 속에서는 언제나 신혼때 봄날의 화사한 복사꽃이 그대로 피어있는 변함없는 부부의 정을 지녀왔음을 고백하고 있다. 그러나 60년 세월동안 오랜 유배생활로 살아서도 이별의 슬픔이 깊었고, 슬하의 아홉 자식 가운데 여섯 자식이 어린 나이로 죽어 가슴에 맺힌 이별의 고통으로 더욱 빨리 늙고 쇠잔해졌음을 안타까워 했다.

「목란사(木蘭詞)」는 북조(北朝)때 민간의 노래로서 악부(樂府: 노래로 부르는 시의 문체)의 한가지인데, '목란'이란 이름의 소녀가 아버지를 대신하여 남장을 하고 군대에 들어가서 오랑캐와 맞서 싸워 승리를 하고 돌아온다는 여성무용담이다. 그가 사랑하는 아내를 위해 자주 옛이야기를 읽어주던 정경이 그려진다. 이때에도 그는 아내에게 「목란사」를 다정한 목소리로 읽어주었나 보다.

아내는 신혼때 입었던 빛바랜 다홍치마를 그가 강진의 다산초당에 있을 때 보내주었던 일이 있다. 그는 아내의 낡은 다홍치마를 잘라서 서첩을 만들어 훈계하는 글을 써서 두 아들에게 주었고, 또 한 조각에는 시를 지어 쓰고 매조도(梅鳥圖) 그림을 그린 족자로 만들어 시집가는 딸에게 주었던 일이 있다. 60년을 이끌어온 부부의 인연과 부모로서의 정이 자식들에게로 전해지고 있음을 말해준다. 돌아보면 그 자신이 생사의 갈림길을 오가고 돌아올 기약도 없이 유배생활을 하는 동안 그가 꾸민 가정의 둥지가 쪼개어 졌다가 이제 돌아와 다시 합하여 해로할 수 있었으니, 지나간 슬픔은 짧고 만년의 기쁨이 길었음을 감사하는 마음이리라. 마치 한 쌍의 표주박이 하나의 박을 갈라서 두 쪽으로 만들었다가 결합시켜놓은 것과 자기 부부의 60년 함께 살아온 인생이 같은 모습이라 생각되었나보다. 이렇게 결합된 표주박 한쌍의 행복한 부부의 모습을 자손들에게 물려주어 가정의 화합을 전해가게 하고자 하는 뜻을 알뜰하게 담고 있다.

정약용은 1836년 2월 22일 죽음을 맞기에 앞서 나흘 전에 가벼운 병환이 있었으나 21일에는 뚜렷이 회복되었다. 그렇지만 이미 자신의 명이 다한 줄을 알고 있었던 모양이다. 그래서 자신의 장례절차와 사

후의 일을 일일이 지시하였다. 그 다음날인 22일 진시(辰時: 아침 8시
경)에 편안하게 눈을 감았다. 그는 이미 회갑을 맞던 해(1822)에 자신
의 장례절차를 지시하는 서첩을 만들어 두었던 일이 있다. 그는 자신
이 편찬한 『상의절요(喪儀節要)』에 따라 장례를 치르게 당부하였는데,
당시 상례의 풍속과는 달리 죽은 이의 입에 쌀을 넣는 반함(飯含)을 하
지 못하게 하고, 염(殮)할때 발을 묶지 못하게 하였으며, 관의 바닥에
는 칠성판(七星板)을 깔지 못하게 하고, 집 뒷동산에 자신이 정해둔 자
리에 묘를 쓰고 지사(地師: 풍수)에게 묘자리의 길흉을 묻지 못하게 하
였다. 예법의 원리에 따를 것이요, 아무런 의미없는 관습을 따르지 말
도록 당부한 것이다.

　그가 죽던 날 아침에 갑자기 큰 바람이 불고 날이 어둑어둑 해졌다
하고, 그 날 서울에 머물던 제자 이강회(李綱會)는 큰 집이 무너지는
꿈을 꾸었다고 한다.〈정규영; 『사암선생연보』〉 그 시대정신을 드높이
표방하고 우리 사회가 나가야할 방향과 과제를 밝혀주었던 위대한 석
학의 죽음에 그 정도의 기이함이야 당연히 있을 법하다. 그의 무덤은
고향 마재에 그가 살던 집 여유당의 뒷동산 위에 있다. 그의 부인 홍씨
도 2년 뒤(1838) 세상을 떠나 그의 묘에 합장하였다.

3) 사후(死後)에 드높이 떠오르는 별

　정약용의 고향 소내는 산수(북한강)와 습수(남한강)가 합하여 하나의
큰 강이 되는 합류지점에 자리잡고 있다. 그것은 마치 그의 사상과 정
신이 동양의 유교문화와 서양의 그리스도교문화라는 두 큰 조류(潮流)

가 부딪쳐 소용돌이치며 하나로 합하는 넓은 바다에 배를 띄워놓고 있는 모습으로 비유해 볼 수 있겠다. 그래서 젊은 날 천주교신앙에 뛰어들었고, 이 때문에 그의 평생은 살아서 끝없는 비방과 공격을 당하면서 오랜 유배생활의 큰 시련을 겪고 세상에서 소외되었던 것이다. 그러니 그는 일념으로 다음 세상에서 그를 알아줄 사람이 나타나고 그를 알아줄 시대가 오기를 기다리던 '사암(俟菴)'으로 생애를 마쳤다.

정약용의 사후 김정희가 마재로 여유당을 찾아왔을 때 정약용의 큰아들 정학연는 김정희에게 부친의 저술을 보여주며 문집을 편집하는 일을 의논하였던 적이 있었던 것 같다. 이때 김정희는 "그대 아버님의 영구히 전할 큰 업적은 참으로 위대합니다. 남긴 저작물에 대해서는 저도 실제로 잘 모르겠습니다. 그런데 어떻게 버리고 남기는 일을 할 수 있겠습니까. 전체 원고를 그대로 남겨두었다가 뒷날 양웅(楊雄)같은 학자를 기다리지 않으려는지요."〈황현;『梅泉野錄』〉라고 하였다 한다. 그의 저술은 간행되기 전에 많은 학자들이 보았지만 김정희처럼 당대의 대가도 쉽게 손대기 어려운 것임을 고백하고 있다.〈박석무;『다산 정약용 유배지에서 만나다』, 525쪽〉 1880년 22세의 박은식(白巖 朴殷植)은 마재로 정약용의 후학 신기영(申耆永)과 정관섭(丁觀燮)을 찾아가 공부하면서 정약용의 저술을 읽었고, 이를 계기로 실학에 눈을 뜨고 뒷날 애국계몽사상을 정립하는 토대를 확보하였던 것으로 보인다.〈금장태 · 고광직;『속유학근백년』, 181쪽〉

정약용이 세상을 떠나고 30년이 지나자 서양은 우리의 대문 앞에 들이닥쳐 대문을 박차고 들어오려 하고 있었다. 1866년 병인양요로 프랑스 함대가 강화도를 침공하였던 사건이다. 그후 10년 뒤인 1876년에는 병자수호조약으로 조선정부가 일본에 문호를 열면서 사실상 서양의 우세한 기술문명은 둑이 터지듯 쏟아져 들어오기 시작했다. 정약용이 수용하고자 시도했던 서양의 과학기술은 이제 막을 길이 없는 역사의 대세가 되고 말았다. 변화하는 시대에 대처하기 위한 적응의 논리가 절실해지자, 한 시대를 먼저 내다보았던 정약용의 업적과 사상이 새로운 관심의 주제로 떠오르기 시작하였다.

개화(開化)정국을 이끌어가야 했던 고종(高宗) 임금은 1882년 정약용의 저술을 전부 필사하여 궁중에 갖추어두게 하고 열람하였으며, 정약용이 그 시대에 함께 있지 못함을 아쉬워했다고 한다.〈황현;『매천야록』〉특히『목민심서』는 지방수령의 행정에 유용한 지침으로 주목되어 일찍부터 여러 사람들 손에 의해 베껴서 전파되다가 1901년에 와서야 4책으로 간추린 판본('光本'이라 함)이 처음 인쇄되어 나왔다.〈홍이섭;『정약용의 정치경제사상 연구』, 6쪽〉이어서 애국계몽사상가인 장지연(韋菴 張志淵)은 광문사(廣文社) 편집위원으로 있으면서 1902년『목민심서』의 간행을 비롯하여『흠흠신서』·『아언각비』·『이담속찬』·『경세유표』·『아방강역고』등을 잇달아 간행하는데 주도적 역할을 하였던 것으로 보인다. 또한 20세기초 애국계몽운동이 전개되는 과정에서 정약용의 민족사상이나 자유민권사상이 관심으로 떠올라 주목되었고, 황성신문을 비롯한 신문들과『유년필독(幼年必讀)』이라는 학교교과서에 정약용이 크게 소개되기 시작하였다 한다.〈김영호;「여유당전서의 텍스트검토」,『정다산연구의 현황』, 25쪽〉

일본의 식민지지배로 대한제국이 무너지기 직전인 1910년(隆熙4년) 순종은 정약용이 문장과 경제에 탁월함을 인정하여 '문도(文度)'라는 시호를 내렸으며, 규장각 제학(堤學: 정2품)을 증직(贈職)하였다. 이 때에야 공식적으로 그의 죄명이 완전히 씻겨진 것이다. 1936년 그의 사후 100주년이 되는 해를 맞아 전국적인 헌금으로 그의 저술을 간행하는 사업이 추진되어, 1935년부터 5년간에 걸쳐 신조선사(新朝鮮社)에서 활자본으로『여유당전서』76책이 간행되었다. 그의 서거 100주년에는 강연을 비롯하여 그를 기념하는 다양한 행사가 크게 일어나고, 그의 사상과 학문이 지닌 가치가 신문이나 잡지 등에서 적극적으로 평가되어 높여지면서 마침내 한국사상사의 큰 별로 떠올랐다.

그동안 국내에서는 정약용의 경세론에 관한 연구서로서 홍이섭의 『정약용의 정치경제사상 연구』(1959)와 경학에 관한 연구서로서 이을호의『다산 경학사상연구』(1966)를 비롯하여 엄청난 분량의 저술과 연구논문, 학위논문, 및 번역서들이 쏟아져 나와 홍수를 이루고 있다. 우리 학문영역의 다양하고 광범한 분야에서 정약용이 지닌 위치는 그저 2백년 전에 제시되었던 지난 시대의 자취로 남아 있는 것은 아니다. 오히려 우리의 전통사상을 창의적으로 해석하면서 보여준 인간이해의 깊이나 동서양 사상의 폭넓은 섭취를 통해 추구한 근대적 방향의 설정은 우리가 오늘의 현실을 판단하는데도 풍부한 지혜와 조언의 원천이 될 수 있다. 따라서 그의 학문과 사상은 우리 시대에 별처럼 높이 떠올라 존중을 받는데 그치는 것이 아니라, 우리 사회가 미래를 향해 어두운 밤바다를 항해할 때 북극성처럼 그 방향을 찾고 목표를 확인할 수 있게 하는 길잡이 역할을 해 줄 것이다.

북한에서도 최익한(崔益翰)의『실학파와 정다산』(1955)을 비롯하여 몇권의 연구서와 번역서 및 논문집이 간행되었다. 북한 학자의 정약용에 대한 평가를 보면, 첫 세대의 연구자인 최익한은 "한 면으로 어느 정도 부르조아 민주주의적 형태를 예견하였음에도 불구하고 현실적인 계급적 기초를 가지고 있지 못하였고,…다른 면으로는 공상적 공산(共

産)사상을 다분히 내포하였음에도 불구하고 자본주의와 프로레타리아트의 발전을 전제하지 못하였다"〈최익한;『실학파와 정다산』, 532쪽〉고 하여, 사회주의적 사유의 싹을 지녔지만 미숙하고 공상적 수준에 그치는 것이라 지적하였다. 또한 그 다음 세대의 연구자인 정성철은 정약용의 사상에 대해 "그 진보성의 기초에는 그의 '철학적 세계관의 진보성'이 놓여있고, 제한성의 기초에는 '유교적 제약성'이 놓여있다"고 하여, 철학적 세계관의 진보성을 인정하면서도 유교적 제약성을 지닌 봉건제도의 양심적 옹호자 정도로 인식하고 있다.〈정성철;「실학파의 철학사상과 사회정치적 견해」,『정다산연구』, 390쪽〉

이처럼 북한에서는 정약용의 사상과 사회주의 사상을 그대로 일치시키기 어렵다는 한계점을 지적하면서도 그 연결의 가능성을 찾아내기 위해 적극적 관심을 기울이고 있는 사실을 보여준다. 그만큼 앞으로 남북이 공유할 수 있는 우리의 사상적 전통기반으로서 정약용의 위치가 더욱 소중한 가치를 발휘할 수 있음을 말해주는 것이다.

정약용이 살던 집 여유당은 1925년 여름의 이른바 '을축(乙丑)대홍수'로 유실되었으나, 다행히 그의 저술은 건져내었다. 벌써 여러해 전에 그의 옛집이 복원되었으며, 최근에는 그를 제향하는 사당으로 문도사(文度祠)가 세워졌다. 또한 그의 묘 입구에는 그가 지은 「자찬묘지명」 '광중본'을 새긴 비석이 세워져 있다. 강진에서도 다산초당이 기와집으로 다시 세워졌고, 그 근처에 그의 자취와 업적을 더듬어볼 수 있는 전시관도 문을 열었다.

5부

학풍:

실학의 학풍과 과제

1. 시대배경: 폭풍 몰아치는 시국

2. 사상조류: 소용돌이치는 사상의 격돌

3. 학풍: 비판정신과 열린 사유의 실학(實學)

4. 연원: 정신적 뿌리와 학문적 계승

5. 경전의 재해석: 인간을 조명하는 새로운 빛

6. 세상을 경륜하는 방책: 백성을 주체로 하는 정치질서

茶山評傳

1. 시대배경: 폭풍 몰아치는 시국

> 하늘은 이 사람에게 장차 큰 임무를 내려주려 할 때, 반드시 먼저 그
> 마음과 의지를 괴롭게 하고, 그 근육과 뼈를 수고롭게 하며, 그 모습을
> 수척하게 하고, 그 몸을 궁핍하게 한다.…우환 속에서는 살게 되고, 안
> 락함에서는 죽게 된다는 것을 알 수 있다.　　　　〈『孟子』, 告子下〉

　맹자의 이 말은 마치 뜨거운 불길 속에서 명검(名劍)이 연마되듯이
한 시대의 위대한 인물은 고난과 우환 속에서 그 정신이 강인하게 단
련된다는 사실을 지적한 것이다. 정약용은 맹자의 이 구절에 깊이 공
감하여 거듭 인용하고 있으며, 그 자신의 평생도 바로 이 고난과 시련
속에 단련되고 우환 속에서 더욱 강인하게 살아갔던 삶이었다.

　정약용은 조선후기 실학사상을 집대성하였던 거장이요, 한국사상사
에서 가장 창의적이고 탁월한 석학의 한 사람이다. 실제로 그는 당쟁
의 갈등으로 거센 폭풍이 휘몰아치는 위태로운 시대를 살아야 했고,
동양과 서양의 여러 사상조류가 부딪치며 소용돌이치는 격류의 한 가
운데를 헤쳐나가며 살아갔던 인물이다. 그가 살았던 18세기 후반에서

19세기 초반에 이르는 시기는 영조(英祖)·정조(正祖)·순조(純祖) 임금의 치세로 조선사회는 역사적으로 중대한 변동의 국면을 맞이하고 있었다.

먼저 이 시대의 상황을 한마디로 개관한다면 온 나라가 초토화되었던 임진왜란 이후 2백년동안 누적된 폐단으로 사회전반이 극도로 피폐화된 위태로운 시국이었다. 이미 율곡(栗谷 李珥, 1536~1584)은 임진왜란 이전인 16세기 후반에 그 시대를 썩어서 무너지기 직전의 집에 비유하며 뿌리깊은 사회적 병폐를 근본적으로 개혁하기를 요구하면서 경장론(更張論)을 제시하였던 일이 있다. 그러나 임시미봉책만 되풀이할 뿐, 개혁정책이 한번도 제대로 시행되지 못하고 말았다. 잇달아 병자호란으로 만주족의 침략을 당하고나서도 2백년의 세월이 흐르는 동안 통치체제를 지탱하는 도학(道學: 주자학)의 유교지식인들은 명나라를 받들고 청나라를 배척한다는 '숭명배청(崇明排淸)'의 의리(義理)를 이데올로기로 내걸고서 굳어진 겉껍질을 지키며 버티고 있었을 뿐이었다. 안으로는 갈수록 격렬해지는 당쟁의 분렬과 관료조직의 부패에 따르는 민생의 극심한 곤궁으로 사회적 모순이 극심해지는 현실에 속수무책이었다.

조선후기 사회의 모순을 극단으로 몰아갔던 가장 심각한 원인을 두 가지로 요약해보면, 그 하나는 당파의 대립으로 사회적 분렬을 심화시킨 사실이요, 다른 하나는 관료의 부패와 탐학으로 민생이 도탄에 빠진 사실이라 할 수 있다.

1) 당쟁이라는 멸망으로 가는 고질병

17세기 후반의 도학자들은 송시열(宋時烈)·송준길(宋浚吉)로 대표되는 '서인(西人)'당파와 허목(許穆)·윤선도(尹善道)로 대표되는 '남인'(南人)당파 사이에 효종(孝宗)의 국상(國喪)때 계모인 조대비(趙大妃: 仁祖繼妃)가 얼마동안 상복을 입어야 하는가의 의례논쟁으로서 예송(禮訟)을 벌이기 시작하였다. 이들의 논쟁은 사회질서의 기준으로 예법을 올바르게 해석하기 위한 학문적 토론을 벌였던 것이었지만, 동시에 자신의 주장을 고집하는 독선적 입장에서 반대파를 혹독하게 공격하여 제거하는 격심한 당파적 권력투쟁을 확산시켰다. 당쟁의 과정에서 끊임없이 반대파를 모해하여 유배시키거나 역모로 몰아 처형하는 살륙전을 벌였다. 집권세력 주변만이 아니라 시골 구석구석까지 전국의 양반층은 물론이고 서민들까지도 당파로 분렬되었으니, 그 폐단이 극도에 이르러 국가의 통치력은 위기에 빠져들고 자멸의 길을 재촉하지 않을 수 없었다.

이중환(淸潭 李重煥, 1690~1752)은 당쟁이 불러온 잔혹한 대립의 폐단을 절실하게 고발하였다.

> 신축·임인(辛丑·壬寅, 1721~1722) 이래로 조정에는 노론·소론·남인의 세 당파끼리 원한이 날로 깊어져서 서로 역적이라는 죄목을 덮어씌운다. 그 영향은 아래로 시골까지 미쳐서 하나의 전쟁판을 이루고 있으며, 다만 혼인을 하지 않을 뿐만 아니라 서로 용납하지도 않는 형세에 이르렀다. 당파가 다른 사람 사이에 서로 친하게 지내면 지조를 잃었다 하고, 또 투항하였다고 하여 서로 배척한다. 〈『擇里志』, 人心篇〉

같은 나라 사람인데도 서로 원수를 삼고 혼인도 하지 않으니 이미 하나의 나라라고 하기도 어렵고, 하나의 민족으로서 동질성을 발견하기도 불가능한 현실을 보여주고 있다.

또한 정동유(玄同 鄭東愈, 1744~1808)도 이 시대 도학자들의 독선적이고 적대적인 태도를 고발하였다.

> 그 명현(名賢)이라고 일컫는 사람들의 학술은 먼저 자기 당파를 옹호하는 것으로 도의를 삼고, 반대 당파를 배격하는 것으로 사업을 삼는다. 상대방을 죄주는데 반드시 의리의 이름으로써 엄혹한 처형안을 구성한다. 이 '의리' 두 글자가 사람을 죽이는 칼과 도끼로 되었으니 심히 통탄할 일이다. 〈『畫永編』〉

이처럼 도학자들이 정당성의 근거로 내세우는 '의리'라는 것이 숭고한 신념으로 포장되어 있지만 실제로 그 속을 들여다보면 반대파를 살륙하기 위한 당파적 도구로 전락하고 말았음을 밝혀주고 있다. 그것은 중국 현대문학의 선구자인 노신(魯迅)이 소설 『광인일기(狂人日記)』에서 역사책 속에 유교가 가르쳐 왔던 '인의(仁義)'나 '도덕(道德)'이라는 글자 사이에 숨겨진 것이 모두 사람을 잡아먹는다는 '식인(食人)'이라는 두 글자였다고 고발하는 것과 같은 맥락이다.

정약용도 당쟁이 그럴듯한 의리를 명분으로 내세우지만 실지로는 지위와 이권을 차지하려는 욕심의 표출임을 밝히고 있다.

다툴 때에는 '네 벼슬이 나보다 높다'거나 '네 봉록이 나보다 많다'고 말하지 않고, 반드시 '임금을 저버리고 나라를 그르치니 너는 어찌 그리 불충(不忠)한가'라거나 '역당에게 붙고 사사로이 처리하니 너는 어찌 그리 불순한가'라고 말한다. 〈「人才策」〉

마치 실지로는 밥상에 둘러 앉아 서로 많이 먹으려고 다투면서도, 상대방에게 나보다 많이 먹는다거나 빨리 먹는다고 비난하는 것이 아니라, 먹는 태도가 '무례'하다거나 '불경'하다고 명분을 내걸어서 비난하듯이, 당쟁에 뛰어든 유교지식인들은 권력을 잡으려는 자신의 욕심을 감추고서 상대방을 '불충'하다거나 '불의'하다고 공격한다는 것이다. 그만큼 당쟁에서 반대파를 배척하고 살륙하는 명분이 거짓된 것이며 그 실상은 권력을 독점하려는 탐욕일 뿐임을 폭로하고 있다.

18세기 중반에 영조(英祖: 1724~1776 재위)는 당파의 분렬과 대립을 완화시키기 위해 당시 당쟁의 소굴이 되었던 대학(太學: 成均館) 앞에다 당파적 분렬은 소인배들의 심술임을 경계한 공자의 말씀을 인용하여 다음의 글귀를 친필로 써서 돌에 새겨 세워놓았다. 이것이 이른바 탕평비(蕩平碑)이다.

두루하면서 편당하지 않는 것은 군자의 공정한 마음이요,
편당하면서 두루하지 않는 것은 소인의 사사로운 생각이다.
周而不比, 乃君子之公心, 比而不周, 寔小人之私意

영조는 탕평(蕩平)정책을 시행하여 노론과 소론을 함께 등용하는데 힘썼다. 그러나 탕평정책으로 표면적 대립을 어느 정도 완화시키기는

하였지만, 이미 당파적 이해관계에 눈이 멀어버린 유교지식인들의 갈등을 뿌리뽑는다는 것은 처음부터 불가능한 일이었다. 결국 영조의 탕평정책도 노론의 장기적 일당독재를 위한 기반을 더욱 튼튼하게 자리잡게 해주는데 그치고 말았다. 이에따라 영조의 탕평정책으로 제거된 소론 김일경(金一鏡) 일파의 반발은 1728년 이인좌(李麟佐)의 반란으로 표출되었으며, 또한 1755년에는 나주(羅州)에 민심을 선동하는 벽서(壁書)가 나붙는 사건(掛書의 變)을 불러일으키면서 무수한 사람이 반역을 도모한 죄명으로 다스려졌다.

결국 영조시대에 확고한 세력기반을 확보한 노론의 일당독재는 마침내 영조 임금으로 하여금 1762년 노론의 횡포를 혐오하는 왕세자(思悼世子: 뒷날 莊獻世子·莊祖로 높여짐)를 죽이게 하는 사태에까지 이르게 되었다. 영조가 아들인 사도세자를 죽인 사건을 둘러싸고 영조의 편에 서는 벽파(僻派)와 세자를 동정하는 시파(時派)로 갈라져 또하나의 당파분열이 일어나고 말았다. 이때 노론의 중심세력은 대부분 벽파에 속하였고 남인은 주로 시파에 속하였다. 정약용이 태어난 것은 바로 사도세자가 죽음을 당한 참혹한 사건이 일어났던 그 해(1762: 영조 38)이다. 정약용의 집안은 서울근처에 살던 남인으로서 '기호남인'(畿湖南人: 近畿南人)이라 일컬어지고, 시파에 속하였기에 '남인 시파'(南人時派)로 일컬어졌다.

영조는 세자를 죽여야했지만 그 세자의 아들을 세손(世孫: 뒷날 正祖)으로 삼아 지켰으며, 마침내 1776년 세손이 왕위에 올랐다. 그러나 노론 벽파의 김구주(金龜柱) 등은 정조가 세손일때부터 해치려고 시도하였으며, 정조가 새로 왕위에 오른 뒤에도 임금을 시해하려는 역모가 홍인한(洪麟漢) 등에 의해 잇달아 일어났다. 정조 자신이 왕위에 오른 뒤에 "내가 옷을 벗고 잠을 잘 수 없었던 것이 몇 달이 되는지 모르겠다"〈『正祖實錄』, 卽位年 7월)고 토로하였으니, 자객이 뛰어들어 임금으로서 생명의 위협을 느껴 옷을 벗고 편하게 잠도 잘 수 없는 처지였음을 말해주고 있다. 이 시대의 유교지식인 관료(儒臣)들은 겉으로 임금이나 국가에 대한 충성과 의리를 내걸고 있었지만, 그것은 거짓된 명분에 불과하고 실지는 오직 자기 당파의 권력장악에 눈이 멀었던 사실을 잘 보여준다. 정조는 자신을 호위하는 세력으로 채제공(樊巖 蔡濟恭, 1720~1799)을 영수로 하는 '남인 시파'를 끌어올리고 보호하는데 힘썼으며, 이러한 기회로 정약용은 정조 치하에서 정치적 중심에 들어가 임금의 측근에서 활동할 수 있었다.

1800년 정조가 갑작스럽게 죽고, 순조가 12세의 어린 나이로 즉위하자 왕실의 외척인 안동 김씨(安東 金氏: 大王大妃인 英祖의 繼妃 貞純王后의 戚族)의 세도(勢道)정치가 시작되었다. 이제 군왕의 권위는 사실상 세도를 장악한 외척의 장식물이 되고 말았다. 집권한 안동 김씨의 노론세력이 모든 권력을 독점하자, 소외계층의 불만과 사회적 침체가 극심화하여 마침내 폭발의 단계에 접어들었다. 특히 조선사회에서 오랜 세월 소외당하였던 서북지역의 불만은 마침내 1811년 홍경래(洪景來)의 반란으로 가장 먼저 폭발하는 데 이르렀다. 이때부터 조선왕조는 몰락과 붕괴의 길을 스스로 재촉하고 있었던 것이다.

2) 부패한 관리의 잔혹한 착취

영조·정조 두 임금의 치세에는 균역법(均役法)의 시행으로 백성의 부담을 줄이고, 문예중흥(文藝重興)으로 사회의 기풍을 바로잡으려는 시도가 일어났다. 그러나 당시 사회는 오랜 세월의 당쟁으로 국가의 기강이 무너졌으며, 이에따라 관료의 부패가 만연되면서 백성을 착취함이 극심해졌다. 도탄에 빠져 있는 민생을 구제하는 일은 정조 임금처럼 영명한 임금으로서도 결코 쉬운 일이 아니었다. 특히 부패한 지방 수령들의 탐욕과 토착 서리(胥吏)들의 농간으로 행정의 기강은 무너지고 가혹한 수탈이 자행되면서 민생의 고통은 극도로 치닫고 있었다. 이른바 삼정(三政) 곧 전정(田政)·군정(軍政)·환곡(還穀)의 문란이 고질적인 병폐로 뿌리를 깊이 내리고 있었던 것이다.

'전정(田政)'으로서 토지의 세금은 면적에 따라 부과하는 것이 아니라 토질에 따라 부과하는 결부법(結負法)이 기준이었다. 그런데 이를 조작하여 세력있는 자의 전답은 척박한 토지로 등록되고 힘없는 농민의 전답은 높은 등급의 토지로 과중한 세금이 부과되었다. 더구나 부패한 관리와 결탁하여 토지를 세금의 부과대상에서 빼돌렸던 은결(隱結)이 영조·정조 시대에도 전체 토지의 절반에 이르렀다하니 힘없는 농민만 과중한 세금부담을 지고 있었을 뿐만 아니라 정부의 재정도 빈곤해질 수 밖에 없었다.

아전들 파지촌 덮쳐 휩쓰니,	吏打波池坊,
병졸들 점검하듯 시끄러워라.	喧呼如點兵,
굶어 죽은데다 병들어 죽으니,	疫鬼雜餓莩,

마을에는 농사짓는 장정이 없네.	村墅無農丁,
고아와 과부를 결박짓고 호령하며,	催聲縛孤寡,
채찍질로 앞길을 재촉하네.	鞭背使前行,
개처럼 꾸짖고 닭처럼 몰아가니,	驅叱如犬雞,
행렬이 성벽에 까지 이어졌구나.	彌亘薄縣城.
	〈「波池吏」〉

탐욕에 빠진 부패한 수령들과 아전들에게는 민생을 보살펴야 한다는 책임감이나 의무감이란 이미 그 흔적도 찾을 길이 없다. 오직 백성을 노예처럼 착취하여 자신의 재물을 늘리는 일이 바로 수령의 사업이 되고 있는 현실을 정약용은 통분하여 고발하고 있는 것이다.

'군정(軍政)'으로서 15세에서 60세 사이로 병역의 의무를 지닌 사람이 해마다 베 두필을 내는 군포(軍布)의 제도가 있다. 그런데 탐욕스럽고 부패한 관리에 의해 갓난아이에게도 군포를 거두는 '황구첨정(黃口簽丁)'이나, 이미 죽은 사람에게도 군포를 거두는 '백골징포'(白骨徵布)라는 극심한 불법이 자행되었다.

시아버지는 벌써 죽고 아이는 갓낳았는데,	舅喪已縞兒未燥,
삼대의 이름이 군적에 실리다니,	三代名簽在軍保,
달려가 호소하려도 문지기 범같이 버텨 섰고,	薄言往愬虎守閽,
이정(里正)은 호통치며 소마저 끌고가네.	里正咆哮牛去皁,
칼갈아 방에 뛰어들자 피가 자리에 낭자한데,	磨刀入房血滿席,
남편은 아이 낳은 죄를 스스로 한탄하네.	自恨生兒遭窘厄.
	〈「哀絶陽」〉

정약용 자신이 강진에서 유배생활을 하던 1803년 가을에 직접 목도한 사실을 시로 읊어 고발하고 있는 것이다. 이미 죽어 탈상을 한 시아버지와 이제 갓낳아 사흘밖에 안된 아이를 군적에 올려놓고 군포를 내라고 욱박지르며, 유일하게 남은 소까지 끌고가는 것을 보고도 억울함을 호소할 곳이 없는 남편이 자신의 양근을 칼로 잘라 자식을 낳은 것을 통탄했다. 그 아내는 피가 뚝뚝 떨어지는 남편의 양근을 들고 관청 문앞에 와서 울부짖으며 그 원통함을 호소하였으나 문지기에 쫓겨나고 말았다는 이야기이다. 이렇게 백성을 착취하고서도 망하지 않는 나라가 어디에 있겠는가.

'환곡(還穀)'의 제도는 빈민의 구제를 위해 설치된 제도이다. 그런데 이 제도는 강제로 관청의 곡식을 백성들에게 꾸어주고 높은 이자로 거두어 들이는 고리대(高利貸)로 변하여 농민을 수탈하는 방법으로 변질되고 말았다.

사창법 한번 시작된 뒤로,	社倉一濫觴,
수많은 목숨 딩굴며 구슬피 우네.…	萬命哀顚連,…
봄철에 벌레먹은 쌀 한 말 받고서,	春蟲受一斗,
가을에 새로 찧은 쌀 두 말을 바치네.…	秋鑿二斗全,…
남는 이익 교활한 자 살을 찌우니,	贏餘肥奸猾,
한번 벼슬길에 천 마지기 밭이 생기네.	一宦千頃田,
쓰라린 고초는 가난한 백성에 돌아가니,	楚毒歸圭蓽,
휘두르는 채찍질에 살점이 떨어지누나.	割剝紛箠鞭.

〈「夏日對酒」〉

정약용은 온갖 불법으로 재물을 모으는 당시 지방 수령과 아전들의 간교하고 잔인함과 착취당하는 백성들의 참혹한 현실을 생생하게 묘사하여 고발하였다. 그는 무너져가는 조선왕조의 모습을 지켜보면서 이 시대를 걱정하는 우환(憂患)의식을 절절하게 토로하고 있었다. 이러한 삼정(三政)의 극심한 문란은 결국 정약용이 죽은 뒤인 1862년 진주민란(晉州民亂)을 비롯하여 전국적으로 농민봉기를 불러 일으켰다. 이미 조선왕조는 스스로 멸망의 구렁텅이로 빠져들고 있었던 것이다. 그만큼 정약용이 살았던 18세기 후반과 19세기 전반은 불안과 동요로 소용돌이치는 위태로운 시국이었고, 사회전반을 혁신하는 대응책이 절박하게 요구되는 상황이었으며, 파국의 위기를 맞이한 역사적 전환기였다.

2. 사상조류: 소용돌이치는 사상의 격돌

　조선왕조는 건국초기부터 통치체제를 뒷받침하는 정통이념으로 도학-주자학의 유교이념을 확립하였다. 더구나 17,18세기의 조선후기로 접어들면서 사회적 동요를 막기 위해 도학이념을 유일의 정통으로 정립하기 위한 노력을 한층더 강화시켜갔다. 곧 도학이념은 '중화를 높이고 오랑캐를 물리칠 것'을 내세우는 화이론(華夷論: 尊中華攘夷狄論)을 의리의 기준으로 삼아, "명나라를 받들고 청나라를 배척하자"고 외치는 숭명배청론(崇明排淸論)을 이 시대의 이데올로기로 강화하였다. 한걸음 나가서 아무런 실질적 역량도 준비도 없으면서 "청나라를 정벌하여 병자호란의 치욕을 씻자"고 북벌론(北伐論: 復讐雪恥論)을 주창하는 허구적 의리론을 표방하고 있었다.

　그러나 비록 도학이념이 조선후기 사회에서 사상계를 주도하는 위치는 확고하다고 하더라도, 더 이상 도학이념이 유일한 사상은 아니었다. 조선후기는 사방에서 바람이 불어오고 물이 흘러들듯이 다양한 사상 조류들이 밀려들어 서로 격돌하며 소용돌이치는 사상의 다원화가 일어났던 시기이다. 그 사상적 충돌이 가장 크게 일어나는 장면을 보면, 하나는 정통성을 확신하는 '도학-주자학'과 그 정통성을 벗어던진 '탈주자학' 사이의 대충돌이요, 다른 하나는 전통의 '도학'과 새로 전래한 '서학(西學)' 사이에 동양과 서양의 이질적 사상이 정면으로 부딪치는 대충돌이다. 이 시대 사상사의 흐름을 전체적으로 보면 도학의 이념적 정통론과 실학의 현실적 개혁론이 맞서고 있는 가운데, 유교지식인들 사이에 사상적 다변화가 일어나고 있었다. 그만큼 도학—주자학이 수백년동안 누려왔던 절대적 권위는 사실상 그 뿌리에서부터 흔들리고 있었던 것이 사실이다.

1) 사상의 다변화와 실학(實學)

겨울이 깊어져 날씨가 가장 추워질 때는 이미 해가 길어지기 시작하고 봄이 점점 가까이 닥아오고 있듯이, 도학은 조선후기 사회에서 정통이념으로서 여전히 가장 강경한 태도로 강력한 세력을 누리고 있었지만, 그 그늘에서는 도학의 절대적 권위를 상대화시키는 새로운 사상의 조류들이 사방에서 밀려들어와 소용돌이치고 있었다.

17세기에 들어오자 남인계열의 윤휴(白湖 尹鑴, 1617~1680)는 『독서기』(讀書記)를 저술하고, 소론계열의 박세당(西溪 朴世堂, 1629~1703)은 『사변록』(思辨錄)을 저술하여, 주자의 정통적 권위에 의문을 제기하였으며, 주자의 경전주석에서 벗어나는 새로운 견해의 경전해석을 제시하였다. 이러한 움직임에 맞서서 도학의 정통을 수호하는 것으로 자신의 사명을 확립한 노론의 송시열(尤菴 宋時烈, 1607~1689)과 그 계열 인물들은 윤휴와 박세당에 대해 유교정통을 어지럽히는 역적이라

단죄하여 '사문난적(斯文亂賊)'으로 공격하고 이들을 죽음으로 몰아넣었다. 주자와 다른 견해를 용납하지 않고 '사문난적'으로 몰아서 배척하는 독선적 태도에 대해 윤증(明齋 尹拯, 1629~1711)은 '천자를 끼고 제후를 호령하는 것'(挾天子而令諸侯)에 가깝다고 비판하고 있다. 윤증의 이러한 비판은 도학의 정통성을 내세워 사상적 탄압을 하는 독선적 태도가 바로 '주자를 끼고 사람들의 입을 틀어막는 것'(挾朱子而箝衆口)임을 밝혀준다. 이처럼 새로운 사상에 대해서는 그 싹부터 막음으로써 도학이념의 정통을 수호하고자 하는 보수적 사상가들과 합리적 사유에 따라 자유로운 탐색과 토론을 요구하는 진보적 사상가들 사이에 충돌이 일어나기 시작하였던 것이다.

17,18세기에 일어나는 새로운 사상조류를 크게 네가지로 들어보면, 첫째는 이미 유교지식인들 사이에 상당히 익숙하게 알려져 있던 양명학(陽明學: 心學)이요, 둘째는 도학이념의 낡고 굳어진 질곡을 벗어나 우리의 절박한 현실문제에 대응책을 찾아가는 실학(實學)이요, 셋째는 청나라에서 새롭게 전래한 경전해석의 방법으로서 고증학(考證學)이요, 넷째는 명나라 말기부터 중국을 통해 새로 전래된 서양문물과 천주교신앙을 포함하는 서학(西學)이다. 이 네가지는 사실상 도학의 정통적 이념에 맞서는 것으로 넓은 의미에서 실학의 현실적 관심 속에 모두 포함되거나 연관되는 것이라 할 수 있다.

① 양명학(陽明學): 도학 이념의 세계관에 맞서서 독자적 목소리를 내기 시작한 사상으로 그 뿌리가 가장 오래된 것은 양명학이다. 이미 16세기부터 조선사회에 전파되기 시작하였던 양명학은 퇴계(退溪 李滉, 1501~1570)의 엄격한 비판을 받아 상승하려는 기운이 일찍부터 꺾이고 말았다. 그러나 18세기 초에는 소론계열의 정제두(霞谷 鄭齊斗,

1649~1736)에 의해 양명학의 이해가 본격적으로 깊어지면서 강화학파(江華學派)로 일컬어지는 학맥을 형성하였고, 그 속에서 우리 역사를 연구한 이긍익(燃藜室 李肯翊, 1736~1806)과 고증학에 탁월한 업적을 남긴 신작(石泉 申綽, 1760~1828) 등 중요한 학자들이 출현하였다. 또한 성호학파의 권철신(鹿菴 權哲身, 1736~1801)도 양명학에 대해 호의적 이해가 깊었음을 보여주고 있다. 18세기 후반의 실학자들 사이에 양명학에 대한 이해를 심화시켜가는 사실은 주자학의 독단적 획일화를 극복하고 사유를 다양하게 열어가는데 양명학이 일종의 징검다리로서 중요한 역할을 하였음을 말해준다.

② 실학(實學): 조선후기의 실학사상은 그 자체가 매우 복합적이고 다양한 이질성을 포함하고 있다. 그러나 도학의 이념적 정통주의에 대비시켜서 실학의 특징을 가장 단순화시켜 말한다면 '개방적 사유'와 '현실에 대한 관심'을 들 수 있다. 실학은 무엇보다 그 '개방적 사유'에 따라 자연과학의 객관적 합리성을 중시하고 고증학의 실증적 경전해석을 받아들이고 있으며, 나아가 서양의 새로운 문물인 서학(西學)에까지 깊은 관심과 이해태도를 보여준다. 이와더불어 실학은 그 '현실에 대한 관심'에 따라 국가경영을 위한 합리적 제도개혁이나 민생을 위한 생산기술의 계발과 교역의 확대를 통한 경제적 향상을 추구하는 실용적 경세론을 강조하였다. 나아가 우리의 역사·지리·풍속·문화 등 우리 자신의 정체성을 밝히는데 관심을 기울임으로써 민족의식의 각성과 국학(國學)의 연구에도 중요한 성과를 이루었다.

17세기 전반기에 이수광(芝峯 李睟光, 1563~1628)은 『지봉유설(芝峯類說)』을 저술하여 천문·지리에서 꽃나무나 벌레들에 이르기 까지 25부 3,435조목의 백과사전적 지식을 수집하여 제시하였다. 여기서 그는 처음으로 서양에 관한 지식까지 소개하고 있는 사실은 그의 학문자세가 정통적 이념의 가치질서가 아니라 개방적 사유의 객관적 합리성을 중시하는 것임을 잘 보여준다. 17세기 후반의 유형원(磻溪 柳馨遠, 1622~1673)은『반계수록(磻溪隨錄)』에서 토지를 천하의 근본으로 강조하고 토지제도를 비롯한 사회제도의 구체적 개혁방안을 밝히는 실용적 경세론을 제시하였다. 바로 이 점에서 도덕을 근본으로 삼고 도덕적 수양을 통치원리로 강조하는 도학의 태도와는 뚜렷한 차이를 보여준다. 또한 18세기 전반의 이익(星湖 李瀷, 1681~1763)은 유형원을 계승하여 사회제도의 개혁방안을 제시하면서 동시에 서양과학의 합리성을 적극적으로 수용하였다. 이러한 사실은 그의 실학정신이 지닌 현실적 관심과 동시에 개방적 사유의 자세를 보여주는 것이다. 이익의 실학정신은 18세기 후반에 성호학파(星湖學派)의 학풍을 이루었고, 정약용에 까지 깊은 영향을 주었다.

18세기 후반에는 이익의 학풍을 이은 기호남인계열의 성호학파에서 많은 인재들이 출현하여 활발하게 활동하였으며, 이와 더불어 노론계열에서도 홍대용(湛軒 洪大容, 1731~1783), 박지원(燕巖 朴趾源, 1737~1805), 박제가(貞蕤 朴齊家, 1750~1805?)로 대표되는 북학파(北學派)실학자들이 활동하였다. 북학파 실학자들은 청나라 문물을 배척하는 도학의 폐쇄적 태도를 비판하고, 청나라로부터 새로운 지식과 기술을 배워서 도입할 것을 주장하였다. 이들은 서양의 자연과학지식을 수용하기도 하고, 청나라의 생산기술이 지닌 효율성에 깊은 관심을 보이면서 이를 도입하여 이용할 것을 요구하였으며, 나아가 외국과 무역을 통한 상업의 활성화를 주장하는 등 실용적 현실인식에 예리한 통찰을 보여주고 있다. 정약용은 그 다음 세대의 인물로서 성호학파의 학풍을 계승하고 북학파의 견해를 수용하여 다양한 관심과 문제의식을 체계화함으로써 실학사상을 집대성하는 업적을 이루었던 것이다.

③ 고증학(考證學): 청나라 초기에 발달한 경전해석의 실증적 학풍인 고증학은 송대(宋代)에 성립한 도학이 성리설의 형이상학적 이론으로 경전해석을 하는 태도를 거부하고 한대(漢代)의 엄격한 문헌고증으로 경전의 글자를 해석하는 훈고(訓詁)의 학풍을 중시하였으므로 한학(漢學)이라 일컫기도 한다. 고증학의 경전해석은 도학의 관념적 해석을 비판하고 실증적 증거를 중시하는 학풍으로 실학의 학문적 기반을 정립하는데 중요한 요소를 이루는 것이 사실이다. 그러나 청나라 중기 이후 고증학은 문헌고증에 빠져 현실문제에 대한 구체적 관심과 개혁의지를 결여함으로써 사실상 실학정신을 상실하고 말았던 측면을 보여준다. 김정희(秋史 金正喜, 1786~1856)의 경우도 청대 고증학을 수용하여 '실사구시(實事求是)'의 실증정신을 주창하였지만, 경전해석에는 별다른 업적을 남기지 못하였을 뿐만 아니라 현실문제에 대한 실용적 대응책에는 관심을 보이지 않았고, 주로 서법(書法)의 예술적 경지를 열어가는데 주력했던 사실도 그 사례의 하나라 할 수 있다. 그러나 정약용은 고증학의 실증적 방법을 자신의 경전해석에서 폭넓게 활용함으로써 고증학에 내포된 실학정신을 가장 적극적으로 살려내었던 경우를 보여준다. 또한 정약용은 고증학의 실증적 학문자세를 기초로 역사·지리·언어·풍속 등 국학(國學)의 영역에서도 구체적으로 활용하여 실학정신을 가장 활발하게 구현하였던 것이 사실이다.

④ 서학(西學): 명나라 말기에서 청나라 초기에 걸쳐 예수회 선교사들이 중국에 들어와 천주교로 유교를 보완하겠다는 '보유론(補儒論)'을 내세워 유교사회에 정착하려는 적응주의 선교정책을 펼쳤다. 또한 예

수회 선교사들은 서양의 과학지식과 천주교교리를 한문으로 번역하거나 저술한 많은 종류의 '한역서학서(漢譯西學書)'를 간행함으로서, 중국전통의 유교적 세계관과 새로 전래된 서양의 천주교적 세계관 사이에 활발한 사상적 교류와 충돌이 벌어지는 계기를 마련해주었다. 이에 따라 유교와 천주교의 교리적 상호 이해와 갈등이 일어나면서 동양과 서양의 문화적 교류라는 사상사의 가장 큰 소용돌이가 일어나게 되었다. 유교와 천주교 사이에서 동서문화의 교류가 일어났던 것은 동서양이 만나는 새로운 하나의 세계인식이 가능하게 되었다. 동서양의 교류는 바로 이 시대에서 가장 민감하고 창의적인 문제의식을 각성시켰으며, 동시에 가장 심각한 대립의 충돌을 불러일으키기도 하였다. 바로 이 시대에 서학의 수용과 충돌의 한 가운데에 성호학파와 정약용이 놓여 있었던 것이다.

2) 유교–서학의 충돌

정약용이 살았던 18세기 후반이후 조선후기에 사회적으로 가장 중대한 쟁점은 서학의 문제라 할 수 있다. 서학은 16, 17세기 서양의 과학·기술에 관한 지식과 서양의 종교로서 천주교신앙을 중심내용으로 소개되었다. 조선사회는 17세기초 이수광이 처음으로 소개한 이후 점차 서양의 문물에 관한 견문과 지식을 넓혀갔으나, 본격적인 쟁점으로 끌어낸 인물은 18세기 전반기의 이익(星湖 李瀷)이다. 이익은 도학의 정통주의에 따른 엄격한 이단배척에도 불구하고 천문학과 역법(曆法) 등 서양의 과학지식에 대해 중국의 옛 성인보다 뛰어나다고 높이 평가하여 적극적으로 수용입장을 밝혔다. 이와더불어 이익은 천주교교리의 신비적 요소에 대해서는 환상이요 망녕된 것이라 비판하여 과학지식과 종교적 신앙을 차별화시킴으로써, 유교이념과 충돌없이 서양의 자연과학 지식을 받아들일 수 있는 기반을 확보하고자 하였다.

그러나 이익의 제자들 사이에서는 스승의 학풍을 계승하여 성호학파를 이루면서, 두갈래로 학풍의 분렬이 일어났다. 먼저 이익의 제자들 가운데 선배 그룹에 속하는 신후담(遯窩 愼後聃, 1702~1761)과 안정복(順菴 安鼎福, 1712~1791) 등은 천주교교리의 영혼개념이나 사후세계로서 천당지옥의 교리가 유교의 이념체계에 모순되는 사실을 중시하였다. 이들은 천주교교리를 비판하는 데 관심을 집중하고 서양과학의 수용에는 별다른 관심을 보이지 않았으므로, 공서파(攻西派)라 일컬을 수 있다. 이와는 달리 이익의 제자들 가운데 후배 구룹에 속하는 이가환(錦帶 李家煥, 1742~1801)과 권철신 계열에서는 서양과학의 합리성과 생산기술의 효율성에 주목하여 이를 수용하는데 관심을 기울이다가 일부에서 점차 천주교신앙에까지 빠져들기도 하였으니, 이들을 신서파(信西派)라 일컬을 수 있다. 이벽(李檗)·이승훈(李承薰)을 비롯하여 정약용 자신도 바로 성호학파의 신서파에 속한다. 이처럼 성호학파는 공서파와 신서파로 학풍의 분렬이 일어나게 되었던 사실에서, 그 갈라지는 계기는 바로 서학에 대한 인식의 차이에 있었던 것이다.

또한 북학파의 선구적 인물인 홍대용도 서양과학의 자연관을 받아들이면서 음양오행설(陰陽五行說)에 근거하는 도학의 우주론을 극복하고 서양과학적 지식에 기초하는 새로운 실학적 자연관을 구축하였다. 이에따라 홍대용은 하늘을 둥글다 하고 땅을 네모졌다고 하는 천원지방설(天圓地方說)을 버리고, 땅이 둥글다는 지구설(地球說)을 수용하였을 뿐만 아니라 지구가 스스로 돈다는 자전설(自轉說)까지 받아들여 주장하기에 이르렀다. 또한 이 시기에 신(神)존재와 인간의 영혼개념을 설명하는 전혀 새로운 이론을 포함하여 사후세계에 대한 신앙으로서 서양종교인 천주교교리가 성호학파의 신서파에 속하는 젊은 유교지식인들 사이에 급속하게 퍼져나가 천주교 신앙집단이 자생적으로 형성되었다.

천주교 신앙집단이 발생하는 초기에는 성호학파 안에서 공서파가 신서파를 비판하는 학파 내에서 벌어지는 논쟁적 성격으로 전개되었다. 그러나 뒤이어 도학전통의 보수적 유교지식인들이 제사를 거부하는 천주교 교단을 이단이요 사학(邪學)으로 규정하여 격렬하게 배척하면서 이단배척 문제로 사회전반에 확대되어 갔다. 이에따라 정조 임금의 후반기인 1790년대에는 이미 정부가 천주교 교리서를 못보게 하는 금서령(禁書令)을 비롯하여 천주교신앙을 불법화하는 사학(邪學)금지령을 내렸으며, 서학에 대한 배척이 국가의 공식입장으로 확인되었다. 그 결과 서양과학지식에 대한 관심은 어디에서도 자리잡지 못하고 말았다. 오직 지하화되고 서민 속으로 퍼져나간 신앙활동의 열정과 정부나 보수적 유교지식인들의 강경한 이단배척론만이 정면으로 충돌하고 있었다. 천주교 신앙집단이 처음에는 소수의 신서파 유교지식인 사이에서 발단하였지만, 이미 다수의 서민층 속으로 신속하게 침투하고 지하화하면서 조선사회의 유교적 예교(禮敎)질서는 중대한 도전을 받게 되었던 것이 사실이다.

18세기말에는 조선정부와 도학정통의 유교지식인들은 천주교신앙이 유교의 사회질서에 위협이 된다는 사실을 인식하고 있었을 뿐만 아니라, 한걸음 나아가 서양이 가지고 있는 대포와 군함이라는 무기의 군사적 위력이 국가의 안전에 엄청난 위협이 된다는 위기의식을 심각하게 각성하기 시작하였다. 따라서 서양의 위협에 대한 위기의식이 높아질 수록 서양에 대한 저항의식을 강화시켜 갔으며, 국내의 천주교 신앙집단에 대한 엄격한 배척과 탄압을 더욱 심화시켜갔다.

정약용 자신도 한때 천주교 신앙에 빠졌던 사실 때문에 혹독한 비난과 배척의 대상이 되었다. 그러나 정약용은 자신이 한때 천주교 신앙을 수용하였던 것과는 별개의 문제로 천주교교리를 통해 이해한 새로운 신관과 인간관을 유교 경전의 해석에 창의적으로 활용함으로써, 자신의 실학사상을 형성하는 중요한 사상적 기반을 삼았다. 이처럼 정약용은 동양과 서양의 사상교류를 포함하는 이 시대의 다양한 사상 조류들이 소용돌이치는 한 가운데 자리잡고, 이들 다양한 사상조류를 수용하고 종합하였다. 바로 이 점에서 우리는 정약용을 이 시대정신의 중심에 선 '실학사상의 집대성자'라 일컬을 수 있는 것이다.

3. 학풍: 비판정신과 열린 사유의 실학(實學)

1) 고착된 사유방식에 대한 비판적 개혁의식

정약용은 「오학론(五學論)」에서 개혁해야 할 전통적 사유방법이나 지식체계의 폐단을 성리학·훈고학·문장학·과거학(科擧學)·술수학(術數學)의 다섯 가지 유형으로 나누어 비판하면서, 학문의 기준으로서 공자와 맹자의 정신 곧 '수사(洙泗)'를 원형으로 밝힘으로써 전통문화 속에 스며들었던 왜곡과 폐단을 바로잡을 수 있는 길을 열어주고 있다. 그것은 정약용이 공자와 맹자의 본래정신으로 돌이키겠다는 과거의 회복에 목적이 있는 것이 아니다. 오히려 합리적 사유의 실현을 통해 학문적 진실성을 확보하고 근대적 개혁정신을 발휘하겠다는 의지로 이해할 필요가 있다.

그는 조선사회를 이끌어 가는 이념으로서 도학(주자학)의 이론적 근거인 '성리학'에 대해, 옛 학자가 이해하였던 성리학의 본래 의미를 간명하게 밝히고 있다.

옛날에 학문하는 사람은 성품이 하늘에 근본함을 알고, 이치가 하늘에서 나옴을 알며, 인륜이 통달하는 도리임을 알아서, 효도·우애·충직·신의(孝弟忠信)로 하늘을 섬기는 근본을 삼고, 예법·음악·형벌·정치(禮樂刑政)로서 백성을 다스리는 도구로 삼으며, 뜻을 성실하게 함과 마음을 바로잡음(誠意正心)으로서 하늘과 인간의 중추로 삼았다.

〈「五學論(1)」〉

그러나 이에 비해 후세에 일어난 성리학의 폐단이 번쇄한 개념분석에 빠져 본래의 정신을 상실하고 있음을 신랄하게 비판하였다.

지금 성리학을 하는 사람은 이·기(理氣), 성·정(性情), 체·용(體用), 본연·기질(本然氣質), 이발·기발(理發氣發)…을 말하면서, 세줄기 다섯 갈래, 천가지 만잎사귀로 털끝까지 나누고 실낱같이 쪼개어 서로 성내고 서로 소리지른다.…스스로 천하의 높고 오묘함을 극진하게 하였다고 여기지만, 동쪽으로 뻗치면 서쪽에서 저촉되고, 꼬리를 붙잡으면 머리를 놓친다. 문마다 깃발을 내걸고 집마다 보루를 쌓아서 세상이 끝나도록 다투어도 결판을 내지 못하며, 대를 이어 송사를 벌여도 해결을 볼 수가 없다.

〈「五學論(1)」〉

이처럼 그는 당시의 성리학이 지리멸렬한 개념논쟁에 빠져서 끝없이 대립만 할 뿐 아무런 생산적 기여를 할 수 없는 지식체계가 되고 말았음을 폭로하고 있다. 그가 이 시대 사상을 주도하는 성리학에 대해 이렇게 비판적 인식을 하고 있는 사실은 그의 사상적 지향이 그 시대를 주도하는 대세에 맞서서 근본적인 개혁을 추구하고 있는 것임을 쉽게 짐작할 수 있다. 따라서 그는 세계관의 기본구조로서 하늘과 인간의 관계, 인간과 인간의 관계, 및 인간과 만물의 관계에 대한 성리학의 이해를 정면으로 비판하고 전면적인 발상의 전환을 시도함으로써 새로운 차원의 인간이해를 정립하였다. 여기에 그의 경전주석 작업은 바로 주자학을 벗어나(脫朱子) 현실적 합리성에 근거하는 인간발견이요 사회인식으로서 실학적 세계관을 정밀하게 체계화는 작업이었던 것이다.

또한 그는 당시 청대(淸代) 고증학이 도입되면서 한대(漢代)의 '훈고학(訓詁學)'이 되살아나는 학풍에 대해서도 그 의의를 인정하면서 동시에 문제점에 대한 비판적 인식을 분명하게 밝히고 있다. 곧 그는 "경전의 글자 뜻을 밝혀 도덕의 교화를 통하게 하는 것"이 '훈고'의 목적임을 지적하고, "한대(漢代)의 주석(註釋)과 주자의 집전(集傳)에서 옳고 그른 것을 가릴 때는 반드시 경전에서 결단하여야 한다"고 하여, 한학(漢學)이나 송학(宋學)의 어느 쪽을 따를 것인가의 문제가 아니라 학문의 표준을 언제나 경전 그 자체에서 확인해야 할 것임을 분명히 하였다. 따라서 그는 당시의 훈고학자들이 한학과 송학을 절충한다는 '절충한송(折衷漢宋)'을 내세우면서도 실제로는 글자만 통하고 장구(章句)를 훈고할 뿐 옳고 그름이나 치우침과 정당함을 분별하여 본받아 행할 방법을 찾지 못하고 있음을 강하게 비판하였다.〈「五學論(2)」〉그만큼 그에게서 판단의 기준은 진리이지 기존의 학문전통이나 권위가 아님을 분명하게 제시하고 있는 것이다.

정약용은 우리 사회의 여러 영역에서 전통적 사유방식과 제도를 관찰하면서, 곳곳에 배어 있는 비능률적 불합리성과 관습적 허위성을 철저히 성찰하여 깨뜨리고 있다. 이에따라 전통의 권위를 추종하여 안주하기를 거부하고 새로운 의식과 제도를 추구하는 개혁적 시각을 보여주고 있다. 그러나 그의 개혁의식은 전통의 본래적 가치를 재각성함으로써 묵은 폐단을 제거하는 것이다. 본래의 실상을 드러냄으로써 현재의 왜곡된 지식체계를 개혁하고자 하는 것은 과거의 실상과 미래의 이상을 일치시키고 있음을 의미한다. 따라서 그의 개혁론은 '수사(洙泗)'의 과거적 실상으로서 공자와 맹자에로 돌아가는 길이면서 동시에 효율성과 합리성을 추구하는 미래적 이상을 지향하는 것이라 하겠다.

정약용은 전통문화의 구체적 현장을 점검하면서 효율성과 합리성이 없는 형식적 관습을 비판하고 광범한 개혁을 추구하였다. 그 하나의 사례로서 아동을 위한 문자교육의 방법에 대한 인식과 그 개혁적 시각을 주목할 필요가 있다.

그는 아동이 처음 한자학습을 할 때 필수적인 교과서로 사용되어 왔던 주흥사(周興嗣)의 『천자문(千字文)』이 문자를 무리(族)에 따라 분류하여 효과적인 학습을 도모한 것이 아니라, 한 때 희롱거리로 지었던 것이라 하여 전면적으로 비판한다.〈『여유당전서보유』(2),「教稺論」〉곧 『천자문』에서는 '천·지'(天地)를 배우고서 '천'의 무리인 '일·월·성·신'(日月星辰)이나 '지'의 무리인 '산·천·구·릉'(山川丘陵)으로 나가지 않고, 엉뚱하게 색깔(五色)의 무리인 '현·황'(玄黃)을 배우게 하며, '현·황'에 이어서 '청·적·흑·백'(靑赤黑白)이나 '홍·자·치·록'(紅紫緇綠)의 색깔을 다 구별하기도 전에 문득 '우·주'(宇宙)를 배우게 하는 것은 분류의 심한 혼란을 일으킨다는 것이다. 나아가 그는 문자 교육의 방법으로서 "가까운 것으로 먼 것을 깨닫고, 얕은 것으로 깊은 것을 깨닫는다"는 원리에 따라, "상응하는 양쪽(예를 들면 近·遠)을 함께 들면 두가지 뜻이 모두 통하지만, 한쪽(예를 들면 近·淺)만을 치우치게 말하면

두 가지 뜻이 모두 막힌다"고 지적하여, 문자 교육에서 무리에 따른 분류의 중요성과 더불어 상호 대조적 이해의 중요성을 강조하였다. 〈「千文評」〉

따라서 그는 주홍사의 『천자문』은 읽어서 안될 것으로 역설하고, 스스로 『아학편(兒學編)』 2천자를 저술하여, 소학(小學; 문자학)교육의 창의적이고 합리적인 체제를 제시하고자 하였다. 그는 『아학편』의 상편에서는 형상이 있는 사물을 분류하여 배열하고 하편에서는 형상이 없는 것을 분류 배열하면서, 상편과 하편이 서로 대응되는 구조를 보여주고 있다. 이러한 정약용의 문자교육의 방법은 감각적 대상의 경험을 근거로 확보하고, 그 위에 경험의 보편적 원리를 파악해 가는 형식 구조를 내포하는 것이라 할 수 있다. 〈정순우, 「다산 '아학편' 연구」, 『정약용』(윤사순 편), 72-94쪽〉 이처럼 경험을 중시하는 교육 방법은 심성론의 관념적 사유를 중시하는 성리학 전통으로부터 벗어나는 중대한 전환점을 보여주는 것이다. 정약용이 문자교육의 방법을 개혁하여 아동교육에 관심을 기울이는 것은 새로운 사상체계를 심는 데 아동교육의 효과와 중요성을 충분히 인식하였던 것으로 보인다.

2) 다양성을 수용하는 포용정신

퇴계는 율곡에게 보낸 편지에서 율곡이 옛 유학자들(先儒)의 학설을 논변하면서 먼저 그 잘못된 점을 찾아내어 비판하는 태도에 대해 매우 엄격한 질책을 하였던 일이 있다. 여기서 정약용은 퇴계의 견해를 그대로 받아들이지 않았다. 그는 처음 배우는 사람(初學者)이 스승에게 질문할때는 그 착오가 있는 곳을 집어내어 의문을 제기해야 한다는 점에서 율곡의 비판적 태도를 긍정적으로 변호하였다. 다만 그는 청나라 학자 모기령(毛奇齡)의 경우처럼 경박하게 비판하는 태도를 경계하고 있을 뿐이다.

> 남의 흠을 샅샅이 찾아내어 새로운 의견내기를 힘쓰는 자는 참으로 큰 병통이되지만, 지혜를 버리고 의욕을 끊어서 전적으로 옛날에 전수받은 것을 답습하는 자도 실지로 얻는 바가 없다.…모름직이 자세히 연구하여 말한 사람의 본래 취지를 이해하기에 힘써서 반복하여 헤아리고 증거하면 마땅히 얼음이 녹듯 의문이 풀릴 것이다.
>
> 〈「陶山私淑錄」〉

그만큼 정약용은 비판에만 빠지거나 계승에만 안주하는 것은 모두 병통이 됨을 지적하고 있으며, 이에 따라 학문자세에서 의문을 제기하고 비판을 하는 것이 지닌 긍정적 의미를 중시하고 있는 것이다. 따라서 정약용은 녹아드는 익숙한 연구와 반복하여 헤아리고 경험하는 방법을 통해 남의 학설에서 그 본래 취지를 밝히면서 그 차이를 규명하는 객관적 해석의 방법을 제시한다. 여기서도 정약용은 자신의 평생 학문자세이었던 비판정신과 객관적 해석의 중요성을 재확인하고 있는 것이다.

또한 그는 맹자가 양주(楊朱)의 개인주의적 위아설(爲我說)과 묵적(墨翟)의 전체주의적 겸애설(兼愛說)을 이단으로 엄격히 배척하였던 태도와는 달리, 유교의 '중용'정신은 양주와 묵적의 상반된 두 극단까지 포용하는데 있음을 강조하였다.

> 성인의 도는 구애되지 않고 막히지 않고 의로움에 따른다. 그러므로 '시중(時中)'이라고 이르는 것이다. 그러나 그 가운데 양주와 묵적의 의로움이 함께 존재하지 않은 적이 없었다.…오직 그 붙잡은 바가 한편으로 집착하지 않은 것이다.…양주와 묵적은 그렇지 못하였다. 양주는 궁색하거나 영달하거나에 관계없이 자신을 선하게 함(獨善)으로 위주를 삼고, 묵적은 세상이 다스려지는지 혼란한지에 관계없이 함께 선하게 함(兼善)으로 위주를 삼으니, 이것이 도에 어그러지는 까닭이다.
>
> 〈『맹자요의』〉

이것은 유교전통에서 부모와 임금도 무시하는 이단으로 배척받아왔던 양주와 묵적의 견해까지도 수용할 수 있는 포괄적 자세를 보여주는 것이다. 따라서 그는 성인의 도(道), 곧 '중용'(中庸: 時中)이 바로 다양성을 포용하는 열린 정신임을 밝히고, 단지 이단은 한쪽으로 치우쳐 '중용'의 균형과 조화를 상실하는데 문제가 있음 지적한 것이다. 그만큼 그는 다양성을 향해 열린 자세를 중시하고 있으며, 바로 이 점이 정통주의를 표방하는 도학이념을 넘어서 실학의 개방정신을 발휘하고 있는 것이라 하겠다.

3) 합리적 과학정신과 술수학에 대한 비판

정약용은 실학적 사유의 새로운 세계관을 정립하는 과정에서 다양한 사상조류를 수용하고 있으며, 그 가운데 서양의 과학기술이 지닌 합리성과 효용성의 자연과학적 사유를 폭넓게 받아들이고 있다. 그가 주자학이 기반하는 전통적 자연철학으로서 음양오행설을 부정하는 사실이나, 천체의 운행에서 이변을 재난의 징후로 해석하는 재이설(災異說)을 부정하였던 사실은 과학적 합리성에 근거한 비판이었다. 이에따라 관상감(觀象監) 관원의 지위를 향상시키고 천문관측 기술을 청나라에서 배워올 것을 제안함으로써, 선진 과학기술의 도입을 적극적으로 주장하였다. 그러나 그는 서양의 천문학 지식을 수용하였지만 땅이 둥글다는 '지구설'을 인정하면서도 지구의 자전(自轉)이나 공전(公轉)의 운행에 관한 명확한 이해를 보여주지 못하는 한계를 드러내고 있다. 〈박성래; 「정약용의 과학사상」, 『정약용』, 334-338쪽〉 사실상 그의 과학지식은 부정확하거나 미숙한 점이 많은 불충분한 것이었지만, 그가 과학지식의 필요성과 향상방법에 관해 깊은 관심과 과학기술의 도입에 적극성을 보여주고 있다는 점이 주목된다.

> 우리나라에 있는 온갖 장인의 기예는 모두 옛날에 중국에서 배웠던 법식인데, 수백년 이후로 딱 잘라 끊듯이 다시는 중국에 가서 배워 올 계획을 세우지 않았다. 그러나 중국의 새로운 법식과 교묘한 제도는 날로 증가하고 달로 늘어나서 다시는 수백년 이전의 중국이 아닌데도, 우리는 단지 막연하게 서로 묻지도 않고 오직 예전의 것에 안주하고 있다.   〈技藝論(1)〉

당시 조선사회가 도학이념의 정통주의에 사로잡혀 중국의 새로운 기술을 도입하는데 무관심하여, 기술에서도 조선사회가 심하게 낙후되어 있는 현실을 비판한 것이다. 그만큼 그는 당시 도학자들이 청나라를 배척하는 배청(排淸) 의리론에 사로잡혀 있는 폐쇄성을 극복하고

자 하였으며, 생산기술의 적극적 도입과 계발을 요구하고 있다. 바로 이점에서 북학파(北學論) 실학자들이 청나라의 발달한 선진 문물을 수용할 것을 주장하고 있는 것과 같은 맥락을 보여주고 있으며, 그의 실학정신이 합리성과 효율성을 근거로 개혁과 진보를 추구하는 근대적 성격을 분명하게 드러내고 있는 것이라 하겠다.

그는 의학지식에 깊은 관심을 기울여 그 자신 의술에 탁월한 식견이 있다는 사실이 왕실에까지 널리 알려졌다. 그는 처방을 외우기에 앞서 본초(本草)의 성능에 정확한 지식을 가져야 함을 강조하고,〈「醫說」〉 맥을 짚어보는 방법(脈診法)으로 오장육부의 병을 분별하는 전통의 한의학적 사유방법을 거짓되고 환상적인 믿음이라고 부정함으로써, 객관적이고 합리적인 근대적 논리로 한의학을 근본적으로 개혁할 것을 요구한다.〈「脈論」〉 그는 종두법의 연구에 오랜 기간 힘썼고, 그 결과로 『마과회통』이라는 우리나라 의학사에 중요한 의학서를 저술하였다.

나아가 정약용은 당시에 광범하게 퍼져 있는 '술수학'으로서 도참설(圖讖說)·풍수설(風水說)·신통술(神通術)·역술법(易術法) 등이 앞날을 예견한다거나 길(吉)과 복(福)을 구한다 하여 대중들을 현혹하는 술법들에 대해 합리적이고 과학적인 '학문(學)'이 아니라 허위적인 '미신(惑)'이라고 규정한다. 그는 요·순·주공·공자의 성인들도 앞 일을 내다보지 못했던 사실을 구체적 사례로 논증하여 '성인의 도'와 '술수의 도'가 다른 길임을 분명하게 제시한다.〈「五學論(5)」〉

여기서 정약용은 술수학과 더불어 관상술(觀相術)·간지법(干支法)·풍수술(風水術) 등 여러 가지 술수들에 대해 굳어져 있는 통속적 사유방법으로서 비합리적이고 비과학적인 것임을 엄격하게 변론하고 반

박하였다. 그는 '상'(相: 觀相)을 운명론적 조건으로 받아들이는 것을
거부하고, 후천적 훈련의 학습을 통해 습관이 형성되면 '상'이 바뀌게
되는 사실을 지적하여, 관상술의 운명론을 벗어나서 훈련과 노력을
통해 능동적으로 인격을 성취해 가는 태도가 정당한 것으로 확인하고
있다.

> 선비와 백성이 '상'을 믿으면 직업을 잃게 되고, 공경이나 대부가 '상'
> 을 믿으면 벗을 잃게 되고, 임금이 '상'을 믿으면 신하를 잃게 된다.
>
> 〈「相論」〉

이처럼 사람의 외형을 살펴 관상(相)을 운명론적으로 받아들이는 믿
음에 빠지면 인간의 내면적 품성을 소홀히 하여 인간관계를 손상시키
게 되고, 스스로 노력하려는 의지가 약해져서 자신의 생업까지 잃게
되는 폐단이 있음을 지적하고 있는 것이다.

또한 그는 선진(先秦)시대에 날짜를 기록하는 방법으로 '10간'(十干:
甲·乙·丙·丁…)과 '12지'(十二支: 子·丑·寅·卯…)를 결합한 '간지'(干
支)는 전한(前漢) 때부터 년·월·일·시를 기록하면서 참위술(讖緯術)
과 풍수술 등 온갖 잡술의 기본 방법이 되었다고 고증한다. 이런 점을
인식한 정약용은 사주(四柱)를 헤아리고 길흉을 분별하며 방위를 정하
여 왔던 환망한 믿음을 비판하여 철저히 깨뜨리고 있다. 〈「甲乙論」〉

나아가 그는 풍수설에 대해서도 예리하게 비판하고 있다. 그는 풍수
설을 한마디로 규정하여, "예(禮)가 아니다. 그 부모를 묻어서 복을 구
하는 것은 효자의 정이 아니다"라고 언급함으로써, 풍수설이 도덕적으
로 정당성이 없음을 강조한다. 또한 "무덤 속의 썩은 뼈가 형세가 좋은

땅을 의지하고 있더라도 어떻게 후손에게 혜택을 줄 수 있겠는가"라고
하여, 풍수설이 과학적으로 근거가 없으며 거짓된 속임수라고 신랄하
게 비판하였다.〈「風水論」〉이처럼 그는 통속적 믿음이 합리성을 가장
하여 하나의 지식체계로 통용되고 있는 현실에서, 그 믿음의 뿌리깊은
허위성을 폭로하고, 대중 속에 광범하게 통용되는 현실에 맞서서 철저
히 비판하고 타파하려는 과학적 합리성의 신봉자로서 자신의 용맹한
모습을 유감없이 발휘하고 있다.

4) 민족의식을 싹티우는 국학(國學)에 대한 관심

정약용은 우리의 역사·지리·언어·풍속에 관해 폭넓게 관심을 기
울임으로써 민족의식을 각성할 수 있는 기반을 확립해갔다.

그는 1801년 여름 장기에서 유배생활을 할 때 앞서 이익(李瀷)이 우
리말 속담 100구절을 모은 「백언해(百諺解)」를 이용하여 운(韻)을 붙
여 「백언시(百諺詩)」를 지었던 일이 있다. 이렇게 한문으로 기록한 우
리말 속담을 다시 운문체로 표현한 것은 유교 지식인들의 문자생활 속
에 우리 속담이 쉽게 스며들 수 있도록 한 것이다. 1820년 그는 왕씨
(王氏: 未詳)가 중국의 고금 속담을 모아 편찬한 『이담(耳談)』과 이익
의 「백언해」를 토대로 누락된 것을 보충하였다. 그기에다 고증학자
신작(石泉 申綽)이 경전에서 찾아준 속담 10여 가지와 둘째 형 정약전
이 흑산도(黑山島)의 속담 수십 가지를 모아준 것을 보충하여, 운(韻)
에 맞도록 고쳐서 241수의 속담을 수록한 『이담속찬』(耳談續纂)을 편
찬하였다. 그것은 경전이나 중국 고전에 들어있는 것뿐만 아니라 주로

우리나라에서 대중의 언어생활 속에 담긴 지혜를 한문으로 설명을 붙여서 집성하여 보존할 수 있게 한 것으로 우리의 언어생활 연구에 소중한 자료가 되고 있다.

특히 그는 우리의 역사와 지리를 인식하는 데 더욱 세심한 관심을 기울였으며, 우리의 지리를 역사와 연결시켜 치밀한 고증적 연구를 해 왔다. 우리 역사지리 연구의 역작인『아방강역고(我邦疆域考)』는 기자(箕子)조선에서 발해까지 나라마다 강역과 지명의 연혁을 고증하였으며, 제자 이청(李晴)을 시켜 편집하게 하였던『대동수경(大東水經)』은 우리나라 강(江)의 역사지리를 고증한 것이다.

그가 역사지리적 고증작업을 통해 제시하는 우리의 고대사는 열수(한강)를 중심으로 북쪽은 조선이 사군(四郡: 漢四郡)을 거쳐 고구려와 발해로 이어지고, 남쪽은 한국(韓國: 三韓)에서 마한(馬韓)이 백제로 연결되고 변한(弁辰)이 가야로 연결되고 진한(辰韓)이 신라로 연결되는 것이라 하여, 남북의 병행구조로 보는 독자적 해석을 하고 있다.〈한영우;「다산 정약용의 역사관」,『정다산연구의 현황』, 308쪽〉 여기서 발해에 대해 정약용은 매우 깊은 관심을 기울이고 있는 사실을 주목할 필요가 있다. 그는 발해의 옛 땅이 거란의 수중에 들어가 우리가 되찾지 못한 사실을 한탄하였다. 통일신라와 발해가 병존하던 시대에 대해서는 발해를 중심으로 이해하려는 태도를 엿볼 수 있게 하며, 발해의 영역을 본격적으로 고찰하고 있다.〈송기호;「조선시대 史書에 나타난 발해관」,『한국사연구』72, 66-68쪽〉 이러한 역사지리의 이해는 당시 실학자들 사이에 우리역사에 대한 연구가 활발하게 일어나고 있던 학풍과 같은 맥락에서 '국학(國學)' 연구의 열기를 고조시켰던 것이요, 우리의 민족의식을 싹트게 하는 토대를 마련해주었던 것이라 하겠다.

정약용이 『아방강역고』를 중심으로 우리의 역사지리에 대한 고증적 연구성과는 민족의식을 촉발시키는 계기를 마련해주었다. 곧 다음 시대에 와서는 장지연(張志淵)에 의해 『대한강역고(大韓疆域考)』의 저술로 계승되었으며, 오늘날도 우리역사연구의 선구적 업적의 하나로 중시되고 있다.

4. 연원: 정신적 뿌리와 학문적 계승

그는 충청도 금정 찰방으로 좌천되어 갔던 34세때(1795) 10월 예산에 사는 이익(星湖 李瀷)의 종손으로 경학과 예학에 밝은 학자인 이삼환(木齋 李森煥)을 모시고 십여 명의 선비들과 함께 온양의 봉곡사(鳳谷寺)에 모여 열흘동안 낮에는 이익의 저술인 『가례질서(家禮疾書)』를 교정하고, 밤에는 토론을 벌여, 이른바 '서암강학회(西巖講學會)'를 열어 성호학파의 학풍을 일으켰다. 이어서 그는 그 해 겨울 이웃에서 빌려온 『퇴계집(退溪集)』에서 매일 새벽 세수를 하고나서 퇴계의 편지를 한통씩 읽고, 오전에 공무를 처리한 다음 정오에는 그 편지에 대한 감회를 적었다. 이 때 30통의 서한을 33조목으로 기술한 「도산사숙록(陶山私淑錄)」에서는 그가 퇴계를 얼마나 깊이 이해하고 절실하게 사모하였는지를 잘 드러내고 있다. 이 두가지 일은 그가 금정에서 퇴계의 학풍에 깊이 침잠하였던 사실과 성호학파의 학풍을 진작시켰던 것으로서 그의 사상적 뿌리를 확인하는데 매우 의미깊은 일이다.

1) 퇴계로부터 받은 감동

정약용은 금정역 찰방으로 있던 34세때(1795) 겨울(11~12월)동안 퇴계를 새롭게 만나는 기회를 얻었다.

반평생은 가시밭길에서 낭패를 당하고,	…半生狼狽荊榛路,
칠척 몸은 화살과 돌팔매 속에 지쳐버렸다오.	七尺支離矢石場,
만번 활동함이 한번 정양함만 못하고,	萬動不如還一靜,
온갖 향기 겨루기보다 홀로 향기 지킴이 났네.	衆香爭似守孤香,
도산의 산과 퇴계의 물은 어디에 있는가,	陶山退水知何處,
아스라이 높은 기풍 끝없이 흠모하네.	緬邈高風起慕長.
	〈「讀退陶遺書」〉

정약용은 퇴계의 편지를 읽으면서 자신이 살아온 반평생을 돌아보며 더욱 절실하게 퇴계의 인간적 품격에 대해 절실한 흠모의 정을 밝히고 있다. 그는 퇴계의 학문적 견해에 관해 언급하거나 인용한 것이 그다지 많지 않다. 그 가운데 중요한 내용으로 두 가지를 들어보면, 그하나는 23세때(1784) 저술한 『중용강의』에서는 정조 임금의 질문에 대답하면서 조선시대 성리학의 가장 중요한 철학적 논쟁점이었던 사단칠정설(四端七情說)에 대해 율곡의 견해(氣發一途說)를 지지하고 퇴계의 견해(理氣互發說)를 부정하는 입장을 밝혔던 일이 있다. 그러나 그는 34세때 봉곡사에서 이삼환(木齋 李森煥)을 모시고 강학하던 '서암강학회(西巖講學會)'에서는 이삼환에게 질문형식으로 새로운 의견을 제시하고, 이 견해를 40세때(1801) 유배지 장기(長鬐)에서 「이발기발

변(理發氣發辨)」에서 다시 서술하였다. 곧 퇴계는 인성론의 입장이요 율곡은 우주론의 입장으로 양쪽 모두 정당성을 가진 것으로 재해석하였던 것이다. 다른 하나는 『대학』의 경문(經文: 주자의 『大學章句』 經1章)에서 몇 구절을 옮겨다 격물치지장(格物致知章)을 만들어 보완하는 왕백(魯齋 王柏)·권근(陽村 權近)·이언적(晦齋 李彦迪)의 견해에 대해, 퇴계가 '(집을 수리하면서) 본채를 헐어내어 곁채를 보완하는 것'에 비유하여 비판했는데, 정약용은 퇴계의 이 비판을 적극 찬성하였던 것이다. 〈『大學公議』〉

정약용은 기본적으로 성리학을 극복하는 입장을 취하고 있으므로 퇴계의 성리설이 지닌 의미를 인정한다고 하더라도 그가 퇴계 성리설의 계승자가 될 수 없음은 분명하다. 그러나 그는 「도산사숙록」에서 퇴계의 인간적 품격에 대한 무한한 존경심을 밝히고 있으며, 수양과 학문의 방법에 대해 깊이 공감하고 있음을 보여준다.

먼저 정약용은 퇴계의 겸허한 인품에 깊은 감동을 받고 있음을 고백하고 있다. 퇴계는 제자 이담(李湛)에게 세상사람들이 자기의 포부를 알아주지 않음을 탄식하는 것이 아니라 자신이 어리석고 거칠음을 알아주지 않음을 탄식한다고 언급하였다.

> 선생은 하늘과 땅을 다스릴 학문과 옛 성인을 계승하고 미래의 후학을 열어주는 사업을 지니고서도…오히려 어리석고 거칠음으로 자처하여 포부를 알아주지 않음을 한탄하지 않았으니, 겸손한 군자이시다. 선생이 아니면 내 누구를 따르겠는가!　　　　　　　　〈「陶山私淑錄」〉

정약용은 퇴계의 말씀을 음미하면서 공허한 명성 때문에 비방이 일어나게 되며 재앙이 이루어짐을 스스로 깊이 경계하였다. 여기서 그는 퇴계의 겸허한 인격에 대해 깊은 존경의 마음을 밝히며, "선생이 아니면 내 누구를 따르겠는가!"라고 하여 퇴계의 인간적 품격을 추종하겠다는 뜻을 선언하고 있다.

또한 조식(南冥 曺植)이 성리설의 이론적 분석과 토론에 열중한 퇴계문하의 젊은 학자들에 대해 "배우는 자가 이름을 훔치고 세상을 속인다"고 신랄하게 비판한 일이 있었다. 이때 퇴계는 "그대만이 근심하는 것이 아니라 나도 근심하는 것이다"라고 대답하였다. 퇴계는 이론적 분석이 학문적으로 필요함을 인정하면서 학자라는 명예만 취하려는 과오에 빠지지 않도록 그 자신도 경계하고 있음을 밝힌 것이다. 퇴계의 이 한마디 말씀에 대해 정약용은 '이름을 훔치고 세상을 속인다'는 죄목을 잘못 적용시키면 배우는 사람들의 탐구의지를 꺾어버리림으로써 사람들을 방탕하게 하여 악으로 몰아갈 수도 있음을 강조하였다.

> 이 편지를 여러번 되풀이 읽으니, 나도 모르게 기뻐서 뛰어오르며 무릎을 치고 감탄하며 감격하여 눈물을 흘렸다.　　　〈「도산사숙록」〉

여기서 정약용은 퇴계에 대해 여러 병통이 있는 젊은 이들을 "모두 감싸고 아울러 포용하여 훈도하고 고무시켜 함께 큰 도리(大道)에 이르게 하였다"라고 하여, 학문에 뜻을 두면 모두 즐겨 받아들이고 가르치는 퇴계의 교육자적 포용력을 칭송하였다. 정약용 자신이 새로운 지식으로서 서양학문(西學)에 심취하였다고 하여 혹독한 비난과 배척을 받았던 터이라, 그가 퇴계의 문하에 있었다면 자신의 학문적 탐구의욕이 배척받지 않고 포용될 수 있으리라 생각했던 것이 아닐까. 그가 이한 통의 편지를 몇번이고 거듭 읽으면서 "기뻐서 뛰어오르고, 감격하여 눈물을 흘렸다"고 말하였던 것은 퇴계의 인간적 포용력에서 얼마나 깊은 감동을 받았는지를 절실하게 고백하는 것이다.

정약용은 허물을 고치는데 과감한 퇴계의 자세를 깊이 흠모하였다. 퇴계는 노수신(伊齋 盧守愼)과 「숙흥야매잠」(夙興夜寐箴: 南宋때 陳栢의 글)에 관해 토론하는 편지에서 자신의 견해가 잘못되었음을 흔쾌하게 인정하고 노수신의 견해를 받아들였던 일이 있다.

> 천하의 큰 용기가 아니라면 이렇게 할 수 없을 것이요, 사람의 욕심이 말끔히 없어지고 하늘의 이치가 흘러 시행됨이 아니라면 이렇게 할 수가 없다. 〈「도산사숙록」〉

정약용은 퇴계가 남의 말을 허심탄회하게 받아들여 자신의 과오를 과감하게 고치는 태도를 퇴계의 인품과 학문의 큰 근본이 드러나는 곳이라 중시하였다. 그는 세상 학자들에게는 자신의 잘못을 알고서도 고집을 부리고 성을 내는 병통이 있음을 지적하면서, 자신의 허물을 고치는 일이 인격을 수양하는데 중요한 조건임을 강조하고 있다.

나아가 정약용은 자신의 과오를 고치는 '개과(改過)'라는 두 글자가 모든 사람이 힘써야할 가장 급한 일이라 강조하고 있다. 그는 인간은 누구에게나 온갖 허물이 무수하게 있음을 지적하면서, 허물 많은 인간 존재를 위한 처방으로 '개과'의 중요성을 역설하고 있다.

> 우리들은 허물이 있는 자들이다. 마땅히 힘써야 할 급한 일은 오직 허물을 고친다는 '개과(改過)' 두 글자일 뿐이다.…갖가지 병통이 헤아릴 수 없지만, 한가지 합당한 약제가 있으니, 고친다는 '개(改)' 한 글자가 그것일 뿐이다.　　　　　　　　　　　　　　〈「도산사숙록」〉

또한 퇴계가 자신의 글이 남에게 알려진 사실에 후회한다는 언급을 음미하며 자신을 돌아보았다. 여기서 그는 자기가 지은 글을 남에게 보이기 좋아하였던 태도를 반성하고, 이러한 자신의 태도가 '경솔하고 천박함'에 빠져 '덕을 숨기고 보존하여 기르는 공부'를 해치고 있다는 사실을 뉘우치고 있다.

> 쌓이고 길러지는 의미가 없어져 버리니, 이러고서 어찌 성령을 함양하고 몸과 명예를 보전할 수 있겠는가?　　　　　　　〈「도산사숙록」〉

정약용은 퇴계의 학문자세와 방법이 지닌 정밀성과 진실성에 감탄하며, 자신이 본받아야할 학문자세의 모범으로 확인하였다. 먼저 그는 퇴계가 주자를 이해하는 정밀함에 감탄하고 있다.

> 진실로 순수한 마음과 지극한 정성과 독실한 사랑과 멀리 사모함으로 항상 오솔길과 맥락의 세밀함을 찾는 것이 아니라면 어떻게 이렇게 할 수 있겠는가? 주자를 배우는 사람은 마땅히 법도로 삼아야 할 것이다.　　　　　　　　　　　　　　　〈「도산사숙록」〉

그 자신은 주자의 성리설을 비판하는 입장이지만, 퇴계가 주자를 깊이 사모하고 정밀하게 이해하는 태도에서 학문하는 자세의 모범을 발견하고 감복하였음을 보여준다.

정약용은 마음과 성품을 푹젖어들게 배양하는(涵養心性) 퇴계의 수양방법에 가장 깊은 관심을 보여주고 있다. 먼저 그는 퇴계가 독서의 맛을 말하면서 맹자가 우리의 입을 즐겁게 해주는 '고기의 맛'으로 비유한 것을 주목하여, 학문과 수양에서 체득하는 경지를 '맛'이라는 감각으로 생동감있게 표현하는 사실을 의미깊게 강조하고 있다.

> 맛이란 이 맛을 맛본 사람과 말할 수 있고 맛보지 못한 사람과는 말하더라도 한결같이 모르게 된다.　　　　　　　〈「도산사숙록」〉

퇴계는 율곡에게 보낸 첫번째 편지에서 율곡이 불교에 물들었다가 과감히 유학으로 돌아와 공부하려는 자세를 격려하고 조언하면서, '이치탐구(窮理)'와 '공경함(居敬)'의 공부방법을 제시하였다. 이에 대해 정약용은 "이 편지는 전체의 한 글자 한 구절 모두가 지나쳐 버려서는 안되는 것이다"라고 하여, 한마디 한마디가 학문과 수양에 절실한 훈계임을 강조하였다. 특히 이 편지에서 퇴계가 독서의 방법으로 '문장의 뜻을 앎'을 넘어서 '심신(心身)과 성정(性情) 속에서 앎'을 제시하고, 더 나아가 '참되고 절실히 체험하여 그 깊은 맛을 실지로 맛봄'의 단계로 이끌어가는 언급을 중시하였다.

> 신심(信心)과 체험(體驗)의 설은 더욱 정밀하고 확고하여 마땅히 항상 눈에 두고 마음에 간직하여 성찰해야할 것이다.　　〈「도산사숙록」〉

이처럼 그는 퇴계의 학문방법이 정밀하며 절실함을 확인하고 '항상 눈에 두고 마음에 간직하여 성찰할 것'을 역설하여 퇴계가 제시한 학문방법을 표준으로 삼을 것을 밝히고 있는 것이다.

나아가 퇴계는 율곡에게 보낸 편지에서 이치탐구(窮理)의 활발한 방법(活法)으로서 '쌓아가고 깊이 익혀갈 것'을 강조하였다. 이에 대해 정약용은 퇴계가 제시한 이치탐구의 방법이 진정한 앎의 깊이와 실지의 경험에서 나온 것임을 중시하고 있다.

> 그 병을 고치는 약이 됨은 절실하고 마땅하니, 모두 참으로 알고 실지로 이행한 가운데서 나온 것이다. 이 묘결을 얻어서 이것으로 궁리하면 뚫어서 투철하지 못하고 녹여서 소화하지 못할 근심이 없을 것이니, 감히 항상 눈에 두고 힘쓰지 않을 수 있겠는가. 〈「도산사숙록」〉

그는 '독서'와 '궁리'를 하면서 그 자신이 겪었던 병통에 대해 퇴계의 이치탐구 방법이 치료약이 됨을 인식하고, 그 이치탐구 방법을 본받아 따라야 할 표준으로 확인하고 있다.

2) 성호학파의 계승

정약용은 16세때부터 이익(星湖 李瀷)의 학문을 받들고 있던 이가환·이승훈을 따라 이익의 저술을 읽으면서 학문의 방향을 잡았다 하니, 이때부터 사실상 성호학파에 가담하였던 것이다.〈「自撰墓誌銘(集中本)」〉

정약용의 둘째 형 정약전은 이익의 제자인 권철신(鹿菴 權哲身)에게서 배웠다. 권철신이 『대학』의 '격물(格物)'에서 '물'을 '물유본말(物有本末)'로 해석하고 '치지(致知)'의 '지'를 '지소선후(知所先後)'로 해석하는 사실과, '효·제·자'(孝弟慈)를 명덕(明德)이라 해석하는 사실과, '사단(四端)'의 '단'이 첫머리를 뜻한다는 해석과, '인·의·예·지'가 실행한 다음에 얻어지는 명칭이라는 해석 등 경전해석의 여러 견해들이 정약용 자신의 핵심적 주장과 일치하고 있음을 보여준다. 또한 권철신은 정약용이 29세때(1790) 정조 임금 앞에서 『대학』을 강론한 내용을 보고서 매우 기뻐하고 칭찬을 아끼지 않았다 한다. 〈「鹿菴權哲身墓誌銘」〉

이러한 사실에서 보면 정약용은 이익의 학맥을 계승하는 입장에서 특히 권철신의 견해를 상당부분에서 받아들였던 것으로 보인다. 따라서 권철신이 "퇴계 이후로 윤휴(夏軒 尹鑴)의 학문이 본말이 있고, 윤휴 이후로는 이익(星湖 李瀷)의 학문이 옛 성인을 이어주고 후세의 학자를 열어주었다"〈「鹿菴權哲身墓誌銘」〉고 언급한 사실과 연결시켜보면, 퇴계 → 윤휴 → 이익 → 권철신 → 정약용으로 이어지는 학통의 연원이 성립하게 된다.

1795년 10월 정약용이 주도하여 이삼환을 모시고 온양 서암(西巖: 현 아산시 송악면 유곡리)의 봉곡사(鳳谷寺: 石菴寺·西巖寺)에서 십여 명의 선비들과 모여 10일 동안 열었던 '서암강학회(西巖講學會)'는 1779년 권철신이 주재하여 열었던 '주어사(走魚寺)강학회'와 더불어 성호학파의 학풍을 일으키는 대표적 강학회로서 중요한 의미가 있다. 정약용은 이 '서암강학회'의 분위기를 매우 자세하게 기록한 「서암강학기(西巖講學記)」를 남겼다.

　　그때 마침 첫눈이 한 자(尺)나 쌓였는데 매일 새벽에 일어나서 친우들과 시냇가에 나가 얼음을 깨고 샘물을 떠서 세수하고 양치질 하였다. 저녁에는 친우들과 산언덕에 올라 거닐면서 풍경을 바라보았는데, 연기와 구름이 섞여서 산 기운이 더욱 아름다웠다. 낮에는 친우들과 『질서(家禮疾書)』를 정서했는데, 목재(木齋: 이삼환)가 직접 교정하셨으며, 밤에는 친우들과 학문과 도리를 강론하였다. 혹은 목재께서 질문하고 여러 사람들이 대답하기도 하고, 혹은 여러 사람들이 질문하고 목재께서 변론하기도 하였다. 이렇게 열흘이나 하였으니, 매우 즐거운 일이었다.　　　　　　　　　　　　　　〈「西巖講學記」〉

　　그는 강학회가 끝난 뒤 이삼환에게 보낸 편지에, "서암에서 있었던 강학은 천고(千古)에 한번 있을 일이니, 다시 만나기 어려운 일이었습니다"〈「上木齋書」〉라고 회고하여 '서암강학회'의 감동을 되새기고 있다.

　　이 강학회에서 이익의 『가례질서』를 교정하고 정서하는 작업은 성호학파의 후학으로서 사명감을 가지고 시작한 일이지만, 그보다 저녁에 이삼환을 스승의 자리에 모시고 선비들이 질의 응답하며 토론을 벌였던 내용이 더욱 중요한 의미가 있다. 그 토론의 내용은 예학과 경학이 중심이고 성리설의 문제까지 걸치는 것이었다. 이때 이삼환은 퇴계와 율곡이 '사단·칠정'(四端七情)을 해석한 견해의 차이에 대해 이익의 입장을 따라 퇴계의 견해를 지지하였지만, 이와달리 정약용은 퇴계와 율곡의 '이·기'(理氣)개념이 서로 다른 점을 지적하여 양쪽이 각각의 정당성을 지닌 것으로 독자적 의견을 제시하였다.

그 말씀한 '이'와 '기'는 글자 모양이 같지만 글자 뜻은 서로 판이하게 다릅니다. 퇴계가 논한 '이·기'는 오로지 우리 인간의 성정(性情)에서 설명한 것이므로, '이'는 도심(道心)이요 천리(天理)와 성령(性靈)에 해당하고, '기'는 인심(人心)이요 인욕(人慾)과 혈기(血氣)에 해당합니다.…율곡이 논한 '이·기'는 천지와 만물을 총괄해서 설명한 것이므로, '이'는 형체가 없는 것이요 사물이 말미암는 바(所由然)이고, '기'는 형체가 있는 것이요 사물의 형체와 바탕입니다.…'이·기'의 글자 뜻이 이미 다르니 저쪽도 한가지 이론이요, 이쪽도 한가지 이론입니다. 시비와 득실을 하나로 귀결시킬 수 없다고 생각합니다.　　　　　　〈「西巖講學記」〉

　　여기서 정약용은 그 자신 청년시절 율곡의 견해를 지지하는 입장을 밝혔던 일이 있지만, 퇴계의 인성론적 관점과 율곡의 우주론적 관점이 각각 그 정당성을 지니는 것으로 해석함으로써, 두 상반된 견해를 동시에 수용하는 입장을 제시하였다. 이러한 정약용의 학문자세는 학설의 분파적 편향성이나 배타적 폐쇄성에 빠지는 것을 벗어나 객관적 논리로 포괄적 입장을 밝히고 있다는 점에서 매우 중요한 의미가 있다. 곧 한편으로 조선시대 성리학사의 가장 큰 대립된 쟁점을 개념의 근원적 차이를 분석함으로써 대립을 지양하여 극복하고 있다는 사실에서 성리학사의 한 획을 긋는 중요한 의미가 있고, 다른 한편으로 경세론에 관한 폭넓은 관심에도 불구하고 여전히 성리학의 전통을 계승하고 있는 성호학파의 학풍을 성리설의 쟁점에 사로잡히지 않는 새로운 차원으로 전환시켜간다는 중요한 의미가 있다.

　　그는 '서암강학회'가 끝난 다음에도 이삼환에게 여러 조목의 질문을 하는 편지를 보냈고, 또 이삼환은 매우 자세한 답변을 보내왔다. 이러한 강학회와 서신을 통해 질의하고 토론하는 과정에서 정약용은 이삼환을 스승으로 존경하는 태도를 지켰다. 이 점에서 그는 성호학파 안에서 학문적으로는 권철신을 이어가는 학맥을 이루고 있으면서 인간관계에서는 이삼환을 스승으로 모시고 있는 모습을 보여주고 있다.

5. 경전의 재해석: 인간을 조명하는 새로운 빛

1) 공자의 정신으로 돌아가 다시 해석하는 경학

유교사상의 역사는 철학적 이념체계의 중대한 변환이 일어날 때 마다 새로운 경전주석의 작업이 이루어져 왔다. 한대(漢代)의 '훈고학(訓詁學)'에서 송명(宋明)시대의 '의리학'(義理學: 理學)으로 전환하고, 다시 청(淸)나라 중기까지의 '고증학'(考證學)을 거쳐 청나라 말기의 '공양학'(公羊學: 今文經學)으로 전환해 갔던 것은 바로 경학의 변천과정이요 유교철학의 발전단계이다. 이런 맥락에서 정약용이 이루어낸 방대한 경전 주석의 체계는 그의 철학사상을 제시하는 기반이었으며, 나아가 그가 경학을 통해서 실학파의 독자적 철학체계를 확립하는 중요한 계기를 마련하였던 것이다. 곧 정약용은 자신의 경전 해석 체계를 통하여 주자학의 관념적 철학 체계를 극복하고 실학파의 현실적 철학 체계를 확립하고 있다.

19세기 전반기에 제기된 정약용의 경학은 주자의 성리학적 경학체계를 전반적으로 탈피하고 독자적 경학체계를 구축하고 있다는 사실은 조선후기 사상사에서 획기적인 위치를 차지하는 것이다. 바로 이러한 점에서 정약용의 경학은 여전히 주자의 경학을 기준으로 삼고 있는 18세기 전반기의 이익(李瀷)을 훨씬 넘어서고 있으며, 오히려 17세기 후반기에 주자학의 경학을 탈피하였던 윤휴(尹鑴)의 경학을 이어가는 것으로 확인할 수 있다. 그 뿐만 아니라 정약용의 경학은 윤휴 보다 더욱 정밀하고 종합적인 체계를 완성하였다. 특히 정약용의 경학에는 성리학적 해석에 대한 비판적 평가는 물론이요, 양명학·고증학·서학의 다양한 이론과 방법을 섭취함으로써 독자적 세계를 유감없이 발휘하여 실학파 경학의 결정판을 이룬 것이라고 할 수 있다.

정약용은 '경전으로써 경전을 증명하는'(以經證經) 고증학적 방법을 철저하게 적용하며, 동시에 제자백가와 역사서를 포함하여 선진시대에서 청대까지에 걸친 경학사(經學史)의 광범한 업적들을 종횡으로 끌어들여, 경전의 미세한 술어와 쟁점까지 정밀하게 분석하고 빈틈없이 고증해갔다. 따라서 그는 자신의 실증적 논리로 기존의 해석들을 예리하게 비판함으로써 한국경학사 속에 독자적 영역을 확보하고 있다. 특히 그는 경전해석을 통해 하늘(天·上帝)과 인간존재와 자연의 관계를 새롭게 해석하는 일관된 철학적 이론체계를 이끌어냄으로써 실학자로서 자신의 철학적 기초를 정립하고 있다는 점에서 조선후기 실학사상사에서 실학의 집대성자로 우뚝한 비중을 차지하고 있다.

여기서 정약용의 경학이 지닌 학문방법은 우선 주자학의 형이상학적 경전 해석에 사로잡히지 않고, "수사학(洙泗學)으로 돌아가자"라는 구호 아래 선진(先秦)시대의 경전 그 자체의 본래 의미를 재해석하는 것이다. 따라서 주자의 성리학적 경전 해석은 물론이요 한대(漢代)의 훈고학적 경전 해석의 왜곡된 세계관을 벗어나서 경전의 본래 정신을 재발건하고자 하는 것이요, 경전의 본래 정신으로 자신의 시대현실을 다시 해석하고자 하는 것이라 하겠다.

정약용은 『중용강의보(中庸講義補)』에서 주자학에 대해 "선(善)을 즐거워하고 도(道)를 찾고자 하는 마음씀에서 나온 것임"을 인정하고 있지만, 그 경전 해석이 불교의 영향을 받아 공자의 본래 정신과 어긋나고 있음을 지적하고, 이를 극복하기 위하여 주자학의 경전 해석을 거부하고 공자의 가르침(洙泗學)으로 돌아가겠다는 입장을 밝혔던 것이다.

정약용이 경전 자체로 돌아가겠다고 주장한다고 하여 단순히 복고적 입장을 뜻하는 것은 아니다. 그것은 학문적 진실성을 관철하기 위한 비판정신이며, 또한 주자학적 관념 체계에 따른 현실적 모순을 해결하기 위한 현실인식의 요청이기도 하다. 따라서 그는 경전 해석의 방법으로서 관념적 해석 체계를 벗어나 실증을 중요시하는 청조 고증학의 방법을 적극적으로 도입하고 있다.

정약용은 고증학적 입장을 수용하여 경전을 논의하면서 반드시 먼저 '옛 말의 뜻'(詁訓)을 밝혀야 한다고 하여, '글자의 뜻'도 온전히 통하지 않은 채 경전의 정신을 논의하는 것은 착오만 깊어지게 할 뿐임을 강조하였다.〈「十三經策」〉 그러나 그는 성리학에 대한 비판과 더불어 고증학에 대하여도 예리하게 비판하고 있다. 정약용에 의하면, 훈고학에 머물고 말면 경전의 글자의 뜻을 새기는데 빠지게 되어, 그 속에 담긴 성품과 천명의 이치를 이해하거나 효도와 우애의 도리를 가르치는 것이나 사회교화를 위한 제도(禮樂刑政)의 인식에는 어두울 뿐이라 하여, 고증학이 맹목성에 빠지는 것을 분명하게 경계하였다.〈「五學論」〉 따라서 정약용의 경학은 고증적 방법과 성리학적 과제를 종합함으로써 새로운 차원으로 지양을 추구하였던 것이다.

이처럼 정약용의 경학은 객관적 사실의 분석적 인식으로서 고증학의 실증적 태도를 학문의 기초적 방법으로 중요시하면서도 실증의 방법에 머물지 않고, 한걸음 나아가 실용의 목적을 추구하는 특징을 보이고 있다. 인간 존재나 사회적 가치를 외면하고 있는 실증의 추구는 그의 입장에서 보면 일종의 맹목화일 뿐이다. 따라서 그의 경학은 그 자신의 시대 현실에 대한 인식을 위해 새로 전래된 서학(西學)의 과학적 사유방법과 신앙적 세계관까지도 수용하였던 것이다.

정약용은 자신의 학문체계를 "육경사서(六經四書)로써 수기(修己)하고 일표이서(一表二書)로써 천하와 국가를 다스리니, 뿌리와 가지를 갖추었다"〈「自撰墓誌銘 集中本」〉고 하였다. '육경사서'의 경학과 '일표이서'의 경세론이 뿌리와 가지(本末)로서 서로 유기적 연결을 이루는 것으로, 그의 경학은 경전해석에서 사회현실의 문제로 열려 있음을 밝히고 있는 것이다.

그의 경학적 형성과정은 4단계로 나누어볼 수 있다. 첫 단계는 대학생시절인 23세때(1784) 정조 임금의 70조목에 걸친 『중용』에 관한 질문에 대답하여 『중용강의』를 저술할 때로서 '발아기(發芽期)'라고 한다면, 둘째 단계는 28세에서 39세까지 정조 임금의 측근에서 벼슬을 할 때 정조 임금의 800조목에 달하는 『시경』에 관한 질문에 답하면서 『시경강의』(詩經講義: 1791)를 저술하던 시기로서 '성장기(成長期)'이다. 셋째 단계는 40세때부터 57세때까지(1801~1818) 강진에서 유배생활을 할 때 그의 대부분 경학저술이 이루어지던 시기로서 '수확기(收穫期)'라고 한다면, 57세때 유배에서 풀려나 고향 마재로 돌아온 이후의 만년은 『역학서언』(易學緖言: 1821)을 마무리하고, 『상서(尙書)』연구

335 학풍: 실학의 학풍과 과제

를 중심으로『상서고훈(尙書古訓)』과『매씨서평』(梅氏書平: 1834)을 수
정하였던 시기로서, '보수기(補修期)'라 할 수 있다.

2) 육경과 사서(六經四書)의 경학

정약용은 "사서(四書)로써 내 몸을 거처하게 하고, 육경(六經)으로써
내 식견을 넓혀간다"〈「爲李仁榮贈言」〉고 하여, '사서'를 중심으로 삼고
'육경'을 그 활용으로 삼는 입장을 엿볼 수 있다. 그럼에도 불구하고
'육경사서'의 경학체계에서 '육경'의 중요성은 '사서'를 앞서고 있다.

①『시경』: 정약용은『시경』의 '풍(風)'에 두 가지 뜻이 있다고 해석
한다. 그 하나는 '위에서 아래를 풍화(風化)하는 것'이요, 다른 하나는
'아래에서 위를 풍자(風刺)하는 것'이다. 따라서 그는 주자의『시경집
전(詩經集傳)』을 위에서 아래를 향한 '풍화'만 있고 아래서 위로 향한
'풍자'가 결여되었다고 지적한다.〈『詩經講義補』〉곧 상하가 서로 소통
하는 것이 '풍'을 통한『시경』의 정신이라 보는 정약용의 입장에서 보
면, 주자의『시경』해석은 위에서 아래로 향한 권위적 교화체계로 해석
하는 한계가 있는 것이라 비판한다.

②『서경』: 그는『서경』이 모두 경계하는 말씀으로 인심을 맑게 하
고 세상의 다스림을 편안하게 하는 역할을 하는 것이라 하였으며,『시
경』도 은미한 말로 비유하는 '풍(風)'과 바른 말인 '아(雅)'는 사람의 착
한 마음을 감동하여 일어나게 하고 사람의 나태한 의지를 징계하는 역
할을 하는 것임을 밝혀,『시경』과『서경』의 사회적 교화기능을 강조
하고 있다.

정약용은 경전을 읽는 독서방법으로서 글자의 뜻이 통한 다음에 구절이 통하고, 구절이 통해야 문장이 통할 수 있고, 문장이 통한 다음에 한 편의 대의(大義)가 드러난다는 것이다. 이에 반하여 후세의 경전을 논하는 선비들은 글자의 뜻을 완전히 밝히지 않은 채 의논을 먼저 제기하여 은미한 말을 장황하게 늘어놓지만 성인의 본뜻은 더욱 가리워지게 되는 것이 경술(經術)의 큰 폐단이라고 지적한다.〈「尙書古訓序例」〉이처럼 정약용은 주자학의 경학에서 의리론적 해석을 앞세우는 것을 경계하고 고증학적 경학정신을 『상서』 연구에서 철저히 관철시키고 있다.

③『예경』: 정약용의 '예경(禮經)' 연구는 '오경(五經)'으로서 『예기』를 기준으로 하는 것이 아니라 『주례』·『의례』·『예기』의 '삼례(三禮)'를 종합적으로 활용하여 자신의 의례체계를 구성하는 것이다. 곧 그는 '예경'을 경전별로 주석하는 것이 아니라 상례(喪禮)나 제례(祭禮)의 의례를 주제별로 재분류하여 독자적이고 창의적인 예학체계를 구축하고 있다. 정약용은 의례에서 '상례'가 지닌 중요성을 강조하고 있으며, 그 자신도 『의례』를 해석하면서 '상례'의 문제에 관심을 집중하고 있다.

> 성인이 의례를 제정할 때 상례에 이르러서는 '이는 두려워해야 하는 것이다. 정성스럽지 않으면 장차 후회가 있을 것이고, 후회하면 또한 돌이킬 수 없게 된다'라고 하였다. 이에 그 정성을 다하고 신중함을 극진히 하여 의례를 제정하였다 〈「喪禮四箋序」〉

정약용은 『주례』를 주석하지는 못했지만 『주례』에 대해 비상한 관심을 지녔었다.

> 제가 만약 병 없이 오래 산다면 『주례』 전체에 대한 주석을 내고 싶은데, 아침이슬과 같은 목숨이라 어느 때에 죽을 지 알지 못하니 감히 마음을 낼 수가 없습니다. 그러나 마음으로는 삼대(三代: 夏·殷·周)의 다스림을 진정 회복하고자 한다면 이 『주례』가 아니고는 착수할 수가 없다고 생각합니다.　　　　　　　　　　　　　　　　　〈「答仲氏」〉

이처럼 정약용은 『주례』를 주석하고자 하는 강한 의지를 가졌던 사실을 보여주고 있다. 실제로 그는 '예경'을 비롯한 경학 연구에서 『주례』를 증거로 폭넓게 인용하고 있을 뿐만 아니라, 경세론의 구상에서도 『주례』의 기본구조를 이상적 제도의 모형으로 수용하고 있었던 것이 사실이다.

④ 『악경』: 공자가 편찬했다는 '육경(六經)'에는 '악경(樂經)'이 들어 있지만, 진(秦)나라를 거치면서 '악경'은 끝내 사라지고 말았다. 이에 대해 정약용은 '악경'의 내용이 다른 경전에 남아 있는 경우를 찾아내어 『상서』 「우서(虞書)」의 몇 구절과 『주례』의 5,6절이 남아 있을 뿐이라고 지적한다. 〈『樂書孤存(1)』〉

⑤ 『주역』: 정약용은 강진에서 42세 때(1803) 겨울부터 집중적으로 『주역』 연구를 시작하여 6년 동안에 걸쳐 다섯 번이나 원고를 고쳐 쓰면서 자신의 역학 체계로서 『주역사전(周易四箋)』을 완성하였다. 이어서 그는 한대에서 청대 사이의 대표적인 『주역』 주석들을 비판적으로 검토하여 『역학서언(易學緖言)』을 저술하였는데, 이 저술은 그 후에도

수정을 거듭하여 60세 때(1821) 완성된다.

그는 『주역사전』에서 『주역』의 편차를 대대적으로 개편하여, 공자의 저술로 전해지는 '십익전(十翼傳)'을 취사선택하고 경전 본문의 편차까지도 고침으로써 『주역』의 체제를 전면적으로 재편성하고 있다.

정약용은 『주역』을 형이상학적 원리로 보지 않고 허물을 고치고 선으로 나아가는 것이라 하여, 윤리적 실천의 방법으로 제시하고 있다. 여기서 그의 역학이 지닌 기본 입장을 엿볼 수 있다. 그는 '역'이 지어진 이유를 밝히면서, "성인이 하늘의 명을 청하여 그 뜻에 순응하기 위한 것이다"〈『周易四箋』, 「易論」〉라고 하였다. 그것은 하늘을 경외하고 천명을 받드는 방법으로 '역'이 발명되었음을 말하는 것이며, 동시에 '역'을 통해 천명을 받음으로써 하늘의 뜻을 받아들여 따라야 한다는 신앙적 자세를 요구하는 것이기도 하다.

따라서 정약용은 『주역』에 접근하는 방법으로 '복서(卜筮)'의 중요성을 재확인하게 된다. 그러나 그는 '복서'를 통해 천명을 받는 방법은 철저히 하늘을 섬기는 경건한 신앙심을 전제로 한 것임을 강조하며, 그 신앙심을 상실하였을 때에는 '복서'란 간사한 술법에 떨어지고 마는 것이라 경계하였다. 또한 그 자신 갑자년(1804)부터 『주역』 공부에 전심하여 10년을 지내오는 동안 하루도 시초(蓍草)를 세어 '괘'를 만들어 어떤 일을 점쳐본 적이 없었다고 하면서, 자신이 임금의 뜻을 얻는다면 '복서'를 금지하게 할 것임을 밝혔다. 그만큼 정약용은 '복서'가 더이상 하늘을 섬기는 경건성에 어울릴 수 없는 잘못된 방법임을 명확히 밝히고 있다.

비록 문왕(文王)이나 주공(周公)이 지금 세상에 태어난다 하더라도 결코 '복서'로써 의문나는 문제를 결정하려 하지는 않을 것입니다.…무릇 하늘을 섬기지 않는 사람은 감히 복서를 해서는 안 되는 것이지만, 저는 '지금 하늘을 섬긴다 하더라도 감히 복서를 해서는 안 된다'고 하겠습니다.　　　　　　　　　　　　　　　　　　　　　　〈「答仲氏」〉

⑥『춘추』: 정약용의『춘추』이해는『춘추』의 기록을 통해서 춘추시대에 전승되고 있던 주대(周代)의 국가의례를 확인하는 것이다. 이런 의미에서 그의『춘추』에 대한 관심은 주대 의례에 대한 관심이요, 곧 예학적 접근이라 할 수 있다. 정약용은『춘추』를 서술하는 기본 원리는 사실에 의거하여 곧바로 적는 '거실직서'(據實直書)의 방법에 따라 그 선악이 스스로 드러나게 하는 것이요, 칭찬하고 나무라며 허락하고 박탈하는 것은『춘추』의 집필자가 마음대로 할 수 있는 것이 아니라고 밝히고 있다.

여기서 그는『춘추』를『주례』의 증거로 삼고자 하였으며,『주례』를 알고자 하면『춘추』를 자세히 살펴야 한다고 강조하였다. 곧『춘추』를 주대 의례의 실제 양상을 밝힐 수 있는 자료로 보았다. 그만큼 그가 저술한『춘추고징』은『춘추』에 대한 주석서가 아니라 주대 의례의 연구서이며, 그 자신의 독자적『춘추』연구의 방향을 제시한 저술이다. 이러한 의미에서『춘추고징』은 정약용의 실학정신을 발휘하는 실증적 경학자세를 가장 잘 보여주는 경우의 하나라고 할 수 있다.

⑦『논어』: 정약용은『논어고금주』에서 '인·의·예·지'(仁義禮智)의 덕이 주자학자들의 견해처럼 마음 속에 내재되어 있는 것이 아니라 꽃이 피어나서 열매를 맺는 것처럼 행동한 다음에 이루어지는 것임을 확

인한다. 또한 공자가 "백성은 말미암게 할 수는 있지만 알게 할 수는 없다"라는 언급에 대해서도 백성을 교육대상으로 삼을 수 없다는 차별의식을 보여주는 견해가 아니라, 백성을 이끌어가기는 쉽지만 알게 까지하는데 힘이 못미친다는 현실을 말한 것이라 하고, '가르침에 차별을 두지 않는다'(有敎無類)는 것이 공자의 정신임을 밝히고 있다. 그만큼 공자에서 신분적 차별의 근거를 둘 수 없다는 입장을 분명하게 밝히고 있는 것이다.

⑧『맹자』: 정약용은『맹자요의(孟子要義)』를 통해 심성론의 문제에 대한 독자적 해석을 하면서 성리학적 견해를 예리하게 비판하고 있다. 그는 '인(仁)'에 대해 주자가 "마음의 덕이요 사랑의 이치이다"라고 해석한 것을 거부하고, '인(仁)'자는 인(人)과 인(人)을 중첩시킨 글자로서 "사람과 사람이 그 본분을 다하는 것이 '인'이다"라고 제시하였다. 그것은 '인'을 인간 내면의 본질로 보려는 성리학적 해석을 벗어나서 구체적 인간관계 속에서 실천되는 규범으로 파악하는 것이다. 그는『맹자』에서 제시된 '정전(井田)'제도에 깊은 관심을 기울였다. 그러나 맹자가 '공법'(貢法)에 대해 부정적 견해를 제시한 것과는 달리 그는 '정전'제도 아래서는 '공법'이 자연적 형세요 바꾸지 못할 이치로 긍정하여 맹자와 견해를 달리하는 입장을 밝히기도 하였다.〈정일균;『다산사서경학연구』, 169쪽〉

⑨『중용』: 정약용은 경학의 철학적 기반을 23세 때『중용강의』를 통해 그 기본 틀을 이미 형성하고 있다. 그는 처음에『중용강의』를 작성할때 친우 이벽(李檗)과 조목마다 자세한 토론을 거쳤으며, 이 과정에서 천주교 교리의 영향을 다각적으로 받아들이고 있었던 것이 사실이다. 따라서 그는『중용』의 주석에서 상제(上帝·天)의 존재와 인간의

심성(心性)을 해석하면서 인간의 행위를 감시하는 주재자로서 상제와 귀신(神)의 존재를 주목함으로써, 신앙적 천관(天觀) 내지 신관(神觀)을 경전의 본래 정신으로 재발견하였다. 여기에 그의 경학은 진실한 마음으로 하늘을 섬기고(實心事天) 진실한 마음으로 신을 섬길 것(實心事神)을 요구하는 '사천학(事天學)'으로서의 신앙적 세계를 열어주고 있다.

⑩『대학』: 그는『대학』을 증자(曾子)가 지었다는 주자의 주장에 대해 도통(道統)의 맥락을 잇기 위한 것으로서 근거가 없음을 지적한다.〈『大學公議』〉그는 주자의 경학 체계에서 가장 핵심적 중요성을 지니고 있는『대학장구(大學章句)』의 체제를 받아들이지 않고,『대학』의 내용에 뒤바뀌거나 빠진 것이 있다는 주자의 입장을 거부하였다. 나아가 주자는『대학』의 기본 체계를 '삼강령'(三綱領: 明明德·新民·止於至善)과 '팔조목'(八條目: 格物·致知·誠意·正心·修身·齊家·治國·平天下)으로 분석하였지만, 정약용은 일강(一綱: 明明德)과 삼목(三目: 孝·弟·慈)의 구조로 새롭게 제기하고 있다. 또한 주자가 제시한 '팔조목'의 체계를 부인하고, '성의·정심·수신·제가·치국·평천하'의 6조목을 '격물·치지'에 속하는 조목이라 파악하여, '격치 6조설'(格致六條說)을 제시하였다.〈『大學公議』〉이처럼 정약용은『대학』해석을 통해 제시한 주자학의 기본 틀을 그 기초에서부터 허물어 뜨려 자신의 독자적 경학 입장을 가장 선명하게 보여주었다.

3) 부모와 하늘을 섬기고 사회질서를 회복하는 길

정약용에 의하면, 인간이 자신의 가치를 실현하는 방법은 성품을 따르는 것(率性)이요, 성품을 따르는 것은 바로 자신에게 부여된 하늘의 명령(天命)을 따르는 것이다.

> 하늘이 사람의 선악을 살피는 방법은 항상 인륜(人倫)에 있으므로, 사람이 자신을 수양하고 하늘을 섬기는(事天) 방법도 인륜으로써 힘쓰는 것이다 〈『中庸自箴』〉

그는 안으로 자신을 수양하고(修身) 위로 하늘을 섬기는(事天) 일과 바깥으로 인간관계의 규범(人倫)을 실현하는 것이 일관한다고 밝히고, 인간관계의 규범 곧 인륜(人倫)을 통해 인간 존재가 실현된다는 점을 확인하고 있다. 따라서 그는 무엇보다 인간과 인간의 관계를 중시하여, '만남을 잘하는 것'을 유교의 '도'가 귀결되는 근본 원리로 제시하였다.

> 나 한 사람과 저 한 사람의 두 사람 사이에서 사귀고 만남(交際)이 일어난다. 이 만남을 잘하면 효도·공경·우애·자애·충성·믿음·화목·친애가 되지만, 만남을 잘못하면 어긋남·거슬림·완고함·어리석음·간교함·사특함·원흉·큰 악인이 된다. 우리 도(道)는 무엇을 하는 것인가? 그 만남을 잘 하는 데 지나지 않을 따름이다. 〈『論語古今註』〉

이처럼 그는 인간이 살아가는 가장 일상적이고 구체적인 모습으로서 인간과 인간의 '만남'을 잘하는 것을 유교의 기본 원리로 파악하였다. 이 '만남'이 바로 공자가 말하는 '서(恕)'이며, '인(仁)'이요 '덕(德)'이며, '인도(人道)'이고 '인륜(人倫)'임을 확인하고 있다. 인간과 인간의 만남이란 바로 인간의 사회적 관계를 이루는 것이다. 따라서 정약용은 인간 존재의 근원을 하늘로 인식하면서도 인간관계의 사회적 규범인 인륜이 바로 천명(天命)임을 확인하고, 인간 존재의 실현이 바로 인간관계의 사회적 실현을 통해서 이루어질 수 있는 것임을 강조하고 있다.

정약용은 『대학』의 기본 강령인 '명덕(明德)'을 효·제·자(孝弟慈)로 해석하며, 효·제·자는 부모와 자식과 형제 사이에 적용되는 인륜의 조목이라고 본다.〈『대학공의』〉따라서 그의 심성론은 인륜을 선(善)의 기준으로 인식하며, 그의 경세론도 인륜을 사회적으로 실현해야 할 질서의 기준이 되고 있다.

나아가 정약용은 인간관계의 사회성을 가장 잘 보여주는 기본 덕목으로 '인(仁)'을 주목하면서, '인'을 인간의 인간에 대한 사랑이라고 강조하였다.

> 인(仁)이란 남을 향한 사랑이다. 자식이 부모를 향하고, 아우가 형을 향하며, 신하가 임금을 향하고, 수령이 백성을 향하니, 무릇 인간과 인간이 서로 향하여 따뜻하게 사랑하는 것을 '인'이라 한다.
>
> 〈『논어고금주』〉

그는 사회공동체가 성립할 수 있는 근거를 바로 '남을 향한 사랑'에서 찾았다. 그리하여 이 사회를 운영하는 통치원리도 근원적으로 사랑(仁)에 의한 어진정치(仁政)임을 확인하였던 것이다.

또한 그는 인간과 인간 사이에서 만남의 방법인 '인도'를 바로 인간관계의 규범인 '인륜'으로 확인하며, 인간과 인간 사이를 사랑으로 결합시키는 근본 원리를 '인'으로 밝혔다. 그리고 이 '인'을 실천하는 기본 방법이 바로 자기 마음을 남의 마음과 일치시켜 가는 '서(恕)'로서 제시하고 있다.

인도(人道)와 인륜(人倫)을 인간관계의 규범으로 인식하는 정약용의 인간 이해는 바로 인간이 고립된 개인으로 존재하는 것이 아니라 다른 인간과 어울리는 사회적 존재로서 살아가야 한다는 실존적 조건을 명확히 천명하고 있는 것이다. 나아가 그는 '서'에 힘써 '인'을 추구하는 인간관계의 결합 원리를 정치의 근본으로 삼고 있다.

정약용은 인간을 하늘과 소통하는 존재로 인식하면서 사물과 차별화시킴으로써, 세계 속에서 인간존재의 위상을 확립하고 있다. 그는 하늘(天)과 인간(人)의 관계를 '천명에 근거한 인도'로서 일관시켜 파악할 것을 주장하였다. 이처럼 그의 인간이해는 하늘과 소통하는 인간존재를 전제로 하고 있음을 말해준다.

> 『중용』 전체가 비록 천명(天命)에 근본하고 있지만 그 도(道)는 모두
> 인도(人道)이다 〈『중용강의보』〉

주자는 인간(人)과 만물(物) 사이에 성(性)과 도(道)의 근본바탕이 같은 것이라 제시하였다. 이에 대해 정약용은 인간의 능력은 살아움직이

는 것이고, 짐승의 능력은 일정한 것이라 하여 그 차별성을 강조한다. 따라서 그는 주자가 인간과 만물을 포괄하여 『중용』을 해석하고 있는데 반대하고, 『중용』을 오로지 인간의 문제로 해석해야할 것을 역설하였다. 한마디로 주자학에서 제시하는 하늘과 땅과 사람(天・地・人)의 유기적 일체관을 깨뜨리고 하늘을 섬기는 신앙적 인간, 땅(만물)을 이용의 대상으로 발견하는 과학기술적 내지 실용적 인간을 확인하고 있는 것이다. 따라서 그의 경학은 하늘을 두려워하는 인간, 개체의 자율성을 지닌 인간, 물질적 자연을 이용하는 인간이라는 새로운 우주적 질서 속의 인간관을 중심축으로 확립하며, 이에따라 인간관계의 도덕의식과 사회질서를 재구성하는 데로 전개되고 있다.

나아가 정약용은 인간의 성품 곧 '성(性)'을 '기호(嗜好)'라 정의함으로써, '성'을 마음의 본체로 인식하는 주자학적 입장을 정면으로 거부하였다. 그는 성선설(性善說)의 의미도 '성'이 본래 순수한 선(善)이라는 주자학의 견해를 거부하고, 선을 좋아하는 '기호'임을 강조함으로써, 물이 아래로 내려가고 불이 위로 타오르듯이 자동적으로 선을 행할 수 있는 것이라면 선을 하는 것이 자신의 공적이 될 수 없다고 본다. 따라서 정약용의 '성기호설(性嗜好說)'은 하늘이 인간에게 선을 하고자 하면 선을 할 수 있고 악을 하고자 하면 악을 할 수 있는 결정권으로서 자유의지(自主之權)를 부여하였다고 제시한다. 바로 이 자유의지에 따라 선을 행할 때 자신이 선을 행한 공적을 이룰 수 있고, 악을 행할 때 자신이 악을 행한 죄를 짓게 되는 것이며, 이 점에서 인간과 동물이 갈라지는 큰 차이가 드러나는 것이라 본다. 〈『맹자요의』〉

정약용의 경학적 이론체계는 그 자신의 사회개혁사상과 연결되고 있음을 주목할 필요가 있다. 그는 『맹자』를 해석하면서 어진 정치(仁

政)의 법도는 '정전법'(井田法)에 있음을 강조하였다. 따라서 그는 토지 제도(田政)가 바르게 된 다음에라야 예법과 음악이나 군사와 형벌의 모든 일이 조리를 갖추게 되는 것이라 한다. 여기서 그는 당시에 '정전법'을 시행할 수 없지만 '균전법(均田法)'은 임금이 결단을 내리면 행할 수 있을 것이라 제시한다.〈『맹자요의』〉 이처럼 정약용의 경세론은 그의 경학 속에 깊이 뿌리를 두고 있으며 경학에서 확장되어 나오는 것임을 확인할 수 있다.

6. 세상을 경륜하는 방책: 백성을 주체로 하는 정치질서

1) '민본'원리와 지배계층의 책임의식

정약용의 경세론은 사회 현실의 근본적 재검토를 통한 개혁사상으로서 정치구조와 행정체제, 형률제도, 경제제도를 비롯하여 생산기술과 군사제도 등에 이르기까지 다양한 영역의 광범한 문제에 걸쳐 종합적 체계를 이루고 있다. 또한 그의 제도개혁론은 현실적 효율성만을 추구하는 것이 아니라, 폐단의 비판적 검토와 지리·역사·풍속 등 다양한 요소의 엄격한 고증과 과학적 정밀성을 추구하고 있다.

그는 언제나 모든 사회·경제적 개혁 방안의 실효성을 추구하면서도, 모든 문제를 도덕적 정당성의 윤리적 기초 위에 구성하는 일관된 태도를 보여주고 있다. 바로 여기에서 그의 실학사상이 지닌 철학과 경세론의 통합적 특성을 찾아 볼 수 있다.

그의 경세론을 대표하는 저술인 '일표이서(一表二書)'는 『경세유표(經世遺表)』와 『목민심서(牧民心書)』 및 『흠흠신서(欽欽新書)』이다. 그의 철학이 인간 존재를 중심 과제로 확립하고 있는 만큼이나, 그의 경세론은 '백성(民)'의 문제를 기본 과제로 삼고 있다. 특히 그는 사회 전반의 모순을 개혁하기 위한 노력의 일환으로 지배계층의 의무와 백성의 권리를 각성시키고자 노력하였다.

> 목민관이 백성을 위해서 있는 것인가? 백성이 목민관을 위해 있는 것인가? 〈「原牧」〉

정약용은 이 질문을 통해 백성을 다스리는 임금이나 목민관(君牧)과 다스림을 받고 있는 백성(民)의 사이에서 통치체제의 본질적 의미를 묻고 있다.

> 목민관이 백성을 위해서 있는 것이지, 백성이 목민관을 위해서 있는 것이 아니다. 〈「原牧」〉

그는 목민관이 백성을 위해 존재해야 한다는 본래적인 상호 관계를 확인함으로써, 동시에 목민관은 고통을 주고 백성은 고통을 당하는 현실을 주목하여 일방적인 '억압-피해' 관계를 극명하게 드러내고 있다.

> 백성은 토지를 밭으로 여기는데 벼슬아치들은 백성을 밭으로 삼으니, 살갗을 벗기고 골수를 두들기는 것을 밭갈이로 삼으며 머릿수를 세어 거두어들이는 것을 가을걷이로 삼는다. 〈『목민심서』〉

그는 목민관이란 백성을 위해 봉사해야하는데도 수령과 아전(衙吏)들이 백성들을 착취하는 현실을 고발하였다. 그는 수령으로서 빈곤한 백성을 매질하여 피를 빨고 기름을 핥는 자는 작은 도적일 뿐이라 하고 수령을 감독해야 하는 감사(監司: 관찰사)를 큰 도적이라 지목하였다. 이처럼 그는 어떤 흉악한 도적보다 더욱 잔혹한 도적으로 감사의 탐학상을 고발하면서, "큰 도적을 제거하지 않으면 백성을 다 죽이게 된다"고 선언하여, 탐학한 고위직의 목민관을 징벌함으로써 백성을 구출해야 할 것을 강하게 역설하고 있다.

> 여기에 큰 도적이 있는데, 큰 깃발을 세우고 큰 일산(日傘)으로 옹위하고, 큰 북을 치고 큰 태평소를 불게 하고, 쌍가마를 탄다.…이 도둑은 야경꾼이 감히 심문하지 못하고, 재상도 감히 성토하는 말을 못한다.
>
> 〈「監司論」〉

> 근래에 와서 세금과 부역이 번잡하고 과중하며 관리들의 약탈이 혹심하여 백성들이 살아 나갈 수 없게 되었다. 그래서 모두 다 난리를 일으킬 것을 생각한다.
>
> 『목민심서』〉

이처럼 그는 탐학하는 수령과 아전들의 관권에 대한 민중들이 항거하는 기운이나 반란의 조짐을 분명하게 확인하고 있다.

> 조정(朝廷)은 백성의 심장이요, 백성은 조정의 사지(四肢)이니, 힘줄과 경락(經絡)의 연결과 혈맥의 유통은 순간의 막힘이나 끊김도 있어서는 안 된다.
>
> 〈「與金公厚(履載)」〉

정약용은 정부와 백성의 관계를 유기적 일체를 이룬 하나의 생명체로 규정하고 있다. 곧 심장이 건강해야 사지가 활발하게 움직일 것이요, 사지가 건장해야 심장도 튼튼할 수 있는 상생(相生)관계의 본래 모습을 보여준 것이다. 동시에 그것은 심장이 사지를 해치고, 사지가 심장에 거역하는 상극(相克)작용을 하는 이 시대 조선사회 현실의 근본적 모순을 제시한 것이기도 하다.

정약용은 자신이 지방관에 나갔을 때나 유배지에서 백성의 참혹한 생활상과 사회적 모순을 직시하면서 백성에 대한 국가와 관료의 책임을 통감하고 있으며, 바로 이러한 현실인식의 바탕 위에서 그의 사회개혁사상이 싹트고 있다.

> 하늘이 이 백성을 내실 때 먼저 전지(田地)를 두어서 먹고살게 한다.
> 그리고 나서 군주를 세우고 목민관을 세워서 백성의 부모가 되게 하여,
> 그 산업을 골고루 마련해서 다 함께 살도록 하였다.　　　〈「田論1」〉

그는 하늘이 백성을 다 함께 살아가도록 하기 위해 군주와 목민관을 세웠다고 밝힘으로써, 군주와 목민관의 임무가 바로 백성을 함께 살아가도록 하는데 있음을 천명하였다.

그는 군주와 목민관이 맡은 기본책임이 빈부의 격차가 심화되고 강자가 약자를 침탈하는 것을 막아 생업을 보장하여 균형있게 분배함으로써 균평한 생활 기반을 확보하는 것임을 밝힌 것이다. 여기서 그는 한편으로 수령이 목민관의 임무를 수행하기는커녕 도리어 백성의 생활을 가혹하게 침탈하는 탐학과 그로 인한 백성의 고통을 철저하게 폭로하면서, 다른 한편으로 백성의 생활을 고르게 해주고 넉넉하게 해주

는 목민관의 책임을 밝히고 이를 수행할 수 있는 구체적 제도를 제안하고 있다.

정약용은 어린 시절 부친이 지방관으로 나갈 때 따라다니면서, 부친이 고을을 다스리던 치적을 익숙하게 보아왔던 견문과 그 자신 수령으로 나가서 겪었던 경험 및 유배지에서 백성들이 당하는 고통을 목격한 현실을 바탕으로 삼아 그의 경세론을 대표하는 『목민심서』를 저술하였다. 그는 이 저술을 통해 목민관으로서 책임을 다하기 위한 기준을 확립하고 구체적 사무를 제시하고 있다.

2) 권력 구조의 개혁과 차별의 극복

정약용이 그 시대의 현실을 직시하여 사회적 모순과 비리를 파헤치는 데 진지하고 과감한 용기를 보여주고 있는 것은 그의 '백성'에 대한 열정적인 사랑의 자세에서 비롯된 것이다. 정약용이 날카롭게 비판을 가하고 고발하였던 것은 권력을 독점한 관료의 탐욕과 부패로 '백성'이 착취당하고 고통받는 현실이었다. 그는 이를 해결하기 위한 방법으로 '백성'의 주체적 지위를 확인하였으며, '백성'을 위해 봉사해야 할 목민관(牧)의 책임과 의무를 강조하였다. 이러한 민본(民本)원리와 민권(民權)의식은 우리시대의 민주주의적 가치질서와 소통하는 것이라 할 수 있다.

정약용은 백성의 생존에 가장 큰 해독은 백성을 착취하는 부패권력임을 인식하고, 목민관과 백성의 왜곡된 관계를 바로잡기 위해 우선 '백성'을 정치의 주체로 확인하려고 하였다. 비록 오늘의 서구적 민주주의 제도나 이념과는 상당한 거리가 있지만, "천자라는 것은 대중이 추대해서 되는 것이다"〈「湯論」〉라고 선언함으로써, 천자의 지위란 하늘에서 떨어진 것도 아니고 땅에서 솟아난 것도 아니며 백성들이 추대한 것이라 선언한다. 여기서 그는 백성이 천자를 선출하는 '추대'의 제도를 상고(上古)의 원형으로 확인하여, 권력 구조의 근본원리를 제시했던 것은 그 시대 상황 속에서는 혁명적인 발상의 전환을 의미한다.

> 옛날에는 아래에서 위로 추대하였으니 아래에서 위로 올리는 것이 순조로운 것(順)이 되고, 지금은 위에서 아래로 임명하니 추대하는 것은 거슬리는 것(逆)이 된다 〈「湯論」〉

그는 아래의 대중으로부터 위로 정치지도자를 선택해 가는 '추대'의 과정을 이상적인 옛 법도(古道)로서 사회질서의 자연법을 따르는 '순리(順理)'로 확인한다. 따라서 위에서 임금이 아래로 벼슬을 임명해 내려가는 것은 후세의 왜곡된 제도로서 본래의 사회질서에 역행하여 인위적으로 정착시켜놓은 역리(逆理)로 규정하는 것이다.

정약용은 제왕의 권력은 천명을 통해 받은 것이라고 하여 제왕권을 신성화하던 봉건적 전통에 대해 혁명적인 변혁의 이상을 제시하였다. 그만큼 백성을 지도자 선출권을 가진 정치 주체로 인식하였던 것이다. 이러한 논리는 미래에 실현될 이상으로서 백성의 선거권을 고대의 법도에 투영하여 제시하였던 것이라 할 수 있다. 그것은 백성을 제왕 선출권을 가진 정치의 주체로 파악함으로써, 백성을 정치의 객체로 규정하여 보호와 사랑의 대상으로만 파악하는 입장에서 분명히 진일보한 것이다.

그는 백성이 임금까지도 뽑아 올린다는 선출권 내지 추대권만을 인정하는 데서 그치지 않고, 한 걸음 더 나아가 백성에 의한 임금의 축출권마저도 뚜렷하게 암시하고 있다. 여기서 그는 왕권에 저항하는 혁명권을 정당화하고, 탕 임금이 걸 임금을 축출한 것을 정당한 것으로 인정하고 있다.

> 팔일무(八佾舞)에서는 춤추는 사람들이 한 사람을 선출하여 우(羽: 舞人이 손에 드는 새의 깃으로 만든 도구)를 잡고서 자신들을 인도하게 하는데, 그 인도함이 좌우 절차에 맞추지 못하면 여러 사람이 끌어내려서 대열에 복귀시키고 다시 선출한다. 〈「湯論」〉

'팔일무'(八佾舞: 한 줄에 8명이 8줄로 서서 64명이 추는 춤)에서 선출된 인도자가 잘못 인도하면 끌어내리고 다시 선출하듯이, 백성이 임금을 뽑아 올리는 추대(선출)와 더불어 임금을 축출할 권리도 있음을 제시하였다. 그것은 왕권에 저항하는 혁명권을 의미하는 것이다. 백성이 임금에 대한 지지와 거부를 선택할 수 있다는 의식은 임금에 대해 신민(臣民)으로서 무조건 충성을 바쳐야 하는 예속적 규범질서와는 확연히 구별된다. 그것은 제후나 귀족들 사이에서 국가권력을 교체하는 역성(易姓)혁명을 인정한 맹자의 혁명론보다도 한 걸음 더 나아간 것으로서, 근대적 국민주권론(國民主權論)에 속하는 것으로 볼 수도 있다. 〈조광; 「정약용의 민권의식연구」, 『아세아연구』19-2〉

정약용이 살았던 조선 후기 사회는 신분적 계층질서에 상당한 동요가 일어나는 동시에, 사회 내의 신분적 갈등이 심하게 노출되던 시대였다. 1811년 평안도에서 서북지역 사람을 차별한 데 대한 항의를 명분으로 내걸고 일어났던 홍경래(洪景來)의 반란을 비롯한 서민층의 저항은 이미 조선왕조의 사회적 기강이 심각하게 붕괴된 현상을 분명하게 드러내었다. 이러한 상황에서 양반·중인(中人)·상민(常民)·천인(賤人)으로 나누는 신분의 계층화를 강상(綱常)의 명분으로 삼아 고수하려는 지배계층의 집착에 대해 실학자들의 꾸준한 비판이 계속되어 왔다. 이런 맥락에서 정약용은 신분타파를 통한 평등론의 이상을 제시함으로써 사회체제에 대한 과감하고 혁신적인 개혁의식을 밝혔던 것이다.

> 온 나라의 인재를 다 뽑아 올려도 오히려 부족할까 염려스러운데, 하물며 그 열 가운데 여덟 아홉은 버린단 말인가?…평민(小民)은 그 버려진 자이고, 중인(中人)도 버려진 자이다. 서북(西北: 평안도와 함경도) 사람도 버려진 자요, 황해도·개성·강화도 사람도 버려진 자이다. 관동(關東)과 호남(湖南) 사람도 반쯤 버려진 자요, 서얼(庶孽)도 버려진 자이다. 북인(北人)과 남인(南人)은 버린 것은 아니나 버려진 사람과 같고, 버려지지 않은 사람은 오직 문벌 좋은 수십 집 뿐이다.   〈「通塞議」〉

정약용은 당시 사회가 인재를 쓰는 데 얼마나 불평등하고 당파적 폐쇄성에 빠져있는지를 구체적으로 지적하고 있다. 이런 인식에 근거하여 그는 '무재이능과(茂才異能科)'라는 새로운 과거시험제도를 설치하여 문벌·지방·당파의 타파는 물론이고, 신분의 차별을 타파하여 서얼과 천민에 이르기까지 능력에 따라 인재를 등용할 길을 열어주도록 요구하였다.〈「通塞議」〉

그는 청나라 실학자 고염무(顧炎武)가 온 세상이 다 생원(生員)이 될

까 걱정하고 있는 것과는 상반된 입장에서, 차별적 신분제도를 전면적
으로 타파하고 인간의 사회적 평등을 확립하는 이상을 자신의 소망으
로 밝히고 있다.

> 나에게는 소망하는 바가 있다. 온 나라가 양반이 되게 하는 것이다.
> 그렇게 하면 온 나라에 양반이 없게 될 것이다.   〈「跋顧亭林生員論」〉

　나아가 정약용은 "하늘은 그 신분이 관리인가 백성인가를 묻지 않는
다"〈「맹자요의」〉라고 선언함으로써, 인간이 하늘 앞에서 신분과 지위
에 의해 차별되지 않는다는 근원적 평등성을 밝히고 있다. 이러한 사
회사상의 핵심을 이루는 신분평등론은, "위에 존재하는 것이 하늘이
요, 아래에 존재하는 것은 백성이다"〈『尙書知遠錄』〉라고 밝혀, 모든
인간을 평등한 이웃으로서 하늘 앞에 서게 하는 새로운 인간관으로 제
시되고 있다.

　정약용에 있어서 대중의 평등은 이념이나 신분제도의 차원에 머무
르지 않는다. 그는 경제적 분배의 균평을 통하여 민생의 안정이 전제
될 때 평등의 실질적 효과가 확보될 수 있다고 파악하였다. 여기서 그
는 "정치란 바로잡는 것이다"라는 인식을 전제로, 바로 잡는 정치의 실
현을 위한 과제로서 가장 먼저 땅을 헤아려 백성들에게 고르게 나누어
줄 것을 강조하고 있다.〈「原政」〉 또한 그는 제대로된 임금과 목민관이
란 "재산을 고르게 마련해서 다 함께 살리는 자"라 하여 분배의 균평을
실현하기 위해서는 "부자의 것을 덜어내서 가난한 자에게 보태주어 그
살림을 고르게 할 것"〈「田論(1)」〉을 역설하고 있다. 사실상 가난한 자
는 송곳 꽂을 땅도 없는데 부자의 땅은 끝없이 이어져 있어서 소유가

극한적 불균형을 이룬 현실이나, 부패한 정부가 가난한 자의 재산을 부자들에게로 모아주는 수탈의 현실이 바로 이 시대의 근본적 모순이 되었던 것이다. 그렇다고 그가 재산의 균평한 분배를 주장하는 것이 사유재산제도를 부정하고 사회주의적 혁명을 추구하는 것과는 명확히 구별될 필요가 있다.

정약용은 재산의 균평한 분배를 추구함으로써 평등의 기반을 확보하고, 나아가 백성의 생존권을 보장하기 위하여 제도적 개혁을 탐색하였다. 그 중 가장 중대한 문제는 토지소유문제이다. 그는 민생을 위해 토지소유제도의 개혁방법을 추구하면서 농민이 땅을 가져야 한다는 '경자유전(耕者有田)'의 원칙과 재산을 고르게 하여 백성을 다 함께 살려야 한다는 '균산병활(均産竝活)'의 원칙 아래, 1여(閭: 30戶)가 공동으로 농지를 소유하게 함으로써 조직에 의해 협동으로 영농하게 하는 '여전제(閭田制)'를 제시하였다. 〈「田論(4)」〉

그는 『주례』 등 경전연구를 통해 요·순의 옛 법도로서 '정전'제도를 해명하면서, 토지의 단순한 균등분배가 아니라 노동력이 풍부한 농민에게 좋은 토지를 많이 지급하는 것이고, 조세제도를 바로잡아 백성의 부담을 가볍게 하는 것이라 밝히고 있다. 〈이영훈; 「다산 경세론의 경학적 기초」, 『다산학』, 창간호, 143쪽〉 그만큼 산술적인 균등화가 아니라 생산을 높이고 백성들에게 실질적 이익이 돌아가도록 하는 것이 옛 제도의 본래 정신임을 밝히고 있는 것이다.

한걸음 나아가 정약용은 토지제도나 조세제도의 균평을 넘어서 민생의 경제적 향상을 위한 방법으로서 적극적으로 생산을 증대하는 방법을 계발하고 있다. 곧 서양의 기계와 수리(水利)제도 등 생산기술을 도입하고 계발함으로써 생산활동의 편리와 능률을 높이고, 생산자에게 이익을 보장하는 행정의 원칙을 강조하였다. 또한 그는 노동의 신성성을 중시함으로써, 생산자가 사회적으로 존중되는 의식개혁을 추구하는 경제원리를 구체적으로 모색하고 있다.

이와더불어 그는 공장(工匠)을 우대하고 수레 및 도로의 정비를 통한 유통시설의 확대를 도모하는 데 이르기까지 경제활동을 향상시키기 위한 방법을 복합적으로 강구한다. 그는 국가의 부강과 민생의 향상을 위하여 생산과 유통 등에서 경제적 성장의 중요성을 인식하고 이를 성취하기 위한 제도와 방법을 치밀하게 연구하고 체계적으로 제안하고 있다.

정약용은 선비가 독서만 하고 노동을 거부할 권리가 없음을 강조하여, "선비는 어찌하여 손발을 움직이지도 않으면서 땅에서 생산된 것을 삼키며 남의 힘으로 먹는가?"〈「田論(5)」〉라고 반문하면서, 선비도 농업·공업·상업의 생업을 가지도록 요구하였다. 그만큼 노동의 정당성과 의무를 강조하는 것이기도 하다. 그는 도학이념이 주도하는 당시 사회가 드러내는 모순으로서 이윤추구를 천시하는 도덕의식의 맹점과 직업의 귀천을 구별하는 폐습을 타파해야할 필요성을 강조하고 있다. 이러한 왜곡된 도덕의식과 신분적 직업의식을 타파함으로써 계층적으로 분화되고 빈곤에 빠진 사회 체질을 변혁하여 생산의 활기를 살려내고, 나아가 분배가 고르게 되는 조화로운 사회개혁 방법을 탐색하는 것이 그의 경세론이 보여주는 핵심적 관심의 하나이다.

3) 목민관의 정신자세와 실천과제

정약용의 경세론은 '백성'의 삶을 끌어올려 모든 인간이 균평한 조건 속에 사회공동체의 이상을 실현하자는 것이요, 그 방법은『목민심서』를 통해 구체적으로 제시되고 있다.

그는『목민심서』를 통해 목민관이 백성을 다스리는 책임을 다하기 위해서는 우선 목민관으로서의 정신자세 곧 '심법(心法)'을 갖추어야 한다고 요구하였다. 그것은 다스리는 자가 언제나 자신의 인격적 수양(修己)에 바탕하여 백성을 다스려야(治人) 한다는 유교적 통치원리를 따르고 있는 것이다. 여기서 그는 다스리는 자로서 받아야할 교육에 주목하여, "군자의 학문은 수신(修身)이 절반이요 나머지 반은 목민(牧民)이다"〈「牧民心書序」〉라고 지적하여, 백성을 다스리는 '목민'의 일에 '수신'이라는 인격적 기반을 요구하였다. 이것이 바로 목민관에게는 행정의 실무에 앞서서 정신자세를 올바르게 확립하도록 요구하는 이유라고 하겠다.

목민관으로서 요구되는 정신자세의 기본 강령을 '자신을 다스려라'(律己)·'공무에 봉사하라'(奉公)·'백성을 사랑하라'(愛民)의 세 가지로 제시하고 있다. 곧 목민관으로서 갖추어야 할 기본 강령으로서 자신을 신칙하는 '율기'(律己)의 도덕적 각성과, 이기심을 버리고 국법을 받들어 공무에 봉사하는 '봉공'(奉公)의 사회적 책임의식, 그리고 백성을 사랑으로 보살피는 '애민'(愛民)의 헌신적 자세를 전제로 요구한 것이다. 그는『목민심서』의 첫머리에서 "다른 벼슬은 스스로 구해도 좋으나, 목민관의 벼슬은 스스로 구해서는 안 된다"고 지적함으로써, 백성을 직접 다스리는 목민관의 역할은 직업적 관료와는 달리 전인격적 책임을 저야 할 통치행위임을 각성하도록 요구하였다.

또한 그가 『흠흠신서』를 저술한 것도 재판을 담당하는 목민관으로서 백성의 생명을 소중히 하고 선량한 백성을 보호해야하는 역할을 돕기 위한 배려였다.

> 오직 하늘만이 사람을 살리고 죽이니, 사람의 목숨은 하늘에 달려있는 것이다. 그런데 목민관이 그 중간에서 선량한 사람을 편히 살게 해주고, 죄 있는 사람을 잡아다 죽이는 것은 하늘의 권한을 드러내 보이는 것일 뿐이다. 〈「欽欽新書序」〉

그는 목민관이 재판을 하는 정당성의 근거는 '하늘의 권한'(天權)을 드러내는 데 있는 것인 만큼, 사사로움에 빠지거나 소홀함이 없이 삼가고 두려워하여 할 책임을 강조하였다. 특히 그는 형벌이란 사랑과 위엄을 통해 사회정의를 지키는 것임을 강조한다. 그는 『경세유표』에서 행정제도를 논하면서도 법(法)의 본래정신이 '예'(禮)에 있으며, '예'란 하늘의 이치와 인간의 정서에 합당해야하는 것임을 강조하였다.

또한 형률(刑律)을 다룬 『흠흠신서』에서는 옥사(獄事)를 결단하는 근본이 일을 엄숙히 다루되 인간을 사랑하는 것임을 밝히고 있다. 정약용은 백성의 생사가 걸려 있는 문제에 억울한 일이 없이 공정한 판결을 내리기 위한 원칙으로서, 옥사가 밝히기 어려울 때는 용서하는 것이 덕의 기본임을 역설하여 백성에게 억울함이 없도록 할 것을 강조하였다. 그 자신이 1801년 두 차례나 감옥에 갇혀 곤장을 맞으며 심문을 당했던 경험이 있는 만큼 죄수의 고통에 대해 절실하게 인식하고 있음을 보여준다.

또한 『경세유표』에서는 '경세(經世)'의 과제를 관료제도, 군현(郡縣)
제도, 토지제도, 부역납세 등 구체적 사무에서 당시의 관습에 얽매이
지 말고 원칙에 근거하여 국가의 경영 기반을 새롭게 혁신할 것을 이
시대 통치자의 당면 과제로 확인하고 있다. 그는 목민관이 농기구와
베틀을 만들어서 경작과 길쌈을 권장하는 일에서 한 걸음 나아가 손수
레를 만들어 백성들의 농사에 편리하게 하고, 벽돌과 기와 굽는 법을
가르쳐서 온 성안을 벽돌과 기와집으로 만들게 하기를 권장하고 있다.
이렇게 하려면 기술자들을 보호하여 생산을 높이고 교역을 하여 재화
를 풍부하게 할 것을 강조하였다. 「기예론(技藝論)」에서도 새로운 기
술의 중요성을 강조하고 있다. 정약용은 동물이 특수한 신체적 기능을
지닌 것처럼 인간은 지혜로운 생각(智慮)과 교묘한 궁리(巧思)를 지님
으로써 기예를 습득하여 스스로 살아갈 수 있는 존재임을 주목한다.
이러한 기예는 사람이 많이 모일수록 더욱 정교해지고 후세로 내려올
수록 더욱 교묘하게 발달한다는 기술의 진보를 중시하고 있다.

목민관의 '백성'을 위한 사랑과 봉사의 정신자세는 우리시대의 공직
자를 위한 봉공(奉公)의식으로서도 뜻깊은 교훈을 주고 있다. 물론 그
의 '목민'사상이 곧바로 권력구조에서 민주사상과 일치되는 것도 아니
요, 왕권을 옹호하는 전제주의적 가치질서를 철저히 극복하고 있는 것
도 아니다. 그러나 그는 모든 권력의 원천을 '백성'에서 찾고 권력의 목
적이 백성의 삶을 보호하고 이를 위해 봉사해야 한다고 인식함으로써,
철저한 민본의식을 통해 민주주의를 향해 나아갈 수 있는 길을 넓혀주
고 있다.

정약용은 조선 후기의 봉건적 전제군주체제 속에서 살다 간 인물이
다. 그의 시대는 그의 주체적이고 평등한 '백성'에 대한 의식과 이에 기

초한 혁신적 사회개혁론을 받아들일 수 없었다. 그 자신도 급진적 개혁성과 현실적 보수성의 양면을 지니고 있었던 것이 사실이다. 따라서 그가 제시한 해결 방법이 오늘날에 그대로 적용될 수 있는 것도 아니다. 그러나 정약용이 제시한 경세론의 핵심으로서 '백성'을 위한 목민관의 정신자세와 대책의 기본 정신은 어느 시대 어느 사회에서나 인간에 대한 사랑을 실현하고자 하는 보편적 요구로서 살아있을 것이다.

6부

예술:

삶의 운치와 예술적 품격

1. 정원을 꾸미고 화초를 가꾸며

2. 산과 물을 찾아 유람하는 즐거움

3. 자연을 노래하고 사회를 걱정하는 시와 산문

4. 음악과 춤의 풍류

5. 글씨와 그림을 품평하고

茶山評傳

1. 정원을 꾸미고 화초를 가꾸며

1) 생활 속의 서정적 운치

선비의 생활문화에서는 진지하게 학문을 연마하거나 엄숙하게 예법에 따라 행동하는 긴장된 생활과 더불어 한가롭게 자연 속을 거닐고 흥겨웁게 놀고 즐기며 풀어주는 여유도 중요하게 여겨진다. 퇴계가 주자의 편지를 골라서 간추린 『주자서절요(朱子書節要)』를 편찬했는데, 제자 이담(李湛)이 긴요하지 않은 내용의 편지도 들어 있다고 불만을 표시했던 일이 있었다. 이에 대해 퇴계는 긴요한 응대 곧 '긴수작(緊酬酌)'만이 아니라 한가한 응대 곧 '한수작(閒酬酌)'도 있는 것이 공자문하에서 보여준 유교적 학풍의 특징이라 해명하였다. 정약용은 퇴계의 이 말에 대해, '옛 사람의 풍채와 정신의 진수'를 깊이 얻었다고 칭송하고 있다.

의리와 심신(心身)에 나아가 항상 강론하고 확립하는 일이 참으로 절실한 것이지만, 성령(性靈)을 편히 기르고 정신을 펼치며 혈맥이 잘 통

하고 손발이 뛰며 춤추게 하는 것은 반드시 산에 오르고 물가에 나가
며, 꽃을 찾아다니고 버들숲을 거니는 즈음에 있는 것이다.

〈「도산사숙록」〉

　이처럼 정약용은 학문의 방법으로서 의리를 밝히고 심성을 이론적
으로 분석하는 일과 병행하여 자연의 아름다운 경치를 감상하며 한가
롭게 노닐면서 성령(性靈)과 심신(心身)을 기쁨과 생기로 활력이 넘치
게 길러내는 것도 수양의 방법으로 중요함을 확인하고 있다. 실제로
그의 평생은 밤낮으로 쉬지 않고 독서와 저술에 심혈을 기울였지만,
그러면서도 여가에 정원을 가꾸고 풍광이 아름다운 산수를 유람하거
나 강과 호수에 배를 띄우며 시를 짓고 즐겼다. 이러한 생활 속의 여유
와 멋이 그의 열정적인 학문적 폭발력을 길러주고 지탱해주는 동력이
되었던 것으로 보인다.

　그는 자신이 "독서를 사탕수수처럼 즐기고, 거문고를 감람나무 열매
처럼 즐기며, 시를 창포김치처럼 즐긴다"고 하였다. 풍류는 그의 타고
난 재능일 뿐만 아니라 삶의 즐거움으로 향유하였던 것이다. 그는 시
와 음악과 그림이 있으며 꽃과 차가 있는 생활을 즐길줄 아는 선비였
다. 서재에 한가롭게 앉아서도 고요히 향을 피워놓고서 담뱃대를 물고
독서를 즐기는 맑고 담박한 광경의 운치 있는 모습을 자신이 꿈꾸는
생활세계로 그려내고 있다.

　　피리 불고 거문고 타며 시 읊고 그림 그리는 것이 방탕한 듯하면서도
방탕하지 않고, 엄숙한 듯하면서도 엄숙하지 않으니, 어찌 담박한 생활
이 아니겠는가. 꽃 심고 채소 심으며 대나무를 솎아내고 찻잎을 볶는

것이 한가한 듯하면서도 한가롭지 않고, 바쁜 듯하면서도 바쁘지 않으니, 참으로 이것이 청량한 세계이다. 쾌청한 창가의 책상에서는 독루향(篤耨香: 향나무)을 피우고 소룡단(小龍團: 茶) 차를 따루며 진계유(陳繼儒; 明人)의 『복수전서(福壽全書)』를 읽는다. 눈이 살짝 내린 대숲 속의 초막에서는 오각건(烏角巾)을 쓰고서 담뱃대를 물고 역도원(酈道元; 北魏人)의 『수경신주(水經新注)』를 읽는다.　　　　　〈「題藏上人屛風」〉

2) 죽란(竹欄) 뜰의 화초와 죽란시사(竹欄詩社)

정약용은 조정에서 벼슬살이를 하며 서울에서 살 때 명례방(현 명동)에 있던 집의 뜰에 화단을 가꾸는데 세심한 배려를 하였다. 석류·매화·치자·산다(동백)·금잔화·은대화·파초 등 희귀한 꽃나무와 과일나무들을 구해다가 심거나 화분으로 배열하여 운치있는 정원을 만들었다. 이 정원의 가장자리에 서까래처럼 굵은 대나무를 둘러 난간을 만들고 이 정원의 난간을 '죽란(竹欄)'이라고 이름 붙였다. 그는 조정에서 공무를 마치고 돌아오면 건(巾)을 젖혀 쓰고 대나무 난간을 따라 걷기도 하고, 때로는 벗들과 어울려 이 정원에서 달빛아래 술을 마시며 시를 짓기도 하였다.〈「竹欄花木記」〉 그래서 '죽란서옥(竹欄書屋)'이란 바로 그의 서울 집을 가리키는 명칭이 되었으며, 그의 집에 모여서 어울리고 시를 짓던 벗들의 모임을 '죽란시사(竹欄詩社)'라 하였다.

정약용의 집 곧 '죽란서옥'에서 모였던 '죽란시사'는 사대부의 시문학 전통을 계승하여 정조시대에 문풍(文風)을 크게 일으키는 데 기여하였던 것으로 평가된다. 같은 시기에 서울 안에서는 인왕산(仁旺山)

아래에서는 천수경(千壽慶) 등 중인층의 문인들을 중심으로 '옥계시 사'(玉溪詩社: 松石園詩社)가 결성되어 위항(委港)문학이 활발하게 전개 되었던 사실과 좋은 대조를 이루고 있다. 〈정옥자; 「詩社를 통해서본 조 선말기 中人層」, 『한우근 정년기념 사학논총』〉

'죽란시사(竹欄詩社)'에는 이유수(李儒修)·홍시제(洪時濟)·이석하(李 錫夏)·이치훈(李致薰)·이주석(李周奭)·한치응(韓致應)·유원명(柳遠 鳴)·심규로(沈奎魯)·윤지눌(尹持訥)·신성모(申星模)·한백원(韓百源)· 이중련(李重蓮)·정약전·정약용·채홍원(蔡弘遠) 등 함께 벼슬하던 30, 40대의 비슷한 연배들로 가까이 살았던 친우들 15명이 모였다. 이들 은 '죽란시사'의 규약에 따라 살구꽃이 처음 필 때 모이고, 복사꽃이 처 음 필 때 모이며, 한여름 참외가 익었을 때 모이고, 초가을 서늘한 때 서지(西池)에서 연꽃을 구경할 때 모이며, 국화꽃이 필 때 모이고, 겨 울에 큰 눈이 내리면 모이며, 세모(歲暮)에 화분의 매화가 꽃이 피면 한번씩 모여 향연을 베풀고 시를 지으면서 즐겨, 그 모임을 더욱 운치 있게 이끌어 갔다. 당시의 재상 채제공도 이 '죽란시사'에 대해 감탄하 면서 "우리 임금이 20년 동안 기르고 다듬어온 효과"라고 기뻐하며, 모 일 때마다 임금의 은택을 노래하여 보답할 생각을 하도록 당부까지 하 였다. 〈「竹欄詩社帖序」〉

또한 정약용은 이 죽란서옥에서 밤에 국화를 감상하는 법을 새로 발명하였다. 윤지범(南皐 尹持範)을 비롯하여 친우들과 밤중에 모여 국화 화분 앞에 촛불을 켜서 국화꽃 그림자가 촛불과 달빛에 비쳐 담 벽 위에 그림처럼 아름답게 떠오르는 것을 감상하며 즐기는 것이었 다. 그는 국화꽃 그림자가 담벽에 비치는 광경을 생생하게 묘사하고 있다.

가까운 것은 꽃과 잎이 서로 어울리고 가지와 곁가지가 가지런하여 마치 묵화(墨畵)를 펼쳐놓은 것과 같고, 그 다음 것은 너울너울 하고 어른어른 하며 춤추듯이 하늘거려서 마치 달이 동녘에서 떠오를 제 뜨락의 나뭇가지가 서쪽 담장에 걸리는 것과 같았다. 멀리 있는 것은 산만하고 흐릿하여 마치 가늘고 엷은 구름이나 노을과 같고, 사라졌다가 소용돌이치는 것은 마치 질펀하게 물결치는 파도와 같았다.

〈「菊影詩序」〉

국화꽃 그림자를 감상하는 법은 이 죽란서옥의 정원과 죽란시사의 모임이 운치와 풍류의 멋을 극대화시켜주었다. 이때 '국영시(菊影詩)'를 짓는 시연(詩宴)을 벌여 풍류스런 밤놀이(夜宴)의 새로운 경지를 계발하였던 것이다.

3) 전원생활과 정원의 경영

정약용은 곡산부사로 나가 있던 36세때(1797) 곡산부의 정당(政堂) 건물이 무너져 다시 짓는 기회에 흙 파낸 웅덩이를 연못으로 만들고 남은 재목으로 그 연못 가에 누각을 지어 '서향묵미각'(書香墨味閣)이라 이름 붙여 이 정자에서 자제들이 공부하게 하였다. 이 때에도 그는 연못 주변에 꽃나무를 많이 심어서 책의 향기(書香)를 돕도록 하고, 벽에는 행서(行書) 글씨와 담묵화(淡墨畵) 그림을 걸어 먹의 맛(墨味)을 돕도록 하였다고 한다. 〈「書香墨味閣記」〉 이처럼 그는 정원의 조경과 정자 안에 걸어놓은 서화(書畵)가 그 속에서 공부하는 사람과 운치있

게 어울리는 생활공간을 구성해내고 있다. 이렇게 정원을 꾸며가는 것
은 바로 그의 예술적 정서를 표현하는 방법의 한가지였다.

그는 47세때(1808) 강진의 다산초당에 머물고 살게 되자, 그곳의 정
원을 새롭게 꾸미는 일에 착수하였다. 다산초당 앞에 축대를 쌓고 계
단을 만들었으며, 동쪽의 연못 주위를 넓히고 대(臺)와 뚝도 새로 만들
어 아름다운 꽃과 나무들을 죽 심었다. 연못 속에다 가산(假山)을 만들
고, 샘솟는 물이 바위틈을 뚫고 흐르게 하였으며, 바닷가에서 온갖 형
상의 괴석을 주워다가 벌여놓고 꽃나무를 심어 새로운 정원의 세계를
만들고 있다.〈「一日散步梅下…」〉

이러한 정원조경은 선비생활이 지닌 하나의 운치와 품격을 보여주
는 것으로 결코 소홀히 여겨질 수 없는 선비문화의 한 부분이다. 정약
용은 강진에서 제자 황상(黃裳)에게 은둔한 선비의 생활 환경으로 집
을 짓고 정원을 꾸미는 과정을 아주 자상하게 설명해주고 있다. 먼저
그는 '복지'(福地)에 집터를 잡는 방법부터 가르쳐준다.

> 지역을 선택할 때는 모름지기 아름다운 산수를 골라야 한다. 그러나
> 강을 낀 산은 시냇물을 낀 산만 못하며, 마을 입구에는 높은 암벽이 있
> 고, 조금 들어가면 눈이 시원하게 확 트인 곳이라야 비로소 '복지'(福地)
> 이다.   〈「題黃裳幽人帖」〉

이런 복지에다 조촐한 초가집을 짓고, 방 안에는 서가 두개에다
1,300~1,400권 정도의 책을 갖출 것과 그 책의 종목까지 일일이 제시
하고 있다.

한 가운데 땅의 모양과 형세가 맺힌 곳에 초가집 3, 4간을 짓는데, 나
침반을 가지고 방향을 정남향으로 정하여 아주 정교하게 집을 짓는다.
그 다음에 순창(淳昌)에서 나는 설화지(雪華紙)로 도배를 하고, 문중방
에는 가로로 그린 담묵의 산수화를 걸어두며, 문 곁에는 말라죽은 나무
나 돌과 대나무 그림을 걸어두되 시로 제목을 붙이도록 한다.

〈「제황상유인첩」〉

이렇게 선비가 독서하며 생활할 수 있는 조촐한 집을 짓고, 산수화
로 실내를 담박하게 꾸민 다음에는, 여기에다 또 품격있게 정원을 가
꾸어야하는 것이 필수적 조건이다.

뜰 오른 편에는 조그마한 연못을 파되, 크기는 사방 수십 보 정도로
한다. 연못에는 연(蓮)을 수십포기 심고 붕어를 기르며, 별도로 대나무
를 쪼개어 홈통을 만들어 산골짜기의 물을 끌어다가 연못에 물을 대고,
넘치는 물은 담장 구멍으로 남새밭에 흘러 들어가도록 한다.…
뜰 왼편에는 사립문을 세우되, 쪼갠 대나무를 엮어 사립짝을 만들고,
사립문 밖으로 산 언덕을 50여보쯤 올라가서 바위 틈에서 샘물이 흐르
는 곁에 초가 누각을 한 칸 짓고 대나무로 난간을 두르며, 초가 누각 주
위에는 무성한 숲과 길게 자란 대나무를 모두 그대로 두어 가지가 처마
에 들어오더라도 꺾지 말고 그대로 둔다.　　　　〈「제황상유인첩」〉

산과 물이 아름다운 땅에다 집을 짓고 정원을 꾸민 것으로 끝나는
것이 아니다. 집 주위의 시냇가에 좋은 전답 수백 마지기를 장만하여
생활의 근거로 삼도록 당부한다. 정약용의 심미적 안목은 좀더 떨어진

주위의 활동범위까지 점검하고, 그 자연환경 속에서 벗들과 어울려 달밤에 뱃놀이를 즐기기도 하는 선비의 여유로운 생활모습까지 그려보여주고 있다.

> 시냇가를 따라 두세 바탕(弓) 남짓 나가서 큰 못이 하나 있는데 둘레는 5,6리가 되게 하고, 못 안에는 부용연(芙蕖)과 가시연(菱芡)이 덮혀 있다. 거룻배 하나를 만들어 띄워놓고 달뜨는 밤이면 시 짓는 친구들과 함께 배를 타고서, 퉁소를 불고 거문고를 타며 못을 몇 바퀴 돈 다음 술에 취해 돌아온다.…
>
> 집 뒤에는 조래산(徂徕: 중국 산동성 태안현에 있는 산. 宋나라 石介가 은거) 소나무 몇 그루가 용이 휘어감고 범이 움켜잡은 듯한 형상을 하고 있고, 소나무 밑에는 백학 한 쌍이 서 있다.
>
> 소나무 동쪽으로 작은 밭 한 뙈기를 마련하여, 인삼·도라지·천궁·당귀 등을 심고, 소나무 북쪽에는 작은 사립문이 있다. 사립문으로 들어가면 잠실(蠶室) 3간이 있고, 잠박(누에치는 채반) 7층이 설치되어 있다. 낮차(午茶)를 마시고 나면 잠실로 들어가 아내에게 송엽주(松葉酒) 몇 잔을 따르게 하여 마신 다음, 누에치는 법을 적은 책(方書)을 가져다가 아내에게 누에를 목욕시키고 실을 뽑는 방법을 가르쳐주고서는 서로 쳐다보고 빙긋 웃는다. 〈「제황상유인첩」〉

고요한 산 자락의 작은 초가집을 둘러싸고 있는 풍경 속에는, 시내가 흐르고 배를 띄울만한 호수도 있다. 달빛이 가득한 호수에서 벗들과 어울려 뱃놀이를 할때에는 음악이 연주되고 시가 읊어지며 술이 돌아서 흥취를 고조시키야 한다는 것이다. 집 뒤에 우람하고 괴이한 소나무를 둘러싸고도 학과 솔이 어울리고, 약초밭과 잠실이 베풀어져 있으며, 차와 술이 향기롭고 부부가 마주보고 웃는 행복함이 층층이 배어들어 있다. 자연과 인간이 아름답게 조화를 이루며 한없이 평화롭고 행복한 일상생활의 광경을 꿈꾸고 있다. 그것은 정약용이 초야에 묻혀 은거하는 선비의 생활공간과 생활모습에 대해 자신이 꿈꾸는 이상향을 그려본 것이라 보인다. 이처럼 그는 선비의 정원과 운치 있는 생활모습을 그림처럼 세밀하게 그려 보여줌으로써 선비생활 그 자체를 예술적 경지로 까지 끌어올리고 있다.

2. 산과 물을 찾아 유람하는 즐거움

정약용은 경학연구에서 글자 하나하나까지 정밀하게 검토하는 고증학자의 모습을 보여주고, 백성의 참혹한 생활상에 대해서는 끓어오르는 울분을 토로하며 구제의 방법을 탐색하는 우국충정의 경세론자였다. 이와더불어 그는 산수의 풍광을 사랑하여 사방으로 유람하기를 즐기는 풍류객이었고, 한가로울 때나 친우들과 어울려 흥이 일어나면 언제나 시를 읊어 정감을 노래하는 시인이었다. 특히 그는 자신의 생애를 통해 거듭 닥쳐왔던 어려운 시련의 고비에서조차 여유를 찾아내고 운치 있는 풍류의 멋을 보여주었다.

1) 정자에 오르고 명승을 찾아 다니며

정약용은 서울에서 살면서 아직 벼슬에 나가기 전인 26세때(1785) 여름에 뒷날 그를 핍박한 인물이지만 당시에는 가까운 친우였던 이기경(李基慶)의 용산 한강가 강정(江亭)에서 과거시험 준비를 하고 있었

다. 이 때 친구들과 어울려 조각배에 술을 싣고 동작나루 근처의 월파
정(月波亭)에 올라 달이 뜨기를 기다려 술잔을 기울였고, 달빛 아래 뱃
놀이를 하며 시를 짓고 즐겼던 일이 있다.〈「月波亭夜游記」〉

월파정 아래에 조각배를 갖다 대니,	月波亭下扁舟泊
마을에는 연기 일고 해는 막 넘어가네.	墟里烟生日初落
누각 올라 술 마시고 내려와서 노래하며,	登樓飲酒下樓歌
물결 위에 뛰노는 큰 고기도 구경하네.	時見潮頭大魚躍.

〈「同諸友乘舟至月波亭汎月」〉

또한 그는 서울의 자하문(紫霞門) 밖에 있는 세검정(洗劍亭)의 경치
로 소낙비 쏟아질 때 산골물이 폭포를 이루는 것이라는 점을 유의하
여, '죽란서옥'에서 친우들과 모였을때 마침 폭우가 올 날씨임을 보고
함께 달려가 좁은 계곡에 갑자기 고래처럼 물을 뿜고 돌이 구르는 광
경을 즐기기도 하였다.〈「游洗劍亭記」〉

정약용은 기회가 있을 때마다 산수의 아름다운 경치를 찾아 사방으
로 유람하였고, 가는 곳마다 시를 남기고 있다. 금정찰방으로 좌천되
었을 때 친구에게 보낸 편지에서도, "나의 평생 소원은 산수에서 생활
하면서 어질고 호탕한 어른과 더불어 세속을 벗어나 노닐며 읊조리는
것입니다"〈「與姜仁伯(履元)」〉라고 밝혔던 일도 있다. 그가 산수와 어
진 벗과 시가 어우러진 생활을 좋아하고 세속을 떠나 자연 속에 노닐
고자 하는 뜻이 있음을 밝히고 있다.

정약용은 호수와 바위와 정자와 누각의 뛰어난 경치를 말할 때 사람
들이 '영보정'(永保亭)을 으뜸으로 꼽고 있음을 들어오다가 금정찰방

시절 마침내 이 정자에 올라보았다. 그는 고마호(姑麻湖)를 둘러싼 산
줄기가 용이 여의주를 희롱하듯 기이한 형상을 드러내는 데에 감탄하
면서, 산수의 형상이 기이하여야 사람들의 마음을 사로잡을 수 있음을
확인하고 있다.

> 나는 그 때 기이한 것을 좋아함으로 인해 좌천되었다. 그러나 천하
> 의 사물이 기이하지 않으면 드러날 수 없다는 것을 영보정을 보고 그
> 사실을 알 수 있었다. 산이 육지에 있는 것은 깎아 세운 듯 뾰족하고 잘
> 라 놓은 듯 우뚝하지 않으면 이름이 날 수 없으나, 갑자기 물 가운데로
> 들어가 섬처럼 되어 있으면 작은 언덕처럼 조그맣게 솟아오른 것이라
> 도 기이하게 보인다. 　　　　　　　　　　　〈「永保亭宴游記」.

　정약용이 이렇게 감탄하는 영보정을 보려고 충청수사영(忠淸水使
營)이었던 오천성(鰲川城: 현 충남 보령시 오천면 소성리)을 찾아 갔다.
오천성 성곽의 서쪽 성문인 망화문(望華門)은 그래도 아직 남아 있는
데, 영보정은 허물어져 사라진지 오래이다. '고마호'라 일컫던 길게 내
륙으로 파고들어온 만(灣)은 호수처럼 잔잔하고, 맞은 편 보령시 천북
면의 해안은 섬처럼 아담하게 이마를 내밀고 있다. 전망이 가장 좋은
곳이 분명 영보정 터일 것이라 짐작하여, 정약용이 둘러보던 눈길을
따라 경치를 한동안 감상하다가 내려왔다.

　그 자신도 새로운 문물로서 서학의 신기한 지식을 좋아하여 빠져들
었다가 비방을 받고 좌천을 당하는 처지에 놓였지만, 자연경관의 기이
함을 감상하면서 기이함이 없는 평상함과 단조로움에 젖어있어서는
마음에 감동을 줄 수 없음을 새삼 되새기고 있다.

정약용은 곡산부사로 나가서 그 자신 빼어난 산수의 경치를 좋아하여 사방으로 유람하였던 사실을 되돌아보면서, 곡산의 멱미(覓美)에서 보는 산과 강의 경치가 가장 기이하고 아름다운 곳임을 감탄하였다. 그는 산수의 형세를 자세히 묘사하고 이름이 없는 마을에는 이름까지 지어주었다.

> 내가 일찍이 한강에서부터 물결을 거슬러 올라 단양까지 가서 남쪽으로는 낙동강의 촉석루에서 놀았고, 서남쪽으로는 백마강에서 놀았으며, 다시 서쪽으로 임진강과 벽란도를 다 구경하였으니, 그 사이에 이름난 동산이나 경치 좋은 곳은 이루 다 헤아릴 수 없을 정도로 많았다. 지금 하나하나 그 때의 기억을 더듬어 보았으나 어느 동산도 이곳 양지쪽과 음지쪽 멱미(覓美)와 서로 짝이 될만한 곳은 하나도 없었다.
>
> 〈「谷山北坊山水記」〉

2) 고향의 강과 산수(汕水)를 배로 오르내리며

정약용은 36세때(1797) 여름 석류꽃이 막 피고 내리던 보슬비도 개이자, 고향 소내에서 물고기를 잡기에 가장 알맞은 때라는 생각을 떠올렸다. 그는 조정의 법도에 대부(大夫)는 휴가를 신청하여 조정의 승인이 없이는 도성 밖으로 떠날 수 없다는 것을 알면서도 말없이 서울을 빠져나와 고향으로 돌아갔다.

고향에 돌아오자 친척들과 강에 나가 그물을 쳐서 한 배 가득히 고기를 잡아서는 남자주(濫子洲)에 배를 대어놓고 고기를 끓여 배불리

먹었다. 그러고 나서 그는 옛날 진(晉)나라 장한(張翰)이 고향의 농어와 순채(蓴菜) 맛이 그리워 벼슬을 버리고 돌아갔다는 고사를 생각하고는 계절은 마침 산나물이 한창 향기로울 때인지라, 형제 친척들과 어울려 천진암(天眞庵)으로 올라갔다.

> 이미 산 속으로 들어서니 초목은 울창하고, 산 속의 온갖 꽃들이 한창 피어서 꽃향기가 코를 찔렀으며, 온갖 새들이 화답하며 울어대는데 울음소리가 맑고 아름다웠다. 길을 가며 새소리를 들으면서 서로 돌아보고 매우 즐거워하였다. 절에 도착한 뒤에는 술 한 잔에 시 한 수를 읊으며 날을 보내다가 사흘이 지나서야 돌아왔다. 이때 지은 시가 20여 수나 되었고, 먹은 산나물도 냉이·고사리·두릅 등 모두 56종이나 되었다. 〈「游天眞庵記」〉

그가 얼마나 자유분방한 문인 기질을 지녔으며 전원적 생활을 즐거워하고 있는지 잘 보여주는 장면이다. 처음부터 그에게는 엄격하게 자기 규제를 하는 도학자의 생활태도가 기질적으로 잘 맞지 않았을지 모르겠다.

또한 정약용의 고향 소내는 두 강이 만나는 합류지점에 자리잡고 있어서, 습수(濕水: 남한강)나 산수(汕水: 북한강)를 따라 유람할 기회가 많았다. 그는 만년에 고향 소내에서 두 번이나 산수(汕水)를 거슬러 소양정(昭陽亭)에까지 올라가면서 강변의 산과 물의 경치나 촌락과 그곳에 살았던 인물이나, 그 지리와 역사에 이르기까지 섬세하게 기록하였다. 이때에 기록한 『산수심원기』(汕水尋源記)와 『산행일기』(汕行日記)도 단순히 산천을 유람한 여행기에 머무는 것이 아니라 정밀하

게 관찰하고 기록한 역사지리의 연구로서 가치도 지니고 있는 것이다.〈심경호;『다산과 춘천』〉

정약용은 유배에서 돌아온 59세때(1820) 3월 큰 형님(정약현)이 아들 정학순(丁學淳)을 혼인시키기 위해 춘천으로 다리고 가는 길에 따라나섰다. 작은 배를 타고 산수를 거슬러 올라가면서 물굽이 마다 산그늘 마다 시를 읊어『천우기행권』(穿牛紀行卷)이라는 한 권의 시집을 묶기도 했다.

또한 그가 62세때(1823) 자신의 손자 정대림(丁大林)이 춘천으로 장가들게 되자, 별도로 넓은 배를 구해 두 번째로 산수를 거슬러 춘천으로 올라갔다. 그는 이때 배에 지붕을 꾸미고 문설주에 '산수록재'(山水綠齋)라는 편액을 붙였으며, 좌우의 기둥에는 '장지화소삽지취'(張志和苕霅之趣: 당나라 장지화(張志和)가 소계와 삽계의 물에서 노니는 취미)와 '예원진호묘지정'(倪元鎭湖泖之情; 원나라 화가 예원진(倪元鎭)이 호수와 묘수의 물에서 노니는 정취)라고 써붙였다. 이 글씨는 신작(申綽)이 그를 위해 예서(隷書)로 써준 것이다. 그가 39세 때 물에 떠다니는 집을 계획하며 '소상연파조수지가'(苕上烟波釣叟之家)라 편액을 만들었던 그때의 꿈을 마침내 이룬 것이다.

그는 두 번째 춘천으로 가는 이번 뱃길에 화공(畵工)을 데리고 가서 물길이 막혀 굽어 돌고 구름이 일어나는 곳이나 버들 숲이 짙고 꽃빛이 환한 마을에 이르를 때마다 배를 멈추고 빼어난 경치를 찾아내어 그림을 그리게 할 계획을 세웠다. 그래서 '사라담에서 수종사를 바라보며'(沙羅潭望水鍾寺) 또는 '고랑도에서 용문산을 바라보며'(皐狼渡望龍門山) 등의 그림 제목(畵題)까지 생각해 두고 있었다. 그리고 실제로 아들을 보내 방우도(方禹度)라는 산수화에 뛰어난 화공을 맞이해 오기

까지 하였다. 그러나 이 화공은 며칠사이에 감기가 들어 따라가지 못하게 되어, 그는 이를 못내 아쉬워하였다. 그렇지만 그와 일찍이 심성론의 토론을 벌였던 친우 이재의(文山 李載毅)가 정약용이 뱃길로 운치있게 춘천을 간다는 소식을 듣고 멀리서 달려와 동행하였다.

또한 춘천으로 가는 두 번째 뱃길에서는 눈에 들어오는 빼어난 경치를 만나면 바로 시를 짓는 운치와 더불어 닿는 곳마다 그곳의 지리와 역사가 얽힌 유래를 찾아내는 관찰에 탁월한 솜씨를 유감없이 발휘하였다. 그는 소양정(昭陽亭)에 올라 중방에 걸려있는 김시습(梅月堂 金時習)·김상헌(淸陰 金尙憲)·김창협(農巖 金昌協) 등 옛 사람들의 시를 베끼기도 하고, 갈라지는 물줄기나 산과 고개의 형세나 지명을 비롯하여 지나는 마을에 연고가 있는 인물들의 사적(事蹟)까지 일일이 기록하였다. 이 때의 여행 기록은 『산행일기』(汕行日記)요, 돌아와서 북한강의 여러 갈래 물길과 그 역사적 배경을 고증한 역사지리서가 바로 『산수심원기』(汕水尋源記)이다.

돌아오는 길에 그는 육로를 더듬어 화악산(華嶽山) 북쪽 기슭에 김수증(谷雲 金壽增: 김상헌의 손자)이 은거하였던 화음동(華陰洞)의 곡운구곡(谷雲九曲)을 찾아갔다. 그는 곡운서원에서 김수증이 지은 「곡운구곡시」(谷雲九曲詩)와 조세걸(浿洲 曺世傑)이 그린 「곡운구곡도」(谷雲九曲圖)를 살펴보고 실제 구곡을 답사해 본 다음에 김수증이 정해놓았던 9곡(曲)에서 3곡을 빼고 새로 3곡을 찾아내어 '곡운구곡'을 다시 정하고, 그 자신도 「곡운구곡시」를 지었다. 이러한 사실은 산수에 대한 정약용의 안목이 얼마나 예리한지를 잘 보여주는 대목이다.

3. 자연을 노래하고 사회를 걱정하는 시와 산문

1) 민중을 발견하고 함께 울부짖으며 – '사회시'(社會詩)

정약용은 평생을 통해 1,000수가 넘는 시를 남기고 있다. 송재소교수는 그의 시를 분석하면서 '사회시'(社會詩)·'자연시'(自然詩)·'우화시'(寓話詩)의 세 분야로 해명하였고, 특히 그의 시에서 제기된 주체적 문학정신으로 '조선시'(朝鮮詩)정신을 중시하였다.〈송재소;『다산시연구』〉 이시대의 실학정신을 종합한 한 사람의 실학자로서 정약용은 그 시대현실 속에서 백성이 당하는 고통에 가장 예민하게 감응하였던 시인이었으며, 따라서 그의 시문학에서 이른바 '사회시'를 특히 주목할 필요가있다. 그는 자신의 시대에서 착취당하고 고통받는 하층 서민들의 비참한 현실을 직시하였으며, 이를 통분하여 고발하는 '사회시'를 통해 현실사회에 대한 철저한 이해를 보여주고 있다.

야윈 목은 늘어져 따오기 모양　　　　…槁項頻鵠形,

병든 살결 주름져 닭가죽일세　　　　　病肉縐鷄皮,

우물 두고 새벽 물 긷지를 않고	有井不晨汲,
땔감 두고 저녁밥 짓지를 않아…	有薪不夜炊,…
관가의 돈궤짝 남이 볼까 쉬쉬하니	官篋惡人窺,
우리들 굶게 한 건 이 때문이 아니더냐.	豈非我所贏,
관가 마굿간에 살찐 저 말은	官廄愛馬肥,
진실로 우리들의 피와 살이네.	實爲我膚肌,
슬피 울며 고을 문 나서고 보니	哀號出縣門,
앞길이 캄캄하다 어디로 갈꼬.	眩旋迷路岐.

〈「飢民詩」〉

굶주린 백성들의 처참함을 그려내고, 이 백성들을 착취하여 거두어들인 부패한 관리의 돈궤짝과 살찐 말들을 이에 대비시킴으로써, 절망에 빠진 굶주린 백성들의 참혹상을 고발한다. 정약용이 '민본'을 내세우고 관리의 탐학을 비판하는 것은 유교정치의 원칙론을 되풀이하여 읊은 것이 아니다. 그것은 직접 목격한 백성들의 처절하고 참혹한 현실에 대한 한없는 연민과 울분의 표출이요, 감사와 수령에서 아전에 이르기까지 지배계층의 간악한 부패상에 대해 끓어오르는 분노로 규탄하는 것이었다.

큰 솥 작은 솥 다 앗아가고	錡釜旣奪
숟가락 젓가락 다 가져간 놈.	匕筯旣攘
도둑놈도 아니면서	匪盜匪寇
왜 그리 못된 짓만 하느냐.…	何爲不臧…
내 살가죽 네가 벗기고	爾剝我膚

내 뼈까지 부순 네놈.	而槌我骸
우리 전답만 봐도	視我田疇
그 얼마나 안됐더냐.	亦孔之哀
가라지 풀도 나지 않는데	稂莠不生
쑥인들 있겠느냐.…	其有蒿萊…
백성들 이리저리 유랑하다가	流兮轉兮
시궁창 구덩이를 가득 메우네.	塡于坑坎
아비여 어미여	父兮母兮
고기 먹고 쌀밥 먹고	梁肉是啖
사랑방에 기생 두어	房有妓女
연꽃같이 곱구나.	顔如菡萏.

〈「豺狼」〉

    정약용은 지배권력에 의해 혹독하게 착취당하는 백성들의 참혹상을 직시하면서 탐욕스럽고 간악한 권력에 대한 분노를 넘어서 적대감을 각성하는 데로 나아간다. 그리하여 "수령은 백성의 부모"라 내걸고서 백성을 자식처럼 돌보아 주어야 한다는 유교통치의 명분이 철저한 허위임을 확인하고 폭로하였다. 수령을 더 이상 부모요 보호자라 믿기를 거부하고, 백성의 살가죽을 벗기고 뼈를 부수며 죽음의 구렁텅이로 몰아넣는 적으로 선언하고 있는 것이다. 정약용이 백성을 사랑하고 보호하는 부모의 역할을 담당한다는 '수령부모론'(守令父母論)을 더 이상 인정하기를 거부하는 사실은 유교정치의 파국에 대한 진단이다.

2) 민중 속에서 발견하는 우리의 노래―'조선시'(朝鮮詩)

정약용은 강진에서 유배생활을 하는 동안에 지었던 「탐진촌요」(耽津村謠)나 「탐진어가」(耽津漁歌), 및 「탐진농가」(耽津農歌)에서는 탐진(耽津: 강진)의 풍속과 노동의 풍경을 그려내며 토속 언어를 그대로 끌어다 쓰고 있다. 그것은 그가 한시(漢詩)의 품격에 사로잡혀 있는 것이 아니라 우리의 현실과 현장의 생생한 언어감각을 살려내는 새로운 '조선시'의 세계를 보여주고 있는 것이다.

순정성(純正性)을 추구하는 도학전통의 선비 기풍에서는 어느 정도 혐오감으로 무시하거나 무관심 속에 버려두었던 속되고 잡스러운 서민들의 생활모습은 사회 저변을 흘러왔던 서민 대중의 삶이요 민속문화였다. 정약용은 사대부의 고아한 풍류 속에만 머물지 않고 바로 이 서민들의 생활풍속의 세계를 진지하게 관찰하고 논의하였으며, 여기서 그의 실학적 개방성의 한 단면을 엿볼 수도 있다.

그는 자기의 뜻을 마음껏 펼치기 어려운 벽에 부딪치자, 그 자신이 살고 있는 한반도가 폐쇄된 공간으로 얽어매는 답답함을 절실히 느끼면서, 우리 땅과 역사의 원형으로서 단군시대의 신화적 세계를 음미하고 있다.

슬프다 이 나라 사람들이여,	嗟哉我邦人,
주머니 속에 갇힌 듯 궁벽하구나.	辟如處囊中,
삼면은 바다에 둘러싸이고,	三方繞圓海,
북쪽은 높은 산이 누르고 있어.	北方綴高崧,
사지를 언제나 펴지 못하니,	四體常拳曲,

기개인들 무슨 수로 채울 수 있나.…	氣志何由充,…
남의 것 모방하기 급급하느라,	汲汲爲慕倣,
정밀한 기술을 뽑아올 겨를이 없네.	未暇揀精工,
뭇 바보가 한 천치를 치켜세우고,	衆愚捧一癡,
와자지껄 다 함께 받들게 하네.	口沓哈令共崇,
질박하고 꾸밈없는 단군 임금 세상의,	未若檀君世,
그 시절 옛 풍속만 못하리로다.	質朴有古風.

〈「述志」〉

그는 우리 자신을 인식하는 과정에서 먼저 지리적으로 폐쇄된 형국과 이에 따른 기상이 억눌린 것을 지적하며, 문화적으로도 남의 문화를 피상적으로 모방하느라 정교한 기술은 배우지도 못하는 문화 수용의 형식주의를 반성하였다. 나아가 어리석은 대중들이 지혜로운 자를 외면하고 어리석은 자를 따르게 하는 문화전통의 맹목성을 질타하고 있다. 여기서 그는 현재의 답답한 폐쇄성에서 출발하여 우리 역사의 아득한 시원으로 단군을 재발견하고 있다. 그것은 역사를 중국에 맡기고 중국을 바라보는 중화주의적 시각이 아니라 우리의 오랜 역사적 근원으로 돌아가는 '조선'의 발견이라 할 수 있다.

정약용은 중국의 운자(韻字)에서 벗어난 우리 언어의 '운'(韻)에 따라 시를 지으면서, 자신을 '조선인'으로, 자신의 시를 '조선시'로 확인한다. 그는 우리 언어의 정서적 편안함과 흥겨움을 즐기면서 민족의식을 더욱 절실하게 자각시켜주고 있다. 그의 시 속에 한자어인 '신부'(新婦)를 우리말인 '아가'(兒哥)로, '동북풍'(東北風)을 우리말인 '높새바람'(高鳥風)으로, '남풍'(南風)을 우리말인 '마파람'(馬兒風)으로, 하얗게 부서지는 큰 파도를 우리말로 표현한 '까치파도'(鵲濺)로 표현하고 있는 것 등은 바로 우리말을 시어(詩語)로 살려서 활용하고 있는 것이다. 또한 그의 '조선시'에서 보여준 정서 속에서는 중국을 표준으로 따르는 것에서 벗어나 너와 내가 평등하다는 인식과 더불어 각각의 개성적 특성이 구별되고 있다. 바로 그의 '조선시'가 드러내는 민족의식은 우리의 정서가 지닌 고유성과 차별성에서 경험할 수 있는 맛깔스러움으로 가장 선명하게 드러날 수 있을 것이다.

늙은 사람 한 가지 즐거운 일은,	老人一快事,
붓 가는 대로 마음껏 써버리는 일.	縱筆寫狂詞,
어려운 운자(韻字)에 구애 안 받고,	競病不必拘,
고치고 다듬느라 늦지도 않네.	推敲不必遲,
흥이 나면 당장에 뜻을 실리고,	興到卽運意,
뜻이 되면 당장에 글로 옮긴다오.	意到卽寫之,
나는 본래 '조선 사람',	我是朝鮮人,
'조선시'를 즐겨 쓰리.	甘作朝鮮詩,
그대들은 그대들 법 따르면 되지,	卿當用卿法,
이러쿵 저러쿵 말 많은 자 누구인가.	迂哉議者誰,
까다롭고 번거로운 그대들의 격과 율을,	區區格與律,
먼 곳의 우리가 어떻게 알 수 있나.…	袁人何得知,…
배와 귤은 그 맛이 각각 다른 것,	梨橘各殊味,
입맛 따라 저 좋은 것 고르는 건데.	嗜好唯其宜.

〈「老人一快事(5)」〉

정약용의 외가로 6대조인 윤선도(孤山 尹善道)가 강진 앞바다의 보길도(甫吉島)에서 은거하면서 지었던 「어부사시사」(漁父四時詞)는 민요적 분위기를 잘 살려내었으면서도 서민의 위에 있는 사대부로서 관찰자 내지 유람자의 입장에서 강호(江湖)의 아름다움을 완상하는 데 기울어졌다고 할 수 있다. 이에 비해 정약용은 농부나 어부의 노동에 배인 땀과 그 삶에 첩첩히 쌓인 시름을 밀착하여 그려냄으로써, 서민문화의 양상과 그 고통의 현실을 진지하게 인식하고 있다. 이처럼 외부적 관찰자라기보다는 오히려 한발 깊숙하게 서민들의 삶에 참여하고 대변하는 자세를 보여주는 정약용의 실학적 현실의식에서는 더욱 뚜렷하게 근대적 시각을 찾아볼 수 있다.

3) 뜻을 말하는 시(詩)와 도를 실은 문장(文)

정약용이 22세(1783) 때 진사(進士)에 올라 친우들과 산수(山水)를 유람하며 지었던 시를 그의 부친이 『화앵첩』(畫櫻帖)으로 묶어주었던 일이 있다. 채제공(樊巖 蔡濟恭)은 『화앵첩』에 대한 시평(詩評)을 하면서 정약용을 남인의 시맥(詩脈)의 계승자로 보며 기대를 나타내었다. 채제공이 제시한 남인의 시맥은 채유후(蔡裕後)·이민구(李敏求) → 이서우(李瑞雨) → 오상렴(吳尙濂)·채팽윤(蔡彭胤)·오광운(吳光運) → 강박(姜樸) → 이헌경(李獻慶)·정범조(丁範祖)로 이어오는 것이다.〈「跋畫櫻帖」〉 이를 통해 정약용이 시문학의 전통에서 성장하였던 사실을 알 수 있다.

정약용은 자신의 시(詩) 제자인 승려 의순(草衣 意洵)에게 시를 논하면서 한마디로 시란 '뜻을 말하는 것'(詩言志)이라는 고전적 정의를 따르고 있다. 여기서 그는 '뜻'은 마음이 발동하여 나온 것이니, 마음의 바탕이 맑고 순수하고 정대하여야 그 발동하여 나오는 것이 진실할 수 있음을 강조한다.

> 시란 뜻을 말하는 것이다. 뜻이 본래 저속하면 억지로 맑고 고상한 말을 하여도 이치가 이루어지지 않는다. 뜻이 본래 고루하면 억지로 활달한 말을 하여도 사정에 절실하지 못하게 된다. 시를 배움에 있어 그 뜻을 헤아리지 않는 것은 썩은 땅에서 맑은 샘물을 길어내려는 것 같고, 냄새나는 가죽나무에서 기이한 향기를 구하는 것과 같아서, 평생 노력해도 얻지 못할 것이다. 〈「爲草衣僧意洵贈言」〉

'시'를 짓는 일은 기교가 아니라 먼저 그 마음의 인격적 바탕을 맑고 우아하게 하는 일이 전제되어야 함을 강조한 것이다. 그것은 '시'를 '생각에 사특함이 없는 것'(思無邪)이라고 밝힌 공자의 말과 통하는 것으로, '시'를 인격의 진실한 표출로 보고 있음을 의미한다. 여기서 그는 '뜻'을 살피는 방법으로서 하늘이 내린 천명과 인간이 받은 성품의 이치를 인식하고, 신체적 욕망에 따르는 인심(人心)과 천명이 깃들어 있는 도심(道心)의 분별을 살려서, 마음의 바탕에서 더러운 찌꺼기를 깨끗이 하고 맑고 진실한 것을 발동하여 나오게 할 것을 요구한다. 그것은 '시'를 짓는 것이 유교적 인격 수양의 근본 과제에 연결되어 있는 것임을 확인한 것이다.

후세의 시율(詩律)은 마땅히 두보(杜甫)를 공자처럼 여겨야 한다.…
임금을 사랑하고 나라를 근심하지 않는 것이라면 시가 아니요, 높은 덕
을 찬미하고 나쁜 행실을 풍자하며 선을 권장하고 악을 징계하는 것이
아니라면 시가 아니다. 그러므로 뜻이 서지 않고, 학문이 순전하지 못
하며 큰 도리를 듣지 못하여, 임금을 요순의 성군으로 만들고 백성들에
혜택을 입히려는 마음을 갖지 못한 자는 시를 지을 수 없는 것이다.

〈「寄淵兒」〉

이처럼 그가 시를 짓는 바탕으로 인격적 조건을 요구하고 있는 것은
단지 도덕적 고상한 품격에 그치는 것이 아니라, 나라를 근심하고 백
성을 사랑하는 사회적 책임감을 요구하고 있다. 따라서 시가 언어의
유희나 감정의 표출을 넘어서 근본적으로 인간에 대한 사랑과 사회에
대한 책임의식에서 분출될 수 있어야 그 시가 인간 정서의 깊은 세계
를 진실하게 드러낼 수 있음을 강조한 것이다.

이러한 맥락에서 정약용은 문장(文)이란 '도를 싣는 것'(載道)이요 시
란 '뜻을 말하는 것'(言志)이라는 유교 전통의 문학론을 전제로, 문장을
통해 싣고자 하는 '도'는 바로 '한 세상을 바로잡아 구제할 수 있는 것'
(匡濟一世)이라야 하고, 시를 통해 말하는 '뜻'은 진실하고 확고한 것이
라야 함을 강조한다.

문장은 '도'를 싣는 것이요, 시는 뜻을 말하는 것이다. 그러므로 '도'
가 한 세상을 바로잡아 구제하기에 부족하고 뜻이 허황하여 정립된 바
가 없는 것은, 아무리 그 문장이 요란스럽고 분방하며, 그 시가 곱고 아
름답더라도, 이는 빈 수레를 몰아서 소리를 내고 어릿광대가 풍월(風

月)을 읊는 것과 같다. 〈「西園遺稿序」〉

그 문체가 아무리 자유분방한 문장이나 아름다운 시라 하더라도 문장과 시의 생명은 내면의 정신에 있는 것이요, 내면의 정신으로서 '도'를 갖추지 못하고 '뜻'을 간직하지 못한다면 공허하고 거짓된 것임을 역설한 대목이다. 따라서 정약용은 문장의 근본인 '도'를 가슴 속에 쌓는 방법으로서 마치 기름진 음식을 먹어서 피부에 광택이 나고 술을 마셔서 얼굴에 홍조가 도는 것처럼 속을 충실히 하여 겉으로 드러나는 노력의 과정이 있어야 함을 강조하였다. 그 '도'를 체득하는 방법도 인격의 도덕성을 배양하고, 경전과 역사의 지식으로 학문적 역량을 쌓아야 하며, 성실(誠)과 공경(敬)으로 수양을 실천하고 세상을 다스리는 경세의 제도까지 자신의 가슴 속에 수용해야 하는 것으로서 세밀하게 제시하고 있다.

문장이란 어떤 것인가? 학식이 속에 쌓여 그 문체가 밖으로 드러나는 것이다.…조화와 중용의 덕으로 마음을 기르고 효도와 우애의 행실로 성품을 닦아 공경으로 간직하고 성실로 일관하여 변함이 없어야 하며, 힘써 도를 바라고 나가야 한다. 사서(四書)로 나의 몸을 채우고, 육경(六經)으로 나의 지식을 넓히며, 여러 역사서로 고금의 변천에 달통하고, 예법·음악·형벌·정치(禮樂刑政)의 도구와 전장·법도(典章法度)의 전고(典故)를 가슴 속에 가득히 쌓아 놓아야 한다.

〈「爲李仁榮贈言」〉

이처럼 그는 문장의 수업을 유교의 다양한 학문 영역을 포괄하는 학문체계 전반에 연결된 것이요, 동시에 이 학문에 기초하여 성취될 수 있는 전인격적인 것으로 제시하고 있다. 나아가 문장의 근거로서 가슴 속에 '도'를 체득한 인격을 이룬 다음에 이 '도'를 문장으로 표출하는 과정을 설명한다.

> 사물이나 일과 서로 만나서 시비와 이해에 부딪치게 되면, 내가 그동안 축적하여 가슴 속에 한 덩어리로 맺혀있던 것이 파도가 넘치듯 거세게 소용돌이쳐 세상에 한 번 내놓아 천하 만세에 장관을 이루고자 하니, 그 형세를 막을 수 없는 것이요, 나로서는 그 하고 싶은 말을 한 번 뱉아내지 않을 수 없게 된다. 이것을 본 사람은 서로들 문장이라고 말할 것이다. 이러한 것을 일러 문장이라 하는 것이다.
>
> 〈「爲李仁榮贈言」〉

이처럼 그는 가슴 속에 쌓이고 맺혔던 학문과 인격과 포부가 어떤 상황에 부딪쳤을 때 파도처럼 밀어닥치고 폭풍처럼 몰아닥쳐 자신도 막을 수 없이 터져나오는 폭발적인 분출로서 한 세상을 놀라게 하고 감동시킬 수 있는 '문장'이 나오게 되는 것임을 제시하고 있다. 따라서 기이한 문구를 찾아내어 꾸며놓아서는 진정한 문장이 될 수 없음을 강조하고, 세속적인 문장학이라는 것은 성인(聖人)의 도를 해치는 해충과 같은 것이라고 비판하였던 것이다.

4. 음악과 춤의 풍류

1) 음악의 즐거움과 조화로운 사회

정약용은 선비의 풍류로서 시(詩) 뿐만 아니라, 글씨(書)와 그림(畵)을 비롯하여 음악(樂)과 춤(舞)에 까지 이르는 다양한 예술영역에 폭넓게 참여하고 있으며, 그 멋과 흥취를 즐길줄 아는 인물이었다. 그는 음악에 대해서도 남다른 관심과 이해를 보여주고 있으며, '예법'(禮)과 '음악'(樂)의 중요성을 충분히 강조하면서도, 특히 '음악'을 상당히 큰 비중으로 강조하고 있다.

예법으로는 바깥의 행동을 절제하고, 음악으로는 안으로 마음을 화평하게 한다. 절제는 행동을 바르게 하고, 화평은 덕을 기르는 것이다. 두가지 중에 어느 한 쪽을 폐지해서는 안된다. 그리고 덕은 안이며 근본이다.…음악은 사람을 교화하는데 먼저 힘써야 할 것이다.

〈「樂書孤存序」〉

그는 예법과 음악을 안과 밖, 행동과 덕으로 대조시키면서, 음악이 예법보다 근본적인 것임을 강조하였다. 그것은 당시의 조선 후기 사회가 오랜 예설(禮說)논쟁을 벌이는 과정에 의례를 정밀하게 분석하면서, 그 결과로 당파적 분열이 더욱 격렬해졌던 역사적 경험을 전제로 이해할 필요가 있다. 이에따라 그는 의례의 분별적 엄숙함 보다 음악의 조화적 화락함이 정치원리로서도 더욱 근원적임을 인식하게 되었던 것으로 보인다.

그는 강진시절 단풍이 들 때면 술을 마련하여 단풍 구경을 나가 가을숲 속을 거닐면서 시를 읊으며 하루를 즐겼다. 그는 어느 해 다산초당에서 고개를 넘어 백련사로 건너가 단풍 구경하며 시를 읊으며 노닐었는데, 이때 계절이 변하는 자연의 절도를 음악에 견주어 설명하고 있다. 우선 그는 음악을 연주하는 법을 설명하여, 유교의 음악론을 제시하였다.

> 음악을 연주하는 자는 시작할 때 종을 쳐서 쇳소리로 퍼져나가게 하고, 마칠 때는 경쇠를 쳐서 옥소리로 거두어들인다. 높고 낮은 소리가 조화를 이루고 이어져 끊어지지 않으며, 오음(五音)과 육률(六律)이 잘 맞아야만 하나의 악장(章)이 이루어진다.
>
> 하늘은 한 해를 음악의 한 악장(章)으로 삼으니, 처음에는 온갖 꽃이 곱고 무성하게 피어나 아름답고 향기롭다가, 마지막에는 물들이고 단장한 듯 붉고 누르고 푸르게 하여 그 화려함이 사람의 눈을 부시게 한다. 그 다음에 이를 거두어 들여서 간직하여, 하늘이 그 권능을 나타내고 신묘함을 빛내는 것이다. 〈「游蓮社觀紅葉詩序」〉

자연에서 사계절이 변화하는 현상을 하늘이 연주하는 한 편의 음악으로 파악하는 운치 있는 계절 감각을 제시하고 있다. 그것은 바로 음악에서 한 악장의 전개가 자연의 질서와 상응하는 것으로 우주적 질서의 표현이라 해석하는 것이다.

정약용은 음악을 통해 조화로운 사회질서가 실현될 수 있다는 음악의 기능을 강조한다. 이처럼 그의 음악론은 인간이 저절로 선하게 되는 것이 아니라 교육을 통하여 선할 수 있다는 인간관과 교육관을 전제로 하고 있다. 곧 옛 성인들은 음악 교육을 통해 인간의 혈맥을 고동치게 하고 정서를 화락(和樂)하게 하여 사회를 순화하는 데로 이끌어 갔음을 강조하여, 예악(禮樂)을 정치의 기본 방법으로까지 확인하였다. 그만큼 음악을 교화의 기본조건으로 보는 유교의 전통적 예악론을 한층더 강조하고 있는 것이다.

> 성인이 거문고·비파·종·북·경쇠(磬)·피리 등의 음(音)을 만들어서 아침 저녁으로 귀와 마음에 젖어들게 하여 그 혈맥을 뒤흔들어서 화평하고 화락한 의지를 격동시킨다.···성인의 도는 음악이 아니면 시행될 수 없고, 제왕의 정치도 음악이 아니면 이루어질 수 없고, 천지 만물의 상태도 음악이 아니면 조화되지 못한다. 음악의 덕이 이처럼 넓고 깊은 것인데도 삼대(三代: 夏·殷·周시대) 이후에는 음악만 완전히 없어졌다. 　　　　　　　　　　　　　　　　　　〈「樂論(1)」〉

음악의 작용이 인간의 혈맥을 격동시켜 의지를 화락하게 할 수 있는 것으로서 인격을 순화시키는 것이라 파악한다. 또한 음악의 기능이 인간을 교화시키는 것인 만큼, 교화가 이루어지지 못한다면 성인의 도리

나 제왕의 정치나 자연의 질서가 모두 실현될 수 없다고 하여 음악의
기능이 지닌 근원성을 강조하였다. 여기서 그는 '육경' 가운데 오직 '악
경'이 상실되었으니 사실상 삼대이후 음악의 본래 모습이 상실되고 말
았던 현실을 개탄하며, 나아가 음악의 상실에 따른 사회적 폐단을 지
적하고 있다.

> 음악이 없어지면서 형벌이 무거워지고, 전쟁이 자주 일어나게 되며,
> 원망하는 마음이 일어나고, 속임수가 성행하게 되었다.…음악을 진작
> 시키지 않으면 교화는 끝내 행해질 수 없을 것이요, 풍속도 끝내 변화
> 시킬 수 없을 것이며, 천지 사이에 조화로운 기운도 끝내 이룰 수 없을
> 것이다.   〈「樂論(2)」〉

정약용은 모든 사회적 무질서가 음악의 상실에 따라 조화와 화락함
을 잃은 데서 발생하는 것이라 지적함으로써, 음악이 교화의 최우선
과제임을 역설하였다. 이처럼 음악의 중요성을 강조하였기 때문에 그
는 스스로 『악서고존』(樂書孤存)을 저술하여, 성률(聲律)과 악기(樂器)
등을 정밀하게 고증하고 검토하여 상실한 『악경』의 회복을 도모하였
던 것으로 보인다.

그는 "옛 음악이 이미 없어지고 옛 성인의 도(道)가 어두워졌으므로,
내가 분변하지 않을 수 없다"〈「樂書孤存(1)」〉고 선언하였다. 그만큼
옛 음악을 다시 계승하는 것을 자신의 과제로 분명하게 인식하고 있음
을 보여준다. 그는 『악경』을 계승하는 원칙으로서, "여러 가지 오류를
잡박하게 엮어 거짓을 꾸며 보존하게 하느니, 차라리 하나의 진실을
외롭게 내세워 정말로 없어지는 것을 구제하는 것이 낫다"〈『악서고존

(1)』}고 주장한다. 그는 오직 경전에서 근거가 확실한 몇 구절을 기준으로 삼음으로써, 비록 절목이 빠지고 조리가 엉성하더라도 큰 강령을 바로잡아 바탕과 근원을 맑게 하는 것이 그 자신의 『악경』을 계승하는 작업임을 밝히고 있다. 그리하여 이 경전의 몇 조목을 기준으로 음률의 도수를 정하고(制數), 악기를 만드는 데 기본음을 확립하고(立均), 성조를 나누고(分調), 노래 가사를 지음(成文)으로써 팔음(八音)이 잘 조화되게 하였음을 밝혔던 것이다. 〈『악서고존(1)』〉

정약용은 '성'(聲)을 '팔음(八音)을 섞바꾸어 연주하여 노래에 의지하는 것'이라고 보고, '율'(律)을 '6등급으로 차이를 나누어 악기를 제작하는 것'이라고 정의함으로써 '오성'(五聲)과 '육율'(六律)을 구별하였다. 또한 그는 음악을 하는 사람(樂家)에게는 '육율'로 악기를 제작하니 선천(先天)이 되고 '오성'으로 가락을 나누니 후천(後天)이 된다 하고, '율'이 경(經)이 되고 '성'이 위(緯)가 된다 하여, '율'을 근본으로 삼고 있음을 제시하였다. 따라서 그는 한대 유학자들이 '육율'을 '오성'에 배당하여 하나로 보는 견해를 비판하고 있다.

또한 그는 '율'의 척도가 정밀한 다음에 악기의 제도가 균등해지고, 악기의 제도가 균등해진 다음에 '성'(聲)의 음이 조화를 이루게 되며, '성'의 음이 조화를 이룬 다음에 궁·상·각·치(宮·商·角·徵)가 질서에 맞게 되니, 이것이 '율'이 '성'과 조화를 이룬 것이요, 팔음(八音)이 모두 어울리는 것이라고 밝히고 있다. 곧 '율'의 척도가 악기를 제작하는 기준이며 음악의 근본이 되는 것임을 제시하여, 그의 악론(樂論)을 전개하였던 것이다. 〈『樂書孤存(1)』〉

2) 촉석루에 올라 칼춤(劍舞)을 감상하며

정약용은 일찍이 진주 촉석루에서 열린 연회에 참석할 수 있는 기회가 두 번 있었다. 첫번째는 19세때(1780) 봄 장인 홍화보가 경상우도 병마절도사로서 진주에 주둔하였을 때이고, 두번째는 12년이 지난 30세 때(1791) 진주목사로 있는 부친을 찾아갔을 때였다. 그는 이 두 번의 촉석루 연회에서 진주기생의 칼춤을 감상할 수 있었다.

그가 19세 소년으로 아내와 함께 진주로 장인을 찾아갔었는데, 이때 그는 장인 홍화보가 사위를 위해 베풀어주는 촉석루의 연회에 참석하여 놀았던 일이 있다. 바로 이 첫 번째 촉석루의 연회에 참석하였을 때 한 젊고 어여쁜 기생이 그를 위해 칼춤을 추었는데, 이 칼춤을 보고 읊은 시에서 그는 칼춤의 동작이 변하는 단계와 꿈틀거리고 회오리처럼 돌아가는 빠른 춤사위를 마치 무보(舞譜)를 그리듯 생생하게 묘사하고 있다.

계루고(작은 북) 한번 울려 풍악이 시작되니,	雞婁一聲絲管起,
저 넓은 좌중이 가을 물처럼 고요하네.	四筵空闊如秋水,
진주성 성안 여인 꽃같은 그 얼굴에,	矗城女兒顏如花,
군복으로 단장하니 영락없는 남자로다.	裝束戎裝作男子,
보라빛 쾌자에 청전모 눌러 쓰고,	紫紗褂子靑氈帽,
좌중 향해 절 올리고 발꿈치 이내 돌려.	當筵納拜旋舉趾,
박자 소리 맞추어 사뿐사뿐 종종걸음,	纖纖細步應疏節,
쓸쓸이 물러가다 반가운 듯 돌아오네.	去如怊悵來如喜,
날으는 선녀처럼 살짝 내려앉으니	翩然下坐若飛仙,

발 아래 곱디고운 가을 연꽃 피어나네.　　　　脚底閃閃生秋蓮.

〈「舞劍篇贈美人」〉

칼춤의 시작단계로 무희의 용모와 복색을 묘사하는 데서부터, 악기
들의 연주가 시작되면서 무희가 인사를 마치고 나서 처음 느린 동작의
제일장을 날아앉는 선녀의 모습으로 그려놓고 있다.

몸 굽혀 거꾸로 서서 한참 동안 춤추는데,	側身倒挿蹲蹲久,
열손가락 번득이니 뜬 구름과 흡사하네.	十指翻轉如浮雲,
한 칼은 땅에 놓고 또 한 칼로 춤추니,	一龍在地一龍躍,
푸른 뱀이 백 번이나 가슴을 휘감는 듯.	繞胸百回靑蛇纏,
홀연히 쌍칼 잡자 사람 모습 간데 없고,	焂忽雙提人不見,
삽시간에 구름 안개 허공에 자욱하네.	立時雲霧迷中天,…
전후 좌우 휘둘러도 칼끝 서로 닿지 않고,	左鋌右鋌無相觸,
치고 찌르고 뛰고 굴러 어지럽고 놀라서 보네.	擊刺跳躍紛駭矚,
회오리바람 소나기가 겨울 산에 몰아치고,	颷風驟雨滿寒山,
붉은 번개 푸른 서리 빈 골짜기서 다투는 듯.	紫電靑霜鬪空谷,
놀란 기러기 멀리 가 안 돌아올 듯 싶더니만,	驚鴻遠擧擬不反,
성난 새매처럼 내리덮쳐 쫓아가지 못할러라.	怒鶻回搏愁莫逐,
쨍그렁 칼 던지고 날듯이 돌아오니,	金堅然擲地颯然歸,
예처럼 가는 허리 의연히 한 줌일세.	依舊腰支纖似束.

〈「舞劍篇贈美人」〉

몸을 굽혀 거꾸로 추는 춤동작은 현란한 손가락의 놀림이 초점이다. 그리고나서 한 칼만 잡고 추는 칼춤에서 꿈틀거리던 춤사위의 제이장을 지나 다시 쌍 칼의 춤으로 넘어가며 회오리바람 불듯 번개 치듯 빠른 춤사위로 바뀌어 가는 제삼장의 절정으로 넘어간다. 마치 판소리에서 진양조의 느린 박자를 지나 중모리, 중중모리로 점점 빨라지다가, 자진모리, 휘모리로 넘어가면서 숨가쁘게 빨라지는 것같다. 춤추는 사람의 모습은 아득히 사라져버린 가장 빠른 절정에서 한 순간 칼이 떨어지는 쨍그렁 소리와 함께 춤을 끝내는 데 이르는 과정을 풍부한 비유로 직접 그 자리에서 보는 듯 그려낸 장면이 박진감 넘친다.

그는 진주 촉석루에서 진주기생의 칼춤(劍舞)을 보고서, 이 칼춤이 신라의 춤인 '황창무'(黃昌舞)의 무보(舞譜)를 계승한 것이라고 파악하고, 신라 '여악'(女樂)의 우수성을 강조하여, "서라벌 '여악'은 우리나라 제일인데/ '황창무' 옛 곡조가 지금까지 전하누나"〈「舞劍篇贈美人」〉라고 지적한다. 여기서 그는 천 년이 넘는 신라 춤이 계승되고 있는 역사적 전통성을 밝힘으로써, 이 칼춤이 지닌 민족문화적 의미를 제시하고 있다.

그가 두 번째 촉석루에 올랐을 때 12년전 그날 "놀란 기러기요 날아가는 제비처럼" 날렵하게 칼춤을 추던 "꽃봉오리같던" 어여쁜 그 기생은 이미 주름진 늙은 이가 되어 동작이 굼뜨고 제대로 걷지도 못하는 몸이었다. 그러나 그 날에 19세 소년으로서 자신의 칼춤을 감상하고 그림처럼 아름답게 시를 지어준 정약용을 위해 늙은 기생이 다시 칼을 잡고 그의 앞에서 칼춤을 추었다. 그 기생은 춤을 마치고나서 무릎을 꿇고 술을 따루며, 그에게 다시 시를 지어 이 자리를 빛나게 해달라고 청하였다 한다.〈「再游矗石樓記」〉 그 기생도 춤은 한번 끝나면 그 형상이 사라지지만 시인의 생생한 묘사를 통해 항상 되살아날 수 있음을 잘 알고 있었기 때문일 것이다. 두 번째 보는 칼춤은 아마 첫 번째 보았던 칼춤처럼 감흥을 일으키지 못했었나 보다. 시를 남기지 않고 기문(記文)만 남겨주고 있다.

정약용은 『예기』의 「악기」(樂記)편에 근거하여 춤(舞)을 정의하면서, '이루어진 것을 형상하는 것'(象成)이라 설명하고 있다. 문덕(文德)을 이룬 춤은 의상(衣裳)을 갖추어 읍(揖)하고 사양하는 동작을 형상하는 것이요, 무공(武功)을 이룬 춤은 병장기로 치고 찌르는 동작을 형상하는 것이며, 공덕이 크면 9수(數)로 이루어지고, 공덕이 적으면 6수로 이루어진 것이라 하여, 팔일무(八佾舞)와 육일무(六佾舞)의 근거를 해석한다. 이러한 그의 무론(舞論)은 악론(樂論)의 한 부분을 이루고 있는 것이다.〈『악서고존(4)』〉

이와더불어 그는 춤이 '이루어진 것을 형상하는 것'이라는 의미를 "할아버지, 아버지의 공적이 이루어지고 덕이 이루어진 것을 형상한다"고 해석하며, 따라서 조상의 공적과 덕이 이루어진 것을 형상하는 음악과 춤이 있음으로써 선왕(先王)의 왕업(王業)을 이룸이 얼마나 어려운지를 알게 해주고, 효도와 공경하는 마음을 일어나게 해주는 것으로 중요함을 강조하고 있다.〈「原舞」〉 종묘의 제사의례에서 음악과 춤이 옛 선왕이 창업하던 정신을 음악과 춤으로 형상하여 후손들에게 그 창업정신과 계승의식을 일깨워주는 기능이 있음을 밝히고 있는 것이다.

또한 그는 "중국의 연상(連廂: 金나라때의 가곡)이나 우리나라의 타령(打令)놀이가 모두 춤의 기원을 이루고 있는 것이지만 세상 사람들이 살피려들지 않고 있다"〈「原舞」〉고 언급하여, 춤에 대해 무관심함을 개탄하며, 춤추는 제도가 오랫동안 폐지되어 없어진 것을 안타까워하고 있다. 그로서는 옛 경전의 본래 의미가 후세에 왜곡된 것을 바로잡아야 한다는 사명감으로 방대한 경전주석을 하였거니와, 예법이나 음악이나 춤의 제도가 모두 왜곡되고 무너져 이를 올바르게 회복해야할 강한 책임감을 통감하고 있었던 것이다.

5. 글씨와 그림을 품평하고

1) 글씨의 품평

정약용은 어려서부터 글씨에 대한 깊은 관심과 함께 뛰어난 솜씨도 지녔던 것으로 보인다. 그는 어려서 부친이 부임하였던 연천(漣川)에 따라갔을 때 허목(眉叟 許穆)과 조경(龍洲 趙絅) 등이 연천의 삼부연(三釜淵)폭포 등 명승지를 유람하며 지었던 친필 시첩을 구해 베끼고 장정하여 「삼부첩」(三釜帖)을 만들어 두었는데, 그 부친이 즐겨 보며 칭찬을 아끼지 않았다고 한다.

그는 우리역사에서 명필들의 글씨에 대해 폭넓은 관심을 지니고 있으며, 또한 글씨를 품평하는 자세에서도 깊은 조예와 탁월한 감식력이 있음을 보여주고 있다. 먼저 신라의 명필인 김생(金生)의 글씨를 보면서 그 글씨가 불경에서 오려낸 것임을 확인하고, 김생의 글씨에 대해, "각본(刻本)은 모두 가늘고 힘차며 빼어난 것인데, 이 글씨(불경에서 오려낸 글씨)는 획이 통통하니, 아마 변형된 서체일 것이다. 감별하는 사람은 이 점을 살피기 바란다"〈「跋金生書」〉라고 언급하였다.

곧 그는 돌이나 목판에 새겨진 김생의 글씨가 원형이고, 불경을 쓴 글씨는 변형된 것임을 구별하도록, 감식하는 사람에게 주의를 당부하고 있는 것이다.

또한 안평대군(安平大君)이 불경을 쓴 것에서 오려낸 글씨를 보면서 역대 임금이 조맹부(趙孟頫)의 글씨체를 썼던 가법(家法)을 이은 것임을 확인하고 있다.〈「跋安平大君書」〉 이 사실은 정약용이 조선시대 여러 임금의 글씨도 익숙하게 보아 왔음을 말해준다. 그는 유성룡(西厓 柳成龍)이 단양의 운암장(雲巖莊)에 살 때 그 정자의 현판으로 쓴 '수운정'(水雲亭)이라는 세 글자를 보고서, "그 붓을 놀려 획을 만든 것은 마치 쇠를 끌어당기듯 돌을 세워놓은 듯 굳세고 빼어나서, 그 정묘한 광채가 돌연히 사람의 눈을 쏘아대었다."〈「跋水雲亭帖」〉고 하여, 유성룡이 경학이나 정치적 경륜에 뛰어날 뿐만 아니라 서법(書法)에도 빼어남을 높이 평가하고 있다.

편지의 글씨체에 대해 그는 오준(竹南 吳竣, 1587~1666)의 『죽남간독』(竹南簡牘)의 글씨가 모범으로 삼을 만하다고 높이 평가하면서, 당시 사람들이 윤순(白下 尹淳, 1680~1741)을 따르는 것을 혹독하게 비판하였다.

> 지금 전해오는 오준의 편지 글씨는 모두 정밀하고 법도가 있어서 후세 사람에게 본받게 할 만하다. 그러나 근세에는 모두 윤순의 편지를 익히고 있지만, 윤순의 글씨는 각박하여 함축성이 적다. 지난 40년이래 글씨의 법도가 경박해진 것은 모두 이 때문이다. 이를 어떻게 고칠 것인가. 오준이 바로 화타(華佗)요 편작(扁鵲)이지만, 재능으로 말한다면 윤순이 더 낫다. 〈「跋竹南簡牘」〉

정약용은 당시 편지의 글씨체가 윤순을 모방하면서 잘못되었다고 보고, 이를 바로잡는 방법으로 오준의 글씨를 본받는 것은 화타(華佗)나 편작(扁鵲) 같은 명의가 병을 치료하는 것보다 더 효과적일 것이라 지적하고 있다.

또한 그는 이광사(圓嶠 李匡師)의 글씨인 「야취첩」(夜醉帖)에 발문을 붙이면서, 근세의 서가(書家)로 이광사가 독보적 존재라고 칭송하고 있다. 이광사의 글씨 가운데 특히 세자(細字)로 쓴 해서(楷書)와 행서(行書)와 초서(草書)의 글씨는 법도가 갖추어져 정밀하고 기묘하다고 높이 평하고, 그 중에서 아주 좋은 것은 이왕(二王: 王羲之·王獻之 父子)의 경지에 드나들고, 조금 낮은 것도 이장(二張: 張芝와 張旭)의 경지를 잃지 않았다고 극찬하였다. 그러나 조윤형(趙允亨)과 강세황(豹庵 姜世晃, 1712~1791)이 이광사의 글씨를 여지없이 비방하는 사실에 대해서는 역량을 헤아리지 못한 것이라고 비판하면서도, 이광사의 글씨에 대자(大字)로 쓴 반행서(半行書)가 법도가 없어 글자 모양도 보기 싫고 획법도 무디고 막혀서 신묘함이 없음을 지적하기도 했다.〈「跋夜醉帖」〉

그는 강진의 백련사(白蓮寺)에 남아 있는 이광사의 편액을 보고, 이광사의 글씨가 김생보다 더 뛰어난 것으로 평가하고 있다. 더구나 이광사가 강진에서 가까운 진도(珍島)에 유배되었다가 그곳에서 죽었으니, 강진에 유배되어있던 정약용으로서는 이광사의 글씨를 보며 남다른 감회가 있었을 것이다.

| 우리나라의 글씨들이 걸작이 적은 편인데, | 三韓墨妙少絶藝, |
| 근래에 이광사가 있어 세상에 이름났지.… | 近有道甫獨名世,… |

위대하도다 유배되어 한낱 벼슬도 없는 몸이나,	自從端明謫儋厓,
우레 같은 명성이 백년을 울리고 있네.	聲若雷霆殷百歲,
그가 쓴 백련사 편액을 볼라치면,	觀其白蓮題額書,
꿈틀대는 용처럼 헌걸차고 기세 있지.	佶屈故作挐龍勢,
김생은 게다 대면 헛이름만 난 꼴이라.	金生頑朴浪得名,
백성들 계약서나 써줄 만한 글씨였지.…	堪與邨氓寫券契,…
큰 인물 불우하게 궁벽진 바닷가에서 죽었으니,	大器轗軻死窮海,
남긴 작품 처량하여 누가 본들 눈물 안 나리.	遺跡凄凉足破涕.

〈「和子由新修汝州龍興寺吳畫壁韻」〉

정약용이 이광사의 글씨를 이렇게 높이 평가하는 사실과 달리 김정희는 이광사를 혹독하게 비판하여 좋은 대조를 이루고 있다. 김정희는 청나라 학자인 옹방강(翁方綱)·완원(玩元)의 영향을 받고 한(漢)·위(魏)시대의 예서체(隸書體)를 본받아 독자적인 추사체(秋史體)의 글씨를 썼는데, 이광사의 「필결」(筆訣)을 일일이 비판하면서, "이광사의 천품은 남보다 뛰어났으나, 그는 재주만 있고 배움이 없었다"〈『玩堂集』, 「書圓嶠筆訣後」〉고 하여, 고금의 서법을 제대로 배우지 못하여 안목이 좁았다는 한계를 지적하였다. 당시 중국에 가서 청나라의 석학들을 직접 만나고 중국의 옛 비(碑)와 서첩(書帖)을 직접 보면서 이에 심취하였던 김정희로서는 우리의 옛 필법이 비루하게 보였을 것이다.

또한 정약용이 강진에 있을 때 가까이 살던 그의 친우 윤서유(尹書有)는 명나라때 황족인 익왕(益王)이 각(刻)했던 정무본(定武本; 定武는 定州임) 왕희지(王羲之)의 「난정첩」(蘭亭帖) 진본을 보물처럼 소장하고 있었다. 정약용은 이 「난정첩」 진본을 보고 그 유래를 소개하기도 하였다.〈「跋皇明宗室益王所刻定武本蘭亭眞蹟」〉이처럼 그는 어디를 가서 현판의 글씨나 누가 소장하는 서첩 등을 볼때마다 언제나 관심깊게 살피고 섬세하게 감상하는 것이 그의 취미생활의 한 부분을 이루었다.

2) 그림의 품평

정약용의 해남(海南) 외가로 보면, 외증조 윤두서(恭齋 尹斗緖)가 그 시대의 대표적 화가의 한 사람으로서 사실적 화풍으로 인물화를 비롯하여 산수화와 풍속화 등에 걸작을 남겼던 인물이다. 정약용의 집에도 윤두서의 작품이 많이 전하고 있었다 하니, 이러한 외가의 영향으로 정약용은 일찍부터 그림에 남다른 관심을 지녔다. 그가 그림에 대해 품평하고 있는 사실을 보면 그 자신이 그림에도 일가견이 있음을 엿볼 수 있게 한다.

그의 주변에는 윤두서의 영향을 받은 외가쪽 인물들이나 친우들 가운데는 그림에 관심을 가진 사람들이 많았다. 그만큼 그는 그림을 그리거나 화첩을 감상하는 것을 취미생활의 하나로 하는 분위기 속에서 살았던 것이다.

그는 자신의 외6촌인 윤두서의 손자 윤용(尹愹)의 화첩인「취우첩」(翠羽帖)을 보면서 윤용의 작품이 실상을 그대로 그리는 '사실'(寫實) 중심의 화풍을 매우 중시하였다. 이러한 '사실' 중심의 입장이 바로 정약용 자신의 화론(畵論)이 지닌 기본 입장이라 할 수 있다.

꽃과 나무나 새와 짐승이나 벌레 따위를 그린 것이 모두가 그 참모습
과 흡사하여 그 오묘함은 매우 섬세하고 살아움직여 거칠지 않다. 속된
자가 몽당붓을 잡고 수묵(水墨)을 칠하여 그릇되이 기괴한 것을 그려놓
고는 뜻을 그린 것이지 형상을 그린 것이 아니라고 자부하는 것과는 견
줄 바가 아니다.　　　　　　　　　　　　　　　　　　〈「跋翠羽帖」〉

　이처럼 그는 실제의 형상을 섬세하고 생동하게 그린 '사실적' 기법을
법도로 삼았으며, 이에따라 당시에 유행하던 화풍으로 '뜻을 그리고
형상을 그리지 않는다'(畵意, 不畵形)는 '사의'(寫意)를 중심으로하는 남
종문인화(南宗文人畵)의 화풍을 철저하게 비판하였다. 여기서 그는 윤
용이 나비나 잠자리를 그릴 때 직접 손에 붙잡아 들고 수염과 털과 윤
택의 미세한 부분까지 자세히 살펴서 그대로 닮도록 그리는 '사실'적
화법이 윤두서에서 그 아들 윤덕희(駱西 尹德熙)를 거쳐 그 손자 윤용
에 까지 3대를 이어오면서 더욱 정밀하게 연마된 화풍의 가법(家法)임
을 지적하고 있다.〈「跋翠羽帖」〉 정약용은 윤두서의 화풍에 영향을 받
았고, 그의 '사실'중시의 화론은 서양 회화의 자극이 가미된 것이며, 사
실성을 중시하는 화론은 이익(李瀷)의 견해나 실학파의 진보적 개혁의
지에 부합하는 것으로 지적되기도 한다.〈이태호,「다산 정약용의 예술세
계」,『정약용』, 387쪽〉
　그는 서울에 살 때 대릉(大陵: 현 중구 貞洞)에 사는 선배 세 노인(尹
弼秉·蔡弘履·李鼎運)이 그림을 배워 그린 것을 보고 읊은 시에서도 일
일이 그 화법을 평가하고 있다. 먼저 윤필병(尹弼秉)의 말 그림에 대해
윤덕희의 화법을 이은 것임을 지적하면서, "툭툭 불거진 야윈 뼈 너무
나도 진짜 같다/ 한이라면 네 다리의 너무 살진 복사뼈 뿐/ 둥근 눈깔

쭝긋한 귀 그 모두 좋구나"라고 높이 평가하였다. 다음으로 채홍리(蔡弘履)의 구름을 타고 허공을 걷는 비선(飛仙) 그림에 대해서도, "화양동천(華陽洞天: 도교에서 신선이 산다는 33洞天의 하나) 백우선(白羽扇: 신선이 지니는 흰 깃털부채)은 법도대로 다 되었고/ 피리 부는 동자 더욱 자연스럽네/ 다만 신선 모양새가 세속 사람과 비슷하여/ 벼슬 생각 여색 욕심이 뱃속에 차 있는 것 한이로다"라 하여, 그 그림의 장점과 단점을 모두 들고 있다. 또한 이정운(李鼎運)의 호랑이 그림에 대해서는 실물과 흡사함을 칭찬하여, "바람소리 싸늘해 모골이 다 송연하니/ 번갯불이 번쩍번쩍 눈망울이 노려본다/ 해묵은 솔 험악하여 그 위력을 보태는데/ 꿈틀꿈틀 일백 척의 용 비늘이 붉으스레"라 하여, 사실(寫實)적이고 힘에 넘치는 그림에 특히 큰 관심을 보여주고 있다.〈「大陵三老學畵歌」〉

또한 그는 조선시대의 화가들의 그림에 대해서도 종횡으로 논평하고 있다. 먼저 선조 때 김지(醉眠 金禔)를 높이 평가하고, 이정(李霆)의 대(竹)그림이 신묘하다고 인정하였으며, 그의 외증조부인 윤두서의 인물화와 윤두서의 아들 윤덕희의 말 그림도 묘기를 지닌 것이라고 높였다.

나아가 변상벽(和齋 卞尙璧)의 고양이 그림, 유덕장(峀雲 柳德章)의 대 그림을 들었고, 심사정(玄齋 沈師貞)의 산수화가 원숙하여 그린 흔적이 없다고 높였으며, 정선(謙齋 鄭歚)의 절벽과 고송(古松) 그림 및 산수화의 독특한 화법이 지닌 뛰어남을 칭송했다. 허필(煙客 許佖)의 그림에 대해서는 이름은 났지만 서툴러서 고상하지 못함을 지적하였다. 강세황(豹菴 姜世晃)의 경우는 난(蘭)과 대 그림이 가장 훌륭하다고 하면서도, 대 그림에서 잎사귀 몇 개만 그려 뜻만 보였을 뿐이라 불만을 표현하였고, 산수화는 강세황의 특기가 아니지만 그가 그린 도원도 (桃園圖) 8폭 병풍은 솜씨가 정교하고 뛰어나다고 칭찬하였다.

이와더불어 김홍도(檀園 金弘道)의 경우 풍속도와 화초·오리·기러기를 잘 그렸다고 하고, 이명기(李命基)가 초상화에 뛰어나 정조 임금의 어진(御眞)을 비롯하여 많은 인물의 초상화를 그렸던 것으로 소개하고 있다.〈「題家藏畫帖」〉 이처럼 정약용은 자신의 집안에 소장된 화첩(畫帖)에 붙인 짤막한 제사(題詞)에서 조선시대 회화의 역사를 훑어 내려 가는 해박한 소양을 보여주고 있다.

특히 그는 조선후기의 화가로 '변 고양이'라는 별명이 붙을 만큼 고양이 그림으로 유명한 변상벽이 '병아리를 거느린 어미닭 그림'(母雞領子圖)을 보면서 그 그림의 생생한 화법을 시로 읊어 그림이 시 속에서 다시 살아 움직이도록 묘사하고 있다.

어미 닭 까닭 없이 성을 내니,	母雞無故怒,
낯빛이 몹시 사납게 달아올랐네.	顔色猛崎嶬,
목털이 고슴도치마냥 꼿꼿이 서서,	頭毛逆如蝟,
만나는 놈마다 꾸짖음을 당하도다.…	觸者遭嗔喝,…
새끼들은 어미를 둘러싸고 다니는데,	羣雛繞母行,
솜 같은 노란 옷 더부룩이 입었구나.	茸茸嫩黃褐,
노란 부리는 막 엉긴 기름같이 연하고,	蠟嘴軟初凝,
붉은 볏은 씻어낸 듯 색깔 엷어라.	朱冠淡如抹.

〈「題卞尙璧母雞領子圖」〉

정약용은 명나라 말기의 신종(神宗: 萬曆)황제의 「묵죽도」(墨竹圖)
족자를 보면서, 대(竹) 그림의 묘결(妙訣)을 논하기도 하였다.

> 많은 잎이 교차하여 서로 겹쳐지면서도 자세히 살펴보면 모두 조리
> 가 정연하여, 서로 분리되지 않으면서도 서로 어지럽지도 않아야 한다.
> 서로 분리되면 그 형상의 참다움이 아니요, 서로 어지러우면 그 실체의
> 참된 형상이 아니다. 형상과 실체가 그 참됨을 잃지 않은 다음에야 그
> 신묘함을 얻을 수 있다.   〈「跋神宗皇帝墨竹圖障子」〉

많은 댓잎들이 '서로 떠나지도 않고'(不相離) '서로 뒤섞이지도 않는'
(不相亂) 자연스러운 이치를 강조하고, 밖으로 나타난 형상과 그 바탕
이 되는 실체가 진실함을 잃지 않는 이치를 제시하였다. 그것은 단지
대 그림의 비결일 뿐만 아니라, 정약용의 화론(畵論)이 지향하는 기본
원리라고 할 수 있다. 이에 비해 그는 강세황의 대 그림에 대한 평에서
는, 한두 개의 가지에다 '个'를 친 것이 각각 3, 4매 뿐이라 지적하고,
이러한 그의 화법은 대와 비슷하게 대충 그린 것일 뿐이요 대를 사실
그대로 그렸다고 할 수 없음을 비판하고 있다. 그만큼 정약용이 '사실
주의'(寫實主義)적 화법을 중시하였음을 확인할 수 있는 것이다.

그는 여러 그림에 붙이는 화제(畵題)로 시를 짓기도 하였는데, 나비
그림인 「화접도」(蛺蝶圖)에 붙인 화제시(「題蛺蝶圖」)나 산수화에 붙
인 화제시(「江天半晴圖」), 홍현주의 화첩에 붙인 시(「題永明尉畵帖四絶
句」) 등에서도 그가 '사실'을 중시하는 화법의 원칙을 일관하게 드러내
고 있다. 또한 그는 자신이 그린 몇 점의 그림을 남기기도 하였다. 그
가 강진에 있을 때 부인이 낡고 빛바랜 다홍치마를 보내왔는데, 이 치

마폭의 한 부분을 잘라 족자로 만들어 시를 쓰고 매조도(梅鳥圖)를 그린 것이 잘 알려져 있다.〈「題霞帔帖」〉그밖에도 그가 그린 몇 점의 산수화와 화조도(花鳥圖)가 남아 있어서 그림에 대한 그의 남다른 취미를 엿볼 수 있게 한다.

茶山評傳

맺는말: 다산을 다시 돌아보며

정약용은 17,18세기 조선사회에서 그 시대의 한계를 극복하고 다음 시대를 열어가기 위해 고심했던 개혁사상가이다. 그러나 정약용에게도 신분질서가 지배하던 전근대 사회의 시대적 제약을 벗어날 수 없는 한계가 있었던 사실을 외면할 수는 없다. 따라서 그에게서 우리 시대가 당면한 모든 문제에 대한 해답을 찾을 수 없다는 것은 당연하다고 하겠다. 그래도 정약용은 오늘의 우리에게 다양한 영역에서 깊은 통찰의 눈을 뜨게 해주고, 우리가 고민하는 문제에 대답을 찾아가는데 지혜로운 가르침을 제공해주고 있다는 사실을 재확인할 필요가 있다.

무엇보다 정약용은 자신의 시대에 고질화된 사회적 병통을 진단하고 치유하고자 하였던 치료사가 아니었을까. 따라서 그는 시대의 병통을 치료하는 방법으로서 우리에게 근원적 가르침을 깨우쳐준 스승이라 할 수 있다. 그가 자신의 삶과 학문을 통해 우리를 일깨워주었던 말씀은, "나라와 이웃을 사랑하라"는 한마디로 집약할 수 있을 것 같다. 그는 상층의 통치체제에서 바닥의 서민생활에 이르기 까지 구석구석에 파고들어 우리 사회의 존립을 위태롭게 하는 온갖 모순과 부조리를 찾아내고 고통스러움을 직시하면서, 우리 나라를 강건하게 일으키고 우리 백성을 편안하고 넉넉하게 살 수 있게 하기 위한 길을 뜨거운 애정으로 찾아 제시하고자 하였다.

33세때 암행어사로 나갔다가 돌아와 임금에게 올린 상소문에서 "민생을 소중히 여기고 국법을 높일 것"을 역설하였던 것은 바로 고통받는 백성을 보살피고 법도와 기강을 세워 나라를 바로잡아야 할 근본원칙을 강조한 것이다. 또한 그는 경전해석에서도 '인'(仁)을 부자간이나 형제간이나 상하간에 "인간과 인간이 서로 향하여 따뜻하게 사랑하는 것"이라 하여, 사랑의 실천을 인간의 본분으로 강조하였다. 당시 조선 사회가 유교적 도덕과 명분을 내걸고서 온갖 억압과 차별화나 이기적 탐욕에 젖어 있는 뿌리깊은 병폐를 치유하기 위해 그가 절규하였던 외침은 바로 남을 사랑하고 나라를 사랑하는 사랑의 실천이라 하겠다.

그는 『목민심서』에서도 자신을 다스리고(律己) 공무에 봉사하고(奉公) 백성을 사랑할 것(愛民)을 다스리는 자의 근본강령으로 강조하였다. 나아가 그는 사랑의 실천으로서 절실한 연민의 정으로 백성의 고통을 살필 수 있었으며, 백성이 편하고 고르게 잘 살아갈 수 있는 방법을 찾아 행정제도의 합리적 개혁방책을 제시하고 농업기술의 개량과 상업이나 공업의 진흥방법을 밝혔던 것이요, 질병으로부터 백성의 생명을 구출하기 위해 의학지식에도 깊은 관심을 기울였던 것이다. 다산이 우리 언어와 서민생활의 정서에 세심한 관찰을 하고, 우리의 역사와 지리에 관한 연구를 심화하여 '국학'(國學)의 기틀을 확립하였던 것도 바로 우리 자신에 대한 관심과 우리 나라에 대한 사랑의 실현이라 할 수 있다.

정약용은 조선후기에 실학을 집대성한 대표적 실학자라는 사실은 이미 상식화된 견해이다. 그는 도학-주자학의 이념체계가 형식적 관념에 빠져들어 현실의 효율성을 상실하고, 폐쇄적 보수성에 사로잡혀 시대변화에 적응력을 상실하고 있는 문제점을 극복하기 위해, 한편으로 유교경전을 새롭게 읽는 안목을 열어 경학의 근본적 재해석을 수행하였으며, 다른 한편으로 그 사회적 실현방법을 구체적으로 제시하여 경세론을 방대하게 체계화하였다. 그의 실학정신이 그 시대에 실현되었던 것은 아니지만, 다음 시대에 우리 사회가 나아가야할 방향을 제시해주었던 선구자로서의 위치는 확고하다고 하겠다.

그가 실학의 열린 정신으로 서양과학기술을 수용하고 응용하는데 남다른 관심과 중요한 공적을 이루었다는 사실이 주목되어왔다. 또한 그가 서양종교로서 천주교교리의 세계관을 수용함으로써 유교사상의 근원적 의미를 새롭게 해석할 수 있었다는 사실도 우리의 소중한 정신적 유산이 되고 있다. 이질적인 문화와 종교와 사상이 만났을때 서로 자신의 독선적 정당성만 주장하면 대립과 갈등을 일으키지 않을 수 없는 것이 현실인데, 이질적 사상의 만남을 통해 전통사상을 새롭게 심화하고 확장시킬 수 있었다는 것은 오늘날 전통의 계승과 세계화라는 두가지 요구를 포괄하고 종합하여 재창조해야한다는 우리 자신의 과제를 위해서도 하나의 선구적 모범이 되고 있는 것이라 하겠다.

정약용의 삶과 사상에서 매력적인 요소의 하나는 이성적 논리와 감성적 정서가 조화롭게 균형을 이루고 있다는 점이 아닐까 생각한다. 그는 경전해석에서 예리한 논증으로 비판과 설득의 역량을 유감없이 발휘하였고, 제도개혁의 방책을 제시하면서 정밀한 계측의 수학적 합리성을 보여주고 있다. 동시에 그는 시의 문학적 정취와 그림·음악·춤의 예술적 감성과, 정원조경이나 산수의 유람에 이르기 까지 섬세한 정서적 세계를 풍부하게 드러내주고 있다. 바로 이 점에서 다산은 엄격한 규범과 예절을 내세우는 도학자와 달리 따뜻한 포용력을 지닌 정다운 선배로서 친근하게 만날 수 있지 않을까.

茶山評傳

정약용 연보(年譜)

*정규영의 『사암선생년보』(俟菴先生年譜) 참조

1762(영조38, 壬午), 1세

- 6월 16일(이하 일자는 음력) 오전 10시전후(巳時)에, 경기도 광주 초부면 마재(廣州 草阜面 馬峴: 현재 南楊州市 鳥安面 陵內里)에서 부친 정재원(荷石 丁載遠)과 모친은 해남 윤씨부인(海南 尹氏夫人: 孤山 尹善道의 후손) 사이 에서 출생.(큰형 若鉉은 前室 宜寧 南氏 소생이고, 若銓·若鍾·若鏞은 後室 海 南 尹氏 소생이다)

- 아명은 귀농(歸農), 관명(冠名)은 약용(若鏞)이요, 자는 미용(美庸)·송보 (頌甫), 호는 삼미자(三眉子)·다산(茶山)·사암(俟菴)·열초(洌樵)·자하도 인(紫霞道人)·문암일인(門巖逸人) 등이요, 당호는 여유당(與猶堂)이며, 천 주교세례명은 요한.

1763(영조39, 癸未), 2세 완두창(豌豆瘡)을 앓았다.

1765(영조41, 乙酉), 4세 천자문을 배우기 시작.

1767(영조43, 丁亥), 6세 부친의 임지인 연천(連川)에 따라갔다.

1768(영조44, 戊子), 7세

- 서당에 나가 글을 배웠다.

- 오언시(五言詩)를 짓기 시작. "작은 산이 큰 산을 가리니 멀고 가까움이 다 르기 때문이네"(小山蔽大山, 遠近地不同)라는 시구로 부친의 칭찬을 받음.

- 천연두를 앓은 흔적으로 눈썹이 세갈레져서 삼미자(三眉子)라고 스스로 별호를 지음.

1770(영조46, 庚寅), 9세
- 어머니 해남 윤씨부인은 43세로 세상을 떠남. 정약용의 모습은 외증조인 윤두서(恭齋 尹斗緒)를 많이 닮았다고 함.

1771(영조47, 辛卯), 10세
- 마침 벼슬을 그만두고 집에 돌아와 있는 부친으로부터 경전과 역사서를 수업받음. 이 때 그는 작문에 힘써서 많은 글을 지었는데, 한 해동안 지은 글이 자신의 키만큼 쌓였다 함.
- 10세 이전의 시문을 모은 『삼미집(三眉集)』이 있었음.(현재 전하지 않음)

1774(영조50, 甲午), 13세
- 두보(杜甫)시의 운(韻)을 모방하여 수백수를 지어 어른들이 칭찬함.

1776(영조52, 丙申), 15세
- 2월. 풍산 홍씨(豊山 洪氏) 홍화보(洪和輔)의 따님과 혼인.
- 부친이 호조좌랑(戶曹佐郎)이 되자, 부친을 따라 서울에 올라가 남촌(南村)에 거주.
- 3월. 영조임금이 세상을 떠나고, 왕세손(正祖)이 즉위.

1777(정조1, 丁酉), 16세
- 성호의 종손 이가환(錦帶 李家煥)과 누님의 남편 이승훈(蔓川 李承薰) 등 선배들을 따라 성호 이익(星湖 李瀷)의 유고를 읽고 실학에 뜻을 둠.
- 가을. 부친이 전라도 화순현감(和順縣監)으로 부임하여 따라감.

1778(정조2, 戊戌), 17세
- 가을. 전라도 동복현(同福縣) 물염정(勿染亭)과 광주 서석산(瑞石山) 유람.
- 겨울. 둘째 형 약전과 화순현 동림사(東林寺)에서 독서.

1779(정조3, 己亥), 18세
- 부친의 명으로 서울에 돌아와 형 약전과 과거시험 공부.
- 겨울. 성균관에서 시행하는 시험인 승보시(陞補試)에 합격.

1780(정조4, 庚子), 19세
- 부친이 경상도 예천(醴泉)군수로 옮기자 예천으로 가는 도중에 진주 촉석루(矗石樓)를 유람. 이때 정약용의 장인 홍화보(洪和輔)는 경상우도 병마절도사로 진주에 있었음.
- 부친이 어사(御史)의 무함(誣陷)을 당해 해직되자, 고향에 돌아와 독서.

1781(정조5, 辛丑), 20세
- 서울에서 과거시험공부.
- 7월. 첫딸을 낳았으나 5일만에 죽음.

1782(정조6, 壬寅), 21세
- 서울 창동(倉洞: 현재 남대문시장)에 처음으로 집을 사서 살았음.
- 가을. 봉은사(奉恩寺)에서 과거시험공부.

1783(정조7, 癸卯), 22세
- 2월. 세자(뒷날 純祖)책봉을 경축하는 증광감시(增廣監試)의 경의초시(經義初試)에 합격.
- 4월. 회시(會試)에 생원(生員) 3등 제7인으로 합격하여 선정전(宣政殿)에서 사은. 임금이 얼굴을 들라고 명하고 나이를 물었음. 이 달에 성균관에 입학.
- 회현방(會賢坊)의 재산루(在山樓)로 이사.
- 9월. 장남 학연(學淵)이 태어남.

1784(정조8, 甲辰), 23세

- 여름. 정조임금이 태학생에게 제시한『중용』에 관한 70조목의 질문에 대한 답안으로『중용강의』(中庸講義)을 바쳐서 정조의 주목을 받음.
- 4월15일. 고향 마재에서 큰 형수의 제사를 지내고 정약용의 형제(약전·약용)는 큰형(若鉉)의 처남인 이벽(李檗)과 함께 한강을 따라 서울로 오는 배안에서 이벽이 천주교 교리를 웅변적으로 설명하는 것을 듣고, 서울에 올라온 뒤에 이벽을 찾아가『천주실의』(天主實義)와『칠극』(七克) 등 천주교교리서를 빌어보면서 천주교에 심취하기 시작. 이승훈(李承薰)이 북경의 천주당에서 세례를 받고 이해 봄에 귀국.

1785(정조9, 乙巳), 24세

- 2월과 4월에 반제(泮製: 성균관 유생들에게 시행하는 시험)에 뽑혀 임금의 칭찬과 더불어 종이와 붓을 상으로 받음. 12월에는 임금이 친히 춘당대(春塘臺)와 성정각(誠正閣)에 나와 부(賦)를 짓게 하였는데 수석하여『대전통편』(大典通編) 한질을 상으로 받음.
- 봄. 명례방 김범우(金範禹)의 집에서 천주교 신앙집회가 형조에 적발되었는데, 이 집회에 이벽이 중심이 되고 이승훈·정약전·정약용 등 참석.
- 10월. 정시(庭試) 초시(初試)에 수석 합격.
- 11월. 감제(柑製:제주도에서 감귤이 공헌되어 올라오면 성균관 유생들에게 시행하는 시험) 초시에 합격.

1786(정조10, 丙午), 25세

- 2월. 별시(別試) 초시에 합격.
- 7월. 차남 학유(學游) 출생.
- 8월. 도기(到記: 출석점수를 얻은 성균관 유생에게 시행하는 시험) 초시 합격.

1787(정조11, 丁未), 26세

- 반제(泮製)에 여러차례 잇달아 뽑혀 임금의 칭찬과 함께『팔자백선』(八子百選)·『국조보감』(國朝寶鑑)·『병학통』(兵學通) 등을 상으로 받음.

1788(정조12, 戊申), 27세
* 1월·3월. 반제에 합격.

1789(정조13, 己酉), 28세
* 1월. 반시(泮試)에 표문(表文)으로 수석. 3월에 전시(殿試)에 나가 대과(大科)에 甲科2위로 급제. 종7품의 희릉직장(禧陵直長)에 임명.
* 초계문신(抄啓文臣)으로 뽑힘.
* 4월. 임금이 초계문신들과 희정당(熙政堂)에서 『대학』에 관한 토론한 내용을 『대학강의』(大學講義)로 기록.
* 5월. 오위(五衛)의 부사정(副司正)으로 옮기고, 6월에 승정원(承政院) 가주서(假注書)에 제수.
* 겨울. 배다리(舟橋)를 설치할때 제작규제를 만듬
* 12월. 3남 구장(懼牂)이 태어났으나 3일만에 죽음
* 장헌세자(莊獻世子: 思悼世子)의 묘를 수원으로 이장.

1790(정조14, 庚戌), 29세
* 2월 예문관(藝文館) 검열(檢閱)에 임명.
* 3월 한림(翰林)선발과정의 문제로 해미현(海美縣)에 10일동안 유배.
* 5월 예문관 검열에 다시 임명. 곧 용양위(龍驤衛) 부사과(副司果)로 승진.
* 9월 사간원 정언(司諫院 正言)과 이어서 사헌부 지평(司憲府 持平)에 제수.
* 「십삼경책」(十三經策)·「문체책」(文體策)·「맹자책」(孟子策) 저술.

1791(정조15, 辛亥), 30세
* 5월에 사간원 정언에 제수. 10월에 사헌부 지평에 제수.
* 겨울. 정조에게 『시경강의』(詩經講義) 올려서 크게 칭찬을 받음.
* 겨울. 호남 진산(珍山)에서 천주교도 윤지충(尹持忠; 정약용의 外從兄)·권상연(權尙然: 윤지충의 외종형)이 제사를 폐지하고 신주를 불태운 사건(辛亥珍山事件)으로 처형됨.

1792(정조16, 壬子), 31세

- 3월. 홍문관 수찬(弘文館 修撰)에 제수.
- 4월. 부친이 진주목사로 재임중에 세상을 떠나 진주로 분상(奔喪). 하담 (荷潭: 현 忠州市 金加面 荷潭里)의 선영(先塋)에 장사.
- 거상중에 특명을 받아 수원성을 설계하고 등옥함(鄧玉函, Terrenz)의 『기기도설』(奇器圖說)을 참고하여 기중기(起重機)·녹로(轆轤) 등을 고안. 이 때의 저술로 「성설」(城說)·「기중도설」(起重圖說) 등이 있음.

1794(정조18, 甲寅), 33세

- 6월. 부친상을 마침.
- 7월. 성균관 직강(直講)에 제수되고, 8월에 비변사랑(備邊司郎)이 됨.
- 10월. 홍문관 교리(校理)에 이어 수찬(修撰)에 제수.
- 10월. 경기도 암행어사로 나가서 백성들의 고통을 생생하게 목격.
- 12월. 경모궁상존호도감(景慕宮上尊號都監)의 도청(都廳)에 임명. 홍문관 부교리에 제수.

1795(정조19, 乙卯), 34세

- 정월. 사간원 사간(司諫)에 제수. 승정원 동부승지(同副承旨)에 제수.
- 2월. 병조참의(兵曹 參議)에 제수. 감시(監試) 회시(會試)의 고관(考官)이 됨.
- 3월. 의궤청(儀軌廳) 찬집문신(纂輯文臣)에 임명. 왕명으로 『정리통고』(整理通攷) 등의 편찬을 맡음. 승정원 우부승지(右副承旨)에 제수.
- 7월. 중국인 신부 주문모(周文謨)가 잠입한 사실이 발각되고, 반대파의 비난이 일어나자, 충청도 홍주(洪州: 현 홍성) 땅의 금정역(金井驛) 찰방(察訪)으로 좌천. 성호의 종손(從孫)인 목재 이삼환(木齋 李森煥)을 모시고 친우들과 온양(溫陽)의 봉암사(鳳巖寺: 石巖寺)에 모여 성호의 『가례질서』 (家禮疾書)를 교정. 이때 강학내용이 「서암강학기」(西巖講學記).
- 11~12월. 「도산사숙록」(陶山私淑錄) 저술.
- 12월. 용양위(龍驤衛) 부사직(副司直)에 임명.

1796(정조20, 丙辰), 35세
- 10월. 왕명으로 규영부(奎瀛府: 奎章閣)에서 『사기영선』(史記英選) 교감.
- 12월. 병조 참지(兵曹 參知)에 제수되고, 잇달아 우부승지를 거쳐 좌부승지로 승진. 부호군(副護軍)으로 옮김.

1797(정조21, 丁巳), 36세
- 3월. 왕명으로 『춘추경전』(春秋經傳)을 교감. 또한 이문원(摛文院)에서 『두시』(杜詩)를 교감.
- 6월. 승정원 동부승지에 제수. 사직하는 상소 「변방사동부승지소」(辨謗辭同副承旨疏)를 올려, 자신이 천주교에 물들게 되고 벗어나게된 경위를 밝혀 천주교도라는 비난에 대해 해명.
- 윤6월. 황해도 곡산부사(谷山府使)에 제수.
- 겨울. 『마과회통』(麻科會通) 12권을 완성.

1798(정조22, 戊午), 37세
- 4월. 왕명으로 『사기찬주』(史記纂註)를 올림.

1799(정조23, 己未), 38세
- 2월. 청나라 고종(高宗)이 1월에 죽음으로 중국사신이 오게 되자, 왕명을 받들어 황주(黃州)에 영위사(迎慰使)로 나감. 황주에 나가 있는 동안 황해도 수령들을 감찰하라는 임금의 밀명을 받음.
- 봄. 농업발전의 방책을 제시한 「응지론농정소」(應旨論農政疏)를 올림.
- 4월. 병조 참지(參知)에 제수.
- 5월. 서울에 들어오자 형조 참의(參議)에 제수.
- 12월. 4남 농장(農牂)이 태어남.

1800(정조24, 庚申), 39세
- 봄. 반대파의 비난이 격심해지자 귀향. 왕명으로 다시 서울로 돌아옴.
- 6월. 정조가 승하(昇遐)하고 11살의 순조가 즉위하자 김대비(金大妃: 英祖의 繼妃 貞純王后)가 수렴청정(垂簾聽政).
- 귀향. 당호(堂號)를 여유당(與猶堂)이라 붙임. 『문헌비고간오』(文獻備考刊誤) 완성.

1801(순조1, 辛酉), 40세
- 2월 9일. 셋째형 약종(若鍾)이 은밀하게 옮기려다 발각된 책농(冊籠)사건으로 정약용의 3형제가 체포되어 의금부에 투옥. 셋째형 약종은 사형당하고, 둘째형 약전(若銓)은 신지도(薪知島)로 정약용은 경상도 장기(長鬐)로 유배.
- 장기에서 『이아술』(爾雅述) 6권, 「기해방례변」(己亥邦禮辨)를 저술하고, 「백언시」(百諺詩; 1820년 수정 보완하여 「이담속찬」으로 완성)를 편찬.
- 10월에 황사영(黃嗣永)의 백서사건으로 다시 서울로 불려와 조사를 받고, 11월에 정약전은 흑산도로 이배되고, 정약용은 강진으로 이배.

1802(순조2, 壬戌), 41세
- 유배 초기에 강진 성동쪽 주막의 골방에서 4년동안 지냄.
- 4남 농장(農牂)이 4세로 일찍 죽음.

1803(순조3, 癸亥), 42세
- 김대비의 해배(解配)명령이 있었으나 서용보(徐龍輔)의 반대로 좌절됨.
- 『단궁잠오』(檀弓箴誤)·『조전고』(弔奠考)·『예전상의광』(禮箋喪儀匡) 저술.

1804(순조4, 甲子), 43세
- 『아학편훈의』(兒學編訓義) 저술.

1805(순조5, 乙丑), 44세
- 봄에 백련사(白蓮寺)에서 아암 혜장선사(兒庵 惠藏禪師)와 만나 교유.
- 여름. 『정체전중변』(正體傳重辨: 己亥邦禮辨) 3권을 저술.
- 겨울. 큰 아들 학연이 뵈러와 보은산방(寶恩山: 高聲寺)에서 『주역』과 『예기』를 강론. 이때의 문답을 기록한 것이 「승암문답」(僧菴問答).

1806(순조6, 丙寅), 45세
- 읍내 목리(牧里)에 있는 문인 이청(李晴: 初名 鶴來)의 집으로 옮김.

1807(순조7, 丁卯), 46세
- 5월. 장손 대림(大林) 출생.
- 겨울. 「상구정」(喪具訂)편을 저술.

1808(순조8, 戊辰), 47세
- 봄. 귤동(橘洞)에 있던 처사(處士) 윤단(尹慱)의 산정(山亭)으로 옮김. 이곳이 다산초당(茶山草堂)으로 동암(東菴)과 서암(西菴)에는 천여권의 장서가 갖추어 있었음.
- 둘째 아들 학유가 뵈러옴.
- 『다산문답』(茶山問答) 1권, 「다산제생증언」(茶山諸生贈言), 『제례고정』(祭禮考定), 『주역심전』(周易心箋: 周易四箋) 저술.

1809(순조9, 己巳), 48세
- 봄. 「상복상」(喪服商)편 저술.

1810(순조10, 庚午), 49세
- 큰 아들 학연이 임금의 행차에 호소하여 해배의 명령이 내렸으나 홍명주(洪命周)·이기경(李基慶)이 방해로 좌절됨.
- 『시경강의보』(詩經講義補) 12권, 『관례작의』(冠禮酌儀)·『가례작의』(嘉禮酌儀)·『상서고훈수략』(尙書古訓蒐略)·『매씨서평』(梅氏書平)·『소학주관』(小學珠串) 저술.

1811(순조11, 辛未), 50세
- 『아방강역고』(我邦疆域考)·『상서지원록』(尙書知遠錄) 저술. 『상례사전』 (喪禮四箋) 50권 완성.

1812(순조12, 壬申), 51세
- 『민보의』(民保議),『춘추고징』(春秋考徵) 저술.

1813(순조13, 癸酉), 52세
- 『논어고금주』(論語古今註) 40권을 완성.

1814(순조14, 甲戌), 53세
- 4월. 의금부(義禁府)에서 해배하려 했으나 강준흠(姜浚欽)의 상소로 저지.
- 문산 이재의(文山 李載毅)가 다산초당으로 찾아옴.
- 『맹자요의』(孟子要義)·『대학공의』(大學公議)·『중용자잠』(中庸自箴) 저술. 『중용강의보』(中庸講義補) 수정. 『대동수경』(大東水經) 완성.

1815(순조15, 乙亥), 54세
- 『심경밀험』(心經密驗)과『소학지언』(小學枝言) 저술.

1816(순조16, 丙子), 55세
- 6월. 둘째형 약전이 유배지 흑산도에서 죽음. 「손암선생묘지명」(巽菴先 生墓誌銘)을 지음.
- 『악서고존』(樂書孤存) 저술.

1817(순조17, 丁丑), 56세
- 『상의절요』(喪儀節要) 저술. 『경세유표』(經世遺表)의 편찬에 착수.

1818(순조18, 戊寅), 57세
- 봄. 『목민심서』(牧民心書)를 완성하고, 여름에『국조전례고』(國朝典禮考)를 마침.
- 8월. 이태순(李泰淳)의 상소로 18년만에 유배에서 풀려나 고향에 돌아옴.

1819(순조19, 己卯), 58세
- 충주 하담의 선영에 성묘하고, 가을에 용문산을 유람.
- 겨울. 조정에서 정약용을 다시 등용시켜 경전(經田: 토지측량)을 맡기기로 결정하였으나 서용보의 저지로 이루어지지 않음.
- 『흠흠신서』(欽欽新書)와『아언각비』(雅言覺非)를 완성.

1820(순조20, 庚辰), 59세
- 춘천 청평산(淸平山)을 유람.

1821(순조21, 辛巳), 60세
- 9월. 맏형 약현(若鉉)이 죽음.
- 『사대고례산보』(事大考例刪補),『역학서언』(易學緒言) 저술.

1822(순조22, 壬午), 61세
- 회갑의 해를 맞아 「자찬묘지명」(自撰墓誌銘)을 광중본(壙中本)과 집중본(集中本)의 두가지로 지음.
- 봄. 대산 김매순(臺山 金邁淳)과 경의(經義)에 관해 토론.
- 여름. 석천 식작(石泉 申綽)과『주례』(周禮)에 관해 서신으로 토론.

1830(순조30, 庚寅), 69세
- 대리청정하던 세자의 치료를 위해 부호군(副護軍)에 임명. 정약용은 입궐하여 세자를 진찰하였으나 약을 올리기 전에 세자는 운명함.

1834(순조34, 甲午), 73세

- 11월. 순조의 병세가 위중하여 부름을 받고 급히 상경하였으나 홍인문 (興仁門)에 들어섰을 때 승하(昇遐)하였다는 소식을 듣고 귀향.
- 『상서고훈수략』(尙書古訓蒐略)과 『상서지원록』(尙書知遠錄)을 수정하여 『상서고훈』(尙書古訓)으로 합편. 『매씨서평』(梅氏書平)을 개정.

1836(헌종2, 丙申), 75세

- 2월 22일 辰時(오전 7시~9시)에 75세로 마재의 고향 집(與猶堂)에서 세상을 떠남. 이날은 우연하게도 그가 부인 풍산 홍씨와 결혼한지 60주년이 되는 회혼일(回婚日)이었음.
- 4월 1일. 고향 집 뒷동산에 안장됨.

.

| 死後 |

1882(고종19, 壬午) 『여유당전서』(與猶堂全書)가 전부 필사되어 내각(內閣)에 수장(收藏)됨.

1910(순종4, 庚戌) 7월 18일 정헌대부(正憲大夫) 규장각 제학(奎章閣 提學; 정2품)에 추증(追贈)되고, '문도'(文度: 博學多聞曰文, 制事合義曰度)의 시호를 받음.

1925(乙丑) 대홍수로 정약용의 고택 '여유당'이 떠내려갔으나, 다행히 현손(丁奎英)이 유고(遺稿)를 구출하였음.

1936(丙申) 정약용서거 100주년을 맞아 정약용의 학문과 사상을 활발히 소개하면서 국학(國學)에 대한 관심이 고조되었으며, 정약용서거 100주년사업으로 정인보(鄭寅普)·안재홍(安在鴻)의 교정으로 1934년에서 1938년까지 5년에 걸쳐 신조선사(新朝鮮社)에서 활자본 『여유당전서』(與猶堂全書) 154권 76책이 간행.

참고문헌

【원전】

『與猶堂全書』

『與猶堂全書補遺』

『국역 다산시문집』(1-9), 민족문화추진회/ 솔, 1994.

송재소 역, 『다산시선』, 창작과비평, 1981.

박석무 역, 『다산산문선』, 창작과비평, 1985.

호남학연구소 역, 『국역 여유당전서: 대학·중용』(경집1), 전주대출판부, 1986.

호남학연구소 역, 『국역 여유당전서: 논어』(경집2-4), 여강출판사, 1989.

이지형 역, 『역주 다산 맹자요의』, 현대실학사, 1994.

_____, 『역주 매씨서평』, 문학과지성사, 2002.

실시학사 경학연구회 역, 『역주 시경강의』(1-5), 사암, 2008.

실시학사 경학연구회 역, 『정체전중변(正體傳重辨)』, 한길사, 1995.

실시학사 경학연구회 역, 『다산과 문산의 인성논쟁』, 한길사, 1996.

실시학사 경학연구회 역, 『다산과 대산·연천의 경학논쟁』, 한길사, 2000.

실시학사 경학연구회 역, 『다산과 석천의 경학논쟁』, 한길사, 2000.

『국역 목민심서』(1-3), 민족문화추진회, 1969.

다산연구회 역, 『역주 목민심서』(1-6), 창작과비평, 1986.

『국역 경세유표』(1-4), 민족문화추진회, 1977.

박석무·정해렴 역, 『역주 흠흠신서』(1-4), 현대실학사, 1999.

【연구서】

고승제, 『다산을 찾아서』, 중앙일보사, 1995.

금장태, 『정약용-한국실학의 집대성』(증보판), 성균관대출판부, 2002.

김문식, 『조선후기 경학사상연구』, 일조각, 1996.

김상홍, 『다산 정약용문학 연구』, 단국대출판부, 1985.

김옥희, 『한국천주교사상사(2)-다산 정약용의 서학사상연구』, 순교의 맥,
    1991.

박석무, 『다산 정약용 유배지에서 만나다』, 한길사, 2003.

송재소, 『다산시연구』(부록: 정규영, 『사암선생년보』), 창작과비평사, 1986.

심경호, 『다산과 춘천』, 강원대 출판부, 1996.

유봉학, 『정도대왕의 꿈』, 신구문화사, 2001.

유홍준, 『완당평전』(1-3), 학고재, 2002.

이만채 편, 『벽위편』(김시준 역), 명문당, 1987.

이을호, 『다산경학사상연구』, 을유문화사, 1966

＿＿＿, 『다산학의 이해』, 현암사, 1975.

이지형, 『다산경학연구』, 태학사, 1996.

임형택, 『실사구시의 한국학』, 창작과비평사, 2000.

장승구, 『정약용과 실천의 철학』, 서광사, 2001.

정병연, 『다산사서학연구』, 경인문화사, 1994.

정일균, 『다산사서경학연구』, 일지사, 2000.

조성을, 『여유당집의 문헌학적 연구』, 혜안, 2004.

차기진, 『조선후기의 서학과 척사론연구』, 한국교회사연구소, 2002.

차성환, 『글로벌시대 정약용 세계관의 가능성과 한계』, 집문당, 2002.

최익한, 『실학파와 정다산』, 국립출판사, 1955.

한형조, 『주희에서 정약용으로』. 세계사. 1996.

홍이섭, 『정약용의 정치경제사상연구』. 한국연구원. 1959.

강만길 외, 『정다산과 그 시대』, 민음사, 1986.

김승혜 외, 『다산사상 속의 서학적 지평』, 서강대출판부, 2004.

김형효 외, 『다산의 사상과 그 현대적 의미』, 한국정신문화연구원, 1998.

박병호 외, 『다산학의 탐구』, 민음사, 1990.

윤사순 편, 『정약용』, 고려대 출판부, 1990.

최대우 외, 『정다산의 경학』, 민음사, 1989.

최석우 외, 『정다산 연구의 현황』, 민음사, 1990.

최석우 외, 『다산 정약용의 서학사상』, 다섯수레, 1993.

한우근 외, 『정다산연구의 현황』. 민음사. 1985.

Mark Setton, Chong Yagyong—Korea's Challenge to Orthodox
        Neo-Confucianism,

State University New York Press, Albany, 1997.

茶山評傳

인명색인

ㄱ

강명길(康命吉) 101
강박(姜樸) 387
강세황(豹庵 姜世晃) 404, 408–410
강준흠(姜浚欽) 167
강희(康熙) 44
고염무(顧炎武) 354
고종(高宗) 279
공자 28, 216, 241, 267, 289, 306, 309, 314, 331, 333, 337, 338, 340, 343, 365, 388, 389
구베아(Gouvea) 59
권근(陽村 權近) 321
권상연(權尙然) 24, 55, 59, 92, 113, 146
권상학(權相學) 53, 55
권유(權裕) 105
권일신(權日身) 54, 55, 59
권철신(鹿菴 權哲身) 46, 52, 53, 55, 56, 130, 149, 150, 252, 299, 303, 326, 327, 330
그라몽(Grammont: 梁棟材) 54
급암(汲黯) 107
긍선(白坡 亘璇) 184

김계락(金啓洛) 166
김구주(金龜柱) 290
김기서(鼎山 金基敍) 259, 267
김노경(金魯敬) 271
김매순(臺山 金邁淳) 259, 266, 267, 269
김범우(金範禹) 54–56
김상집(金尙集) 38, 71
김상헌(淸陰 金尙憲) 380
김생(金生) 184, 402–405
김석주(息菴 金錫胄) 36
김성원 54
김수증(谷雲 金壽增) 380
김시습(梅月堂 金時習) 380
김양직(金養直) 101, 102
김원성(金源星) 53
김원행(渼湖 金元行) 267
김육(潛谷 金堉) 36
김이교(竹里 金履喬) 68, 123, 246, 247
김이소(金履素) 117
김이영(金履永) 111
김이재(江右 金履載) 166, 169, 245, 246

김일경(金一鏡) 290
김재정(金載靖) 203
김정희(秋史 金正喜) 184, 259,
    269-272, 278, 301, 405
김조순(金祖淳) 247, 249
김지(醉眠 金禔) 408
김창협(農巖 金昌協) 266, 380
김창흡(三淵 金昌翕) 266
김홍도(檀園 金弘道) 409

맹자 28, 138, 181, 182, 285, 306,
    309, 311, 325, 340, 353
모기령(毛奇齡) 268, 311
모원의(石民 茅元儀) 87
목만중(睦萬中) 248
목태석(睦台錫) 248
묵적(墨翟) 311, 312
민명혁(閔命赫) 131
민종현(閔鍾顯) 71

ㄴ

남공철(南公轍) 248
노수신(伊齋 盧守愼) 323
노신(魯迅) 288

ㄷ

단군 384, 385
달레(Ch. Dallet) 54
두보(杜甫) 18, 84, 157, 180, 389
두운(隱峯 斗云) 185, 186

ㅁ

마테오 리치(Matteo Ricci: 利瑪竇)
    48, 52
매색(梅賾) 268

ㅂ

박세당(西溪 朴世堂) 297
박영원(朴永源) 106
박윤원(近齋 朴胤源) 260
박은식(白巖 朴殷植) 278
박장설(朴長卨) 105, 163
박제가(朴齊家) 84, 125, 126,
    259, 300
박지원(燕巖 朴趾源) 74, 75, 126,
    200, 300
반고(班固) 247
방우도(方禹度) 379
범중엄(范仲淹) 124
변상벽(和齋 卞尙璧) 408, 409

ㅅ

사도세자(思悼世子) 15, 16, 25,

65-70, 78, 79, 85, 86, 102, 290

사마광(司馬光)　　　　　207

사마천(司馬遷)　　　　　209

색성(穡惺 賾性)　　　180, 185

서거정(徐居正)　　　　　18

서모(庶母) 김씨(岑城 金氏)　19

서용보(徐龍輔) 103, 150, 166, 248

서유신(徐有臣)　　　　　78

성선봉(成善封)　　　　　153

소부(巢父)　　　　　　209

소식(東坡 蘇軾)　　37, 38, 183

손병조(孫秉藻)　　　　　203

송감(宋鑒)　　　　　　268

송시열(尤菴 宋時烈) 23, 153, 155,
　287, 297

송재소　　　　　　　381

송준길(宋浚吉)　　　　　287

송환기(性潭 宋煥箕)　　260

순조(純祖) 35, 147, 166, 248, 249,
　267, 286, 291

순종　　　　　　　　279

시오(縞衣 始悟)　　　　185

신기(申耆)　　　　　　80

신기영(申耆永)　　　　278

신덕왕후 강씨(神德王后 康氏) 122

신봉조(申鳳朝)　　　　　149

신성모(申星模)　　　　368

신작(石泉 申綽)　　254,　259,
　263-265, 269, 270, 299, 316,
　379

신종(神宗)　　　　　97, 410

신진(申縉)　　　　　　264

신헌조(申獻朝)　　　130, 131

신후담(遯窩 愼後聃)　　303

심규로(沈奎魯)　　　　368

심사정(玄齋 沈師正)　　23, 408

심환지(沈煥之)　　71, 80, 111

　　　　　ㅇ

아담 샬(Adam Schall: 湯若望)　44,
　45

안정복(順菴 安鼎福)　　303

안평대군(安平大君)　　403

안호(棲雲 安浩)　　261, 262

안회(顏回)　　　　　　180

양웅(楊雄)　　　　　　278

양주(楊朱)　　　　311, 312

여곤(呂坤)　　　　　　91

여동근(玄谿 呂東根)　　254

여헌(旅軒 張顯光)　　　22

염약거(閻若璩)　　　257, 268

영조(英祖)　　21, 25, 27, 67, 78,
　126, 286, 289, 290, 292

예원진(倪元鎭)　　　　379

오광운(吳光運)　　　　387

오상렴(吳尙濂)　　　　387

오석충　　　　　　149, 252

오준(竹南 吳竣)　　403, 404

오태증(吳泰曾)　　114, 115

옹방강(翁方綱)　　　　405

완원(玩元)   405
왕백(魯齋 王柏)   321
왕안석(王安石)   97
왕헌지(王獻之)   404
왕희지(王羲之)   404, 405
유강(柳烱)   109
유덕장(峀雲 柳德章)   408
유득공(泠齋 柳得恭)   259
유성룡(西厓 柳成龍)   87, 91, 403
유원명(柳遠鳴)   368
유일(蓮潭 有一)   174, 178, 179
유클리드(Euclid)   44
유형원(磻溪 柳馨遠)   300
유회(柳誨)   69
육유(陸游)   84
윤경(尹畊)   87
윤광택(尹光宅)   169
윤규로(尹奎魯)   187, 190
윤규은(尹奎殷)   190
윤극배(尹克培)   249
윤단(橘林 尹博) 24, 173, 187, 190,
    193, 206
윤덕렬(尹德烈)   23, 24
윤덕희(駱西 尹德熙)   407, 408
윤동(尹峒)   183
윤두서(恭齋 尹斗緖)   23, 24,
    406-408
윤복(杏堂 尹復)   173
윤서유(尹書有)   169, 251, 252,
    405
윤선도(孤山 尹善道)   23, 24,

287, 387
윤순(白下 尹淳)   403, 404
윤시유(尹詩有)   169
윤아동(尹我東)   206
윤영희(松翁 尹永僖)   217, 252
윤용(尹愹)   406, 407
윤우(玩虎 倫佑)   181, 185
윤유일(尹有一)   59, 104
윤자동(尹玆東)   206
윤종기(尹鍾箕)   206
윤종두(尹鍾斗)   206
윤종문(尹鍾文)   206, 208
윤종벽(尹鍾璧)   206
윤종삼(尹鍾參)   206
윤종심(尹鍾心)   206
윤종억   209
윤종영(尹鍾英)   206, 211
윤종진(尹鍾陳)   206, 270
윤종하(尹鍾河)   187
윤증(明齋 尹拯)   298
윤지눌(無咎 尹持訥)   24, 68, 252,
    368
윤지범(南皐 尹持範) 24, 252, 368
윤지익(尹持翼)   24
윤지충(尹持忠)   24, 55, 56, 59,
    92, 113, 146
윤창모(尹昌模)   206, 229, 231
윤필병(尹弼秉)   407
윤행임(尹行恁)   80
윤효정(漁樵隱 尹孝貞)   173
윤휴(白湖 尹鑴)   297, 327, 332

율곡(栗谷 李珥) 39, 158, 208, 286, 310, 311, 320, 321, 325, 326, 328, 329

의순(草衣 意恂) 174, 181-185, 387

이가환(李家煥) 29, 45, 47, 48, 52, 55, 56, 81, 105, 106, 130-132, 135, 146, 149, 150, 252, 271, 303, 326

이강회(李綱會) 206, 277

이계심(李啓心) 117

이광사(圓嶠 李匡師) 184, 404, 405

이규보(李奎報) 184

이긍익(燃藜室 李肯翊) 299

이기경(李基慶) 58, 135, 166, 167, 374

이기록(李基祿) 206

이기양(伏菴 李基讓) 125, 252, 271

이담(李湛) 321, 365

이덕무(雅亭 李德懋) 259

이덕운(李德芸) 206

이도명(李道溟) 60

이동욱(李東郁) 54

이릉(李陵) 247

이명기(李命基) 409

이민구(李敏求) 387

이벽(李檗) 19, 28, 37-41, 45, 51-58, 236, 303, 340

이병모(李秉模) 150

이비(李泌) 224

이삼환(木齋 李森煥) 159, 319, 320, 327-330

이서구(李書九) 80, 84

이서우(李瑞雨) 387

이석하(李錫夏) 368

이수광(芝峯 李睟光) 299, 302

이승훈(蔓川 李承薰) 28, 29, 36, 54-58, 105, 106, 146, 149, 150, 303, 326

이시헌(李時憲) 206

이안묵(李安黙) 166

이언적(晦齋 李彦迪) 321

이유수(李儒修) 252, 368

이유회(李維會) 206

이을호 185, 186, 280

이응(李膺) 37, 38

이의준(李義駿) 123

이익(星湖 李瀷) 29, 32, 45-47, 49, 217, 300, 302, 303, 316, 319, 326-328, 332, 407

이익운(李益運) 109

이인좌(李麟佐) 290

이재(陶庵 李縡) 260

이재의(文山 李載毅) 258, 260-262, 380

이정(李霆) 408

이정운(五沙 李鼎運) 109, 408

이존창(李存昌) 54, 109, 110

이주석(李周奭) 368

이중련(李重蓮) 368

이중환(淸潭 李重煥)　　287
이진동(李鎭東)　　65
이청(琴招 李晴)　　172, 203-205, 219, 222, 317
이총억(李寵億)　　53
이치훈(李致薰)　　368
이태순(李泰淳)　　248
이태영(李泰永)　　132
이택규(李宅逵)　　206
이헌경(李獻慶)　　387
이헌길(李獻吉)　　125
익왕(益王)　　405
익종(翼宗)　　248, 249
임제원(林濟遠)　　65

ㅈ

자홍(慈弘)　　178, 180, 185
장욱(張旭)　　404
장지(張芝)　　404
장지연(韋菴 張志淵)　　279, 318
장지화(張志和)　　140, 379
장탕(張湯)　　239
장한(張翰)　　378
장횡거　　53
정구(寒岡 鄭逑)　　22
정관섭(丁觀燮)　　278
정규영(丁奎英)　　29, 35, 81, 86, 107, 118, 129, 136, 152, 211, 249, 277

정대림(丁大林)　　379
정동유(玄同 鄭東愈)　　288
정민시(鄭民始)　　120
정범조(海左 丁範祖)　　22, 23, 387
정선(謙齋 鄭敾)　　23, 408
정성철　　281
정수칠(丁修七)　　206
정순왕후(貞純王后)　　147, 148, 166
정시윤(斗湖 丁時潤)　　20, 22, 108
정시한(愚潭 丁時翰)　　22, 23
정약전(丁若銓)　　22, 30, 31, 37, 51, 53-56, 71, 105, 106, 130, 149, 150, 153, 163, 164, 169, 236, 238-240, 252, 316, 326, 368
정약종(丁若鍾)　22, 55, 56, 130, 148-150, 153
정약현(丁若鉉)　　22, 56, 154, 163, 251, 379
정약황(丁若鐄)　　22
정윤종(巖隱 丁允宗)　　19
정응두(丁應斗)　　33
정일(雲潭 鼎馹)　　174
정일환(鄭日煥)　　163
정자　　53
정자급(丁子伋)　　20
정재원(丁載遠)　　15-17, 19, 21, 22, 64, 77
정재진(稼翁 丁載進)　　25
정제두(霞谷 鄭齊斗)　　263, 298

정조　　　　21, 22, 25, 31,
　35, 36, 38-43, 47, 48, 64-68,
　70, 72-87, 90, 92, 94, 95,
　105-107, 109, 114-116, 124,
　126, 129-137, 141, 145-147,
　149, 152, 156, 221, 222, 233,
　268, 273, 274, 286, 290-292,
　304, 320, 327, 334, 409
정철(松江 鄭澈)　　　　23
정탁(藥圃 鄭琢)　　　　33
정학순(丁學淳)　　　　379
정학연(丁學淵: 學稼)　166, 167,
　169, 171, 184, 205, 210, 211,
　219, 231, 270, 272, 278
정학유(丁學游: 學圃)　138, 205,
　206, 219, 231, 250, 270, 271
정현(鄭玄)　　　　263, 270
정협(鄭俠)　　　　97
제성(維邢 濟醒)　　　　186
젠너　　　　125
조경(龍洲 趙絅)　　　　402
조대비(趙大妃: 仁祖繼妃)　287
조득영(趙得永)　　　　134
조맹부(趙孟頫)　　　　403
조상진(趙尙鎭)　　　　130
조세걸(浿洲 曺世傑)　　380
조식(南冥 曺植)　　　　322
조심태(趙心泰)　　　　86
조윤형(趙允亨)　　　　404
조익현(曺翊鉉)　　　　30
조장한(趙章漢)　　　　167

조화진(趙華鎭: 趙和鎭)　　132
주문모(周文謨)　84, 104, 105, 146,
　148, 161
주자(朱子) 22, 29, 39, 40, 53, 75,
　207, 222, 235, 260, 297, 298,
　308, 321, 324, 325, 331, 332,
　335, 340, 341, 344, 345, 365
주흥사(周興嗣)　　210, 309, 310
즉원(晶巖 卽圓)　　　　174
증점(曾點)　　　　83
지황(池璜)　　　　104
진덕수(眞德秀)　　　　222
진백(陳柏)　　　　53

ㅊ

채유후(蔡裕後)　　　　387
채제공(樊巖 蔡濟恭)　22, 68, 78, 86,
　105, 108, 129, 148, 149, 291,
　368, 387
채팽윤(蔡彭胤)　　　　387
채홍근(蔡弘謹)　　　　22
채홍리(蔡弘履)　　　　408
채홍원(蔡弘遠)　　　　368
천묵(春溪 天黙)　　　　174
천수경(千壽慶)　　　　368
천책(天頙)　　　　183, 184
최신(崔信)　　　　211
최익한(崔益翰) 26, 83, 125, 247,
　280, 281

최인길(崔仁吉) 104
최창현(崔昌顯) 54, 147
최치원(崔致遠) 184

ㅌ

태조 122
테렌즈(Terrenz, 鄧玉函) 92
퇴계(退溪 李滉) 22, 29, 39, 158,
298, 310, 319-329, 365

ㅍ

판토하(Pantoja: 龐迪我) 49, 52
편작(扁鵲) 403, 404

ㅎ

한만유(韓晚裕) 80
한백원(韓百源) 368
한원진(南塘 韓元震) 260
한치응(韓致應) 368
해남 윤씨(海南 尹氏) 부인 15, 22,
153
허목(許穆) 287, 402
허유(許由) 180, 209
허필(煙客 許泌) 408
혜경궁 홍씨(惠慶宮 洪氏) 79, 101
혜원(青坡 慧苑) 178, 179

혜장(兒庵 惠藏) 174-180, 184,
185
홍경래(洪景來) 291, 354
홍국영(洪國榮) 26, 27
홍낙민 149
홍대용(湛軒 洪大容) 300, 303
홍락민(洪樂敏) 54
홍락안(洪樂安) 58, 135, 163
홍명주(洪命周) 166
홍석주(淵泉 洪奭周) 257, 259,
267-269
홍시보(洪時溥) 130
홍시제(洪時濟) 368
홍씨부인 275
홍의호(洪義浩) 167
홍이상(慕堂 洪履祥) 77
홍이섭 279, 280
홍인한(洪麟漢) 290
홍인호(洪仁浩) 26, 39, 41, 42
홍현주(海居 洪顯周) 184, 259, 267,
268, 410
홍화보(洪和輔) 25-27, 34, 397
화타(華佗) 403, 404
황기천(黃基天) 80
황사영(黃嗣永) 56, 161-163
황상(巵園 黃裳) 203-205, 272,
370
황지초(硯菴 黃之楚) 203
황취(醉夢齋 黃取) 203
효종(孝宗) 32, 44, 287

茶山評傳

 저자소개

금장태 (琴章泰)

1943년 부산 생
서울대 종교학과 졸업
성균관대 대학원 동양철학과 수료(철학박사)
동덕여대 · 성균관대 · 서울대 교수역임
현 서울대 종교학과 명예교수

• 주요저서
『비판과 포용─한국실학의 정신』
『귀신과 제사─유교의 종교적 세계』
『한국유교와 타종교』
『율곡평전─나라를 걱정한 철인』 외

다산평전: 백성을 사랑한 지성

초판 인쇄 | 2011년 7월 8일
초판 발행 | 2011년 7월 14일

지 은 이   금장태

책임편집   윤예미

> 인 지 는
> 저 자 와 의
> 합 의 하 에
> 생 략 함

발 행 처   도서출판 지식과교양
등록번호   제 2010-19호
주   소   서울시 도봉구 창5동 320번지 행정지원센터 B104
전   화   (02) 900-4520 (대표)/ 편집부 (02) 900-4521
팩   스   (02) 900-1541
전자우편   kncbook@hanmail.net

ISBN   978-89-94955-28-5   93150   **정가**   31,000원

이 도서의 국립중앙도서관 출판도서목록(CIP)은 e-CIP홈페이지(http://www.nl.go.kr/ecip)에서
이용하실 수 있습니다. (CIP제어번호: CIP2011002781)